普 通 高 等 教 育 规 划 教 材

经济管理基础与应用

主　编　孙可娜

副主编　向德全

参　编　刘立国　赵丽华

冯光娣　张学英　张炼周

机 械 工 业 出 版 社

本书是为满足高等院校非经济管理类专业的教学需要，帮助学生学习和了解必要的经济管理基础知识而编写的。该教材融经济学、管理学的基础知识于一体，就经济学的基本理论和管理学的核心内容进行了重点介绍。其主要内容包括：供求的一般理论、消费者行为理论、生产理论、市场理论、要素市场与收入分配、市场缺陷与政府作用、宏观经济政策、管理者与管理职能、计划与控制、组织、领导与决策等。理论与应用相互结合，体系完整，内容精炼，要点突出，易于掌握是本书的重要特点。

本书可作为普通高等学校各专业的公共课教材，也可作为企事业单位经济管理人员的参考读物。

图书在版编目（CIP）数据

经济管理基础与应用／孙可娜主编．—北京：机械工业出版社，2007.1（2017.11 重印）

普通高等教育规划教材

ISBN 978-7-111-20716-0

Ⅰ．经…　Ⅱ．孙…　Ⅲ．经济管理—高等学校—教材　Ⅳ．F2

中国版本图书馆 CIP 数据核字（2007）第 001960 号

机械工业出版社（北京市百万庄大街 22 号　邮政编码 100037）

策划编辑：曹俊玲　责任编辑：商红云　版式设计：霍永明

责任校对：王　欣　责任印制：常天培

唐山三艺印务有限公司印刷

2017 年 11 月第 1 版·第 9 次印刷

169mm×239mm·21.5 印张·414 千字

标准书号：ISBN 978-7-111-20716-0

定价：39.80 元

凡购本书，如有缺页、倒页、脱页，由本社发行部调换

电话服务

服务咨询热线：010-88379833

读者购书热线：010-88379649

网络服务

机工官网：www.cmpbook.com

机工官博：weibo.com/cmp1952

教育服务网：www.cmpedu.com

金书网：www.golden-book.com

前　言

随着我国市场经济的发展，社会对人才的需求特点也发生了新的变化。高等院校不仅要培养不同学科的专业型人才，同时还要注重培养适应经济发展需要的复合型人才。因此，对于工程技术类专业来说，在学习理工科专业的基础上，学习和了解一些经济管理的基本知识就显得十分必要，这也是很多大学理工科专业同学的普遍愿望。

2002年，教育部组织召集有关高校就上述问题召开了专题研讨会。会上就高等院校非经济管理专业开设经济管理课程的必要性及其有关问题进行了重点研讨。其中，如何把握非经管专业经济管理课程的尺度，如何针对非经济管理专业进行教材的编写等问题，成为参会各高校研讨的核心问题。天津工程师范学院作为以工程技术类专业为主的院校，很多学习工科类专业的同学都拥有获得一些经济管理基础知识的强烈愿望。为了贯彻教育部的会议精神和满足同学们的愿望，其商贸管理系向学校申请了教改立项，同时面向全院非经管专业推出了经济管理课程模块。在几年来的教学实践基础上，也就教育部会议上提出的两个问题进行了初步探讨并收到了理想的效果。

本书是为满足高等院校非经济管理类专业的教学需要，帮助学生学习和了解必要的经济管理基础知识而编写的。该教材融经济学、管理学的基础知识于一体，就经济学的基本理论和管理学的核心内容进行了重点介绍。其主要内容包括：供求的一般理论、消费者行为理论、生产理论、市场理论、要素市场与收入分配、市场缺陷与政府作用、宏观经济政策、管理者与管理职能、计划与控制、组织、领导与决策等。该教材理论与应用相互结合，体系完整，内容精炼，要点突出，易于掌握是本书的重要特点。

各章的编写人员依次是：绪论，孙可娜、刘立国；第一章，赵丽华；第二、三、四章，冯光娣；第五章，孙可娜、向德全；第六、七章，张学英；第八、九章，向德全；第十、十一章，张炼周。全书由孙可娜、向德全进行策划并组织实施，由孙可娜进行最后的修改和总纂。

本书可作为普通高等学校各专业的公共课教材，便于教师的教学组织，有利于学生了解和掌握经济管理的基础内容，并获得具有实际意义的操作指导。也可作为企事业单位管理人员的参考读物。

将经济学、管理学的内容合二为一，还只是一种尝试。由于我们的水平所限，书中的缺点错误在所难免，希望广大读者提出批评指正。

编　者

目　录

前言

绪论 …… 1

第一节　经济管理概览 …… 1

第二节　经济学简史与研究方法 …… 13

第三节　管理学特点及其研究方法 …… 22

本章参考文献 …… 30

第一章　供求的一般理论 …… 31

第一节　需求理论 …… 31

第二节　供给理论 …… 35

第三节　市场价格 …… 38

第四节　供求弹性 …… 40

第五节　蛛网理论 …… 47

本章参考文献 …… 52

第二章　消费者行为理论 …… 53

第一节　效用理论 …… 54

第二节　消费者均衡与消费者剩余 …… 57

第三节　价格和收入变化对消费者选择的影响 …… 64

本章参考文献 …… 79

第三章　生产理论 …… 80

第一节　生产理论概述 …… 81

第二节　成本理论 …… 92

本章参考文献 …… 110

第四章　市场理论 …… 111

第一节　完全竞争的含义和特点 …… 111

第二节　完全垄断市场 …… 120

第三节　垄断竞争市场与寡头垄断市场 …… 122

本章参考文献 …… 136

第五章 要素市场与收入分配 …… 137
第一节 边际生产力 …… 137
第二节 市场要素均衡与收入分配 …… 142
第三节 工资、利息、租金与利润 …… 146
本章参考文献 …… 159

第六章 市场缺陷与政府作用 …… 160
第一节 一般均衡理论 …… 160
第二节 福利经济学 …… 170
第三节 市场缺陷与政府作用概述 …… 177
本章参考文献 …… 188

第七章 宏观经济政策 …… 189
第一节 宏观经济政策目标和政府行为 …… 189
第二节 财政政策 …… 197
第三节 货币政策 …… 206
本章参考文献 …… 225

第八章 管理者与管理职能 …… 226
第一节 管理者的类型与管理职能 …… 226
第二节 管理者的角色与管理技能 …… 231
第三节 道德和社会责任 …… 234
本章参考文献 …… 245

第九章 计划与控制 …… 246
第一节 计划的构成与作用 …… 246
第二节 计划的制定与执行 …… 250
第三节 控制的功能及类型 …… 254
第四节 控制技术与方法 …… 257
本章参考文献 …… 270

第十章 组织 …… 272
第一节 组织与组织设计 …… 272
第二节 职权设计与组织结构 …… 277
第三节 人事安排与人员配备 …… 284
第四节 组织文化与组织变革 …… 288
本章参考文献 …… 303

第十一章　领导与决策 …… 304
第一节　领导者特质、技能与行为 …… 304
第二节　领导者管理的主要方法 …… 312
第三节　决策及其类型 …… 314
第四节　决策过程与方法 …… 317
本章参考文献 …… 333

绪　论

核心内容

本章作为经济管理基础的绪论，以简明扼要的表述方式，系统介绍以下内容：

- ■ 经济学、管理学的产生与发展；
- ■ 经济活动的基本问题；
- ■ 经济学、管理学的研究方法；
- ■ 管理学、经济学于相关学科的关系比较。

教学目的

通过本章的学习，使学生了解以下内容：

- ■ 微观、宏观经济学的产生与发展；
- ■ 经济学的实质问题与研究方法；
- ■ 几种常用的经济数学模型；
- ■ 管理学的特征及研究方法；
- ■ 经济学、管理学和金融学的关系比较。

第一节　经济管理概览

一、资源的稀缺性

1. 经济学的由来

经济学（Economics）这个词来自于古希腊语。在古希腊语里面，“经济学”就是管理家庭财产、货物的学问。所以，经济学是一门很古老的学问，在距今三四千年以前的古希腊时期，就已经有很多的哲人在研究经济学了。因此，如果从整个人类思想史的角度出发，给经济学下一个定义的话，那么，经济学最早的定义是一门关于财富管理的学问。

随着社会的发展，特别是现代工业社会萌芽的出现，一个国家的经济活动不仅仅表现为家庭财富的增长，而且更多地体现为整个国家经济的繁荣昌盛。因而，经济学就从家庭财富管理的学问演变成国家财富管理的学问。不论是基于单个的家庭理财还是基于整个社会的财富管理，经济学的最初概念都没有脱离开财富管理的实质。

2. 资源的稀缺性

16 世纪以后，随着工业革命的展开，以及主流经济学的鼻祖亚当·斯密《国富论》（原名《关于国民财富的性质及其原因的研究》）的问世，人们对经济学的理解便开始有了很大的深入。

在《国富论》这本书中，对经济学的认识开始有了新的变化：人们所关注的焦点，已经从一般财富的单纯管理，进一步深入到财富是如何被创造出来的。从如何管理财富，到如何生产财富，是经济学的一大进步。在农业社会，土地作为产生财富的重要资源是现成的。人们的精力更加地集中于怎样管理现有的财产上。但是，工业社会的情况就大不相同了：大量的工业产品都是被生产出来的，如何生产，就成了一个更加重要的现实问题。所以，亚当·斯密认为，经济学应该更关心财富是如何生产出来的。

在主流经济学代表人物马歇尔创立的新古典经济学中，上述问题得到了进一步的表述：经济学研究稀缺资源的配置问题。什么是稀缺资源？就是不可以随随便便得到、随随便便消费的资源。这就构成了稀缺概念的重要意义。在资源稀缺的情况下，就产生了怎样更好地利用这个资源的问题。于是，稀缺资源的配置问题就应运而生。这个问题不仅适用于具体物品，而且适用于所有的生产过程。

在《经济学》这本著名的经济学教科书中，作者萨缪尔森开门见山，非常经典地通过大炮和黄油的例子说明了稀缺资源的配置问题。假定一个国家，它所有资源都用在生产两种产品上面，一种产品是大炮，另一种产品是黄油。大炮代表一个国家的国防，黄油代表这个国家居民的消费。那么，在资源有限的情况下，这个国家面临的首要问题就是把多少资源用于生产大炮以加强国防，多少资源用于生产黄油来满足消费。资源配置问题，是任何一个国家都首先需要面对的问题。对于微观企业，也会面临同样的问题。买进各种各样的原材料以后，就要决定怎样进行资源的配置。假如作为一个家电企业，就要决定用多少资源来生产电视机，用多少资源来生产电冰箱，用多少资源来生产洗衣机。这就是一个资源配置的问题。所以，经济学的研究对象，是关于稀缺性资源的有效配置问题，或者说是关于稀缺性资源配置效率的学问。这是所有国家、所有企业、所有家庭乃至每一个人，都必须面对的问题。

二、经济活动的基本问题

经济活动是人类所进行的最基础性的活动，生产的过程实际上就是社会财富的创造过程。进行生产活动离不开各种必需的生产要素，例如，农业生产所需的土地，工业生产所需的材料。所有的生产要素在习惯上都被称之为资源。而经济学所面对的基本问题可以概括为生产什么、生产多少和为谁生产。

一般而言，资源可以分为两大类。一类是自然界自身拥有的、可以为人们利用的资源，例如：阳光、空气、水源、大海等等。由于这些是人们可以根据自己的需要自由获取的资源，所以属于自然资源。但是人们的生产活动不仅需要自然资源，还需要另一类必须通过人类的劳动才能获得的资源，这种资源由于和人们的需求相比数量总是有限的，因此具有稀缺的特点，例如：粮食、煤炭、石油等等，这种资源被称之为经济资源。

所谓资源的稀缺性是一个相对的概念，是相对与人们的需求而言的。因此，经济资源的稀缺性与人的需求欲望的无限性构成了一对矛盾，矛盾的解决有赖于生产。但是，生产的过程也是一个资源消耗的过程。于是，如何有效地合理分配和利用有限的资源，就成为经济过程首先需要面对和解决的问题。

在当今社会，相对于人的需要来讲，绝大多数资源都属于经济资源。由于经济资源的相对稀缺，客观上要求人们认真研究如何进行资源的有效配置，经济问题由此产生。经济学就成为研究人与社会寻求满足物质需求与欲望的方法的社会科学。经济学的任务就是研究和探讨人们如何合理配置和有效利用稀缺资源来生产各商品，并把它们分配给社会成员进行消费，从中揭示经济活动和经济过程的规律性问题。

任何社会条件下的生产都要涉及以下三个基本问题：

一是生产什么？在资源有限的情况下，生产什么？生产多少？为什么要进行这样的生产？

二是怎样生产？即利用什么资源？怎样进行不同资源之间的配比？在哪里组织生产？

三是为谁生产？即产品如何分配？是按劳分配、按需分配、按资分配、还是按贡献分配？

对这些问题的研究始终是经济学的主题。

人类社会解决生产什么、怎样生产、为谁生产这三大基本问题的方法可以归纳为三大类，即自然经济方式、市场经济方式和计划经济方式。

在自给自足的自然经济条件下，家庭或经济单位为直接满足自身的需要而生产，自耕而食，自织而衣。生产什么，生产多少，如何生产和进行分配，全由家长、首领以及有发言权的团体根据各方面的供需情况和经验来决定。随着社会生产力的发展，在全世界，自然经济逐渐瓦解，并让位于市场经济方式。但是，在许多欠发达国家的农村，一定程度的自然经济方式依然存在。从目前来看，经济方式主要分为两大类，即市场经济与计划经济。

三、市场经济

1. 市场经济

市场经济（Market Economy）作为一种经济体制，是伴随自然经济的完结而逐步形成的。市场经济是在财产权利的制度体系下，通过个人和企业在市场上资源交换、分散决策的方式来解决经济上的三个基本问题。

在市场经济体制中，成千上万的消费者将根据自己的偏好在市场上选择自己所需要的商品和服务。同样地，成千上万的生产者所进行的各种各样的生产并不是用来满足自己的需求，而是用于满足他人的需要。整个经济过程怎样才能有序、协调和有效率地进行呢？一般而言，我们从不需要有这样的担心：商场里永远都不可能全是吃的而没有用的，吃的东西全是面包而没有其他，大街上永远也不可能都是饭馆而没有其他商店和服务机构。你不必担心资源怎么配置，生产怎么安排，东西怎么分配。那么，是什么力量支配和引导着这一切的呢？

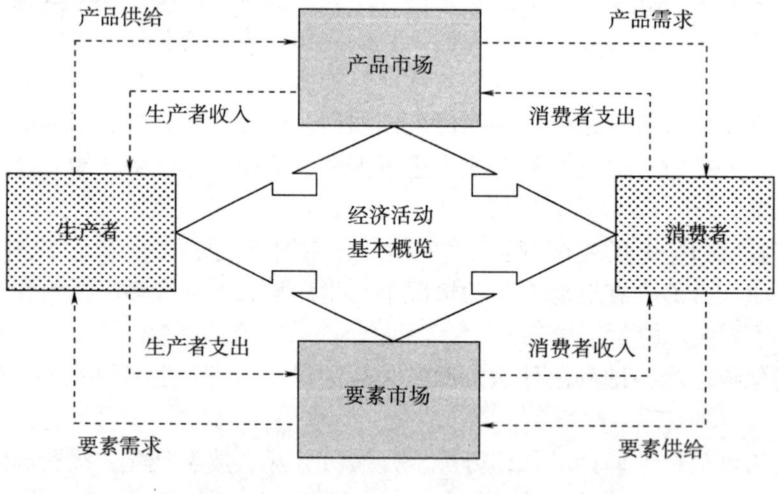

图1 经济活动中产品供求及生产消费相互关系概览

通过图1可以看出，在市场经济条件下，整个经济过程在宏观上可以简单地概括为：市场活动的主体是由大量的分散决策的消费者和生产者共同组成的。按照最基本的分类，整个市场可以划分为产品市场和要素市场。在产品市场上，生产者是产品的供给方，消费者是产品的需求方；在要素市场上，消费者是要素的供给方，生产者是要素的需求方。消费者在要素市场上通过提供要素服务取得收入，并以此换取自己所需要的产品和服务，进而形成产品市场上的支出。每个消费者通过这种交换获得自己最大可能的满足，而每个生产者则在这个过程中力求获得最大的利润。

在商品经济条件下，市场与要素之间存在的相互联系、相互作用的运动过程。在这个过程中，各要素功能将表现为一个自动的耦合过程，自发性、灵活性和客观性是其基本特征。通过市场建立起来的经济活动的各个组织部分之间的内在有机联系，自行调节商品生产和流通，成为经济活动的调节器。市场价格和利率变动是市场机制的信息系统，供求双方是市场机制作用的对象，物质利益的差别是市场机制的动力系统。利用市场机制是商品经济本身发展的内在要求。社会经济活动的本身就表现为商品供求变化、信贷资金变化和劳动力供求变化。所以，经济活动过程就直接地表现为市场要素的矛盾运动过程，这个过程同时也是市场机制发生作用的过程。作为经济运行的内在机制，它通过一系列自发的过程来解决生产什么，如何生产及为谁生产这三大基本问题，实现稀缺资源的有效配置。因此，市场机制被誉为市场经济的灵魂。

市场经济中各市场要素互相适应、互相制约、共同发挥作用形成的市场自组织、自调节的综合机能即为市场机制。其动力源于市场主体对其个体利益的追求，通过传动系统转换为企业目标与社会经济目标；传动是由市场信息、交通运输以及各项服务来实现的；调节则是通过价值规律、供求规律以及竞争规律作用下的价格、工资、利率变动来完成的。

按市场机制运行的一般内容进行划分，可以将其细分为三个过程：一是商品市场的价格机制；二是金融市场的信贷利率机制；三是劳动力市场的工资机制。

按市场机制运行的原理进行划分，可分为动力机制与平衡机制。动力机制包括：利益机制、竞争机制；而平衡机制包括：供求机制、价格机制与调节机制。动力机制是市场活力与效率的源泉，平衡机制是各市场主体相互协调生产与消费资源配置相互协调的保证机制。

根据市场机制不同的作用方式可以细分为供求机制、竞争机制与风险机制。供求机制是价格与供求关系的内在联系、相互作用的过程。竞争机制是竞争与价格、供求之间的相互作用，通过经营者利益的驱动，保证价格供求机制在市场上充分作用，从而调节经济活动。风险机制是指风险与竞争及供求的共同作用，在利益的诱惑下，风险作为一种外在压力同时作用于市场主体，与竞争机制同时调节市场的供求。

2. 市场机制的作用原理

市场机制是形成均衡价格的机制。通过价格的变化对供求进行调节的过程，并不来自于人为的规定，而是供求双方在市场交易中讨价还价的结果。根据各自追求利益最大化的行为准则，价格较低时会导致需要增加和供给减少，而在价格较高的情况下则会出现相反的变化。但所有市场上都形成了均衡价格时，经济学所面临的三个问题就得到了应有的解决：市场上各种产品的均衡产量，在客观上为生产什么和生产多少作出了回答。生产者为把成本降到最低，将通过技术手段和企业组织方式，进而回答了如何生产。要素的价格和数量则解决了为谁生产的问题。

市场机制对经济活动的调节是通过动力机制和平衡机制得以实现的。所谓动力机制是市场内各利益主体、各要素相互协调、相互制约形成的推动企业发展、社会经济增长的动力作用原理。市场动力机制是以二重传导的方式作用的。社会经济首先将宏观目标，如经济增长、供求平衡等通过市场传导给企业目标。个人追求个体利益最大化的原始动力转化为追求企业盈利目标的动力，而企业目标又统一于社会经济基本目标之下，社会原始动力资源得到有效利用并通过市场合理地配置，这也是市场经济快速发展的秘密所在。所谓平衡机制是市场各主体、各要素相互影响、相互作用下不断调整适应使供求趋向平衡，使资源合理配置的作用原理。它由价格机制、供求机制、竞争机制、风险机制共同构成。具体而言，价格与供求在动态中不断调节；供求态势影响价格的变动，反过来价格的变动又影响供求变化，供给者和需求者为了各自的利益相应调节自己的行为，两者在市场上通过不断的无限多的动态组合趋向平衡。

从宏观角度，供给者调整自己投入产出的行为过程，在客观上是一个进行资源优化配置的过程。在产品供不应求的情况下就会导致价格的上涨，进而引发竞争者的加入和生产规模的扩大。从资源配置的角度看，这实际上是一个资源流向的调整过程。通过这种方式使资源更多地流向符合社会需要的部门和企业。由于竞争者的大量进入必然导致市场占有率的竞争，优胜劣汰的结果将使资源流向竞争力强的企业与地区。由于企业对市场超额利润的追求，必然推动整体技术进步与生产力水平的提高，同时也是资源配置利用效益的提高。由于风险的存在和竞争优胜劣汰的残酷无情，会使企业在参与竞争的行为决策中更加审慎而合理。所有这些，都会使资源在更高的程度上得到优化配置，进而使供求关系趋向协调和平衡。

3. 市场机制的特点

市场机制的自动调节特点源于微观主体的自动调节能力。生产者根据价格的指向自动调节生产的数量，消费者根据价格的变动自动对购买商品数量及其品种组合做出调整。其次，市场主体的自调节能力使市场客体也具有自调节特点。价格具有调节商品供求关系的功能，利率作为资金的价格具有调节资金供求的功能，工资作为人力资源的价格具有调节劳动力供求的功能。

市场机制的自发调节并不等于市场经济的充分调节。商品生产者与消费者的天性及其相互制衡使市场机制保持了自平衡。市场机制典型的内容是价格机制，价格机制作用的内容表现为：当供给小于需求时，价格上涨；当供给大于需求时，价格下跌；围绕价格变动，供求自动趋于平衡。这种自发性的调节不仅包含了巨大的成本，而且并不能保证市场的良性运行。由此可见，市场机制自平衡的特性是不充分的，它会受到外部、内部等各方面条件的制约。因此必须辅之以其他的调节方式。

市场机制运行是靠各市场要素间的相互作用而实现的。如投资的增加意味着对劳动力与资金需求的增加；供不应求价格上涨则会在一定时期内形成超额利润，从而吸引其他投资者的进入；在市场激烈的竞争环境中，一方的经营策略变化会带动其他竞争者竞争手段的调整等，这种相关性是市场机制运行作用的前提。一旦这些联系被人为地割断，市场机制便无法正常起作用。市场机制的相关性是处于动态之中的。从微观角度看，市场要素的动态相关保证了市场主体的活力，从宏观角度看，社会资源在动态中优化配置。

纵观整个经济发展史，从市场产生到当前的现代市场经济是一个由封闭走向开放的动态发展过程。在这一过程中市场机制的内涵、功能日益丰富加强，最终成为微观与宏观经济的纽带及资源配置的基本方式。

4. 市场机制的主要功能

市场机制的特点决定了市场机制的功能。市场机制自调节、自平衡、动态相关性的特点决定了市场机制具有一种动态的自组织、自平衡的调节能力。市场机制的发展性特点，显示了市场机制对资源的充分利用及刺激功能。

调节功能。市场经济中价格是反映市场商品稀缺程度的信号，商品生产者为了实现利益的最大化就要依据市场信号，按平均利润率规律要求作出决策，生产那些价格高、有利可图的、从而也是社会稀缺的产品。其稀缺程度愈高就会使价格与利润愈高，从而愈加吸引生产者的投资。与此同时，生产者减少生产那些价格低、相对社会过剩的、无利可赚的产品。产品愈过剩，价格愈低，就会愈无人进入且快速退出生产。这样在不断的动态平衡调节中，市场机制具有促进供求总量与结构的平衡，优化资源配置，调节宏观比例关系的功能。

激励功能。市场机制对经济具有特殊的促进效率与财富增长的功能。首先市场机制的特殊之处在于创造了一种有效率的组织制度与市场规律，使个人的谋利方式与社会财富效率增长相结合。其次，市场机制使个人资源可以从社会资源角度有效分配，一切稀缺资源以价格为媒介通过市场在全社会进行有效配置，发挥其最大效用。第三，市场环境迫使市场主体的能量得到最大程度的发挥。市场的机会、风险与竞争使企业与个人面临 个危机四伏又充满机遇的环境之中，不进则退。置身其中就必须持续地、永不停息地参与竞争、奋进，才能不被淘汰出局，从而一切潜能都将最充分地发挥出来。

5. 市场经济的三个假设

市场体制发挥作用是以下列假设为前提的：

一是人的理性选择。这是最基本的假设。人是理性的，每个人都会在一定的约束条件下争取自身利益的最大化。在正常的情况下，同样的商品人们会选择价格更低的；求职的时候人们自然会首选那些环境更好、薪酬待遇更高的工作。

二是自由与自愿的选择。在人们资源的前提下自由选择，是第二个基本假设。自愿保证了交易的目的是增进双方利益的目的，自由则使为获得利益的交易成为可能，进而使社会总体的利益尽可能达到最大化。

三是权利界定清晰。经济学假定在市场经济中，每个行为主体选择的权利是有明确界定的。你只能用你拥有支配权的东西进行交易，所有经济物品的权利归属是清晰的。任何人不能侵犯他人的权利。强迫、盗窃、抢劫、欺诈都属于不法行为。对权利的法律界定和依法保护是市场机制得以运行的基础条件。

具备了上述假设的前提，在完全竞争、信息对称、没有外部干扰的条件下，市场机制可以导致资源在一定意义上的最优配置。“看不见的手”将引导个体主观上的自利行为，并在客观上增进社会的总体利益。但是，现实社会很难满足上述假设的前提和条件，因而，市场经济的实际运行并不像我们想象的那样理想。由于市场的垄断性、经济活动的外部性、信息的不对称性，往往使得市场机制无法通过价格来充分实现资源配置的功能，出现收入的不平均，甚至使部分人难以获得基本的生活保障。市场机制所导致的这种分配结果是社会所不能接受的。

以自由放任为特征的市场机制无法解决这些问题，经济运行不仅需要“看不见的手”，而且还需要有一只“看得见的手”。代表社会公共利益的政府对经济过程的干预就变得十分必要。因此，世界上没有哪个国家是纯粹意义上的市场经济，市场机制必须有代表国家意志的计划手段加以补充。

四、计划经济

1. 计划经济的特点

如果说市场经济体制是一种自然形成的资源配置方式，那么，与之相对应的计划经济（Planned Economy）体制就是以人为设计为特点的另一种资源配置方式。

毫无疑问，市场经济体制曾表现出种种弊端：巨大的贫富差距、社会的不公正、人对人的压迫以及周期性的萧条和经济危机。于是，人们希望能够建立起一种直接代表社会利益和愿望的经济制度，进而取代市场经济制度的无政府式的弊端。于是，在通过社会革命的方式消除了私有制之后的社会主义公有制国家，先后选择了计划经济体制。

在纯粹的计划经济体制中，生产资料归国家所有。政府根据全体人民的消费需求，通过指令性的计划在各个部门、各个行业、各种产品之间进行分配生产要素，安排消费品在全体居民中的分配。这样，经济活动中的三个基本问题即生产什么、生产多少、为谁生产，就通过政府的计划部门集中进行了安排和解决。

实践证明，这也是一种过于理想的经济模式。事实上，没有一个社会主义国家真正实行过这种纯粹的计划经济模式。在我国曾经实行的计划经济体制中，生产资料并不是完全归中央政府所有，许多归属于各级地方政府和劳动者集体所有的。中央计划并不规定一切，各级地方政府、企业和劳动者集体，可以在一定的程度内可以根据市场的需要自主地安排生产。作为消费者拥有一定的用货币投票的权力，可以在一定程度上根据自己的偏好选择使用手中的货币。这种方式会通过市场上消费品供需矛盾向政府和计划部门提供消息。但是，从总体上看，决定劳动、资本、土地的配置以及收入分配的主要力量来自于国家的计划。

计划经济方式的优点不可否认。对于一些明显有益于社会公共事业、工农业基本建设、投资巨大且回收期限较长的大型建设项目，与从自利的角度进行自发决定相比，通过计划的方式进行决定，效率更高，速度更快。在计划经济条件下，不必担心由于个体的分散行为而引起经济的波动。计划经济方式有利于实现收入分配的相对平均。但是，初级阶段的社会主义国家的实践表明，计划经济方式存在着难以克服的局限，这些问题的存在严重影响了社会经济的发展。

2. 计划经济的局限

关于计划经济的局限性集中体现在以下三个方面：

首先，计划经济方式面临着信息方面的障碍。科学有效的社会经济发展计划的制定，必须充分地了解和掌握消费者的各种需求、生产要素的各种数量及其变化趋势，以及生产要素在不同产品中的生产效率。实际经济过程中，消费者的需求十分复杂，要素的生产率取决于不同要素的组合方式。人们的偏好和生产技术的更新更是难以准确预料。中央计划部门难以得到及时完整的全部信息，难以对得到的大量信息进行有效的处理。因此，计划方面就有可能存在着偏离实际、指标僵化、效率低下等问题。

其次，计划体制下人的生产积极性不能得到有效的激发。在计划经济条件下，经济行为主要来自于计划的要求而不是对利益的追逐。因此，失去了微观经济主体进行新产品开发、技术创新、改进管理、增加生产的内在动力。不可否认，计划经济体制不能有效地对人的工作热情和创新精神进行有效地激励，进而使整体经济运行失去了应有的活力和动力。供给不足成为计划经济的重要特征。

最后，政府作为决策者难以与公众偏好保持一致。政府的意志与消费者实际利益上存在着差距，是计划经济国家的一大特点。尽管政府的意图是好的，但是由于不能与消费者的需要完全对接，实施当中依然不能确保社会资源的有效配置和合理使用，这种情况在实行计划经济的国家中屡见不鲜。这也是造成经济短缺的重要原因。

但是，计划经济的局限性并不意味着经济活动中完全不需要计划。对于那些重要的产品和服务，必须由政府进行集中组织，同时，政府还需要通过自己掌握的资源和权力来有效地实现社会的公共目的，借以纠正分散的市场选择有可能导致收入分配的不公平以及对社会利益的侵害。

五、组织与管理

1. 组织

有经济活动就需要有管理，管理是人类各种活动中最重要的活动之一。在人们作为群体进行活动的情况下，管理工作就成为了组织与协调的重要手段。群体的组成是为了发挥出集体的智慧与力量，进而达到个人无法实现的目的。这种群体就成为人类社会普遍存在的“组织”现象。

所谓组织，是由两个或两个以上的个人，为了实现共同的目标组合而成的有机整体。组织作为一群人的集合，其成员必须按照一定的方式相互合作，共同努力去完成既定的组织目标。只有这样才能形成整体的力量，以完成单独一个人所不能完成的各种活动，实现不同于个人目标的组织总体目标。

这种组织存在于日常生活和工作的各个方面。企业是一种组织，机构是一种组织，医院学校同样也是一种组织。任何一个组织都有其基本的使命和目标。企业的目标是通过生产产品来满足社会需要，各种中介机构的使命是向社会提供相应的服务，医院的使命是治病救人，学校的使命是教书育人。组织的使命和目的决定了组织存在的意义。

组织的使命和目标，是通过各项工作的开展得以实现的，其中包括人力资源、物力资源和财力资源合理配置。因此，这种活动必须在有组织的情况下进行。

2. 管理

对于组织而言，管理就变得十分必要。不论是一个国家还是一个企业，任何组织都离不开管理。一切规模较大的社会劳动都需要有指挥和协调。管理是确保组织的各项活动达到预期目标的重要前提。

所谓管理，就是在特定的环境下，对组织所拥有的资源进行有效的计划、组织、领导和控制，以便达到既定组织目标的目的。

随着组织规模的扩大和作业方式的复杂化，管理在组织中的重要性日益显现。在科学技术迅速发展的今天，组织的形式已经跳出了过去的那种简单的模式，组织规模越来越庞大，环境越来越复杂，作业方式越来越现代化。在这样的背景下，管理就越来越成为组织实现目标的关键。在国际上，管理因此而受到空前的重视，甚至把管理视为经济发展的原动力，同土地、劳动、资本相提并论，构成社会发展的“四种经济资源”。或者与人力、物力、财力、信息一起成为“五大生产要素”。管理与技术还被誉为经济发展的“两个轮子”。由此可见，管理活动对于现代组织的重要意义，是实现组织目标的重要手段和基本保证。

管理活动是在特定组织内外部环境的约束下进行的。任何组织都存在于一定的环境之中并受到环境的约束。对于企业而言，外部原材料的供应，客户的需求，国家的政策法律等等，都会对其形成一定的影响。因此，管理实践活动不仅要注重组织的内外部环境，而且要适应环境，充分利用环境所提供的各种有利条件，并根据环境的变化进行不断创新。

管理的目的是实现组织的目标，一个组织要实现的目标往往具有多样性。对于企业而言，其目标包括：提高组织资源的利用效率和利用效果，主动承担社会责任以便获得更好的发展空间，不断拓展市场并最大限度地获取经济效益，创造条件促进职工的个人发展，等等。不论是什么样的组织，效率和效果都是衡量管理工作成效的重要标志。

管理工作要通过资源的有效组织和充分利用来实现组织的目标。资源是一个组织运行的基础，也是开展管理工作的前提条件。巧妇难为无米之炊。传统意义上的资源主要是指人、财、物，强调的是内部的有形资源。现代意义上的资源并非仅限于此，组织管理的有效性集中体现在管理是否使组织花费最少的资源投入，取得最大的社会需要的实际产出。在产出一定的情况下投入最少，或在投入一定的情况下产出最多。

因此，管理不仅要做到实现组织的目标，而且要在更有效率的情况下进行。作为一个组织，管理工作不仅仅追求效率，更重要的是从整个组织的角度来考虑组织的整体效果以及对社会的贡献。把效率（Efficiency）和效果（Effectiveness）有机地结合起来，把管理的目的体现在效率和效果之中，就构成了人们通常说所的绩效（Performance）。

管理工作最终要通过计划、组织、领导和控制等一系列管理职能的行使来获得落实，如图2所示。管理职能是管理者开展管理工作的手段和方法，也是管理工作区别于一般作业活动的重要标志。管理职能是管理理论研究和管理实践的重点。

管理工作的本质，就是从事管理工作的人通过他人并使他人同自己一起实现组织的目标。在通常的情况下，管理人员并不亲自从事具体工作，而是委托他人去进行，而自己的主要精力和时间则集中于计划安排、组织领导和控制检查他人的工作方面。管理人员的身份和地位不同于组织中的其他人，这是由管理工作与作业工作在性质上的不同所决定的。不仅如此，管理人员还要对其他人的工作效果负最终责任。由于这种差别，管理人员与作业人员构成了组织中相对独立的两大部分。

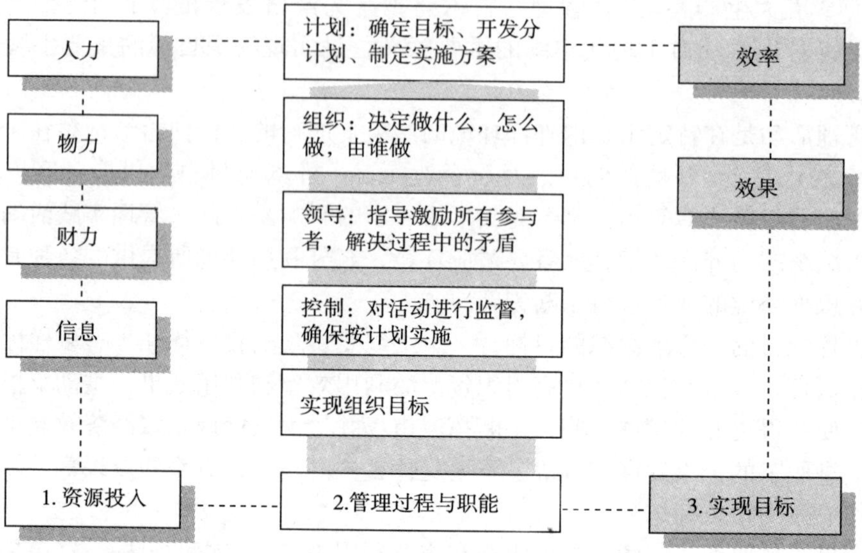

图 2 管理活动示意图

3. 管理的科学性与艺术性

管理既是一门科学也是一门艺术。

管理首先是一门科学。管理是以反映客观规律的管理理论和方法为指导，拥有一套分析问题、解决问题的科学方法。管理发展到今天，已经形成了比较系统的理论体系，揭示出一系列具有普遍应用价值的管理规律和管理原则。这些管理的规律和原则是对长期以来管理实践的高度总结，因此具有科学的意义。

但是，管理又是一门不够精确的科学。一方面，管理属于一门正在发展的科学，与数学、物理学等自然科学相比，其发展的历程相对较短，还需要有一个逐步完善的过程。另一方面，管理工作所处的环境和面对的问题往往是千变万化、无一定之规的，管理科学并不能为管理者提供解决一切问题的标准答案。管理人员必须根据时间的发展将管理知识与客观实践相结合，才能进行有效的管理。这也就决定了管理不仅是科学，同时还应该是一门艺术。

所谓管理的艺术性就是强调管理活动除了掌握一定的理论和方法外，还需要对相应的管理知识进行灵活的运用。管理的艺术性强调了实践的重要性，没有实践经验的积累，机械地生搬硬套，不注重灵活运用和能力的培养，就不可能获得理想的管理工作效果。

基于对管理艺术的认识，20 世纪 70 年代的权变管理理论在管理学界产生了极大影响。美国的管理学家弗雷德·卢桑斯在他的《权变管理理论：走出丛林之路》和《管理导论：一种权变学说》等论著中，对权变管理思想进行了系统论述，并把权变管理思想归纳为管理理论方法和环境之间的函数关系。作为其核心思想即如果某种环境存在或发生，就要存在某种相应的管理思想、方法和技术，以便更好地达到组织的目标。权变理论认为，世界上没有一成不变、普遍适用的管理理论与方法，一切都会因人、因事、因时而异。这种强调管理者所必需的应变能力、灵活性的管理思想，充分体现了管理不仅是一门科学，而且还是一门艺术。

需要说明的是，管理的科学性与艺术性并不是互相对立、互相排斥的。管理的科学性来自于管理实践，管理的艺术性注重客观实际的具体运用，两者之间有着不可分割的内在联系。不注重管理的科学性只强调管理的艺术性，将会导致管理工作的过于随意；不考虑管理的艺术性特点，一味生搬硬套，管理将成为僵硬的教条。

第二节 经济学简史与研究方法

一、经济学的产生与发展

如前所述，英文 economy（经济）是从希腊语“家庭管理”的含义演化而来。西方最早流传下来的专门论述经济的第一部论著是古希腊思想家色诺芬所写的《经济论》。他最早使用“经济”一词，把经济看作是奴隶主庄园的家庭管理。在西方历史上，虽然从亚里士多德到阿奎那等人，早就研究了经济问题，并分别形成了古代经济思想和中世纪经济思想，但经济学作为一门独立的科学，则是在资本主义制度产生和发展过程中逐渐形成的。

真正的现代经济科学，只有当理论研究从流通过程转向生产过程的时候才开始。是英国的亚当·斯密把人们对经济生活的研究从流通领域引向了生产领域，他对生产、交换和消费诸环节进行分析和研究，通过经济范畴的演绎，形成了新的理论体系。正因为如此，人们称亚当·斯密为经济学之父。以1776年亚当·斯密的著作《国富论》的发表为标志，经济学的建立已有二百多年的历史。二百多年来，经济学经历了许多发展阶段。

现代西方经济学由微观经济学和宏观经济学两大部分组成。从微观和宏观的不同角度进行经济分析，不仅构成了经济学发展的完整体系，也成为人们对纷繁复杂、包罗万象的经济问题进行分析研究的基本分类。

（一）微观经济学

微观经济学是研究单个经济主体（如单个消费者，单个厂商或生产者）的经济活动或经济行为的理论体系。微观经济分析采用个量分析方法阐明市场运行中经济变量（如单个商品的供给、需求、价格等）间的相互关系。几乎所有的经济问题，都可以归结为既定的目标与实现目标多种可能的手段之间进行选择的问题。因此，若用需求代表目的，供给代表满足目的的手段，那么几乎所有的经济问题都可以归结为需求与供给之间的关系问题。微观经济学实际上是研究既定资源条件下的商品的需求和供给，生产要素的需求和供给问题，即资源的市场配置方式问题。在市场条件下，既定资源的供求选择配置，无论如何也离不开市场运行中的价格。所以价格理论可追溯到古典学派。

1. 古典经济理论

不少的古典学派的经济学家，如英国的威廉·配弟、法国的布阿吉尔布尔，以及亚当·斯密、李嘉图等人在研究资本主义生产方式下的经济活动时，把个别商品的价值形成和决定，个别市场价格的决定和变动，作为重要的研究对象。

亚当·斯密天才地认识到，在商品交易中，若交易双方的交换是自愿的，只有在他们都相信可以从中得益时，才会做成交易。而只有在自愿交易中即在自由市场上出现的价格才能够协调千百万人的活动。他认为人们各自谋求自身利益，却能使每个人都得益。他惊人地发现，经济秩序可以作为许多各自谋求自身利益的人的行动的非有意识的结果而产生。

亚当·斯密实际上已经论及了价格在市场运行中，在资源配置中的重要功能。马克思在讲价值规律时曾借用斯密的话讲："这种关系就像古代命运之神一样逍遥于地球之上，用看不见的手分配人间的幸福和灾难。"

2. 新古典经济理论

19 世纪 70 年代后，资本主义生产方式从自由竞争开始向垄断过渡，科技革命和生产力的发展推进了企业的生产经营管理。企业注意改进生产技术，降低成本，运用价格体系，扩大销路。这一时期的经济理论从古典学派较重视供给方面转向了需求方面，注重研究市场供求关系。由于自然科学的发展和影响，数量分析，特别是边际增量分析和统计分析方法，以及均衡概念也都应用到经济学科中来，形成了经济分析方法上的重大变革。资本主义的生产集中和大公司企业的产生和发展，为运用新的数量分析和统计方法，对企业单位进行微观研究提供了有利条件。这为现代微观经济学成为独立学科奠定了基础。这一时期，奥地利学派的门格尔（同时有英国的杰文斯和法国的瓦尔拉）提出了"边际效用"价值论。认为"效用"是价值的源泉，而"边际效用"则是衡量价值的尺度。这一理论成为微观经济中需求理论的理论支柱。

新古典学派的主要代表人物是马歇尔。他在 1890 年发表了《经济学原理》一书，他集效用价值论和早期的生产费用价值论之大成，建立了均衡价格理论，成为现代微观经济学的奠基者。美国经济学家克拉克于 1899 年出版的《财富与分配》一书，最先明确提出，并系统阐述了边际生产力理论。从此，以边际生产力理论为基础的要素价格和收入分配理论成为现代微观经济学中最有影响的一种分配理论。

3. 现代微观经济学的确立

新古典学派的微观经济分析都以完全竞争为立论前提，任何个别厂商被假定对市场难以控制，因而就难以解释现实经济中的垄断现象。

1933 年，美国经济学家张伯伦所著《垄断竞争理论》一书出版。同年，英国经济学家琼·罗宾逊所著《不完全竞争经济学》一书出版。他们主要从两个方面对马歇尔的均衡价格理论提出了批评：一是将完全竞争作为市场运行分析的假定前提与垄断为主的实际经济情况不相符。二是均衡价格理论并没有揭示市场运行的决定性规律。他们一方面把不同形式的垄断作为分析市场运行规律的主要假定前提，另一方面又以厂商的利润最大化来说明市场运行规律。指出市场供求均衡状态是由厂商利润最大化（边际成本等于边际收益）决定的。只有厂商达到了利润最大化，供给才能稳定在某个水平上，均衡点才能确定。

因此，决定市场运行的基本规律不是供求均衡，而是边际成本与边际收益的均衡。这样，他们将市场运行的分析从马歇尔的以“部门”为基础转变为以企业为基础，从而建立了以厂商行为分析为基础的市场理论。

1939 年，英国经济学家希克思所著《价值与资本》一书出版，对效用的研究提出了“无差异曲线”的序数效用分析，大大丰富了微观经济学和福利经济学。在马歇尔均衡价格理论和克拉克边际生产力的分配理论基础上，补充了厂商理论和无差异曲线分析，现代微观经济学基本建立起独立的学术体系。

4. 现代微观经济学的发展

第二次世界大战之后，现代经济学在方法和理论上有进一步的发展。现代科技的发展，公司企业的扩大，经营管理水平的进步，计算机和先进设备的广泛应用，作为企业管理学科基础的厂商理论和微观经济学数量分析大为加强，广泛应用边际分析方法，侧重分析各种经济变量的增量之间的关系，大量应用数理方法和统计方法。在理论上，现代微观经济学扩充了福利经济理论。

福利经济理论由瑞士洛桑学派经济学家瓦尔拉和帕累托创立于 19 世纪 70 年代，20 世纪 30 年代希克思的无差异曲线分析将福利经济学大大推进了一步。这一理论在战后得到补充和完善。福利经济学中的福利不是指个人获得的效用或满足，而是指整体社会的经济福利，福利经济学探求的是生产资源的配置如何达到最适度，人们通过交换和消费如何才能达到满足最大。随之而来的国民收入如何达到极大值，作为个人福利之总和的“社会福利”如何达到极大化。

福利经济学既涉及个人更涉及社会，与微观、宏观都有关。但福利经济学是以单个消费者和单个厂商的行为作为出发点来考察社会经济运行，故一般将福利经济学归类于微观经济学中。

随着西方经济的发展，“企业决策理论”、“人口经济学”、“时间经济学”、“环境经济学”等也开始在一些现代微观经济学中出现。现代微观经济学在考察范围、研究对象和内容等方面也在不断发展，出现新的变革。

（二）宏观经济学

新古典微观经济理论主要是分析和解释市场运行，维护和赞扬资本主义的市场经济。新古典学派否定经济危机和失业的存在，认为局部或短期内可能出现的经济危机和失业现象会被市场自动加以纠正。新古典经济理论无法解释1929～1933年资本主义各国爆发的空前的经济大危机。于是，对20世纪30年代大萧条的分析，对宏观总量波动的研究以及由此而制定的有效的就业政策，不同于传统微观经济理论的个量分析和解释性研究。

1. 凯恩斯革命

凯恩斯经济学的登场及其向宏观动态方面的发展被称之为“凯恩斯革命”。1936年凯恩斯所著《就业利息和货币通论》一书出版。该书出版标志着宏观经济学的产生，凯恩斯也就因此成为现代宏观经济学的奠基人。宏观经济学研究整体国民经济的活动，分析整体经济中经济变量（如总需求、总供给、总就业、物价水平等），即总量的变动及其相互关系。

实际上，整体国民经济活动中的失业问题、物价水平问题、经济增长等问题都集中到国民收入这个宏观总量的变动上来。宏观经济学围绕国民收入分析相关总量间的联系，建立宏观经济模型，因此，宏观经济学也叫国民收入分析理论。国民收入的决定问题也就必然成为宏观经济学的核心问题。

对宏观经济问题的分析由来已久，但凯恩斯以前的经济学家对宏观经济问题的研究特点如下：一是不涉及国民收入水平的决定问题；二是维持通过市场可以调整总供给与总需求总是在充分就业下处于均衡的经济和谐的传统观点。

早期的经济学家对宏观经济问题的研究，虽大多从国民财富、国民收入、货币流通总量等宏观角度考察入手，但在考察过程中，又常常涉及一种商品的价值和价格如何决定，各类收入如何分配等微观分析。故宏观理论与微观理论不分或宏观分析与微观兼用。因此，面对20世纪30年代空前严重的资本主义经济危机，以往的宏观经济理论，不可能提出一套有助于摆脱经济危机的对策。

凯恩斯对新古典学派根据萨伊定律建立的宏观理论进行尖锐的批评，他认为市场机制可以将总供求自动调整到充分就业下的均衡状态事实上是不可能的。凯恩斯提出，随着国民收入和产量的增加，资本的边际生产会递减，人们的边际消费倾向会递减，对货币灵活性的偏好会增加，这会导致有效需求（总供求相等时的需求）不足，引起失业。同时，由于存在着工资刚性和价格刚性，以及利息率的变动不能保证储蓄与投资总是相等的情况。市场机制失去了消除失业，将总供求的均衡调整到充分就业的能力。因此，完全依靠市场的自我调节机制可能出现长期失业状况。只有靠国家的干预，适当地提高总需求，才能弥补市场机制的缺陷，消除失业，使经济在充分就业下运行。

凯恩斯在经济学的许多领域里都有与新古典学派不同的观点和理论，但最本质的差别有两点：一是他承认市场经济本身有缺陷；二是他认为通过政府的干预可以弥补市场的缺陷。凯恩斯经济学的出现，是西方经济思想发展过程中的一个历史路标。它标志着自由放任的终结，标志着政府干预主义的新的历史时期的开始。从此，政府干预主义者聚集在凯恩斯主义的旗帜下，他们宣传、诠释、补充、修改和发展凯恩斯的学说；经济自由主义者则站到它的对立面，批评、反对、攻击凯恩斯主义。两派的争论持续不断地进行着，形式不断变化，发展到今天，表现为新凯恩斯主义和新古典宏观经济学之争。

2. 新古典综合派

新古典综合派，又称后凯恩斯主流派，是产生于美国的现代凯恩斯主义的一个重要学派。新古典综合派试图在凯恩斯的总量经济范畴基础上，用新古典的个量分析的理论和方法去构造一个所谓和谐统一的新经济学圣殿。尽管从现在来看，这种努力并不成功，但是，在20世纪50年代后的25年中，新古典综合派对新古典经济学和凯恩斯经济学所作的综合，使经济学有过一段相对平静和一致的时期。当时，西方许多经济学家对一些重大问题的意见的确极为一致，众多的经济学家都是“新古典综合派”的信徒。该学派的理论和政策主张不仅对美国有着重要影响，而且对主要资本主义国家都有不同程度的影响。新古典综合派的名声远远超出其他学派之上，成为西方经济学界的主流经济学。

新古典综合派的代表人物有阿尔文·汉森、约翰·理查德·希克斯、保罗 A. 萨缪尔森、詹姆士·托宾等。保罗 A. 萨缪尔森是美国的著名经济学家，新古典综合派最主要的代表人物。萨缪尔森几乎在西方经济学的各个方面均有自己的改正、补充、精炼或发展。他运用数学工具对各种经济理论进行较为全面的分析。他的《经济学》一书不仅融合宏观微观分析，而且理论内容涉及之广、篇幅之多也为以往同类著作所不及。萨缪尔森首创“新古典综合”一词，用以表示凯恩斯经济学和新古典经济学的结合。萨缪尔森提出的新古典综合论，广泛地流行于西方经济学界，在20世纪60年代中期以前，新古典综合学派成为西方的正统经济学，并成为政府干预经济的理论基础。萨缪尔森在其《经济学》中，把凯恩斯的宏观经济学和新古典的微观经济学结合起来，从形式上看，是将两种经济学顺次安排在一起的那种结合。凯恩斯的总需求曲线和新古典学派的名义工资有向下刚性假设的总供给曲线，构成新古典综合派整个理论体系的主要部分。新古典综合派在总需求分析方面采用了凯恩斯主义的观点，在总供给的分析方面，短期采用了凯恩斯的观点，长期采用了新古典学派的观点。1972年，萨缪尔森在《经济学》第8版中，以“后凯恩斯主流经济学”一词代替了“新古典综合派”。

3. 新凯恩斯主义经济学

20世纪80年代，一个主张政府干预经济的新学派——新凯恩斯主义经济学在西方经济界崭露头角。新凯恩斯主义的出现使凯恩斯主义从困境中走了出来。新凯恩斯主义坚持了凯恩斯主义的基本信条。以独辟蹊径的研究方法和新颖的观点复兴了凯恩斯主义，其影响也逐渐扩大。

新凯恩斯主义诞生于一个学派林立，经济学家们寻求共识又无法达成共识的时代。原凯恩斯主义失去主流经济学地位后，经济自由主义和政府干预主义两大思潮的争辩趋白热化，两大思潮内部又涌现许多学派。当原凯恩斯主义备受冷落，经济自由主义思潮席卷西方宏观经济学各领域时，一批被称为“新凯恩斯主义者”的中青年学者敢于反经济自由主义潮流，坚持原凯恩斯主义的基本信条。他们在经济研究中引入大量最新的分析方法，对各种有用的经济理论观点，包括论敌的观点兼收并蓄，并提出了许多新颖的论点，发展了原凯恩斯理论。在他们的不懈努力下，新凯恩斯主义崭露头角。

新凯恩斯主义不是对原凯恩斯主义的简单因袭，而是对它进行批评、继承和发展。新凯恩斯主义者认真对待各学派对原凯恩斯主义的批评，对原凯恩斯主义进行了深刻的反省，同时吸纳并融合各学派的精华和有用的概念、论点，有批评地继承、发展了原凯恩斯主义。正像斯蒂格利茨等人指出的，新凯恩斯主义和原凯恩斯主义在以下三个命题上是一致的：劳动市场上经常存在着超额劳动供给；经济中存在着显著的周期性波动；经济政策在绝大多数年份是重要的。简言之，新凯恩斯主义继承了原凯恩斯主义的基本信条。然而，在具体的经济分析方法和经济理论观点上，新凯恩斯主义和原凯恩斯主义之间存在着重要差别。

新凯恩斯主义在分析中引入了原凯恩斯主义所忽视的厂商利润最大化和家庭效用最大化的假设，吸纳了理性预期学派的理性预期假设，试图给凯恩斯主义宏观经济学奠定微观经济基础。新凯恩斯主义者把供给和需求两方面的震动都视为经济不稳定的潜在根源。当经济运行受到需求或供给冲击后，经济会处于非均衡状态。因而，新凯恩斯主义经济学的特征表现为不完全竞争，不完善市场，异质劳动和不对称的信息，而且经济主体经常关心着公平。在新凯恩斯主义者看来，宏观调控作为经济过程中的外部力量所具有的协调作用和影响力不可低估。

（三）微观经济学与宏观经济学的相互联系

从现代西方经济学的形成和发展历史不难看出，无论微观经济理论还是宏观经济理论，都是资本主义市场经济发展的产物。因此，现代西方经济学必将随着资本主义经济的发展和变化而发生新的演变。

现代科学技术的进步和自然科学的专业化，也对“宏”、“微”两学发展成为独立的学科体系产生巨大的影响。尽管如此，“宏”、“微”两学仍是难以截然分开的。作为研究市场经济运行的经济科学或知识体系的两大组成部分，虽然各有其研究的对象和相应的分析方法，但两者有密切的联系。表现如下：

（1）微观个量构成宏观总量变动的基础。因此，宏观经济分析必须以微观理论为基础，而微观分析又需以宏观理论为其条件和前提。

（2）微观经济学和宏观经济学都采用共同的分析方法，如两者都是用科学的抽象方法，使用静态均衡分析和动态过程分析。在进行数量分析时，两者都使用边际分析这样的数学工具等等。

事实上，资本主义市场经济的发展使微观经济学与宏观经济学的联系更加紧密。微观经济学、宏观经济学就成为现代西方经济学中最基本也是最重要的内容。

二、经济学研究方法

1. 实证分析法与规范分析法

实证分析法是描述经济是如何运行的。它一般通过对经济事实的观察和描述来揭示经济变量之间的关系，回答“是什么”的问题。如现在的失业率是多少？失业率和通货膨胀率之间是怎样的一种关系？有几种可供选择的政策？选择某种政策的后果如何？这些问题只有通过诉诸事实才能解决。实证分析法有以下规定性：

（1）分析研究的内容来源于客观的经济现象，从中得出的经济理论能够解释这些经济现象。

（2）得出的理论结论可以通过科学或事实来检验真伪。

（3）对所研究的经济现象不作伦理和价值判断。

（4）运用研究的理论和结论可以对有关经济现象的未来情况作出预测，确定其规模和数量的大小。

因此，实证分析又可分为经验性实证研究和理论实证研究两种，而理论研究又包括纯理论研究和应用理论研究。

规范分析法一般根据伦理或价值判断对分析研究的经济问题作一评价或提供规范。回答“应该怎么样”、“是否合理”这样一些价值判断问题。如通货膨胀的容忍限度是多少？经济增长速度应保持7%，还是9 %或15%？由于经济学家的立场、观点不同，伦理道德标准各异，对一个经济事物就会有不同的看法，甚至有相反的意见。规范分析法的基本特征是：

（1）牵涉到个人道德准则和好恶感的价值判断。

（2）得出的理论结论经常会有不同，甚至相反，应通过科学或经验事实进行检验。人们对经济政策的福利后果作分析评价时常用此方法。

实证分析法和规范分析法在经济学研究中往往相互补充。如果我们不大知道一项政策的后果，就无法判断它是否合乎要求，而经济学家在试图说明经济运行的全貌并为自己的政策主张提供理论依据时，又很难不涉及研究者本人的价值判断。正因如此，特别是在“关于公共政策的讨论中，经济学家的意见不一常常引起人们很大的关注。不过，如果理解恰当，这些意见可以开阔人们的眼界，帮助政府更好地决策。

一般来说，除福利经济理论的阐述及分配原理的某些说明外，在微观经济学的分析中，实证分析方法往往是通常所主要使用的方法。

2. 均衡分析法

当一个经济体系的所有重要变量处于平衡状态，没有任何因素促使这些变量发生变动时，这个体系就处于均衡状态。这里“均衡”一词是从机械力学中借用来的，意指相互作用的力量因大小相等，方向相反而处于静止不变的平衡状态。如一种产品市场达到均衡则意味着在目前价格水平下，买方愿买的数量恰好等于卖方愿卖的数量，此时，买方和卖方均认为若改变这个数量不会给自己带来更大的好处，在外界条件改变之前，价格和数量便静止下来，达到均衡。

由于在现实生活中，外界条件不断在发生变化，可能均衡是转瞬即逝的一刻，也可能永远也达不到。如微观经济学的“蛛网理论”，就是指一种商品的供给、需求与价格相互作用过程中，既可能趋向均衡，也可能始终按照一定的波动幅度上下波动，永不趋向均衡。因此，与均衡分析方法相对，存在着描述有关变量相互作用的具体过程的非均衡分析方法。但在均衡分析中，我们只考虑达到假想中的均衡时的情况。

（1）长期均衡法与短期均衡法。当所有变量和流量都保持稳定，即新增净流量等于零时，称为长期均衡或充分均衡；当流量稳定，存量只是相对微小变动因而可以忽略不计时，称为短期均衡或流量均衡。

（2）一般均衡法与局部均衡法。仅就经济体系某一部分加以分析和观察，而假定其他部分对所观察部分没有影响，这时在一定价格下供给量等于需求量，便是一种均衡，称为局部均衡。如果整个经济领域内所有的市场都达到供求平衡这样的状态，便称为一般均衡。

3. 静态分析法、比较静态分析法和动态分析法

（1）静态分析法就是分析经济现象的均衡状态以及有关的经济变量处于均衡状态所必须具备的条件，但并不论及达到均衡状态的过程，即完全不考虑时间因素。例如：把静态分析方法运用于某种商品价格的分析时，仅仅研究在供给量和需求量相等的条件之下，商品的价格怎样处于均衡状态，而不管商品价格形成均衡的过程以及所需要的时间。

（2）比较静态分析法先是对变化之后的自变量作一次静态分析，分析自变量变化后因变量达到均衡状态的情况，然后对变化前后两套自变量条件下的因变量值进行比较，但不考虑从原均衡状态到新均衡状态的变化过程。例如：把比较静态分析方法运用于商品价格的分析时，通过对这种商品不同水平的均衡

价格的比较，来研究究竟是由于需求的变化还是由于供给的变化引起商品价格的变化。

（3）动态分析法是对原有均衡状态向新的均衡状态变化的过程进行分析，其中包括分析有关经济变量在一定时间内的变化，经济变量在变动过程中的相互影响和彼此制约的关系，以及它们在每一时点上变动的速率等等。例如：把动态分析办法运用于市场供给量的分析时，可以研究在各个时期里市场供给量随着价格变化而调整。它强调这个调整过程，而不是变动所形成的均衡状态。由于在实践中动态分析较静态分析困难，因此在微观经济学中较少采用动态分析方法。而在宏观经济学中，动态分析法常常被用来研究经济增长和经济周期波动等问题。

4. 边际分析法

边际分析方法有两大类，即边际成本分析和边际收益分析。边际成本分析就是分析每增加或减少一个单位产品而使总成本变动的数值。或者说，是分析生产最后增加的那个单位产品所花费的成本。边际收益分析就是分析增加某种经济活动所带来的增加值（如货币收入、满意程度等）。或者说，是分析生产者（或消费者）每多出售一个商品（或得到一个商品）而使总收益增加的值。寻求利益极大化的个人总是遵循这样的边际分析原则：当某项经济活动（如生产、消费）的边际收益大于边际成本时，人们会扩大这种活动；反之，则减少这种活动，直到边际收益等于边际成本。

边际分析方法实用性很强。斯蒂格利茨（J. E. Stiglitz）曾指出："我们最难以作出的决策不是做某事还是不做某事，而是多做些还是少做些。很少有人浪费时间去决定是否工作。我们必须工作，要作出的决策是多工作几个小时，还是少工作几个小时。当我们需要购买公寓或者房子时，难题在于买一套较大的还是较小的。一个国家不需要考虑是否拥有军队，它需要决定的是这支军队的规模应该较大或者较小。"最后他说："人们在作大多数决策时会有意无意地考虑到边际的替换，经济学家却把这个问题提了出来。""边际分析是使经济学家系统地考虑各种可代替选择的成本的关键性概念之一。"

5. 数学分析法

经济现象不但错综复杂，而且变化不定，无法像自然科学那样，在实验室内进行实验。为了便于研究，经济学家往往要对错综复杂的现实经济活动进行高度概括，舍去一些比较次要的因素，专门研究具有普遍性、决定性的因素，形成经济理论。经济理论是实践经验的高度概括，而数学模型则是经济理论的简明表达。数学模型分析法使经济现象之间的关系可以用数量关系来表示。使用数学来表达或论证经济理论比较简练、清晰、逻辑性强，而且，借助数学工具所建立的经济模型使经济学的实用化成为可能。

今天，数学在经济学中的应用已无所不在。经济学形成和发展的过程，也就是不断运用数学方法的过程。但也应看到，通过观察建立的经济变量之间的统计关系的正确性有赖于观察的大量性和平均性。因此，作为社会科学的经济学，不像自然科学那样精确。而且，数学并不是经济本身，而是一种工具。离开了思想，工具就是没有意义的。这就要求我们在运用数学分析法时要避免“唯数学模型为上”的经济学方法误区。

第三节　管理学特点及其研究方法

一、管理学的产生与发展

管理理论作为资本主义工业革命的产物尽管在近代才出现，但管理作为一种实践活动则自古有之。

最早的管理实践起源于原始社会人们的共同劳动与分工，其具体的劳动形态就是人们的狩猎活动。为了取得狩猎的成功，人们必须分工协作，由此产生了人类历史上最早的管理活动。作为原始社会开展管理活动的基本组织单位就是氏族和部落。人们正是在氏族长和部落首领的带领下从事各种活动的，氏族长或部落首领就是最早的管理者。当然，由于原始社会的生产力十分低下，其管理的内容主要局限在劳动管理与公共事务管理等狭小的范围内，管理的方法和手段比较简单，管理没有从劳动中分离出来，尚处于一种自发的状态中。

由于社会生产力的提高，到了奴隶社会和封建社会，人们的管理实践与原始社会相比有了突飞猛进的发展。埃及的金字塔、中国的万里长城和都江堰等规模巨大工程的建造，没有较高的管理水平是难以想象的，它们集中地反映了古代劳动人民高超的管理智慧和技艺，至今仍闪耀着文明的光芒。正是在这种较高水平的管理实践的基础上，在古今中外的历史上，产生了一些具有一定深度的管理思想萌芽，如中国古代军事思想家孙武在其《孙子兵法》中阐述的“知己知彼，百战不殆”的统筹兼顾、出奇制胜的管理理想；古希腊学者苏格拉底在公元前400年提出了国家管理的一般原则，即管理者应使其下级服从领导；管理者应争取获得同盟者和支持者；管理者应有保持自己的人力和物力的能力等。这些都是这种管理思想的结晶。此外，奴隶社会和封建社会的管理内容也较之原始社会大为丰富，除了劳动管理和公共事务管理以外，还包括因国家的出现而产生的行政管理与军事管理；因社会分工的出现和封建社会国家发行货币而产生的经济管理等内容。此阶段，管理开始从劳动中分离出来，管理内部也开始了分工，宏观的经济管理思想得到较快的发展。

到了资本主义社会，随着工业革命的爆发，以机器和机器体系为主的企业取代了原来的工场手工业，企业规模日益扩大，内部分工日益复杂，使管理的内容及方法显现出空前的复杂化。由此引起一大批管理学者对管理问题的系统研究和深入探讨，独立的管理理论开始诞生，管理科学正式形成，资本主义社会的管理因此而开始由自发走向自觉，由经验走向科学。这一时期，企业内部也出现了管理从劳动中的分离，专业的管理人员和机构开始出现，管理的手段和方法因科学技术的迅猛发展而越来越先进，管理的内容进一步丰富，除行政管理、经济管理和军事管理以外，还产生了法制管理的内容。

二、管理学特征与研究方法

（一）管理学的特征

1. 综合性和边缘性

管理学的知识体系涵盖了自然科学、政治经济学、哲学、心理学等多学科的知识内容，需要运用到多学科的研究成果，同时处在多学科的边缘。具体讲，哲学为管理学的研究提供方法；政治经济学是管理学研究的理论基础；数学、计算机、运筹学等自然科学是管理学的研究工具；心理学等社会科学是管理学研究不可或缺的重要依据，还有环保学、法学等都是管理学研究要涉及的内容。

2. 复杂性和实践性

管理学的研究对象决定了管理学研究范围和内容的广泛性和丰富性，管理学由此而具有复杂性；与自然科学及其他社会科学比较，管理学的实践性更强，因为管理学的理论和方法均是人们通过大量的实践经验的总结和提炼而形成的，管理学的基础是实践，其检验标准也是实践。当然强调管理学的实践性并不是要否认或排斥在管理学研究中逻辑推理、演绎方法的应用，因为对管理实践的总结、分析和归纳必须用到逻辑推理、演绎方法。

3. 科学性与社会性

管理学揭示了管理活动的客观规律并通过对这些规律的总结形成了一整套标准的管理模式、管理程序和管理方法，这就是管理学科学性的表现；另一方面，由于管理学并不是单纯只研究生产力的发展问题，还要研究生产关系和上层建筑问题。不同社会制度下的管理学要为一定的生产关系和社会制度服务，没有超阶级的管理学，由此而带来管理的方法和方式在不同社会制度下的差异性，管理学因此而具有社会性。

（二）管理学的研究方法

根据管理学研究的对象及特点，我们对管理学的研究，总的说要以马克思主义唯物辩证法为指导，从社会主义市场经济条件下的管理实际出发，同时大胆借鉴国外的先进经验，实事求是，勇于探索。在这一前提下，还要有一套科学的、具体的研究方法。这些具体研究方法主要有以下几种：

1. 历史研究的方法

历史研究的方法就是运用管理理论与实践的历史文献，全面考察管理的历史演变、重要的管理思想和流派，从中找出规律性的东西，寻求对现在仍有意义的管理原则、方式和方法。任何管理现象都不是孤立的，都有它产生的历史背景及其发生、发展的过程。因此，对管理学中的某一种管理理论、某一个定义、某一个规律的研究，都应放在一定的历史条件下，从其发生和发展的过程中去考察，才能掌握它的来龙去脉，了解它的实质所在，并给予恰当的评价。

用历史的方法研究管理学要求我们全面地、发展地看待一切管理思想、管理理论，既要挖掘出它的历史渊源，又要看到它的发展变化。一方面要注意其反映的普遍性问题，另一方面，也要注意其所代表的是哪种生产关系主体的利益，这样深入地研究前人留下的管理精华，才会大有收获。

2. 比较研究的方法

有比较才有鉴别。比较的方法是科学研究中通常用的一种研究方法。它把不同的或相类似的事物放在一起作比较，用以鉴别事物之间的异同，分辨出一般性和特殊性的东西、可为我借鉴的东西和不可为我借鉴的东西。从西方“古典管理理论”的形成到现在，出现了许多不同的管理理论和流派，观点各不相同，思想学说纷纭。如何从这种纷繁的现象中理出头绪，就需要采用比较法，以找出各学派的特色，区别其实质，真正做到兼收并蓄，丰富我国管理学的内容。

3. 案例分析法

案例分析法是指在学习研究管理学的过程中，通过对典型案例的分析，从中总结出管理的经验、方法。实践证明，案例分析法对于管理学的研究是行之有效的。

在西方管理理论的研究中，从古典管理理论到现代管理理论，其中许多结论都是从大量的案例分析中得出来的。例如，泰勒所提出的定额管理原理、计件工资原理、操作标准化原理等都来自于他对米德维尔钢铁厂的大量案例分析。又如，权变理论中所提出的“超 Y”理论和行为科学理论中所提出的“人是社会人”的结论，也都是通过大量的实际案例分析所得出的。由此可见，案例分析法是管理理论研究的一种最基本、最常用的方法。这种方法的最大优点是能够体现理论联系实际的原则，使一般管理原理的抽象建立在大量的实际案例分析基础上。

4. 归纳演绎法

归纳和演绎是两种不同的推理和认识事物的科学方法，归纳是指由个别到一般，由事实到概括的推理方法。演绎是指由一般到个别，由一般原理到个别结论的推理方法。对管理学的研究主要是由具体的事物，经过分析上升到抽象一般，因此，必然运用归纳的推理方法。但是，归纳和演绎在实际推理过程中是密不可分、相辅相成的，因为由归纳推理所得出的结论，需要再由演绎推理来作修正和补充，只有通过归纳推理和演绎推理的反复论证，才能使所得结论全面、可靠，经得住实践的检验。否则，如果只有归纳没有演绎，那么所得出的结论可能不具有一般性；而如果只有演绎没有归纳，演绎就既没有前提，也不会得出正确的结论。

三、管理学、经济学与相关学科比较

1. 经济学与管理学的异同

经济学家萨缪尔森认为，经济学研究的是社会如何利用稀缺资源来生产有价值的商品，并在现在或将来把商品分配给社会的各个成员和集团的科学。而管理学是对组织的资源进行有效整合，以达成组织既定目标和责任的动态创造性活动，管理的核心在于对现实资源的有效整合。因此从研究资源配置的角度看，经济学和管理学可谓殊途同归。然而，尽管经济学和管理学都研究资源配置问题，但二者之间仍然存在区别。

首先，经济学主要探讨社会资源的有效配置——合理的生产、交换、分配、消费问题，而管理学主要研究组织资源的有效利用——提高投入产出效率；其次，经济学研究社会资源的配置机制和制度方面——在市场和价格机制下，以人们的自利行为为出发点；而管理学研究组织资源配置的技术和方法方面——以权威和控制机制下，人们自觉的行为为出发点；第三，经济学侧重于比较宏观和共性的方面——研究一般规律和普遍现象，而管理学侧重于比较微观和个性的方面——研究特殊性和实际方法。

与经济学家所不同的是，在管理学家眼中，人或企业是实实在在的，除了其共性外，不同的人或企业都有其个性或特殊性。也许正因为这种研究对象的特殊性，才使得管理学的理论体系没有经济学那样完美和系统。然而，近十多年来，在经济学研究领域内，现代企业理论正成为研究的前沿之一。现代企业理论把企业看作是一系列不完全契约的组合，是人们之间交易产权的一种方式，因此也被称为“企业的契约理论”。从其所应用的方法上划分，可以分为三大理论：交易费用经济学理论、委托—代理理论和产权理论。其中，交易费用理论重点研究企业与市场的关系；委托—代理理论侧重于分析企业内部组织结构及企业成员之间的委托—代理关系；产权理论则从产权的外部性的角度研究所有权与控制权分离情况下的控制权分配问题和激励问题。这三种理论的共同之点都是强调企业的契约性、契约的不完全性及由此导致的企业所有权的重要性。这三个理论与契约理论一起，构成了新制度经济学的体系。

由于现代企业理论与企业管理理论研究的对象是企业，企业管理应能从现代企业理论这一经济学研究成果中得到有益的借鉴。事实上，以科斯为代表的新制度经济学打开了企业这个“黑箱”，以契约交易费用分析为基点，探讨企业制度安排对企业资源配置效率的影响，开创了从制度角度研究企业的先河，而这恰恰是管理学过去所忽视的方面。因此，以经济学中现代企业理论的产生和发展为标志，管理学与经济学在研究对象、研究方法和理论体系上的融合及交叉正在成为一种新的趋势。

2. 经济学、管理学和金融学的关系

工业革命催生了经济学和管理学，信息革命促进了经济学和管理学的现代化，并使金融学从经济学中独立出来，而同经济学、管理学相并列，形成三足鼎立的局面。

经济学包括理论经济学和应用经济学，自20世纪最后20年以来有着特别迅速的新发展，非均衡理论、非线性理论、信息非对称理论、委托—代理理论、产业规制理论，以及新增长理论、新制度经济学理论等不断涌现。经济学为我们研究经济行为和经济现象提供了一整套分析方法，也为我们分析各种经济问题扩大了视角，确立了新的参照系。研究经济问题不能就经济论经济，而应联系社会、政治、科技、文化、环境等因素，扩大视野，所用的方法也不能简单化一，而应综合运用多种方法。各种经济分析方法备受关注，有些方法如分析个人行为的微观经济计量方法、代理人在有限选择中进行选择的“分离选择”方法等，这些方法的发明者赫克曼（J. Heckman）、迈克法登（D. McFadden）还因此而获得2000年诺贝尔经济学奖。“工欲善其事，必先利其器”。经济学研究的任何创新往往同分析研究方法的突破是分不开的。1969年至2003年共35届诺贝尔经济学奖的主要研究领域，除一般均衡理论、宏观经济学、微观经济学、交叉科学研究四个领域外，最后第五个领域就是经济分析新方法。迄今为止在这一领域获奖的都是从事数量经济学和信息经济学研究的学者。

在管理学方面，随着信息时代的到来，由于管理不再限于完成既定的任务而需不断创新，管理的对象不再只有体力劳动者而更为重要的还有智力劳动者，管理不再是与文化无关的科学，且已不囿于一国的范围，管理不再仅为经济发展的结果而给经济发展以巨大推力，这一切使管理理论和方法不断推陈出新，出现了旨在提高智力劳动者生产率的激励理论和分配方法，以及企业文化理论和企业形象管理方法等等。

金融学原是经济学的一部分。信息革命造就了新经济，但新经济单有新技术的支撑而无新金融的孵化和扶持，是根本不可能萌芽和成长起来的。如果说科技是经济的第一生产力，那么金融可以说是经济的第一推动力。1990年诺贝尔经济学奖首次授予研究资产组合理论和金融市场均衡分析的三位学者，他们是马克维茨（H. Markowitz）、米勒（M. Miller）、夏普（W. Sharpe），这使金融学名声大振。随后 1997 年默顿（R. Merton）和斯科尔（M. Scholes）因研究期权价格获得诺贝尔经济学奖，又把金融学研究推进了一步。金融学从第一阶段的公司财务研究和第二阶段的资产定价研究，发展到第三阶段金融行为研究。行为金融学日益成为金融研究的新时尚。与金融学理论发展相伴随，为规避金融风险而设计与实施的金融衍生产品或服务为内容的金融工程及其研究迅速兴起。

经济学、管理学、金融学三者存在着紧密的联系，并在相互促进中共同发展。经济学与金融学不仅有共同的研究方法，如计算机模拟、非线性混沌分析、大样本数据实证检验以及借鉴心理学原理的“临床诊断”研究方法等，而且还有类似的研究方向，如经济学中有实验经济学和行为经济学，同样在金融学中也有实验金融学和行为金融学。由于金融学与经济学的融合已产生了金融经济学。最后，管理学与金融学的关系也越来越密切了。随着管理学日益介入金融研究，已出现了金融管理学和金融工程学，尤其像金融风险及其管理这一领域，目前几乎成了管理学研究大举进军的一块热土。

名词概念

效用	需求	供给	资源配置	古典学派
新古典学派	凯恩斯革命	实证分析	边际成本	价值规律
成本	整合	劳动分工		

要点回顾

- 经济学的研究对象，是关于稀缺性资源的有效配置问题，或者说是关于稀缺性资源配置效率的学问。这是所有国家，所有企业，所有家庭也乃至每一个人，都必须面对的问题。
- 经济活动是人类所进行的最基础性的活动，而经济获得所面对的基本问题可以概括为生产什么、生产多少和为谁生产。
- 市场经济（Market Economy）作为一种经济体制，是伴随自然经济的完结而逐步形成的。市场经济是在财产权利的制度体系下，通过个人和企业在市场上资源交换、分散决策的方式来解决经济上的三个基本问题。
- 所谓组织，是有两个或两个人以上的个人，为了实现共同的目标组合而成的有机整体。对于组织而言，管理就是在特定的环境下，对组织所拥有的资源进行有效的计划、组织、领导和控制，以便达到组织既定目标的目的。
- 均衡价格理论和边际生产力的分配理论补充了厂商理论和无差异曲线分析，现代微观经济学基本建立起独立的体系。

- 凯恩斯学派不同于新古典学派最本质的差别有两点：一是承认市场经济本身有缺陷；二是认为通过政府的干预可以弥补市场的缺陷。
- 管理学是对组织的资源进行有效整合，以达成组织既定目标和责任的动态创造性活动，管理的核心在于对现实资源的有效整合。
- 经济学、管理学、金融学三者存在着紧密的联系，并在相互促进中共同发展。

课后练习

一、单项选择题

1. 微观经济学是研究(　　)的经济活动或经济行为的理论体系。

   A. 单个消费者　　B. 单个经济主体

   C. 单个厂商　　D. 单个生产者

2. 新古典学派的微观经济分析都以(　　)为立论前提。

   A. 市场经济　　B. 垄断　　C. 自由竞争　　D. 完全竞争

3. 实证分析法回答(　　)的问题。

   A. 为什么　　B. 该如何　　C. 做什么　　D. 是什么

4. 管理实践起源于(　　)。

   A. 生产力的提高　　B. 工业革命　　C. 劳动分工　　D. 劳动生产

5. 金融学原是(　　)的一部分。

   A. 经济学　　B. 财政学　　C. 货币银行学　　D. 管理学

二、多项选择题

1. 凯恩斯理论与新古典学派最本质的差别是(　　)。

   A. 市场经济本身有缺陷

   B. 市场机制可以将总供求自动调整到充分就业下的均衡状态

   C. 通过政府的干预可以弥补市场的缺陷

   D. 国民收入水平的决定问题

2. 微观经济学和宏观经济学的关系表现在(　　)。

   A. 采用共同的分析方法

   B. 研究的假定前提相同

   C. 宏观理论是在微观理论的基础上发展起来的

   D. 微观分析以宏观理论为其条件和前提

3. 管理学的研究方法包括(　　)。

   A. 历史研究　　B. 比较研究　　C. 案例分析　　D. 归纳演绎

4. 现代企业理论从应用的方法上可划分为(　　)。

A. 交易费用经济学理论　　B. 委托—代理理论

C. 企业的契约理论　　D. 产权理论

三、填空题

1. 现代西方经济学由________、________两大部分组成。

2. 新古典学派的主要代表人物是________。

3. 边际分析方法有两大类，________、________。

4. 现代企业理论把企业看作是一系列________的组合，是人们之间交易产权的一种方式。

5. ________开创了从制度角度研究企业的先河。

四、简答题

1. 什么是“凯恩斯革命”？

2. 经济学和管理学的区别表现在哪些方面？

参考答案

一、单项选择题

1. B　　2. D　　3. D　　4. C　　5. A

二、多项选择题

1. AC　　2. ACD　　3. ABCD　　4. ABD

三、填空题

1. 微观经济学　宏观经济学

2. 马歇尔　3. 边际成本分析　边际收益分析　4. 不完全契约　5. 科斯

四、简答题

1. 答题参考

凯恩斯经济学的登场及其向宏观动态方面的发展被称之为“凯恩斯革命”。1936 年凯恩斯所著《就业利息和货币通论》一书出版。该书出版标志着宏观经济学的产生，凯恩斯也就因此成为现代宏观经济学的奠基人。宏观经济学研究整体国民经济的活动，分析整体经济中经济变量（如总需求、总供给、总就业、物价水平等），即总量的变动及其相互关系。凯恩斯在经济学与新古典学派不同最本质的差别有两点：一是承认市场经济本身有缺陷；二是认为通过政府的干预可以弥补市场的缺陷。

凯恩斯经济学的出现，是西方经济思想发展过程中的一个历史路标。它标志着自由放任的终结，标志着政府干预主义的新的历史时期的开始。从此，政府干预主义者聚集在凯恩斯主义的旗帜下，他们宣传、诠释、补充、修改和发展凯恩斯的学说；经济自由主义者则站到它的对立面，批评、反对、攻击凯恩斯主义。两派的争论持续不断地进行着，形式不断变化，发展到今天，表现为新凯恩斯主义和新古典宏观经济学之争。

2. 答题参考

经济学研究的是社会如何利用稀缺的资源来生产有价值的商品，并把现在或将来把商品分配给社会的各个成员和集团的科学。管理学是对组织的资源进行有效整合，以达成组织既定目标和责任的动态创造性活动。尽管经济学和管理学都研究资源配置问题，但二者之间仍然存在区别。

首先，经济学主要探讨社会资源的有效配置——合理的生产、效换、分配、消费问题，而管理学主要研究组织资源的有效利用——提高投入产出效率。

其次，经济学研究社会资源的配置机制和制度方面——在市场和价格机制下，以人们的自利行为为出发点；而管理学研究组织资源配置的技术和方法方面——以权威和控制机制下，人们自觉的行为为出发点。

第三，经济学侧重于比较宏观和共性的方面——研究一般规律和普遍现象，而管理学侧重于比较微观和个性的方面——研究特殊性和实际方法。

本章参考文献

[1] 金雪军，等．微观经济学［M］．杭州：浙江大学出版社，2000.

[2] 宋承先．现代西方经济学（微观经济学）［M］．上海：复旦大学出版社，1997.

[3] 宋承先．现代西方经济学（宏观经济学）［M］．上海：复旦大学出版社，1997.

[4] 洪毅．经济数学模型［M］．广州：华南理工大学出版社，2001.

[5] 王健．当代西方经济学流派概览［M］．北京：国家行政学院出版社，1998.

[6] 孙成志．管理学［M］．北京：中国金融出版社，2004.

[7] 张中华．管理学通论［M］．北京：北京大学出版社，2005.

[8] 高核．管理学与经济学的融合及未来发展［J］．云南民族大学学报（社科版），2004（1）．

[9] 王晓琴．论管理学与经济学的分野与融合［J］．社会科学管理与评论，2005（4）．

[10] 乌家培．与时俱进的经济学和管理学［J］．学术研究，2004（9）．

[11] 萨缪尔森．经济学［M］．北京：商务印书馆，1981.

第一章　供求的一般理论

核心内容

本章作为微观经济学的核心，以简明扼要的表述方式对以下内容进行了系统介绍，其中包括：

■ 需求理论；
■ 供给理论；
■ 市场价格；
■ 供求弹性；
■ 蛛网理论。

教学目的

通过本章的学习，使学生了解掌握以下内容：

■ 了解需求（供给）表和需求（供给）曲线；
■ 了解蛛网理论的基本假设及蛛网的三种情况；
■ 理解需求量（供给量）的变动与需求（供给）的变动；
■ 掌握需求、供给的概念及影响因素；
■ 掌握需求弹性的计算方法。

第一节　需求理论

价格是市场经济中影响资源配置的一个关键因素，社会上的生产者和消费者都是根据价格信号来作出自己的生产和消费决策的。因此，价格理论也就成为微观经济学的核心问题。考虑到市场经济条件下价格的形成机制，是对其他经济问题进行研究的前提；需求和供给是决定市场均衡价格的两大基本力量，所以，微观经济学是从需求与供给分析的。

一、需求的概念

需求（Demand）是指在某一特定时期内，对应于某一商品的各种价格，消费者愿意而且能够购买的数量。

需求的定义说明了两层含义：首先，经济学中所述的需求不同于消费者自然的、主观的需要。需求以消费者的货币购买力为前提，是有支付能力的需要。仅是愿意购买而没有支付能力，只是消费者的欲望和主观需要，不能形成现实需求。其次，需求这个概念总是涉及两个变量：商品的价格及与该价格相对应的购买数量。从日常经验可知，消费者购买的数量一般总是随价格的变化而变化。例如，当某种食品的价格为每千克 15 元人民币时，某位消费者也许购买 10kg；当价格涨到 25 元人民币时，他也许只购买 6kg。因此，需求实际上反映了消费者购买的商品数量与商品价格这两个变量之间的关系。

需求可以分为个人需求和市场需求。个人需求是指单个消费者或家庭对某种商品的需求。市场需求是指在某一特定市场和某一特定时期内，所有消费者在各种可能价格下将购买的某种商品的总数量。个人需求是构成市场需求的基础，市场需求是所有个人需求的总和。

二、需求表与需求曲线

每个消费者在不同的价格水平条件下，对商品的需求量会有所不同。

需求表：表示商品价格与需求量之间关系的表列，如表 1-1 所示。

表 1-1　某种商品的需求表

价格—数量组合	价格/元	需求量/单位数
A	1	600
B	2	500
C	3	400
D	4	300
E	5	200
F	6	100

从表 1-1 可以清楚地看到商品价格与需求量之间的一一对应关系。如，当商品价格为 1 元时，商品的需求量为 600 单位；当价格上升为 2 元时，需求量下降为 500 单位；当价格进一步上升为 3 元时，需求量下降为更少的 400 单位；如此等等。

用图示法把需求表中需求量与商品价格之间的关系表示出来，就可以得到一条曲线。这条表示需求量与商品价格之间关系的图形，称为需求曲线。图 1-1 就是一条需求曲线。

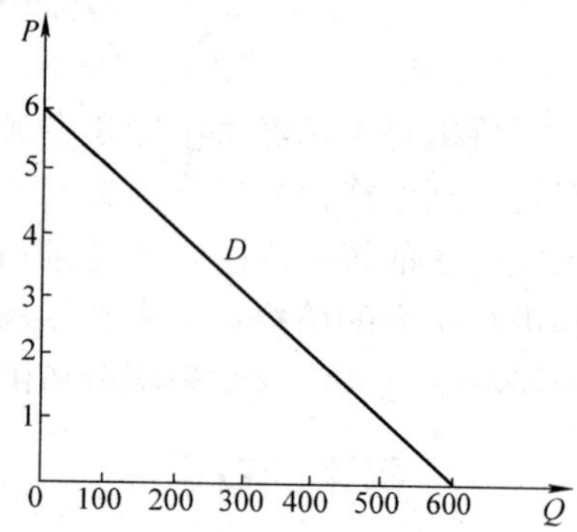

图 1-1　需求曲线

三、影响需求的因素与需求函数

很多因素可能影响商品的需求。以一种消费品的需求为例，其主要影响因素有以下几种：

1. 商品本身的价格

由于满足同一种需求可以有多种商品可供选择，例如，在其他商品价格不变的前提下，如果家禽价格上涨，消费者可以多购买猪肉、牛肉、鱼等食品来替代家禽，因而家禽的需求减少；反之，价格下跌，需求增加。在经济学中，将这种商品相对价格的变化对需求的影响称为替代效应（Substitution Effect）；称效用上能相互替代以满足消费者某种消费欲望的商品为替代品（Substitutes）。此外，若消费者的收入在一定时期内保持不变，当家禽价格上涨，消费者会感觉到实际购买力降低，相对收入下降，因而也将减少购买家禽，家禽的需求减少；反之亦然。在经济学中，将这种因商品价格变化后实际收入发生变化进而对需求的影响称为收入效应（Income Effect）。事实上，这两种效应是同时并存的。

2. 消费者的偏好

消费者的偏好对需求的影响是巨大的。如果你喜欢吃冰激凌，你会买得多一些。再例如，爱喝酒的人对酒有较大的需求，而不爱喝酒或滴酒不沾的人只有较小的需求，甚至完全没有需求。一个消费者对某种商品的偏好增加后，即使价格不变，需求量也会增加。所以，厂商的广告宣传、营销手段，往往立足于改变或培育消费者的消费偏好。

3. 消费者的货币收入

货币收入（income）对需求的影响要区分商品的不同特性。一般而言，消费者对正常商品（Normal Good）的需求是随着收入水平的提高而增加，对劣质或低档商品（inferior good）的需求是随着收入水平的提高而下降。一些较低档的日用消费品如化纤服装、黑白电视机等，在城镇居民收入有较大提高时，其需求就会下降。

4. 其他商品的价格

其他商品的价格变化对消费者所购买的商品的需求的影响根据商品是替代品还是互补品而有所不同。替代品我们在前面已经作了介绍。互补品（Complements）是指在消费中可以相互补充以满足消费者某种欲望的商品。例如，苹果是梨的替代品，磁带是录音机的互补品。如果A商品与B商品是替代品，A商品的需求与B商品的价格同方向变化，即B商品价格的提高将引起A商品需求的增加，B商品价格的降低将引起A商品需求的减少。如果B商品是A商品的互补品，A商品的需求将与B商品的价格反方向变化，即B商品价格的提高将引起 A 商品需求的降低，B 商品价格的降低将引起 A 商品需求的提高。

5. 人们对未来的预期

如果人们估计某些影响需求的因素将发生变化，如收入将增加，价格将上升等等，就会及时调整消费，从而影响当期的消费。例如，如果你预期以后会赚到更多的收入，你可能愿意用你现在的一些储蓄来进行消费。

其他如气候、时间、消费信贷、广告包装、信息畅通、政府政策等等也可能影响商品的需求。如果将影响需求的各种因素作为自变量，把需求作为因变量，则可以用函数关系表示影响需求的因素与需求之间的关系，这种函数关系称为需求函数。则需求函数为：

$$D = f(a,b,c,d,\cdots,n) \tag{1-1}$$

在经济分析中，不能同时对所有影响需求的因素进行研究，假定影响需求的其他因素不变，只考虑影响需求量的最重要因素——某商品本身的价格，以 p 代表价格，则需求函数公式为：

$$D = f(p) \tag{1-2}$$

当其他因素不变时，我们只考虑价格对需求量的影响时，需求量与价格反方向变化，我们称之为需求规律。需求规律表述为：假定其他条件不变，商品的需求量与其价格呈反方向变化，价格上升，需求量下降，价格下降，需求量上升。但是，并不是对所有的商品来说，需求和价格都是反方向变化的，有时也表现为同方向变化，例如以下几种情况：

（1）炫耀性消费的商品。显示消费者身份、地位的商品为炫耀性商品。如名贵的钻石、宝马车等，价格越高，需求量越大。

（2）吉芬商品——价格提高需求增加的劣质商品。英国人吉芬发现，在 1845 年英国的马铃薯的价格提高需求反而增加了。如饥荒，人们收入普遍下降，但是该产品的价格却上涨。

（3）心理因素作用引起对商品需求的不规则变动。

四、需求量的变动与需求的变动

商品本身价格变动所引起的需求量变化，称为需求量的变动。表现为在一条既定的需求曲线上点的位置的移动，如图 1-2 所示。

当商品本身价格不变时，由于其他因素变动引起的需求量的变化，称为需求的变动。图 1-3 表现为需求曲线位置的移动。

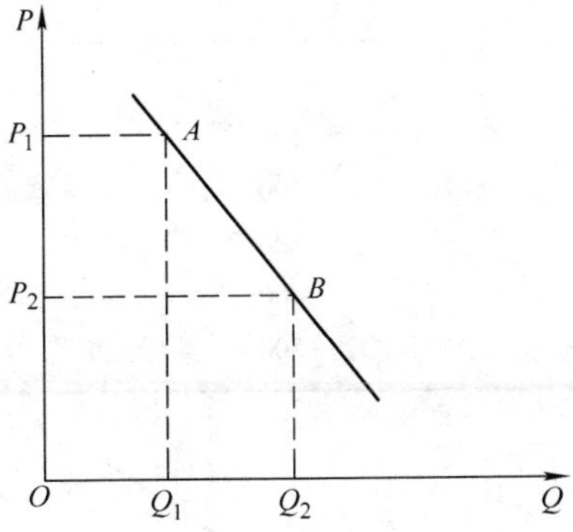

图 1-2　需求量的变动

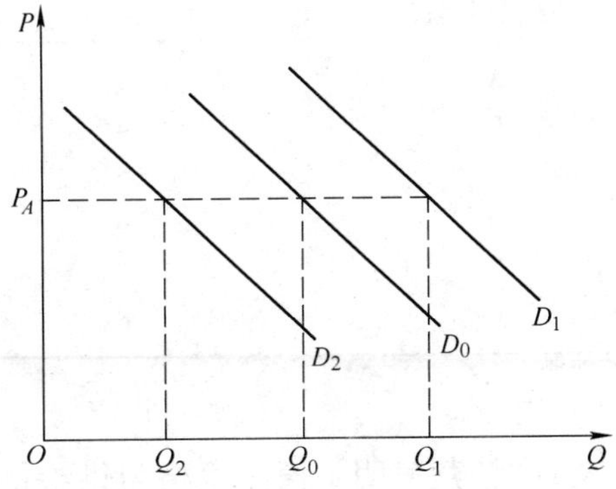

图 1-3　需求的变动

第二节　供给理论

一、供给的概念

供给是指生产者（厂商）在一定时期和一定价格水平下愿意，而且能够提供的某种商品的数量。

供给的定义说明了两个含义：第一，作为经济学中的供给是指现实供给，表明既有供给意愿又有能力；第二，供给概念涉及两个变量，商品价格与该价格相对应的供给量。实际上也反映了厂商供给量与商品价格这两个变量之间的关系。

与需求一样，供给也分为个别供给与市场供给。个别供给是指在某一特定时期内，单个生产者在各种可能的价格下愿意并且能够出售的某种商品的各种数量。市场供给是指在某一特定时期内，在各种可能的价格下，生产某种商品的所有生产者愿意并且能够出售的某种商品的各种数量。市场供给是单个厂商供给的加总。

二、供给表与供给曲线

需求表表示商品价格与供给量之间关系的表格。供给表直观地表明了价格与供给量之间的一一对应关系，如表 1-2 所示。

表 1-2 某种商品的供给表

价格—数量组合	价格/元	供给量/单位数
A	3	0
B	4	100
C	5	200
D	6	300
E	7	400
F	8	500

表 1-2 清楚表明了商品价格与供给量之间的函数关系。例如，当商品价格为 7 元时，商品的供给量为 400 单位；当价格下降为 4 元时，供给量为 100 单位；当价格进一步下降为 3 元时，商品的供给量减少为零。

用图示法把供给表中所列数据表现出来，即可得到商品的供给曲线。图 1-4 所绘制的是一条供给曲线。

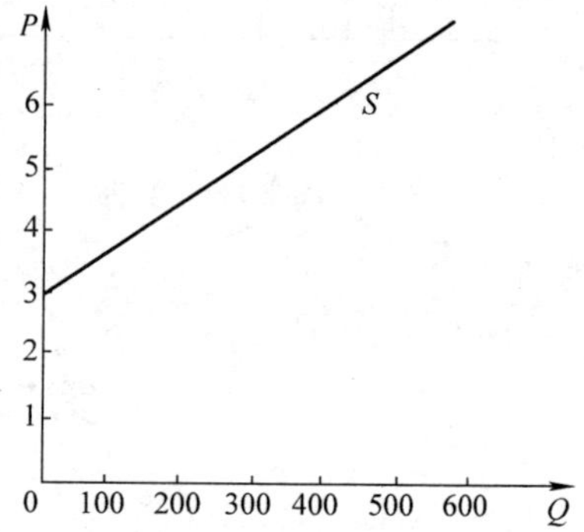

图 1-4 供给曲线

三、影响供给的因素与供给函数

一种商品的供给数量取决于多种因素的影响，其中主要的因素有以下几种：

1. 商品本身的价格

由于厂商的目标是追求利润最大化，在其他条件既定的条件下，如果某种商品价格上升，厂商就会投入更多的生产资源用于该商品的生产，从而使其供给量增加；反之，则厂商就会将生产资源转用于其他相对价格较高的商品的生产，从而该商品的供给量减少。

2. 生产的成本

在商品自身价格不变的条件下，生产成本上升会减少利润，从而使得商品的供给量减少；相反，生产成本下降会增加利润，从而使得商品的供给量增加。

3. 生产的技术和管理水平

在一般情况下，生产技术与管理水平的提高，可以降低原有的生产成本，增加生产者的利润，使在同一价格水平下生产者愿意提供更多的产量。

4. 相关商品的价格

在一种商品价格不变，而其他相关商品价格发生变化时，该商品的供给量发生变化。例如，对某个生产小麦和玉米的农户来说，在玉米价格不变和小麦价格上升时，该农户就可能增加小麦的耕种面积而减少玉米的耕种面积。原因是，相关产品价格变化引起生产不同产品的机会成本发生了变化。

5. 生产者对未来的预期

如果生产者对未来的预期看好，如预期某商品的价格上涨，生产者在制定计划时就会增加产量。如果生产者对未来的预期是悲观的，如预期某商品的价格会下降，生产者在制定生产计划时就会减少产量。

另外，其他如气候、厂商数量、时间、政府税收政策与扶持政策等因素也可能会影响供给。如果把影响供给的因素作为自变量，把供给作为因变量，则可以用函数关系来表示影响供给的因素与供给之间的关系，即供给函数。以 S 代表供给，a，b，c，d，…，n 代表影响供给的因素，则供给函数为：

$$S = f(a,b,c,d,\cdots,n) \tag{1-3}$$

如果假定影响供给的其他因素不变，只考虑供给量与价格之间的关系。以 P 代表价格，则供给函数公式为：

$$S = f(P) \tag{1-4}$$

在影响供给的其他因素不变的条件下，商品的供给量与价格的正向依存关系，这种关系称为供给规律。像需求规律一样，供给规律也有例外：①短缺商品的供给。②一些原来以单件手工生产的商品，由于生产技术发展和规模经营，使成本锐减且大批量供给成为现实，这时虽然价格下降，厂商仍然愿意提供更多的商品。③劳动的供给。④心理因素作用导致的不规则变动。

四、供给量变动与供给的变动

商品本身价格变动所引起的供给量变化，称为供给量的变动。表现为在一条既定的供给曲线上点的位置的移动，如图 1-5 所示。

当商品本身价格不变时，由于其他因素变动引起的供给量的变化，称为供给的变动。图 1-6 表现为供给曲线位置的移动。

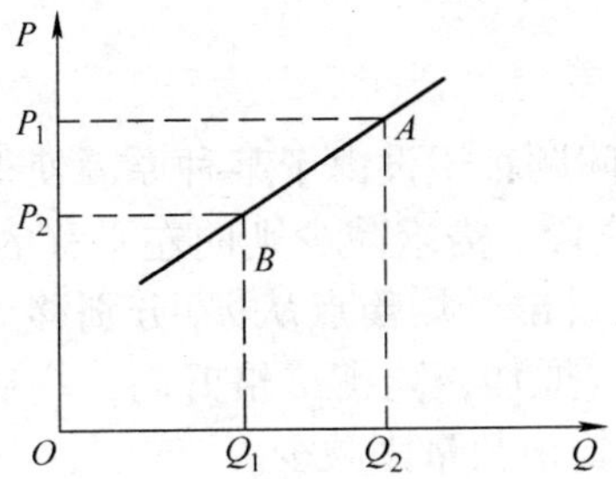

图 1-5 供给量的变动

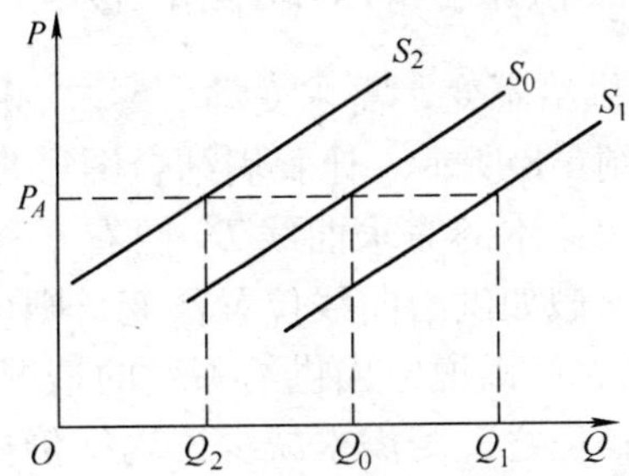

图 1-6 供给的变动

第三节　市 场 价 格

一、均衡的含义

西方经济学家认为，需求曲线说明了某一商品在每一价格下的需求量。同样，供给曲线说明了某一商品在每一价格下的供给量。它们都没有表明这种商品本身的价格究竟是多少。微观经济学中的商品价格是指商品的均衡价格，商品的均衡价格是在商品的市场需求和市场供给这两种相反力量的相互作用下形成的。

均衡是在西方经济学中被广泛运用的一个很重要的概念。均衡的最一般的意义是指经济事物中的有关变量在一定条件的相互作用下所达到的一种相对静止的状态。经济事物之所以能够处于这样一种静止状态，是由于在这样的状态中有关该经济事物的各方面力量能够相互制约相互抵消，也由于在这样的状态中有关该经济事物的各方面的愿望都可以得到满足。因此，西方经济学家认为，经济学的研究往往在于寻找在一定条件下经济事物的变化最终趋于静止之点的均衡状态。

二、均衡价格的决定

均衡价格是指一种商品需求与供给相等时的价格。这时该商品的需求价格与供给价格相等称为均衡价格，该商品的需求量与供给量相等称为均衡数量。如图 1-7 所示，横坐标代表数量，纵坐标代表价格。*D* 为需求曲线，*S* 为供给曲线，*D* 与 *S* 相交于 *E* 点（均衡点），这就决定了均衡价格为 3 元，均衡数量为 300kg。

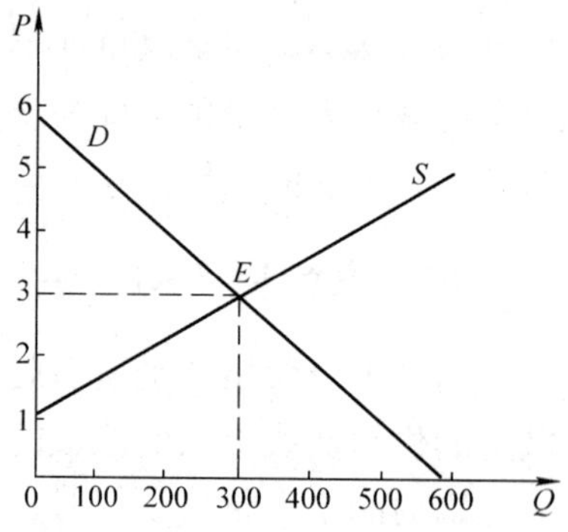

图 1-7　需求与供给的均衡

西方经济学认为，均衡价格是市场供求力量自发调节形成的。市场价格围绕均衡价格上下波动。

三、供求变动对均衡的影响

1. 供给不变，需求变动

如图 1-8 所示。让我们结合图形来说明这个问题：假设由于某种原因使得需求增加，原本的需求曲线 D_0 向右平移到 D_1 的位置，需求减少则向左平移的 D_2 的位置。假如供给曲线位置不变，则可以从图上看出，均衡点从 E_0 分别移动到 E_1 和 E_2，所以说，当供给不变的情况下，若需求增加，均衡价格升高，均衡数量增加；反之，若需求减少，均衡价格则降低，均衡数量则减少。

2. 需求不变，供给变动

如图 1-9 所示。当供给增加时，供给曲线向右平移，如从 S_0 平移到 S_1，均衡点沿需求曲线移动到 E_1，均衡价格降低，均衡数量升高；相反，供给减少时，供给曲线向左平移，如图所示，从 S_0 平移到 S_2，均衡点移动到 E_2，均衡价格上升，均衡数量减少。所以在需求不变的情况下，供给增加时均衡价格降低，均衡数量增加，否则反之。

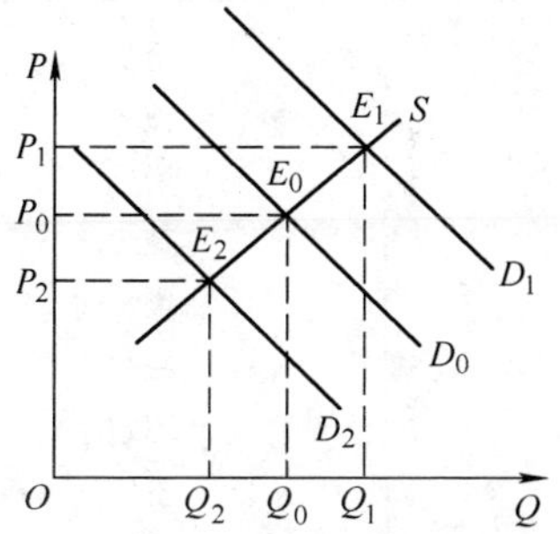

图 1-8　需求变动对均衡的影响

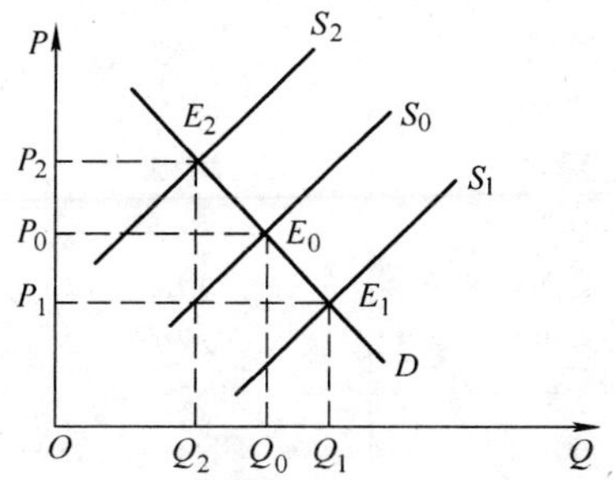

图 1-9　供给变动对均衡的影响

根据以上分析，可得出如下两点结论：

（1）价格和均衡产量与需求均呈同方向变动。

（2）均衡价格与供给呈反方向变动，而均衡产量与供给呈同方向变动。以上就是经济学上所讲的供求规律。

3. 供求同时变动

那么当供给和需求同时发生变化时，比如说，同时增加时，将会产生什么样的结果呢？图 1-10 中的两张图说明，如果需求和供给的价格弹性不同，那么其结果可能会有所不同。因为供给和需求的变动都会引起均衡数量的同方向变化，所以供求的同增引起均衡数量的同时增加，需求的增加引起价格的增加，供给的增加引起价格的减少，那么价格到底是升高还是减少取决于两个因素，一是需求的变动幅度和供给的变动幅度；如果变动幅度相同，另一个因素就是需求和供给的价格弹性对其产生作用。

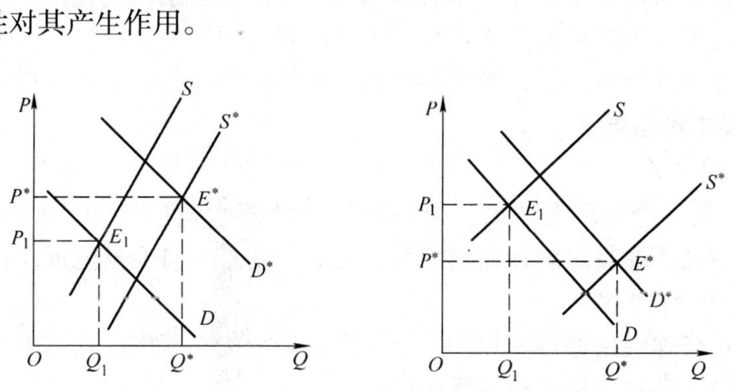

图 1-10　供给与需求同时增加对均衡的影响

综合以上三种情况，将需求、供给的变动对市场均衡的影响归纳起来，如表1-3所示。

表1-3 需求、供给的变动对均衡的影响

需求变动	供给变动	均衡价格	均衡产量
增加	不变	上升	增加
减少	不变	下降	减少
不变	增加	下降	增加
不变	减少	上升	减少
增加	增加	不定	增加
减少	减少	不定	减少
增加	减少	上升	不定
减少	增加	下降	不定

第四节　供求弹性

价格的变动会引起需求量或供给量的变动，但需求量或供给量对价格变动的反应程度是不同的。有些商品价格变动的幅度小，而需求量或供给量变动的幅度大，另有一些商品的价格变动的幅度大，而需求量或供给量变动的幅度小。弹性理论正是要说明价格变动与需求量变动之间的这种量的关系。弹性分为需求弹性与供给弹性。

一、需求弹性

影响需求的因素很多，但每一个因素的变化对需求影响程度如何，则要用弹性理论来衡量，所谓需求弹性是指需求量对影响需求因素的变化的反应程度。

需求弹性可分为需求的价格弹性，需求的收入弹性与需求的交叉弹性。其中最重要的是需求的价格弹性，通常讲的需求弹性指的就是需求的价格弹性。

（一）需求价格弹性

1. 弹性的含义

"弹性"是一个物理学名词，指一物体对外部力量的反应程度。在经济学中，弹性是指经济变量之间存在函数关系时，因变量对自变量的反应程度。

2. 需求的价格弹性

需求的价格弹性又称需求弹性，指价格变动的比率所引起的需求量变动的比率，即需求量变动对价格变动的反应程度。

各种商品的需求弹性是不同的，一般用需求弹性系数来表示弹性的大小。需求弹性的弹性系数是需求量变动的比率与价格变动的比率的比值。如果以 E_d 代表需求弹性的弹性系数，以 P 代表价格，ΔP 代表价格的变动量，Q 代表需求量，ΔQ 代表需求的变动量，则计算需求的价格弹性系数公式为：

$$E_d = (\Delta Q/Q)/(\Delta P/P) \tag{1-5}$$

由于价格与需求量成反方向变动，因此需求价格弹性的数值是负数，但在实际运用中，为了方便起见，一般都省略掉负号，取其绝对值。

3. 需求价格弹性的类别

根据需求价格弹性系数的不同，可将其分为五大类型，具体如下：

（1）$E_d=0$，需求完全无弹性，在现实生活中不多见，也可以说是一种罕见的情况，如图 1-11 所示。即这类商品是指商品的价格无论如何变动，需求量总是保持不变。需求曲线表现为与纵轴平行的一条垂线。

（2）$E_d=\infty$，需求有完全弹性或者说弹性无穷大，这在现实生活中也属于罕见的情况。需求曲线表现为与横轴平行的一条水平直线，如图 1-12 所示。它表示：商品价格稍有上升，则需求量降为零；商品价格稍有下降，则需求量增加到无穷大。

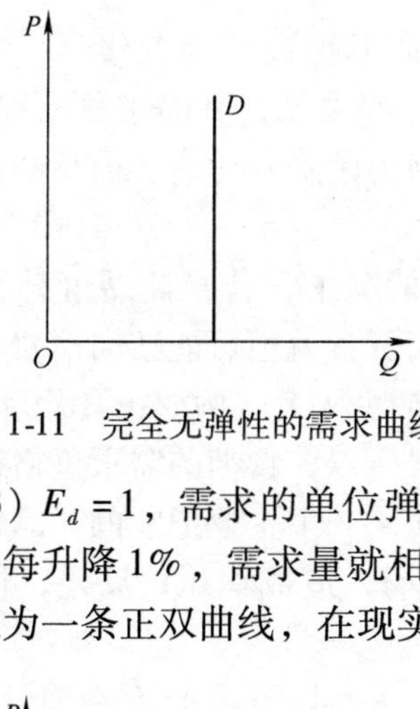

图 1-11　完全无弹性的需求曲线

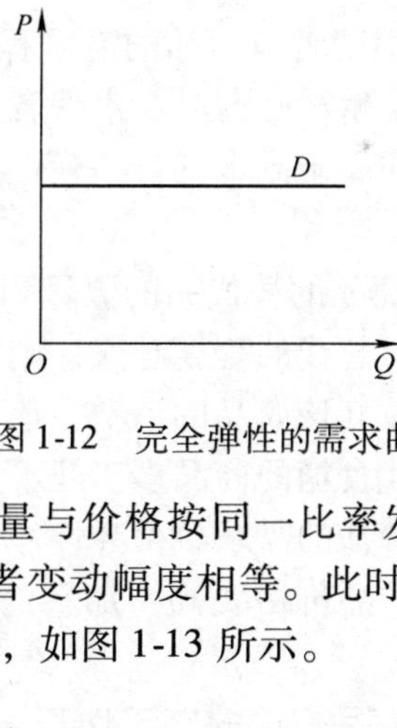

图 1-12　完全弹性的需求曲线

（3）$E_d=1$，需求的单位弹性，它表示需求量与价格按同一比率发生变动，即价格每升降 1%，需求量就相应减增 1%，两者变动幅度相等。此时，需求曲线表现为一条正双曲线，在现实生活中也不多见，如图 1-13 所示。

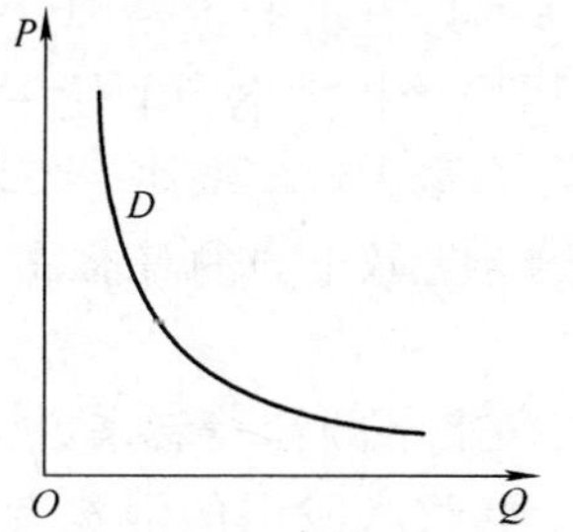

图 1-13　单位弹性的需求曲线

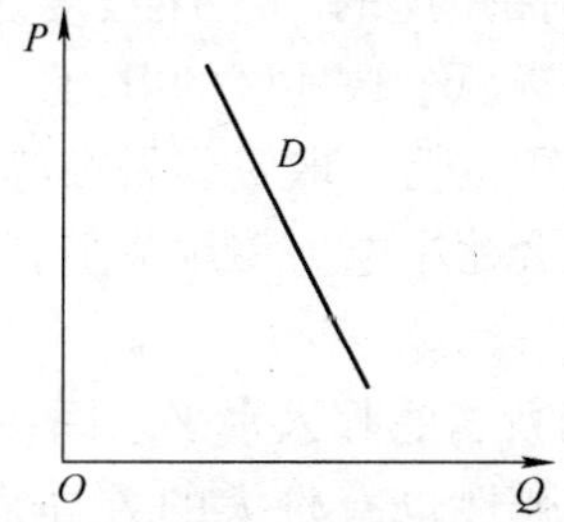

图 1-14　缺乏弹性的需求曲线

（4）$0 < E_d < 1$，需求缺乏弹性，意味着需求量变动的幅度要小于价格变动的幅度，即：价格每升降1%，需求量相应减增要小于1%，此时，需求曲线表现为一条较为陡峭的线，如图1-14所示。在日常生活中的必需品就缺乏弹性，如：粮、油等生活必需品均属此类型，不会由于涨价而减少很多消费。

（5）$0 < E_d < \infty$，需求富有弹性，表现为需求量变动的幅度大于价格变动的幅度，弹性值总大于1。需求曲线为一条较平缓的线，如图1-15所示。奢侈品与价格昂贵的享受性劳务属此类型。

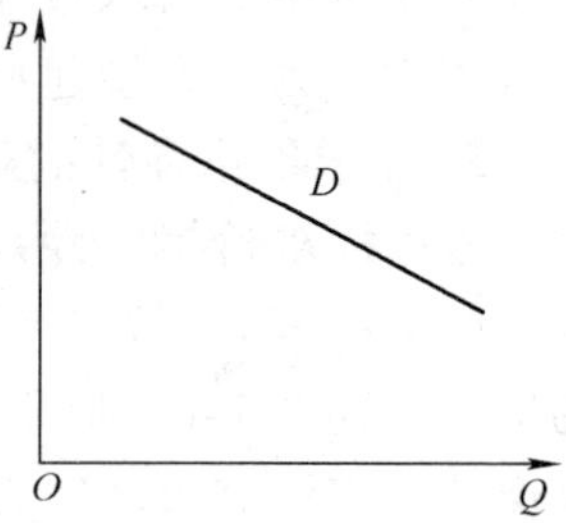

图1-15 富有弹性的需求曲线

需要说明的是，用需求曲线的斜率来描述需求弹性的大小虽然在大多数情况下是可以的，但从数学意义上来讲，二者是有区别的。需求弹性不仅取决于需求曲线的斜率，还取决于价格与需求量的变动区间或变动点在需求曲线上的位置。

4. 影响需求价格弹性的因素

不同的商品的需求价格弹性各不相同，需求价格弹性对于经营决策有深远的意义。影响需求价格弹性的主要因素有以下几个：

（1）消费者对商品的需求程度。一般而言，商品可以分为奢侈品、生活必需品两类。生活必需品，消费者对商品价格的敏感程度低，其需求价格弹性小；奢侈品往往属于需求的价格弹性大的一类商品，因为消费者对这类商品的需求强度小。

（2）商品的替代品的数目和相近程度。通常情况下，若某商品可替代的商品越多，可替代的程度越大，则当价格上升时，消费者就很可能转向消费其他替代品，而放弃该商品的消费，该商品的需求价格弹性就大。例如：食盐和食糖，由于可替代食糖的商品多于几乎无替代品的食盐，所以，食糖的需求价格弹性要远远大于食盐的需求价格弹性。在这种情况下，如果一个企业把它的产品价格抬得比同类产品价格要高，那它的产品就会失去市场，造成积压；反之，情况相反。

（3）商品用途的广泛性程度。用途越广的商品，其需求的价格弹性越大。例如，电力资源短缺地区的电力，若其价格下降，居民会扩大电力的使用范围，如照明、家用电器、取暖、做饭等，这会导致电力需求量大幅度增加。若其价格上升，居民会缩小电力使用范围，如仅用于照明，这会导致电力的需求量大幅度减少。

（4）消费者的收入水平。同一类商品对不同收入水平的消费者来说，其商品需求价格弹性也有较大的差异，例如：DVD对于低收入阶层的消费者来说，可能的奢侈品，其需求价格弹性大；而对于高收入阶层的消费者来说属于生活必需，其需求价格弹性就小。

（5）商品的支出在消费者支出中所占的比重。若某种商品的支出占消费者总支出的比重大，那么该商品价格的变化对消费者的影响就大，其需求价格弹性就大，例如，住房、汽车等。在这种情况下，只有企业定出有吸引力的价格或采用分期付款等方法，消费者才有决心购买此类商品；若所占比重小，则此类商品的弹性就小，例如，火柴、缝纫机等商品。

实际上，上述因素是综合发生作用的。此外，影响商品需求价格弹性的因素还有商品的耐用程度、商品质量、售后服务等。

（二）需求的收入弹性

需求的收入弹性是指一种商品的需求量对消费者收入变动的反应程度。它可用需求收入弹性系数 E_m 表示。假定在需求函数中除收入因素外，其他影响因素保持不变，则需求收入弹性可用下式表示：

$$E_m = \text{需求量变动的百分比} / \text{收入变动的百分比} = (\Delta Q/Q)/(\Delta Y/Y) \qquad (1\text{-}6)$$

式中　E_m——商品需求收入弹性系数；

Q——商品原需求量；

ΔQ——商品需求量的变动量；

Y——消费者原收入；

ΔY——消费者收入的变动量。

一般来说，消费者收入与商品购买量的变化，呈同方向变动，即收入增加，购买量增加，收入减少，购买量减少，所以，E_m 值为正值，此类商品称为正常品。而劣质商品的弹性系数为负值，此类商品的需求量与收入呈反方向变动，即随消费者收入的增加，此类商品的需求量反而减少。所以这类商品被称为劣等品。例如，在收入较低时，消费者的主要食品是粮食、蔬菜；但当收入水平增加后，在消费的主要食品中，肉、蛋、奶等食品的比例就会增加，而粮食、蔬菜等食品的比重反而会减少。

在现实经济生活中，各种商品的需求收入弹性大致有以下五种情况：

（1）缺乏收入弹性，需求收入弹性 $0 < E_m < 1$，缺乏收入弹性这类商品属于生活必需品。

（2）收入负弹性，需求收入弹性 $E_m < 0$，收入负弹性这类商品属于劣等品。

（3）收入无弹性，需求收入弹性 $E_m = 0$，表示消费者收入变化后，这类商品的需求量完全没有变化。

（4）富有收入弹性，需求收入弹性 $E_m > 1$，表示此类商品的需求量随消费者收入的增加而迅速增加，即需求增加的百分比要大于收入增加的百分比。这类商品主要是指非必需的奢侈品等。

（5）单位收入弹性，需求收入弹性 $E_m = 1$，此类商品的消费支出占消费者总收入的百分比总保持不变，即表示消费者收入的增加、减少的百分比与需求量的增减的百分比相等。

与需求的收入弹性有关的恩格尔系数，也叫食品支出的收入弹性，是指食品支出与全部支出的比率。恩格尔通过对德国某些地区的消费统计资料的研究，得出了一个著名的恩格尔定理，随着消费者收入的提高，食品支出在全部消费中支出中的比重会不断减少，这也被称为恩格尔法则。该定理可用公式表示为：

$$\text{恩格尔系数} = \text{食物支出金额} / \text{总支出金额} \tag{1-7}$$

恩格尔系数可以反映一个家庭或一个国家的富裕程度和生活水平。恩格尔系数的大小和富裕程度、生活水平呈反方向变化，即系数越小，一个家庭和国家的富裕程度、生活水平就越高；反之，情况相反。

后来，一些经济学家，运用恩格尔定理来研究说明高档品、低档品的消费与收入的关系问题。即：随着消费者收入增加，对高档品的需求量也会增加，而对低档品的需求量会逐渐减少。

（三）需求的交叉弹性

需求的交叉弹性是表示一种商品的需求量对另一种商品价格变化的反应敏感程度，可用下式表示：

$$\begin{aligned} E_{XY} &= X\text{商品需求量变动的百分比} / Y\text{商品价格变动的百分比} \\ &= (\Delta Q_X / Q_X) / (\Delta P_Y / P_Y) \end{aligned} \tag{1-8}$$

式中 E_{XY}——表示需求交叉弹性系数；

X、Y——代表两种商品；

ΔQ_X——X 商品需求量的变动量；

Q_X——X 商品的原需求量；

ΔP_Y——Y 商品价格的变动量；

P_Y——Y 商品的原价格。

在影响商品需求的其他因素不变的情况下，一般而言，需求交叉弹性系数既有正值，也有负值。根据需求交叉弹性系数，可以把商品分成以下几种：

（1）$E_{xy}>0$ 的商品是互替商品，因为在这种情况下，一种商品的需求量与另一种商品的价格是同向变动的。例如，板材与人造板这两种互替商品，当板材价格上升，人造板材价格不变时，人造板的需求量必会增加。互替商品其替代性越强，弹性系数就越大。

（2）$E_{xy}=0$，表明两种商品无交叉关系，既不是互替商品，也不是互补商品，被称为独立品。

（3）$E_{xy}<0$ 的商品是互补商品。在这种情况下，一种商品需求量与另一种商品的价格是反方向变化的。弹性系数绝对值越大，互补性越强。例如，汽车、汽油两种商品，汽车价格的上涨，将势必减少对汽车的需求数量，导致汽油需求

量的减少；反之，则会导致汽油需求的增加。

（四）需求弹性在管理决策中的应用

1. 需求价格弹性对企业销售收入的影响

需求的价格弹性是需求弹性中最主要的类型，其弹性系数的大小，可直接反映价格变动对需求量的影响程度，从而就和企业的销售收入有着密切的关系，这对于企业确定销售价格策略具有重要意义。因为，企业的销售收入（TR）是由商品的市场价格（P）和销售量（Q）决定的，即，$TR = PQ$。

由于不同商品的需求价格弹性不同，因此价格变动所引起的销售量的变化不同，所以总销售收入的变化不同。

假设企业出售的商品是富有需求价格弹性的。设自行车的需求价格弹性系数 $E_d = 3$，价格 $P_1 = 600$ 元，月销售量 $Q_1 = 100$ 件，则销售总收入 $TR_1 = P_1 \times Q_1 = 600$ 元 $\times 100 = 60000$ 元；现假定价格下跌了 10%，则 $P_2 = 600$ 元 ×（1 − 10%）= 540 元，因为 $E_d = 3$，所以销售量增加 30%，$Q_2 = 100$ 件 ×（1 + 30%）= 130 件，此时的销售总收入 $TR_2 = P_2Q_2 = 540$ 元 $\times 130 = 70200$ 元。总收益随价格的下降反而增加了，这就是“薄利多销”。反之，对于富有弹性的商品，企业若提高其价格，其销售总收益反而会减少。这是因为富有需求价格弹性的商品在提高价格时，需求量减少的幅度要大于价格增加的幅度，致使企业的销售总收入随之减少。生产这类商品的企业可适当采取降低价格的销售策略来提高企业销售中收入。

假设企业出售的商品是缺乏弹性的。设某商品的需求价格弹性系数 $E_d = 0.3$，价格 $P_1 = 2$ 元，月销售量 $Q_1 = 2000$ 件，此时企业的销售总收入 $TR_1 = P_1Q_1 = 2$ 元 $\times 2000 = 4000$ 元；如该商品价格下降 20%，即 $P_2 = 2$ 元 ×（1 − 20%）= 1.6 元，因为 $E_d = 0.3$，所以总销售量应增加 6%，即 $Q_2 = 2000$ 件 ×（1 + 6%）= 2120 件，此时的销售总收入 $TR_2 = P_2Q_2 = 1.6$ 元 $\times 2120 = 3392$ 元。显然，企业的销售总收入减少了。这是因为缺乏需求价格弹性的商品在降低价格时，需求量虽有所增加，但增加的幅度要比价格降低的程度小，致使企业销售收入减少。即企业的销售收入与价格是同方向变动的，它随价格的提高而增加，随价格的降低而减少。生产这类商品的企业可采取适当提价的销售价格策略来增加销售总收入。我国有句古话“谷贱伤农”，用上述理论分析可以理解为何粮食丰收，粮价要下跌，农民收益反而减少，农民积极性会受到极大伤害。

2. 需求收入弹性对企业制订发展政策的作用

由于不同商品的需求收入弹性不同，因此，企业在生产各种商品时，具有不同的发展策略。

随着人们收入的增加或者预期收入的增加，企业可适当扩大需求收入弹性大的一些高档消费品的生产量，虽然这样做风险要大些，但可以为企业带来较大的利润。对于生产需求收入弹性小的生活必需品的企业，无论消费者收入怎样增减，一般而言，消费量不会有太大的变化，为此，企业生产这些商品时，不宜扩大生产，虽然企业的利润不很可观，但风险较小。对于生产低档消费品的企业应根据经济社会发展水平高低的变化和消费者收入增减的具体情况，及时调整其产品的生产量，以免造成损失。

二、供给弹性

1. 供给弹性的概念及计算方法

供给弹性包括供给的价格弹性、供给的交叉弹性、供给的预期弹性，通常讲的供给弹性是指供给的价格弹性。因为，供给的价格弹性是最基本、最主要的一种类型。它是指一种商品的供给量对其价格变动的反应的敏感程度。它是衡量商品价格一定比率的变动将引起供给量相应以多大比率变动的概念。供给的价格弹性可用弹性系数 E_s 来表示，其弹性系数等于供给量变动的百分比除以价格变动的百分比，其计算公式为：

$$E_s = 供给量变动百分比/价格变动的百分比 = (\Delta Q/Q)/(\Delta P/P) \quad (1\text{-}9)$$

式中 E_s——供给价格弹性系数；

ΔQ——供给的变动量；

Q——原供给量；

ΔP——价格的变动量；

P——原价格。

供给价格弹性与需求价格弹性相比，有许多相同的特征，唯一的区别是：供给价格弹性是正值，这是由于商品的供给量与价格是同方向变化造成的。

2. 供给弹性的主要类别

根据弹性系数的大小，供给弹性可分为以下五大类型：

（1）$E_s=0$，供给对价格完全无弹性，表示供给量不因价格的变动而变动，供给曲线是垂直于横坐标的一条直线。例如，一些无法复制的珍品。

（2）$E_s=\infty$，供给对价格具有完全弹性，这表示价格的微小变动，就会引起供给量的从零到无穷大的变化。供给曲线是一条平行于横坐标的水平直线。

（3）$E_s=1$，供给对价格单位弹性，表示供给量变动的百分比与价格变动的百分比相等。

（4）$0<E_s<1$，供给对价格缺乏弹性，表示供给量变动的百分比小于价格变动的百分比。

（5）$E_s>1$，供给对价格富有弹性，表示供给量变动的百分比大于价格变动的百分比。

上述五种类型中，最常见的只有两种，即供给缺乏弹性和供给富有弹性两种情况。

3. 影响供给弹性大小的主要因素

影响供给价格弹性系数大小的因素主要是增加供给的难易程度，表现在两个方面：

（1）生产成本的变化，商品的供给量大小除受商品本身价格的影响外，主要取决于生产成本的高低。如，生产者增加一定量产品的供给，只引起生产成本轻微提高，则该产品的供给价格弹性就大；反之，情况相反。

（2）生产周期的长短、生产规模和生产规模变化的程度对供给弹性系数大小的影响，如产品的供给需要经历一段生产时间，其供给弹性会因时间长短的不同而不同。在很短时间内，供给一般是缺乏弹性的。因为，就短期而言，生产者来不及扩大生产规模，供给量的大小取决于生产者的库存量。通常规模较小的劳动密集型企业，由于生产者可扩大生产规模，以及新厂商的涌入，供给量会增加，此时供给一般是富有弹性；而对于生产规模较大的资本密集型企业，因为调整周期长，生产规模扩大难，所以其产品的供给弹性小。

对于农林产品，由于受自然条件的限制，生产周期较长，不易改变生产规模，所以其供给量一般不能随价格变化而迅速变化，相对来说，其供给弹性较小。

此外，供给弹性的大小还受生产者对价格的预期等因素的制约和影响。

第五节 蛛网理论

蛛网理论是运用弹性理论来分析价格波动对产量的影响，以解释不连续生产的商品价格与产量是怎样波动的，由于描述的价格与产量周期波动的图形好像蛛网，所以叫蛛网理论。

蛛网理论所运用的是动态均衡分析。动态均衡分析引入时间因素来分析均衡状态的变动过程，即研究从一种均衡向另一种均衡变动的过程。蛛网理论就是要运用动态均衡分析来考察市场均衡的变动过程和稳定条件。

一、蛛网理论的基本假设

蛛网理论（Cobweb Theorem）是用于分析不连续生产的商品，如粮食、水果、猪、牛、羊等价格与产量的波动的，基本假设是：

（1）从开始生产到生产出产品需要一定时间，而且在这段时间内生产规模无法改变。

（2）本期的产量决定本期的价格。以 P_t 和 Q_t 分别本期的价格与产量，则这两者的关系用函数式来表示则为：

$$P_t = f(Q_t) \tag{1-10}$$

(3) 本期价格决定下期的产量。以 Q_{t+1} 代表下期产量，则这两者之间的关系为：

$$Q_{t+1} = f(P_t)$$

在以上假设条件下，蛛网理论根据需求弹性与供给弹性的不同关系，价格和产量的变化过程主要有三种情况，即收敛型蛛网、发散型蛛网、封闭型蛛网。

二、蛛网的三种情况

1. 供给弹性小于需求弹性：收敛型蛛网

供给弹性小于需求弹性，供给曲线斜率的绝对值大于需求曲线斜率的绝对值时，价格波动对产量的影响越来越小，价格与产量的波动越来越弱，最后自发地回复到原来的均衡点。这种蛛网波动称为收敛型蛛网，如图 1-16 所示。

2. 供给弹性大于需求弹性：发散型蛛网

供给弹性小于需求弹性，供给曲线斜率的绝对值大于需求曲线斜率的绝对值时，价格波动对产量的影响越来越大，价格与产量的波动越来越强，最后离均衡点越来越近。这种蛛网波动称为发散型蛛网，如图 1-17 所示。

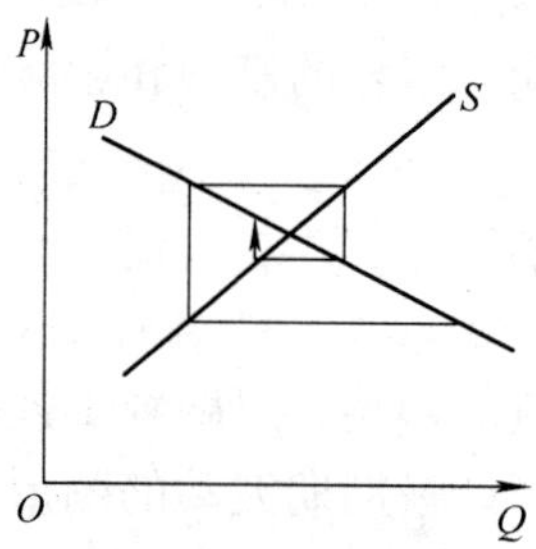

图 1-16　收敛型蛛网

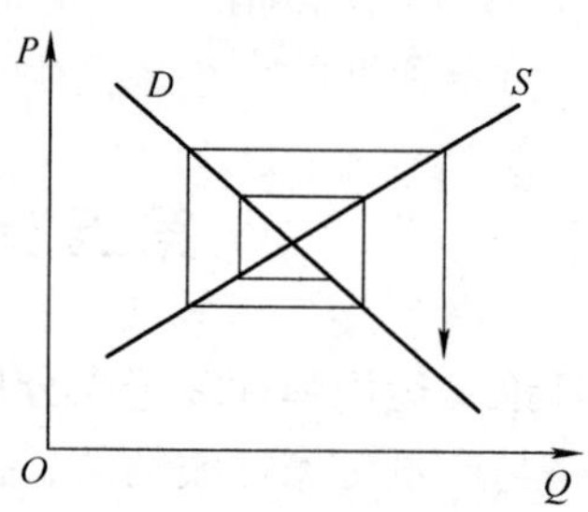

图 1-17　发散型蛛网

3. 供给弹性等于需求弹性：封闭型蛛网

供给弹性等于需求弹性，供给曲线斜率的绝对值等于需求曲线斜率的绝对值时，价格波动与产量波动始终保持相同的程度，既不趋向均衡点，也不远离均衡点。这种蛛网波动称为封闭型蛛网，如图 1-18 所示。

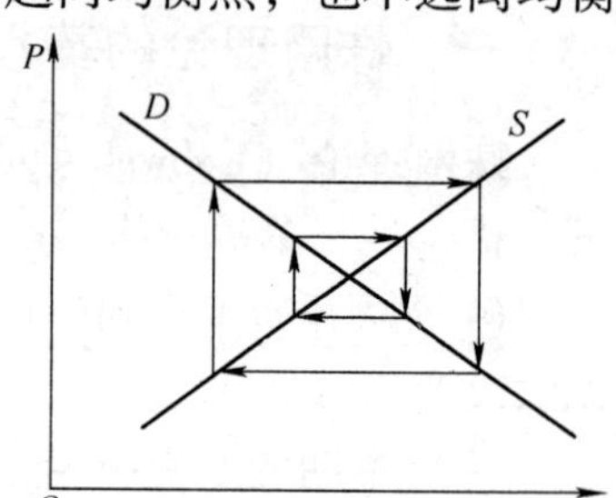

图 1-18　封闭型蛛网

蛛网理论说明了在市场机制自发调节的情况下，农产品市场上必然发生蛛网型周期波动，从而影响农业生产和农民收入的稳定。一般而言，农产品的供给对价格变动的反应大，但需求较为稳定，对价格变动反应程度小，即农产品的供给弹性大于需求弹性，因此，发散型蛛网波动，正是农业生产不稳定的重要原因。

名词概念

需求　需求定理　需求量的变动　需求弹性　均衡价格
供给　供给定理　供给量的变动　供给弹性　均衡产量

要点回顾

- 需求是指在某一特定时期内，对应于某一商品的各种价格，消费者愿意而且能够购买的数量。需求可以分为个人需求和市场需求。个人需求是指单个消费者或家庭对某种商品的需求。市场需求是指在某一特定市场和某一特定时期内，所有消费者在各种可能价格下将购买的某种商品的总数量。个人需求是构成市场需求的基础，市场需求是所有个人需求的总和。
- 影响商品需求的因素主要包括：商品本身的价格；消费者的偏好；消费者的货币收入；其他商品的价格等。
- 供给是指生产者在一定时期和一定价格水平下愿意，而且能够提供的某种商品的数量。供给的定义说明了两个涵义：第一，作为经济学中的供给是指现实供给，即既有供给意愿又有能力；第二，供给概念涉及两个变量，商品价格与该价格相对应的供给量。实际上也反映了厂商供给量与商品价格这两个变量之间的关系。
- 一种商品的供给数量取决于多种因素的影响，主要包括商品本身的价格；生产的成本；生产的技术和管理水平；相关商品的价格；生产者对未来的预期。
- 均衡的最一般的意义是指经济事物中的有关变量在一定条件的相互作用下所达到的一种相对静止的状态。经济事物之所以能够处于这样一种静止状态，是由于在这样的状态中有关该经济事物的各方面力量能够相互制约相互抵消，也由于在这样的状态中有关该经济事物的各方面的愿望都可以得到满足。
- 需求的价格弹性指价格变动的比率所引起的需求量变动变动的比率，即需求量变动对价格变动的反应程度。
- 供给弹性包括供给的价格弹性、供给的交叉弹性、供给的预期弹性，通常讲的供给弹性是指供给的价格弹性。因为，供给的价格弹性是最基本、最主要的一种类型。它是指一种商品的供给量对其价格变动的反应的敏感程度。它是衡量商品价格一定比率的变动将引起供给量相应以多大比率变动的概念。

课后练习

一、单项选择题

1. 某一时期内彩色电视机的需求曲线向左平移的原因可以是（　　）。

A. 彩色电视机的价格上升

B. 消费者对彩色电视机的预期价格上升

C. 消费者对彩色电视机的预期价格下降

D. 消费者的收入水平提高

2. 其他保持因素不变，只是某种商品的价格下降，这将产生什么样的结果（　　）。

A. 需求增加　B. 需求减少　C. 需求量增加　D. 需求量减少

3. 某月内，X 商品的替代品的价格上升和互补品的价格上升，分别引起 X 商品的需求变动量为 50 单位和 80 单位，则在它们共同作用下该月 X 商品需求数量为（　　）。

A. 加 30 单位　B. 少 30 单位　C. 加 130 单位　D. 少 130 单位

4. 如果 X 和 Y 两种产品的交叉弹性是 -3.5，则（　　）。

A. X 和 Y 是替代品　B. X 和 Y 是正常商品

C. X 和 Y 是劣质品　D. X 和 Y 是互补品

5. 如果人们收入水平提高，则食物支出在总支出中的比重将会（　　）。

A. 大大增加　B. 稍有增加　C. 下降　D. 不变

二、计算题

1. 顾客对消费品 X 的需求函数为 $P=100-Q^{1/2}$，分别计算价格 $P=30$ 和 $P=20$ 时的价格弹性系数。

2. 1986 年 7 月某外国城市公共汽车票价从 32 美分提高到 40 美分，8 月乘客为 880 万人次，比 1985 年同期减少 12%，求需求的价格弹性系数。

三、分析讨论题

1. 下列事件将对生产汽车产生什么影响：

（1）生产汽车的技术有重大进步；

（2）整个汽车行业的企业数目减少了；

（3）生产汽车的工人工资上涨了；

（4）预计汽车的价格会下降。

2. 解释需求变动和需求量变动的区别？

参考答案

一、单项选择题

1. B　2. C　3. B　4. D　5. C

二、计算题

1. 解：

由 $P=100-Q^{1/2}$，得 $Q=(100-P)^2$，则：

$E_d=d_Q/d_P\times(P/Q)=-2P/(100-P)$

于是，$P=30$ 时，$E_d=-6/7$

$P=20$ 时，$E_d=-1/2$

即，当价格为30和20时的点价格弹性系数分别为 $-6/7$ 和 $-1/2$。

2. 解：

由题设，$P_1=32$，$P_2=40$，$Q_2=880$

$Q_1=880/(1-12\%)=100$

得出 $E_d=\Delta Q/\Delta P\times[(P_1+P_2)/2]/[(Q_1+Q_2)/2]=-27/47\approx-0.57$

三、分析讨论题

1. 答题参考

（1）汽车的产量将增加。因为汽车生产技术的重大进步将提高其劳动生产率，从而在任一价格水平下生产者愿意并且能够提供的汽车的数量将比以前多，表现为其供给曲线向右下方移动。

（2）汽车的供给将减少。因为汽车厂数量的减少将直接减少在任一价格水平下汽车的供给量，表现为其供给曲线向左上方移动。

（3）汽车的供给将减少。因为生产汽车的工人的工资上涨将提高其成本，从而减少生产者愿意并且能够提供的产品的数量，这表现为其供给曲线向左上方移动。

（4）汽车的供给将增加。因为当预计汽车的价格要下降时，生产者会赶在价格下降之前尽量多生产和出售产品，以免受或者少受跌价的损失，其供给曲线便会向右下方移动。

2. 答题参考

（1）需求量的变化是指在决定需求的其他因素（如消费者的收入、偏好、相关商品的价格以及预期商品价格等）不变的情况下，只是由于某种商品本身价格的变化所引起的对该商品需求的变化。在需求表上，需求量的变化表现为同一需求表内价格和购买量的组合的变动。在坐标图上，需求量的变化表现为同一条需求曲线的点的移动。

（2）需求的变动是指在商品本身的价格保持不变的情况下，由于其他因素的变动如消费者的收入水平和偏好、其他相关商品的价格以及预期的商品价格等，从而引起需求的变动。从需求表来看，需求的变化不是同一需求表中原有的价格与消费者愿意并能够购买的商品量的各种组合的变化，而是这种组合本身，即整个需求表的变化。从坐标图上看，需求的变化不是沿着同一需求曲线移动，而是整个需求曲线的移动。

本章参考文献

[1] 厉以宁. 现代西方经济学 [M]. 北京：北京大学出版社，1983.
[2] 梁小民. 西方经济学教程 [M]. 北京：中国统计出版社，1995.
[3] 高鸿业. 西方经济学 [M]. 北京：中国经济出版社，1996.
[4] 厉以宁. 西方经济学 [M]. 北京：高等教育出版社，2000.
[5] 胡代光. 西方经济学说的演变及其影响 [M]. 北京：北京大学出版社，1998.

第二章　消费者行为理论

核心内容

本章以产品的消费者如何选择购买商品，并且在消费商品时获得最大的效用满足为切入点，系统介绍消费者行为理论涉及的诸多问题，即，消费的目标是消费者在消费商品时取得最大的满足，以及度量这种满足程度的方法；二是，消费者收入和商品的价格是如何影响消费者做出最终选择的；三是，根据消费者对某种商品的需求量与商品的价格之间不同的表现形式判定商品的性质。其中包括：

■ 效用理论，即序数效用、基数效用，边际效用递减理论；
■ 消费者均衡理论，即预算线、无差异曲线的概念和特征；
■ 消费者剩余理论；
■ 商品的价格对消费者选择的影响，即收入效应、替代效应和价格效应。

教学目的

通过本章的学习，使学生了解掌握以下内容：

■ 了解总效用、边际效用，边际效用递减规律；
■ 了解消费者如何通过无差异曲线和预算线决定购买消费品的数量；
■ 了解消费者剩余的概念及其理论价值；
■ 了解收入效应、替代效应、价格效应，及其如何影响消费者行为。

第一节 效用理论

一、效用的概念

效用，是指消费者在消费某种物品时所感受到的满足，是消费者对消费某种物品获得满足感的主观感受。效用的性质具有两重性：一是物质属性，即它能够满足人们某种现实需要（如面包可以充饥，衣服可以御寒）。二是数量属性，即“有效用”、“无效用”和“效用大小”，即对于一个饿汉来说，增加衣服不会对他产生效用；而给他面包才能有效用；而对于一个已经吃饱了饭的人来说，再多吃一个面包非但没有效用，反而会产生“负效用”。必须指出的是，这些感受依赖于消费者的主观感受，即对于北方人来说，馒头的效用可能大于米饭，因为北方人认为馒头更对胃口。这是效用理论区别于其他理论（生产理论）的重要特征。

二、基数效用与序数效用

在发展过程中，对效用的分析有基数效用（Cardinal Utility）和序数效用（Ordinal Utility）分析两种方法。基数和序数这两个术语是数学词汇。数字 1、2、3（one、two、three）……等是基数（Cardinal），例如，数字 2 是数字 1 的两倍，数字 3 是数字 1 的三倍等等。与基数相对应的，第一、第二、第三（First、Second、Third）……等等是序数（Ordinal），是用来说明事物的次序或等级的。

1. 基数效用

所谓基数效用是假定物品的效用可以用某种单位即“效用单位”来计量，并且可以将“效用单位”加总求和得到总效用。首先，在运用基数效用进行分析时有一个先决条件，即“当同时消费两种物品时，计量‘效用单位’时必须假设两种物品的效用是各自孤立，互不影响的”。例如，假设 1 个汉堡包的效用是 8 个效用单位，而 1 杯可乐的效用是 3 个效用单位，不论是否消费汉堡包，一杯可乐的效用总是 3 个单位。这样，当同时消费汉堡包和可乐时，可以简单地把两种物品的效用相加得到总效用，即消费两个汉堡包和一杯可乐的总效用是 19 个效用单位。因此，一个人消费一定量的某种物品时的总效用，可以由“加总每增加一个单位的消费所增加的效用”而得到。其次，由于可以用“效用单位”这个标准来度量同一物品对于每个人提供的效用，因此可以比较不同消费者消费同一个物品时，每个人消费的效用的大小，即获得满足的程度。很明显，男孩子通常要吃两个汉堡包和一杯可乐才能吃饱，而女孩子吃一个汉堡包和一杯可乐就够了，因此他们得到总效用的大小是一目了然的。第三，必须指出，由于效用，或者满足程度往往是消费者的心理感觉，无法通过有效的方法进行准确度量，因此，“每个消费者的效用究竟是多少?”，“消费者之间的效用如何能够准确比较?”都是迄今为止无法解决的难题。这些难题限制了基数效用分析法的广泛应用。

2. 序数效用

在运用序数效用理论分析问题时，首先应该了解的是“消费者偏好”概念，即假设某一消费者在所有可能的消费品组合中有自己的偏好（Preferences)，并且能够根据自己的爱好判断哪一组更好，或者判定两组之间没有差别。这种判断应该基于这样的规则：假设消费者对三组消费物品，即甲组是豆浆和油条的组合，乙组是面包和牛奶的组合，丙组是米粥和馒头的组合；规则一，如果在一个场合判定甲组好于乙组，就不能在其他场合认定乙好于甲组或者甲组与乙组无差别；规则二，这种判断应当是可以传递的，即如果判定甲组好于乙组，乙组好于丙组，那么必然判定甲组好于丙组；规则三，必须假设这种判定具有单调性，即如果甲组中没有一种物品的数量少于乙组，而且至少有一种消费品的数量比乙组中的多，那么应当认为甲组好于乙组，也就是越多越好。最后必须指出，一个消费者的偏好是他对所有可能的消费品组合的排序，即甲组优于乙组，乙组优于丙组。

运用序数概念分析问题的时候，我们无需说甲组、乙组、丙组的效用具体是多少效用单位，而只需要说出甲组的效用是“大于”、“小于”还是“等于”乙组的效用就可以了。这就可以避免“效用如何计量?”的难题，特别是避免了“效用在每个人之间无法比较”的理论难题。

三、边际效用

我们总是有这样的感觉：当我们十分饥饿的时候，第一个饺子总是最香甜的，而这种美好的感觉会随着越来越饱而逐渐消退；我们总是怀念童年时候的年夜饭，而总是抱怨现在越来越没有年味了。这种随着享受或消费某种物品数量的增加，而满足感越来越少的状况被一个著名的经济学理论总结为边际效用递减规律。

1. 边际效用

边际效用，是指消费者每增加（减少）一个单位物品的消费数量所引起的总效用增加（减少）的数量。换一个角度来说，边际效用是指消费一定数量物品时，最后消费的那个物品所提供的效用。其数学表达式为：$MU_X = \Delta TU_X / \Delta Q_X$，其中，$MU_X$ 为边际效用，TU_X 为总效用，Q_X 为商品数量。

2. 边际效用递减规律

边际效用递减规律，是指随着某种商品消费数量的增加，在一定范围内，消费者所获得的总效用也会增加；但是，超过某一范围时，总效用反而会下降。同时，随着消费数量的增加，边际效用呈递减趋势。边际效用递减规律的经济学意义是，某种商品的消费超过一定数量以后，不但不能增加消费者的满足和享受，反而会引起厌恶和损害。

效用函数为 $TU=U(X)$，边际效用为 $MU=\mathrm{d}TU/\mathrm{d}X$。边际效用递减规律的数学表达式为：

$$\mathrm{d}TU/\mathrm{d}X > 0$$

和

$$MU = \mathrm{d}MU/\mathrm{d}X = \mathrm{d}^2TU/\mathrm{d}X^2 < 0$$

前者表示增加（减少）消费数量，总效用也相应增加（减少），故 $\mathrm{d}TU$ 与 $\mathrm{d}X$ 的符号相同，两者比值是大于零的正数；后者表示，随着的消费数量的增加（减少），边际效用（MU）减少（增加），两者的符号相反，其比值是小于零的负数。

3. 效用理论评价

经济学是这样分析边际效用递减规律的：一是生理的或心理的原因，即消费一种商品的数量越多，生理上得到的满足会下降或心理上对重复刺激的反应就递减了。二是一般而言，每种商品都有几种用途，而消费者总是把它的用途按重要性分成几个等级。例如，当消费者只拥有一套西装时，他的理性选择是用来满足其最重要的需要，即作为礼服；当他拥有两套西装时，其中之一会用于次要的用途上，即用来作为职业装；当他拥有三套西装时，其中一套可能会用于更次要的用途上，即用来作为休闲服。以此类推，消费最后一个商品给消费者提供的效用，一定小于前一个的效用。

边际效用递减规律是西方经济学家在研究消费者行为时，用来解释需求规律的一个重要理论观点，它揭示出：假设消费者的选择总是理性的，那么“消费者消费某种商品数量的多少总是与他的主观心理感受之间存在某种稳定的（而不是偶然的）数量关系”。总之，以上分析说明，即使从理论抽象的角度来看，纯属个人的主观心理状态的效用和边际效用理论，在分析社会经济现象时是难于成立的，因为把单个个人的心理动机转换成社会的、客观的行为显然是牵强的。换言之，作为交换对象的商品以及由社会上全体消费者的共同力量决定的商品价值和交换数量，是不可能完全由个人主观心理动机而决定的。但是心理感觉对经济现象产生影响也是不容否认的事实，如价格与消费偏好之间存在因果关系。问题的关键是价格影响消费偏好，还是消费偏好影响价格是无法证明的。效用理论和边际效用理论是西方经济学理论的一个重要的分析方法和理论学派，但是我们不应该把它们当作决定商品价值和数量，以及消费者行为理论的唯一依据。

第二节　消费者均衡与消费者剩余

一、消费者均衡

（一）预算约束和预算线

现实生活中，人们总要面临这样的尴尬，尽管人人都希望过着奢侈的生活，但是大多数人只能过着普通人的生活，即所谓“工薪生活”。与此同时，人们也经历过这样的欣喜，即当他们获得升职以后，总是会着手买车或者买房子。人们的这些生活方式被经济学家描述为预算约束理论。

1. 预算约束和预算线

如图 2-1 所示，预算约束（Budget Constrains）是指消费者的收入制约了消费者消费商品数量的多少，即消费者只能在收入的数量内选择消费商品的数量。这个理论的数学表达式为：$P_1 \times Q_1 + P_2 \times Q_2 + P_3 \times Q_3 + \cdots,\ + P_n \times Q_n \leqslant C$。假设有 n 种商品，它们的市场价格分别是 P_1，P_2，P_3，…，P_n，某消费者的收入为 C，那么他选择消费各种商品的数量 Q_1，Q_2，Q_3，…，Q_n，消费者的开支必须满足总支出不超过总收入。在只有两种消费品 X 和 Y 的情况下，预算约束就变为：$P_X \times Q_X + P_Y \times Q_Y \leqslant C$，它表示的是：两个坐标轴与直线 $P_X \times Q_X + P_Y \times Q_Y = C$ 围成的区域，消费者只能在这个区域中选择自己的消费组合。直线 $P_X \times Q_X + P_Y \times Q_Y = C$ 被称为预算线。预算线 $P_X \times Q_X + P_Y \times Q_Y = C$ 与 X 轴相交于 C/P_X，与 Y 轴相交于 C/P_Y，预算线斜率的绝对值为（P_X/P_Y）。

2. 预算线的移动

如图 2-2 所示。当两种商品 X 和 Y 的价格保持不变而收入改变时，预算线会产生移动，从而引起消费者可选择范围大小的改变。其一，如果两种商品 X 和 Y 的价格都不变，而消费者的收入增加时，他的购买力增强，预算线向右上方平行

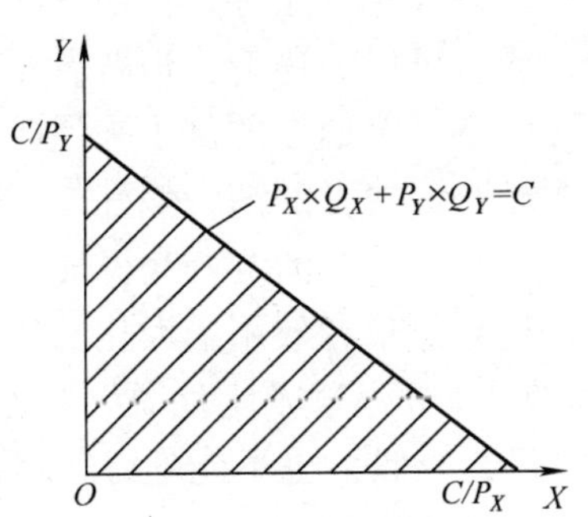

图 2-1　预算约束

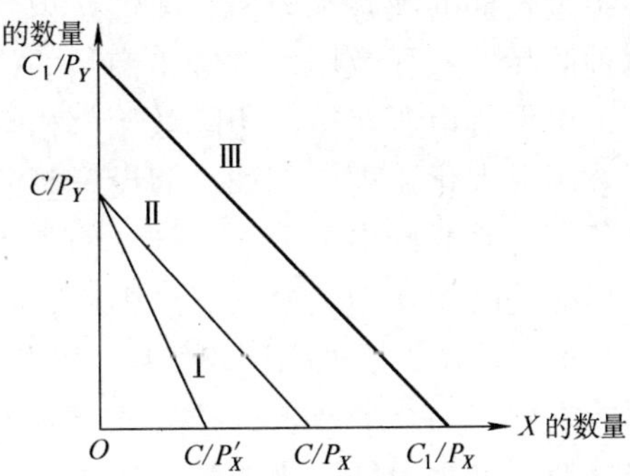

图 2-2　预算线的移动

移动，消费者可以购买商品的范围扩大；其二，当两种商品 X 和 Y 的价格都不变，消费者的收入减少时，他的购买力下降，预算线向左下方平行移动，消费者可以选择购买商品的范围缩小。

当收入不变，商品的价格变动时，预算线也会产生移动，从而引起消费者可选择范围大小的改变。商品的价格发生变化，会有两种情形：一是，假设商品 X 的价格下降，另一种商品 Y 的价格保持不变，则由于 P_X 下降，消费者在同样的收入下可以更多地消费商品 X，预算线以 C/P_Y 为原点沿着 X 轴向外移动；同理，商品 X 的价格上升，预算线以 C/P_Y 为原点沿着 X 轴向内移动。二是，假设商品 Y 的价格下降，另一种商品 X 的价格保持不变，则由于 P_Y 下降，消费者在同样的收入下可以更多地消费 Y 商品，预算线以 C/P_X 为原点沿着 Y 轴向外移动；同理，商品 Y 的价格上升，预算线以 C/P_X 为原点沿着 Y 轴向内移动。

（二）消费者效用最大化的条件

所谓消费者效用最大化，是指消费者在一定的收入水平下，购买某种商品所能得到的最大的满足。为了解释这个问题，我们必须先从最简单的问题开始分析，因此我们假设：第一，消费者的嗜好与偏好是给定的，即消费者对各种商品的效用和边际效用是已知的、既定的；第二，消费者只购买两种商品 X 和 Y，且 X 的价格 P_X 和 Y 的价格 P_Y 是已知、既定的；第三，消费者的收入 C 是已知的、既定的；第四，消费者的全部收入都用来购买 X 和 Y 这两种商品。于是，问题归结为，当消费者的收入为 C 时，购买多少数量的 X 和多少数量的 Y，才能使他取得最大的效用。

众所周知，由于收入是既定的，当消费者购买 X 的数量越多，他能够购买 Y 的数量就越少。根据边际效用递减规律，随着消费 X 数量的增加，X 的边际效用递减；与此同时，由于 Y 的消费数量递减会使 Y 的边际效用增加。所以，消费者为了得到的总效用的极大值，必须调整他消费 X 的数量与消费 Y 的数量，使得他消费 X 的数量时获得的效用加上消费 Y 的数量时获得的效用之和取得最大值。经过长期的观察和分析，人们认识到消费者效用最大化的条件是：他所购买的每种商品的边际效用之比等于商品的价格之比；或者可以表述为：消费者花费每一个单位货币所获得的边际效用都相等。我们可以举一个通俗的例子来说明消费者效用最大化原理，例如，假设早餐的预算是 2 元，消费者的消费偏好是豆浆和油条，豆浆的价格是 1 元一杯，油条的价格是 0.5 元一根，消费者获得最大效用的标准是既要吃饱又要吃好。因此，我们确定，达到消费者效用最大化的选择是“1 杯豆浆和 2 根油条”，因为，如果消费者选择“2 杯豆浆不吃油条”，他似乎不能吃饱；如果消费者选择“半杯豆浆 3 根油条”，他似乎也不能吃好，这两种选择都不是效用最大化的最佳选择。消费者均衡的数学表达式为：

$$MU_X/P_X = MU_Y/P_Y$$

或
$$MU_X / MU_Y = P_X / P_Y$$

即某单位货币的边际效用 = X 的边际效用/ X 的价格 = Y 的边际效用/ Y 的价格。

消费者均衡的经济学意义是，当消费者在既定的收入水平下，消费 X 的边际效用和消费 Y 的边际效用之比，恰好等于两种商品的价格之比的时候，消费者获得最大的效用，此时消费者将不再改变消费的数量和倾向。而假设厂商生产的产品数量（即供给数量）恰好等于消费者的需求数量，则整个市场达到供求平衡，此时的产品价格就是均衡价格。但是此时我们面临一个问题，就是：如何确定消费者的效用和边际效用的大小，这就需要通过下面对无差异曲线的分析来解决。

（三）无差异曲线

1. 无差异曲线的数学意义

无差异曲线是经济学家用来分析消费者效用特点的一种方法。当消费者消费两种物品时，每一种消费数量的组合构成直角坐标平面上的一个点，把效用相同的组合对应的点连接成一条曲线，这条曲线就是无差异曲线，它表示每种消费组合提供给消费者的满足程度是相同的；在同一条无差异曲线上消费者究竟选择消费哪一种组合是没有差别的。同样，理论上可以假设：一个人对于消费两种物品的消费组合可以组成无数条无差异曲线，这些无差异曲线称为无差异曲线图，每一条无差异曲线代表某一既定的总效用，这些无差异曲线表示不同的消费数量组合带给消费者的满足程度各有不同。无差异曲线的斜率表示消费者对一种物品偏好改变时对另一种物品偏好的影响，也就是我们已经证明过的增加（或减少）对一种物品的消费会减少（或增加）对另一种物品的消费，因此，无差异曲线的斜率是负值。根据上述论述，无差异曲线具有如下特点，如图 2-3 所示。

其一，无差异曲线图上的许多无差异曲线中，距离原点越远的无差异曲线所代表的总效用越大，即 $U_1 < U_2 < U_3 < \cdots < U_n$。

其二，无差异曲线图上的任何两条无差异曲线不能相交。如图 2-4 所示，这是因为，假如存在相交的两条无差异曲线（假设 U_2 与 U_3 相交），则交点（B）的效用既表示该点与 U_2 上其他各点（C）的效用相等，也表示交点与 U_3 上其他各点（A）的效用相等，因而可以推导出 U_2 与 U_3 上各点的效用相等。这个结论与第一点特征相互矛盾。

其三，无差异曲线凸向坐标原点，且向右下方倾斜。要想说明这个特点，必须先来分析两种极端的无差异曲线。

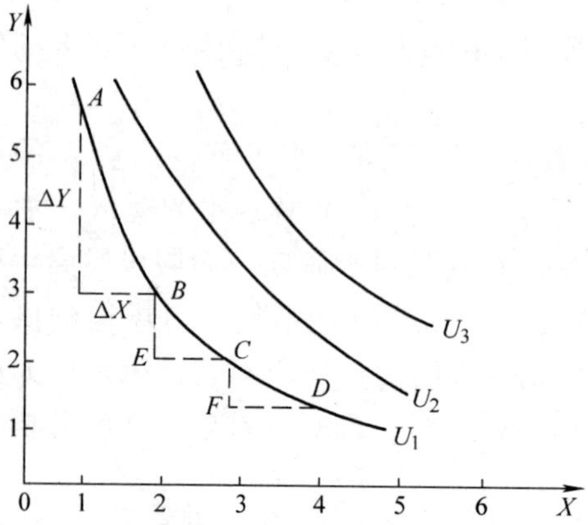

图 2-3　无差异曲线

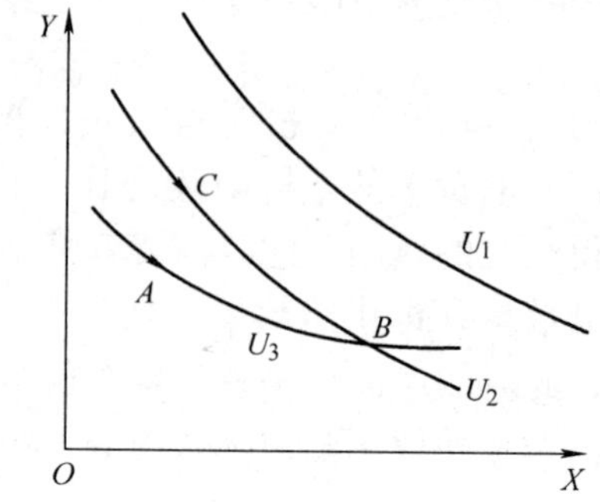

图 2-4　无差异曲线相交的不可能性

2. 两种极端的无差异曲线

（1）完全替代品。完全替代品是指无差异曲线为直线的两种物品的组合形式，如图 2-5a 所示。例如，在只考虑拥有财富的总数量的前提下，消费者将如何选择呢？是多拥有 1 角硬币呢，还是多拥有 5 分硬币呢？显然，消费者永远选择用一个 1 角硬币去交换 2 个 5 分硬币，即两种物品的交换率是 2，且交换率永远保持不变，也就是说，消费者每增加一个 1 角硬币必然减少两个 5 分硬币，此时，得到的无差异曲线必然是一条直线。

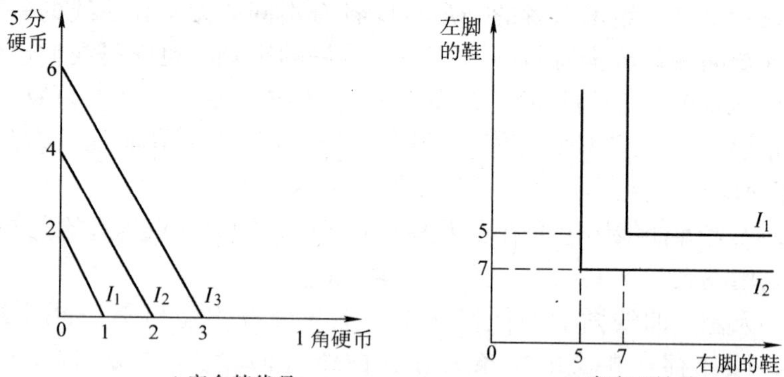

a) 完全替代品　　b) 完全互补品

图 2-5　两种极端的无差异曲线

（2）完全互补品。完全互补品是指无差异曲线为直角的两种物品的组合形式，如图 2-5b 所示。例如，现在有一组左脚的鞋，它的数量是 5 只鞋；有一组右脚的鞋，它的数量是 7 只鞋，但是消费者对两组物品的选择肯定是 5 只左脚鞋和 5 只右脚鞋；如果左脚鞋的数量是 7 只，右脚鞋的数量是 5 只，消费者对两种物品的选择依然是 5 只左脚鞋和 5 只右脚鞋。原因很简单，即消费者满足的目标是鞋子的配对儿情况，不能配成一对儿的鞋没有任何经济意义，不会使消费者得到满足，也就是说，如果不能同时给出同样数量的左脚鞋和右脚鞋，多拥有任何一种鞋子没有任何价值。用无差异曲线来表示这种情形可以得到这样的结果：5 只左脚鞋、7 只右脚鞋的组合与 7 只左脚鞋、5 只右脚鞋的组合是一样的，因此无差异曲线是直角形，在这种极端情形下左脚鞋与右脚鞋就是完全互补品。

而在现实世界中，完全替代品和完全互补品是非常难得的，大多数物品都界于这两种情形之间，因此无差异曲线总是凸向坐标原点，且具有一定的弯曲度。

3. 无差异曲线的经济学意义

在不限定消费数量只考虑消费者满足程度的前提下，无差异曲线和效用函数都能够表示消费者的偏好。对每一条无差异曲线而言，同一条无差异曲线的上各个点能够提供给消费者的效用是相等的，每一条无差异曲线都是一条“等效用曲线”。对于一组无差异曲线图而言，“效用一”表示的是消费者从甲组商品组合中得到满意程度的量的大小，它对应一条无差异曲线 U_1；“效用二”表示的是消费者从乙组商品组合中得到满意程度的量的大小，它对应一条无差异曲线 U_2；以此类推。如果消费者对乙组物品的偏好大于甲组物品，那么乙组物品的效用显然大于甲组物品；同时，由于消费者偏好更高无差异曲线 U_3 上的各个点，所以，更高无差异曲线 U_3 上物品的组合能够为消费者提供更大的效用。因此，当我们分析消费者选择行为时，消费者的目标可以用达到效用最大化来表示；也可以用消费者达到最高的无差异曲线来表示。这个结论对我们分析消费者均衡具有重要的意义。

（四）边际替代率

在我们分析无差异曲线的特点时提到：当消费者的总效用保持不变时，增加（或减少）一种物品的消费数量必然会减少（或增加）另一种物品的消费数量，即增加一种物品的效用必须减少另一种物品的效用。经济学上我们把这种现象称为替代现象。用数学方法表示这种现象就称为边际替代率（Marginal Rate of Substitution），它表示在同一条无差异曲线上，两种消费组合之间消费数量改变值的比值（$-\Delta Y/\Delta X$），它还表示这两种消费组合之间边际效用的比值，记作（$MRSXY = -\mathrm{d}Y/\mathrm{d}X = MUX/MUY$）。如图 2-6 所示。它的具体意思是：在同一条无差异曲线上，点 A（X，Y）与点 B（$X+\Delta X$，$Y+\Delta Y$）处具有相同的效用水平。由于无差异曲线向右下方倾斜，当消费者改变消费组合，即从点 A（X，Y）的组合变成点 B（$X+\Delta X$，$Y+\Delta Y$）的组合

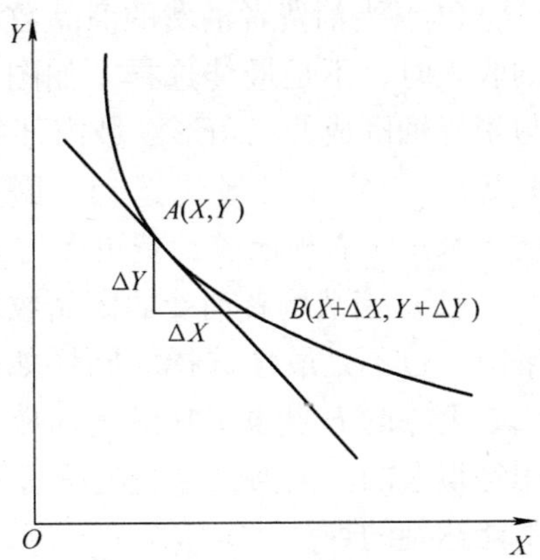

图 2-6　边际替代率

时，实际上是增加了 X 的消费数量，即 $\Delta X>0$；同时必然减少了 Y 的消费数量，即 $\Delta Y<0$。与此同时，我们可以清楚地得到，边际替代率 $MRS_{XY}=-\mathrm{d}Y/\mathrm{d}X=MU_X/MU_Y$，即边际替代率等于无差异曲线切线的斜率；而如果将无差异曲线的切线看作是一条预算线，那么边际替代率还可以表示为两种物品价格的比值，即：

$$MRS_{XY}=-\mathrm{d}Y/\mathrm{d}X=MU_X/MU_Y=P_X/P_Y$$

从以上分析中我们还得到边际替代率递减的规律，如图 2-7 所示。它的经济学意义是，在同一效用水平下，即在同一条无差异曲线上，消费者用一种物品替换另一种物品的代价将越来越大。即当消费者以减少某种物品 Y 为代价来增加某种物品 X 时，随着 X 数量的增加，X 的边际效用越来越小，Y 的边际效用越来越大，消费者越来越难以用 Y 来替换 X，于是 X 替换 Y 的数量越来越少。在现实生活中人们经常有这样的体会，即当人们拥有大米较多的时候，比较愿意用 5 升大米来换取 1 升小麦；随着大米数量逐渐减少，小麦数量逐渐增加的时候，人们只愿意用 3 升大米来换取 1 升小麦；进而，人们可能只愿意用 1 升大米来换取 1 升小麦。

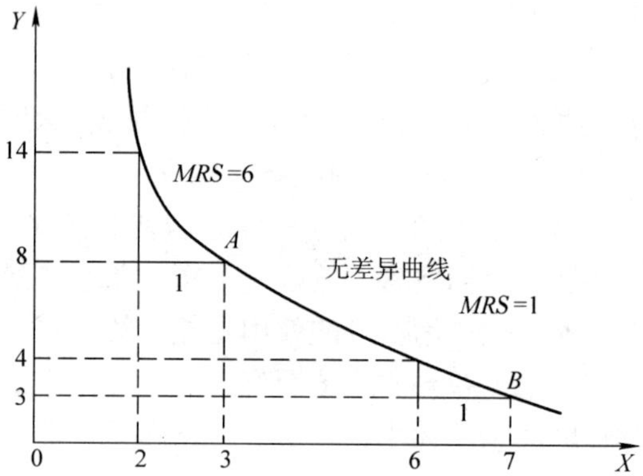

图 2-7　边际替代率递减规律

（五）消费者均衡

消费者均衡，是指在收入一定的情况下，消费者达到最大满足即效用最大化的情形。对这个问题的分析我们借助无差异曲线、预算线进行综合分析，并且为了便于分析，我们假设只有 X 和 Y 两种消费品。

（1）当消费者消费的商品数量没有花费他所有的收入时，不是最佳选择。如图 2-8 所示，预算线与坐标轴围成的三角形区域内部的任何一点（例如 A 点），肯定不是最优选择。因为，从 A 点向右、向上都意味着他能够消费更多的物品组合。

（2）当消费者消费的商品数量超过他的收入水平时，也不是最佳选择。同样如图 2-8 所示，预算线右上方的 E 点也不是最优选择，尽管这点的总效用是很大的。因为，这是消费者既定收入水平下所不能达到的点。

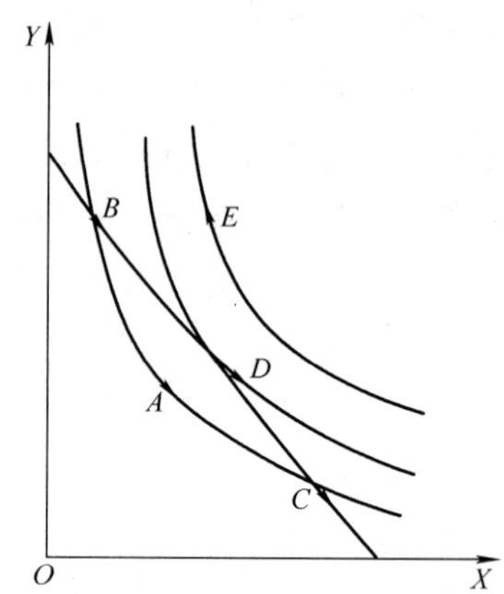

图 2-8　消费者均衡

（3）消费者的最佳消费组合只能是预算线上的

点，且只能是预算线与一条无差异曲线的切点 D 点。首先，最优点不应该选在 B 点或者 C 点，因为，这两点所对应的无差异曲线位置较低，效用水平较低。在 D 点消费者的收入与获得的总效用均能得到满足，且该点预算线斜率的绝对值是 P_X/P_Y，恰好等于无差异曲线的边际替代率，即 $|MRS_{XY}| = P_X/P_Y$。总之，消费者的最优选择是：在消费者既定收入水平下，能够让他获得最大效用满足的消费组合时，两种商品的价格之比应该恰好等于两种商品的边际效用之比。我们此时对消费者均衡的描述既能够从感性的角度反映消费者心理需要，即效用相等；也能够从理性的角度反映这种满足程度的物理性质，即价格之比等于边际效用，从而避免了单纯从心理的、抽象的角度对消费者行为的分析。

二、消费者剩余

消费者剩余（Consumer Surplus）是指消费者愿意为购买一种商品支付的货币效用与他实际支付的货币效用之间的差额。

如表 2-1 所示，为了便于说明，我们举例如下：某一消费者对茶叶的需求状况是，每千克 80 元时他愿意买 1kg；每千克 70 元时愿意买 2kg；每千克 50 元时愿意买 3kg。当茶叶的市场价格是 40 元时，他的需求量为 4kg，他所获得的消费者剩余可以用如下方法计算：当他消费第 1kg 茶叶时，他获得的消费者剩余为 40 元（80 元 - 40 元）；当他消费第 2kg 茶叶时，他获得的消费者剩余为 30 元（70 元 - 40 元）；当他消费第 3kg 茶叶时，他获得的消费者剩余为 10 元（50 元 - 40 元）；当他消费第 4kg 茶叶时，他没有获得消费者剩余。他按照 40 元价格消费 4kg 茶叶时所获得的消费者剩余总和为 80 元。

消费者剩余总是与一种物品的需求曲线密切相关。如果价格在 100 元以上，市场需求量是 0，因为没有一个消费者愿意支付这个价格。当价格是 80 元时，小王的需求量是 1；价格曲线以上和需求曲线以下的面积等于 20，恰好等于消费者剩余；当价格是 70 元时，消费者剩余为 40，即小王的消费者剩余 30 加小张的消费者剩余 10。这个例子说明，需求曲线反映了消费者的支付意愿，价格表示消费者实际支付的货币价值，需求曲线以下和价格曲线以上的总面积是市场上一种商品所有消费者的消费剩余的总和，如图 2-9 所示。

表 2-1　消费者需求表

价　格	消　费　者	需　求　量
大于 100 元	无	0
80 元	小王	1
70 元	小王、小张	2
50 元	小王、小张、小李	3
40 元或以下	小王、小张、小李、小赵	4

消费者剩余可以帮助经济学家对市场结果的合意性作出规范性判断，也就是说，市场需求是由所有消费者的共同行为构成的，而市场均衡就是让所有的消费者从消费中得到满足的总和。经济学家通常假设，当消费者作出决策时，他们都是理性的，他们的偏好应该得到尊重，消费者能够从购买的商品中得到多少收益，他们自己是最佳的判断者。消费者剩余衡量了消费者从一种商品的消费中得到收益的大小，让消费者得到更多的消费者剩余是衡量经济福利的一种标准，换言之，为了使消费者得到更多的消费者剩余，让全社会享受到更多的福利，有必要维持较低的商品价格水平。

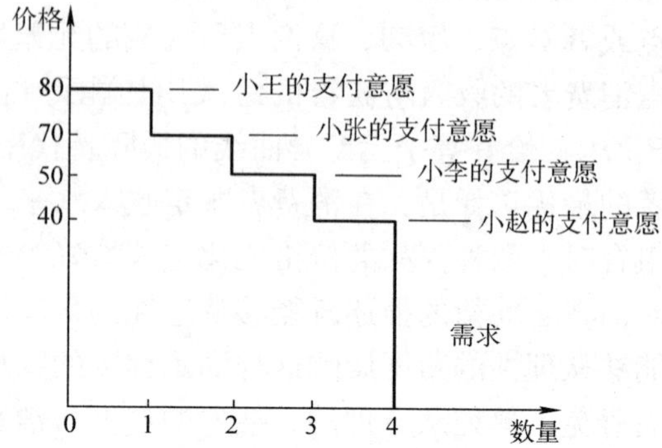

图 2-9 消费者剩余

但是在某些情况下，消费者剩余不应得到尊重。例如吸毒者愿意支付高价获得毒品，但并不能据此认为，由于吸毒者可以从低价的毒品中获得巨大的收益，因此应该压低毒品价格（或放松对毒品的管制）。显然，从社会道德的角度看，对毒品的较高的支付意愿和由此得到的消费者剩余并不是衡量社会福利的最佳指标。

第三节 价格和收入变化对消费者选择的影响

一、替代效应与收入效应

1. 替代效应

替代效应，是指当消费者的收入水平保持不变，商品的价格发生变动时，消费者将增加相对跌价商品的购买量，减少相对涨价商品的购买量的现象。替代效应表现为消费者均衡点在无差异曲线上的移动。下面我们用数学方法分析这种现象的变化过程。

假设消费者的偏好是既定的，而两种商品的相对价格发生变化的情形有三种：

（1）商品（X）的价格（P_X）保持不变，另一种商品（Y）的价格（P_Y）发生变化，即要么上升要么下降。如果此时，虽然商品（X）的价格没有改变，但是商品（Y）的价格上升，意味着商品（X）的价格相对下降，消费者似乎更愿意减少对商品（Y）的消费，增加对商品（X）的消费。反之，同理。

（2）两种商品的价格同时发生了变化，且商品（X）的价格（P_X）上涨，商品（Y）的价格（P_Y）下降。此时，很显然，消费者必然会增加降价商品（Y）的消费，而减少涨价商品（X）的消费。

（3）两种商品的价格同时发生了变化，且变化的方向相同，即价格同时上涨或者价格同时下降。但是这种情况必然改变消费者的效用大小，已经超出了本节的讨论范畴。所以，我们只考虑前两种情况下，消费者消费行为的改变过程。我们的结论是：当消费者的收入水平保持不变，商品的价格发生变动时，要使消费者维持原来的效用水平，那么新的均衡点将是一个新的切点，且该点是价格改变后新的预算线与原来的无差异曲线的切点。

为了简便说明，我们只分析商品（X）的价格（P_X）保持不变，商品（Y）的价格（P_Y）上升时，消费者均衡变化的过程。如图 2-10 所示，原来的预算线 AB 与无差异曲线 U_1 相切于 E 点，对 X 的需求量是 OX，对 Y 的需求量是 OY。现在，由于 P_Y 上升，P_X 相对下降，预算线改变为 A_1B_1。A_1B_1 与 U_1 切于 E_1 点，则对 X 的需求量改变为 OX_1，对 Y 的需求量改变为 OY_1。这时，消费者均衡沿着原来的无差异曲线移动到新的一点，这点的边际替代率发生了改变。换言之，替代效应是在同一条无差异曲线上，通过改变边际替代率的斜率实现的。

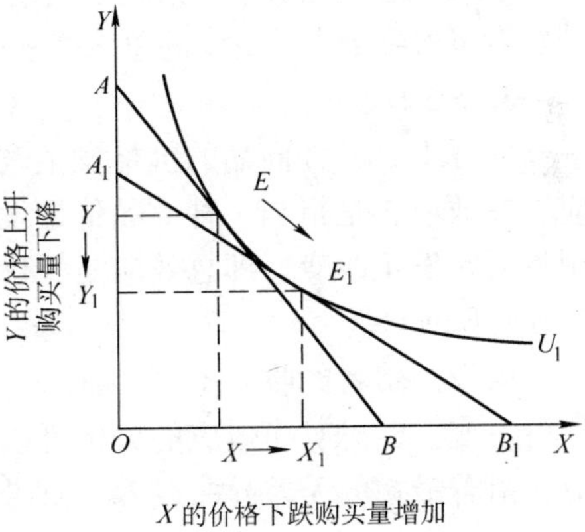

图 2-10 替代效应

替代效应的经济学含义为：当某一商品的价格发生改变时，跌价商品（X）的购买量增加了，而涨价商品（Y）的购买量则减少了；但是，由于消费者的收入不变，商品消费数量的改变并没有改变他的效用水平。

2. 收入效应

如图 2-11 所示，收入效应，是指当消费者的收入水平发生变动时，消费者购买的商品的总量发生相对改变的现象。收入效应大致分为收入增加影响和收入减少的影响两种情形。一般认为，在不考虑商品性质的前提下，即当商品的使用价值不会影响消费者的购买数量时，收入增加，消费者对商品的消费量会增加；收入减少，消费者对商品的

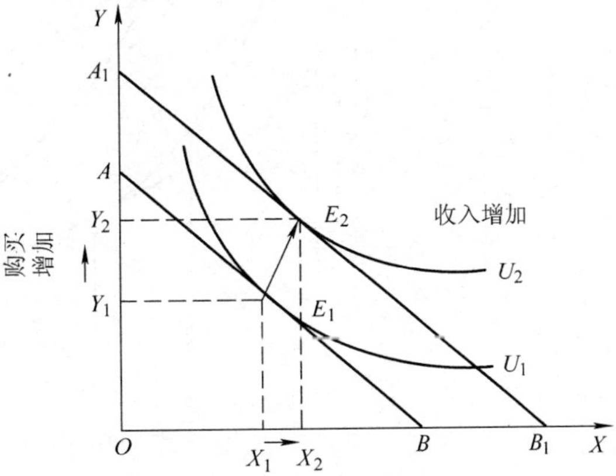

图 2-11 收入效应

消费量会减少。需要强调的是，收入效应通常是由价格变动引起的，即商品价格上升总是会使消费者的相对收入减少，从而减少消费量；商品的价格下降总是会使消费者的相对收入增加，从而增加消费量。

收入效应的数学分析是这样的：收入增加，会使预算线向外平行移动，新的预算线与一条较高的无差异曲线相交于新的切点（均衡点），这一点的总效用高于原来的均衡点。同理，收入减少，会使预算线向内平行移动，新的预算线与一条较低的无差异曲线相交于新的切点（均衡点），这一点的总效用低于原来的均衡点，但是边际替代率不会发生改变。

收入效应的经济学意义是：当消费者的收入发生改变时（收入增加或减少），消费者将得到更高或更低的总效用水平；但是消费者对商品的组合不发生改变。

3. 总效应

实际上，一种商品的价格发生改变，既可能引起替代效应；也会引起收入效应。总效应，是指当一种商品价格发生改变时，消费者的消费组合和获得的总效用将同时发生改变，即总效应是替代效应和收入效应的净效应，或称为价格效应（Price Effect）。

假设消费者的收入不变，商品（Y）的价格 P_Y 下降，商品（X）的价格 P_X 保持不变。此时对净效应的分析可以分为两个步骤：首先，价格变化引起替代效应，沿着最初的无差异曲线 U_1，消费者均衡点从 A 点移动到 B 点，消费者减少了 X 的消费，增加了 Y 的消费，这是价格变化引起的替代效应，此时边际替代率的改变反映了消费者新的消费组合情况。其次，价格改变引起消费者收入改

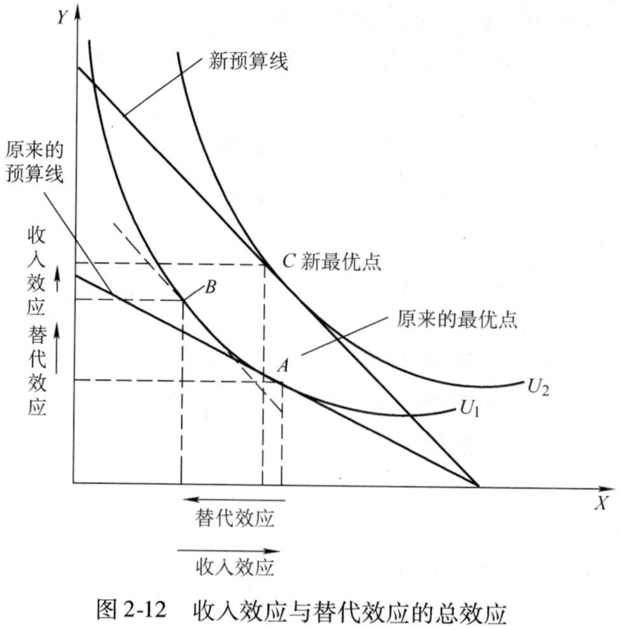

图 2-12　收入效应与替代效应的总效应

变，引起收入效应，即商品 Y 的价格下降，消费者的相对收入增加，他可以在同等收入水平下消费较多的降价商品，消费者获得较多的效用，处于更高的无差异曲线 U_2 上，均衡点从 B 点移动到 C 点。虽然，B 点与 C 点处在不同的无差异曲线上，但是具有相同的边际替代率，这种变化反映了收入效应。需要指出的是，如图 2-12 所示，图中的虚线是一条暂时的预算线，它反映价格变化改变了消费者偏好。

最后，我们来评价上述假设下的总效应，即当商品（Y）的价格下降时，消费者不仅增加降价商品（Y）的消费，减少涨价商品（X）的消费，而且消费者同时获得了较多的效用。

需要指出的是，由于商品具有不同的性质，收入效应和替代效应的总效应有不同的表现形式，这个问题我们将在下一个问题中给予解释。

二、价格效应与商品的性质

前面介绍了在消费者的收入水平保持不变，一种商品的价格保持不变，另一种商品的价格发生改变时，替代效应和收入效应的总和净效应被称为总效应，或价格效应，而价格效应会因商品的性质不同而呈现不同的结果。因此，我们先来介绍商品的性质，它们大致可分为正常物品、劣质物品、吉芬物品三种类型。

1. 正常物品

正常物品，是指当商品价格改变时，替代效应与收入效应发生同方向变化，而与价格的改变呈反方向变化的商品。或者表示为：收入增加需求量也增加，收入减少时需求量也减少的物品。

如图 2-13 所示，我们可以通过对总效应的分析来说明正常物品的特征。假设消费者的收入和商品（Y）的价格（P_Y）不变，商品（X）的价格（P_X）下跌，消费者的相对收入增加。图 2-13 中，替代效应表现为：消费者改变边际替代率，增加（X）的消费，减少（Y）的消费，原来的均衡点 E 沿着无差异曲线 U_1 向下移动到新的均衡点 F，新的预算线为虚线 LN。收入效应表现为：消费者相对收入增加，预算线 AB 向外移动到 A_1B_1，它与无差异曲线 U_2 相切于新的均衡点 G，新的预算线 U_2 的斜率（边际替代率）与 LN 的相同。在新的均衡点 G 点，替代效应和收入效应之和的净效应表现为：消费者增加跌价物品（X）的

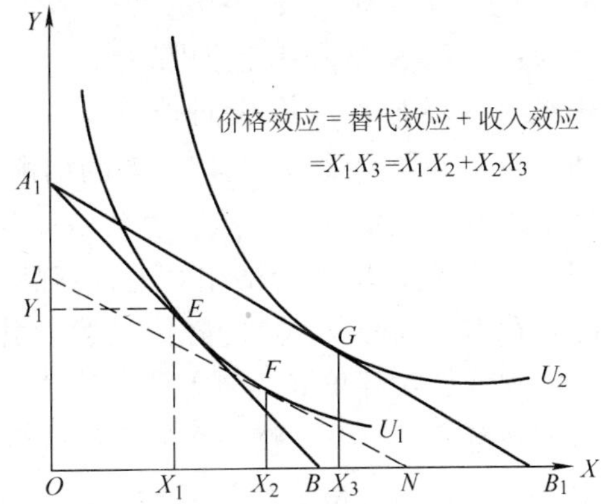

图 2-13 正常物品

消费，减少价格相对上升物品（Y）的消费，并且消费者获得的总效用增加。由此看出，物品（X）是正常物品，即当商品的价格下降时，替代效应和收入效应均表现为增加，与价格的变动方向相反。总之，在收入水平不变，一种商品的价格保持不变，另一种商品的价格上升（下降）时，由于该物品的价格变动使消费者的相对收入减少（增加），从而使消费者减少（增加）价格变化物品，即正常物品的消费。

日常生活中，绝大多数商品是正常物品，即当人们拥有的可支配收入增加时，总是愿意增加对正常物品的消费，来增加人们的效用水平和满足感。

2. 劣质物品

低档物品，是指商品的价格发生改变时，替代效应与收入效应呈反方向变化的商品，但是在大多数场合，替代效应总是大于收入效应。或者表示为：收入增加时需求量反而减少，收入减少时需求量反而增加的物品。

我们依然可以通过对总效应的分析来说明低档物品的特征。假设消费者的收入和商品（Y）的价格（P_Y）不变，商品（X）的价格（P_X）下跌，如图2-14所示。替代效应表现为：消费者改变边际替代率，在新的均衡点，消费者增加了降价商品（X）的消费，减少了商品（Y）的消费。收入效应表现为：（P_X）下降引起消费者相对收入增加，预算线向外移动，与无差异曲线 U_2 相切于新的均衡点。新的预算线的斜率（边际替代率）发生了改变。在新的均衡点，替代效应和收入效应的总效应表现为：减少降价商品（X）的消费，增加价格相对上升商品（Y）的消费，消费者获得的总效应增加。由此看出，商品（X）的降价虽然会引起消费者收入的增加，但是消费者非但没有因此增加对降价商品（X）的消费，反而减少了对降价商品（X）的消费，那么，降价商品（X）就是我们所说的低档商品，即价格发生改变时，替代效应表现为增加，与价格呈反方向变动；收入效应表现为减少，与价格呈同方向变动。总之，在收入水平不变，一种商品的价格保持不变，另一种商品的价格下降（上升）时，由于价格变动使消费者的相对收入增加（减少），从而使消费者减少（增加）价格变动商品，即低档物品的消费。

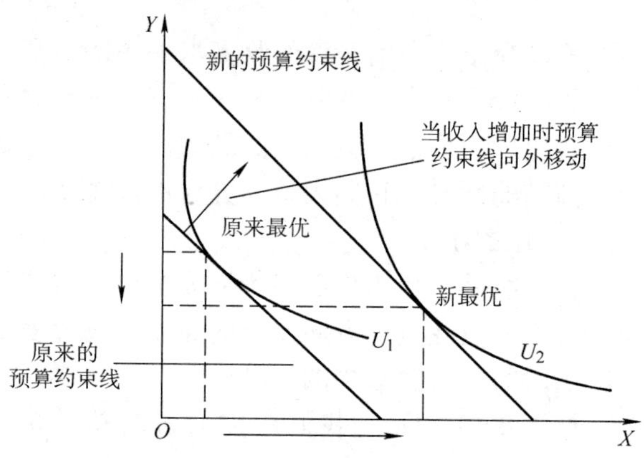

图2-14　劣质物品

日常生活中，也存在着一定的低档物品，人们在收入水平比较低，生活比较困难的时候总是被迫选择这些商品。例如：从事重体力工作的人们总是乐于消费那些“低蛋白、高热量、高脂肪”的食物，由于它们廉价并且高能量，可以用比较少的支出满足长时间的身体需要。但是，随着收入的增加，出于健康考虑，人们将逐渐减少和放弃这些商品的消费数量。然而，在人类的发展过程中，某些时期也出现过：虽然收入很低，但是对劣质物品的消费反而增加的现象，这就是我们将要谈到的“吉芬物品”。

3. 吉芬物品

19 世纪，爱尔兰发生土豆饥荒，当时土豆是人们的重要食物，土豆价格上升时，人们的相对收入越发降低。但是，由于收入水平过低，人们更加无法选择其他的替代品来替代对土豆的消费需求。因此，对于土豆价格急剧上升，人们对因此导致的实际生活水平下降的反应是：进一步减少其他物品（肉类）的消费，而增加土豆的消费量。此种状况下，土豆就是一种吉芬物品，即替代效应与收入效应呈反方向变动，且收入效应大于替代效应的商品。或者表示为：商品的价格上升，相对收入减少，需求量反而增加；商品的价格下降，相对收入增加，而需求量反而更加减少的低档物品。这个概念是以最早注意到这种现象的经济学家罗伯特 · 吉芬的名字命名的。

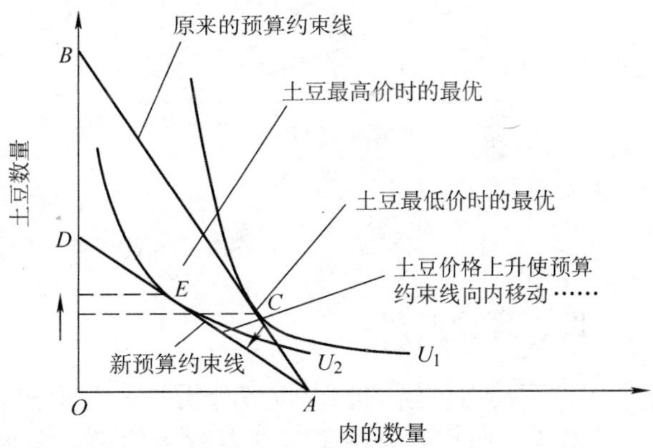

图 2-15 吉芬物品

如图 2-15 所示，土豆的价格上升以后，均衡点从 C 点移动到 E 点，总效应表现为：增加了涨价商品土豆的消费数量，减少了奢侈品肉类的消费数量。这是因为，虽然土豆涨价的替代效应使消费者减少土豆的消费，即替代效应与价格变动呈反方向变动。但是，收入效应表现为：消费者相对收入减少，预算线向内移动，收入效应与替代效应呈反方向变动，与价格变动呈同方向变动。且收入作用超过了替代作用，使总效应与价格呈同方向变动。需要指出的是，劣质物品并非都是吉芬物品，吉芬物品一定是收入效应超过替代效应的劣质物品。

三、消费者需求曲线推导

我们在前面章节中谈到，一种商品的价格越低，消费者愿意购买的数量越多；即商品的价格与消费者对该商品需求量的呈反方向变化，即价格越高（或提高）则需求量越少（或减少），反之则相反。这就是我们所说的需求规律。现在我们运用预算线、无差异曲线的分析方法来印证这一规律。如图 2-16a 所示，假设消费者的收入不变，商品（X）、商品（Y）均为正常物品，商品（X）的价格保持不变，当商品（Y）的价格从 2 元下降到 1 元时，根据前面学到的理论，预算线向外移动，则新的均衡点为 B 点。相应地，如图 2-16b 所示，当商品（Y）的价格下降时，需求量的改变情况，此时，需求曲线是一条向右下方倾斜的曲线，它表明需求量与商品价格呈反方向变动关系。

需要指出的是，正常物品、低档物品的需求曲线是向右下方倾斜的，与需求理论相符合。但是，吉芬物品的需求曲线是向右上方倾斜的，即价格与需求量呈正比关系。

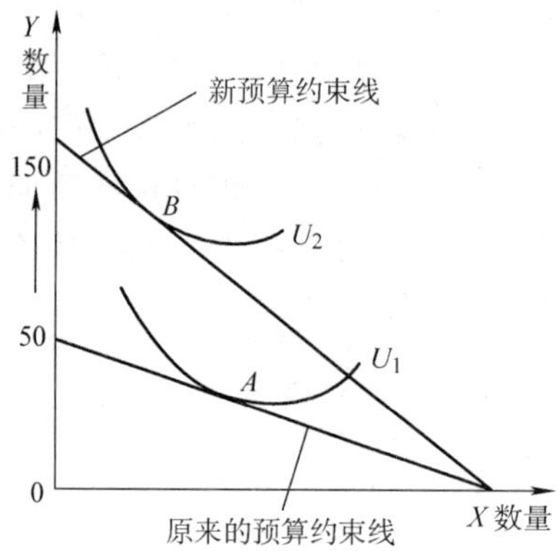

a) 消费者最优

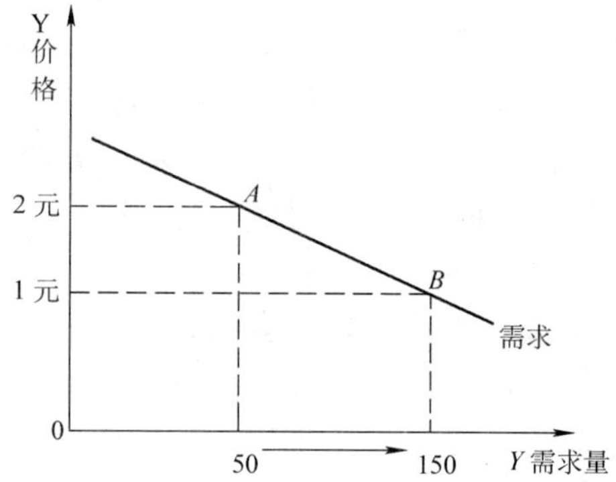

b) 需求曲线

图 2-16 需求曲线的推导

四、理论应用

1. 劳动力供给的收入效应分析——对价格效应的应用

本章前面我们讨论了劳动者收入的增加会影响消费者的偏好，从而改变其对商品的消费数量。在这里我们还可以运用同样的理论分析劳动者如何在工作和休闲之间进行选择，即劳动者是选择增加工作时间来进一步增加收入，还是减少工作时间来使用收入。我们称这个问题为：劳动力供给的收入效应。

一般而言，相对于一定的时间来说，工作和休闲是一对相互替代的产品，如果劳动者选择工作来获得收入，从而获得较高的消费水平和消费数量，就必须放弃休闲。同理，如果劳动者选择休闲，减少工作时间，必然使收入下降，从而使消费水平和消费数量下降。因此，个别劳动者对工作与休闲的选择决定了劳动力供给的水平。

如图 2-17 所示，劳动力供给的替代效应，是指当劳动者的收入增加时，他的消费水平在增加，相对地休闲变得非常昂贵，即劳动者放弃工作的代价是非常高的，因而劳动者可能更加愿意选择多工作而放弃休闲。在这种情况下，劳动力供给曲线会因为收入的增加向右上方倾斜。劳动力供给的收入效应，是指当劳动者的收入增加时，他的消费水平上升，效用水平移动到更高的无差异曲线上，在这种情况下，只要消费和休闲都是正常物品，劳动者可能既获得较高的消费水平，也获得更多的休闲时间。也就是说，收入增加会导致劳动者休闲时间增加，工作时间相应减少，此时劳动力供给曲线向右下方倾斜。通过上述分析，我们知道，劳动力供给的替代效应和收入效应呈反方向变化，那么两者的净效应取决于劳动者最终的选择。

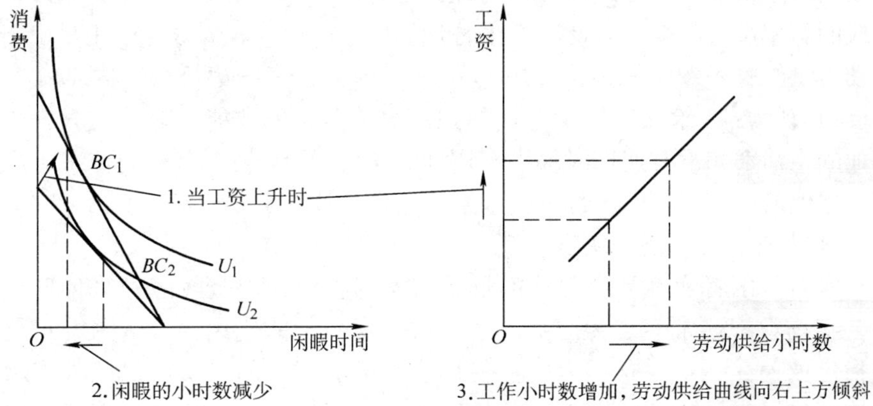

a) 有工作偏好的选择

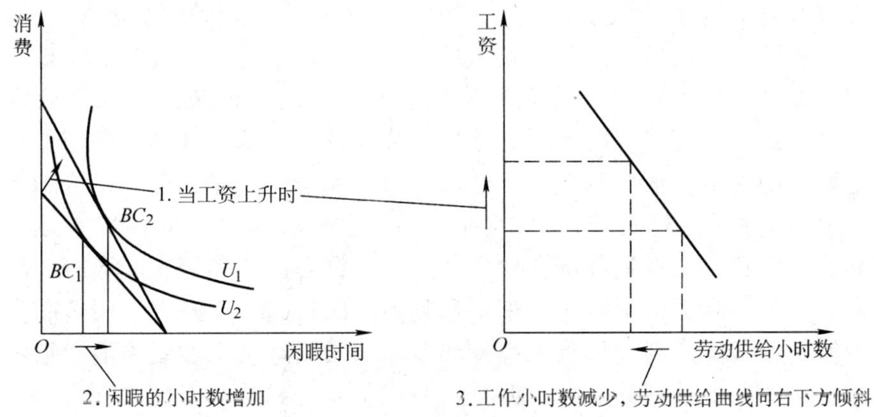

b) 有闲暇偏好的选择

图 2-17　工资增加

虽然从理论分析的层面看，劳动力供给的替代效应和收入效应并存，但是，历史发展进程表明，劳动力供给的收入效应大于替代效应，即劳动者收入增加时，更多地选择用休闲来替代工作，劳动力供给呈下降趋势。事实是，一百多年前，劳动者每周工作6天，而当今社会通常每周工作5天，劳动力工作时间是逐渐减少的，但是与此同时劳动者的收入却呈增加趋势。

对这个结论的有力证明是对巨额彩票获奖者行为的分析。资料显示：那些赢得了5万美元以上奖金的人中，几乎有25%的人在一年内辞职，而另有9%的人减少了他们的工作时间。那些赢得了奖金超过100万美元的人中，几乎有40%的人不再工作。赢得巨额奖金的收入效应是非常明显的，原因是奖金收入使劳动者的收入水平增加，预算线向外移动，但是劳动者本身的工资水平并未改变，即预算线的斜率没有改变，因此不产生替代效应，只产生收入效应。正是由于对这种劳动力供给收入效应的担忧，19世纪著名的工业家安德鲁·卡内基（Andrew Carnegie）认为："给儿子留下遗产的父母会使儿子的才能和热情大大丧失，而且使他的生活不如没有遗产时那样有用和有价值。"于是，卡内基在有生之年和死后，把他的巨额资产的大部分捐献给了慈善事业。

2. 穷人喜欢现金还是实物救济——对效用理论的应用

政府对贫困者实施社会救济的形式有实物救济和现金救济等多种形式。现实中，实物救济通常表现为向贫困者发放一定数量的代用券，贫困者只能用其购买指定的商品，如：贫困者只能使用食品券购买食品，从而保证救济款直接用于改善贫困者的生活状况，有效地防止贫困者挪用救济资金，用于奢侈品消费。

如图2-18所示，贫困者个人的消费偏好如何决定了他们对救济形式的选择。如果政府采取现金救济形式，则由于收入增加，消费者的预算线向外移动，消费者既可以把增加的现金收入用于食品等基本生活消费开支，也可以把现金用于非基本生活消费（甚至奢侈品消费）开支。而政府如果采取发放食品券救济形式，情况将有所不同。首先，如果消费者偏好食品，即使他得到的是一定数量的现金，他仍然会把补贴用于食品消费。因此，现金救济和实物救济（食品券）的效用是相同的。然而，如果消费者对食品的偏好不足，更加偏好非食品消费，则现金救济会导致消费者根据自己的偏好支配政府的现金补贴，使食品的实际消费量减小，难以达到救济的目的。于是，采用食品券救济时，即使贫困者把全部货币收入用于非食品消费，但是仍然必须消费指定数量的食品，从而保证救济的效果。但是，与现金救济相比，实物救济会使消费组合处于较低的无差异曲线上，即实物救济提供给贫困者的效用小于现金救济时的效用。

总之，如果实物救济迫使贫困者消费食品的数量超过他的意愿，即他更愿意消费较多的非食品，那么贫困者会更加欢迎现金救济；如果实物救济并没有迫使消费者提高食品的消费数量，则现金救济和实物救济的效用相同。

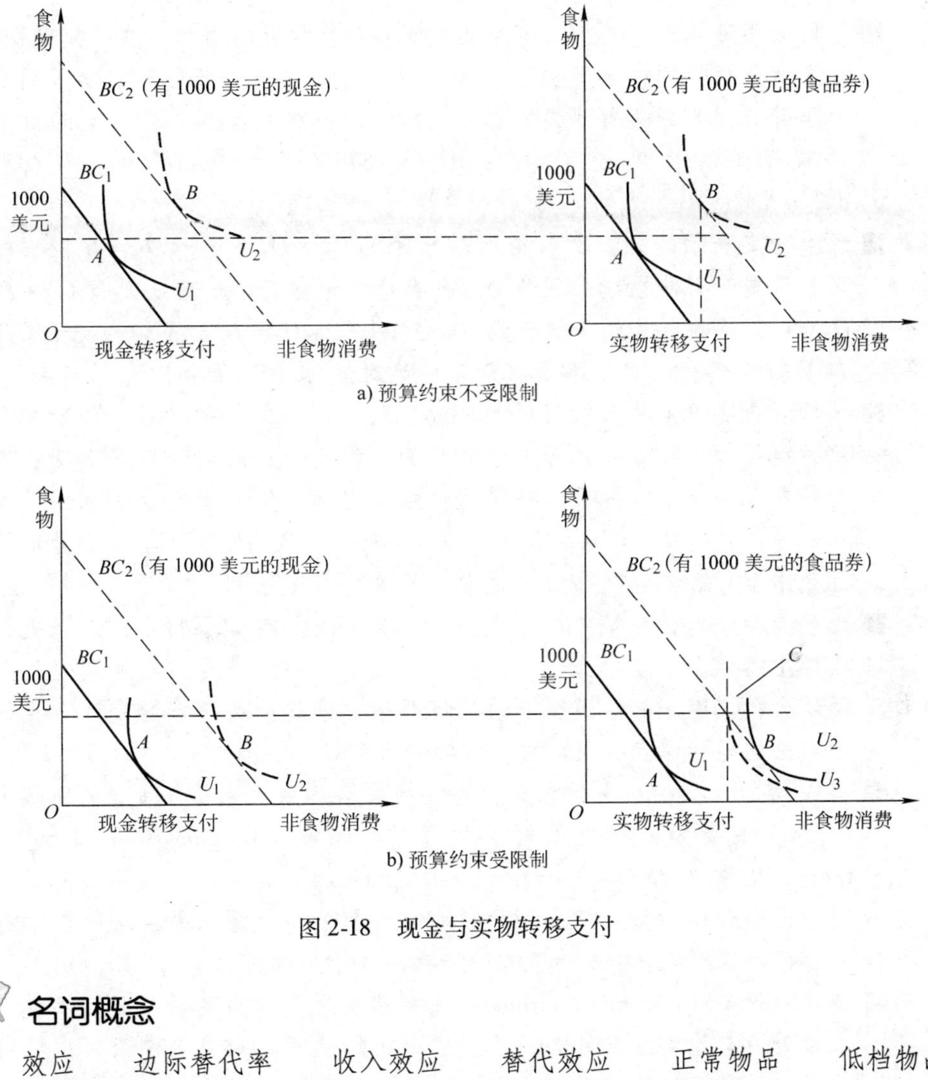

a) 预算约束不受限制

b) 预算约束受限制

图 2-18　现金与实物转移支付

名词概念

效应　　边际替代率　　收入效应　　替代效应　　正常物品　　低档物品

要点回顾

■ 物品的效用，是指消费者在消费某种物品时所感受到的满足，它不仅指物品的物质属性，即能够满足人们某种欲望（如面包可以充饥，衣服可以御寒），而且指它的数量属性，即“有效用”、“无效用”和“效用大小”。但是，必须指出的是，这些感受依赖于消费者的主观感受，这是效用理论区别于其他理论（生产理论）的重要特征。

■ 物品的边际效用是指，该物品的消费量每增加（减少）一个单位所引起的总效用增加（减少）的数量。其数学表达式为：$MU_X = \Delta TU_X / \Delta Q_X$，其中，$MU_X$ 为边际效用，TU_X 为总效用，Q_X 为商品数量。

■ 边际效用递减规律是指，随着某种商品消费数量的增加，在一定范围内，消费者所获得的总效用也会增加，但是，超过某一范围时，总效用反而会下降。同时，随着消费数量的增加，边际效用呈递减趋势。边际效用递减规律的数学表达式是：$MU = dTU/dX > 0, MU = dMU/dX = d^2TU/dX^2 < 0$。

■ 预算约束表示的是：两个坐标轴与直线 $P_X \times Q_X + P_Y \times Q_Y = C$ 围成的区域，消费者只能在这个区域中选择自己的消费组合。直线 $P_X \times Q_X + P_Y \times Q_Y = C$ 被称为预算线。预算线 $P_X \times Q_X + P_Y \times Q_Y = C$ 与 X 轴相交于 C/P_X，与 Y 轴相交于 C/P_Y，预算线斜率的绝对值为（P_X/P_Y）。

■ 消费者花费既定收入所获得的总效用取得最大值的条件是：他所购买的每种商品的边际效用之比等于商品的价格之比；或者可以表述为：消费者花费每一个单位货币所获得的边际效用都相等。消费者均衡的数学表达式为：$MU_X/P_X = MU_Y/P_Y$ 或 $MU_X/ MU_Y = P_X/P_Y$，即某单位货币的边际效用 $=X$ 的边际效用/X 的价格 $=Y$ 的边际效用/ Y 的价格。

■ 无差异曲线也称为等效用曲线。无差异曲线具有如下特点：①无差异曲线图上的许多无差异曲线中，距离原点越远的无差异曲线所代表的总效用越大；②无差异曲线图上的任何两条无差异曲线不能相交。③无差异曲线凸向坐标原点，且向右下方倾斜。

■ 当 X 增加（减少）一单位时，为保持原有的效用水平不变，Y 所减少的（增加）的数量，称为 X 对 Y 的边际替代率（Marginal Rate of Substitution），记作（$MRS_{XY} = -dY/dX = MU_X/MU_Y$）。无差异曲线的边际替代率具有两个特征：① 无差异曲线上任何两点的边际替代率总是负数。② 边际替代率递减规律，即边际替代率的绝对值递减倾向。

■ 消费者剩余（Consumer surplus）是指消费者愿意为购买一种商品支付的货币效用与他实际支付的货币效用之间的差额。消费者剩余可以帮助经济学家对市场结果的合意性作出规范性判断。

■ 替代效应是指，消费者的收入水平保持不变，当商品的价格发生变动时，消费者将增加相对跌价商品的购买量，减少相对涨价商品的购买量的现象。收入效应是指当消费者的消费偏好不变，收入水平发生变动时，消费者的购买量发生相对改变的现象。总效应是指当一种商品价格发生改变时，消费者的消费偏好和获得的总效用同时发生改变后的效应，即替代效应和收入效应之和的净效应，或称为价格效应（Price Effect）。

■ 收入增加（减少）时需求量也增加（减少）的物品是正常物品。收入增加（减少）时需求量减少（增加）的物品是低档物品。价格上升（下降）需求量增加（减少）的低档物品是吉芬物品。

课后练习

一、单项选择题

1. 总效用曲线达到最大点，(　　)。

   A. 边际效用最大　　B. 边际效用为零

   C. 总效用为零　　D. 边际效用不变

2. 某个消费者的无差异曲线图包含了无数条无差异曲线，因为(　　)。

   A. 收入有时高，有时低　　B. 欲望是无限的

   C. 消费者人数是无限的　　D. 商品的数量是无限的

3. 同一条无差异曲线上的不同点表示（　　）。

   A. 效用水平相同，两种商品的组合比例也相同

   B. 效用水平相同，但所消费的两种商品的组合比例不相同

   C. 效用水平不相同，两种商品的组合比例相同

   D. 效用水平不相同，两种商品的组合比例也不相同

4. 无差异曲线上任一点上商品 X 和 Y 的边际替代率等于它们的(　　)。

   A. 价格之比　　B. 数量之比

   C. 边际效用之比　　D. 边际成本之比

5. 商品 X 和 Y 的价格按相同的比率上升，而收入不变，预算线(　　)。

   A. 向左下方平行移动　　B. 向右上方平行移动

   C. 向左下方或右上方平行移动　　D. 也不变动

6. 预算线反映了（　　）。

   A. 消费者的收入约束　　B. 消费者的偏好

   C. 消费者人数　　D. 货币的购买力

7. 假定其他条件不变，如果某种商品（非吉芬物品）的价格下降，根据效用最大化原则，消费者会（　　）这种商品的购买。

   A. 增加　　B. 减少

   C. 不改变　　D. 增加或减少

8. 若无差异曲线上任何一点的斜率 $dY/dX = -1/2$，这意味着消费者有更多的 X 时，他愿意放弃（　　）单位而获得一单位的 Y。

   A. 1/2　　B. 2　　C. 1　　D. 1.5

9. 已知消费者的收入是100元，商品X的价格是10元，商品Y的价格是3元。假设他打算购买7单位X和10单位Y，这时商品X和Y边际效用分别是50和18。如果获得最大效用，他应该（　　）。

A. 停止购买　　B. 增加X，减少Y的购买量

C. 减少X，增加Y的购买量　　D. 同时增加X和Y的购买量

10. MRS_{XY}递减，MU_X和MU_Y必定（　　）。

A. 递增　　B. 递减

C. MU_X递减，而MU_Y递增　　D. MU_X递增，而MU_Y递减

二、填空题

1. 物品的________效用是指，该物品的消费量每增加（减少）一个单位所引起的________效用增加（减少）的数量。

2. 边际效用分析分为________和________分析。

3. 预算约束表示的是：________与________围成的区域，消费者只能在这个区域中选择自己的消费组合。

4. 导致预算线移动的因素是________和________。

5. 消费者花费既定收入所获得的总效用取得最大值的条件是：他所购买的每种商品的________等于________。

6. 衡量消费者均衡的两条重要曲线是________和________。

7. 消费者的最优选择只能是预算线与一条无差异曲线的切点，即________和________相等的点。

8. 总效应是________和________的净效应，也称为________。

9. ________和________的总面积是市场上一种商品所有消费者剩余的总和。

10. 按照商品的性质，商品大致可分为________、________、________等类型。

三、判断题（正确为A，错误为B）

1. 物品的边际效用是指，该物品的消费量每增加（减少）一个单位所引起的总效用增加（减少）的数量。（　　）

2. 边际效用递减规律的数学表达式表示，随着的消费数量的增加（减少），边际效用（MU）增加（减少）。（　　）

3. 如果消费者的收入不变，商品X的价格下降，另一种商品Y的价格保持不变，则预算线向左下方平行移动。（　　）

4. 消费者的消费行为达到均衡是指消费者在既定的收入水平下，消费

X 的数量和消费 Y 的数量所得到的总效用是最大的，他将不再改变对 X 或者 Y 的消费数量。（ ）

5. 无差异曲线图上的许多无差异曲线中，距离原点越远的无差异曲线所代表的总效用越小。（ ）

6. 沿一条无差异曲线，边际替代律的变化规律是：一种物品的边际替代率增加势必伴随着另一种物品的边际替代率减少。（ ）

7. 消费者的最优选择只能是预算线与一条无差异曲线的交点。（ ）

8. 替代效应是在同一条无差异曲线上，通过改变边际替代率的斜率实现的。（ ）

9. 收入效应是当消费者的相对收入增加时，消费者偏好也发生改变，所引起的消费变动。（ ）

10. 吉芬商品是价格上升（下降），需求量增加（减少）的物品。（ ）

四、计算题

1. 已知，某人消费两种商品 X 和 Y 的效用函数为：$U = X_3Y_3$，两种商品的价格为：P_X、P_Y。求：他对 X 的需求函数和对 Y 的需求函数。

2. 已知，某人的月收入为 120 元，他将收入全部用于消费 X 和 Y 两种商品，他的效用函数为 $U = X_Y$，且 $P_X = 2$ 元，$P_Y = 3$ 元。求：

（1）他应该分别购买多少 X 和 Y，使自己获得的效用最大？

（2）当 X 的价格提高到 3 元时，他的收入效应和替代效用应如何改变（画图说明）？

五、简答题

1. 画出面包和馒头的无差异曲线，并说明无差异曲线的特征有哪些？

2. 导致消费曲线移动的原因是什么？画图说明正常物品、劣质物品和吉芬物品的区别。

六、思考题

我们每个人的一生都可分为“年轻”、“年老”两个阶段，“年轻”时我们有收入，“年老”时我们没有收入。因此，每个人需要在“年轻”时进行储蓄，用于“年老”时使用。请通过收入效应和替代效应原理，分析利息率变动对储蓄的影响。

假设你有一份月薪 2000 元的工作，而且你会把一部分收入存入银行储蓄，储蓄利率是年利率 2%。用预算线和无差异曲线图说明当下列事情发生时消费者均衡的改变情况。

（1）你的月薪增加为 3000 元；

（2）银行储蓄利率上升为 3%。

参考答案

一、单项选择题

1. B 2. D 3. B 4. C 5. A 6. A 7. A 8. B 9. C 10. C

二、填空题

1. 边际效用，总效用 2. 基数效用，序数效用 3. 坐标轴，预算线 4. 消费者的收入，商品的价格 5. 边际效用之比，商品的价格之比 6. 无差异曲线，预算线 7. MRS_{XY}，P_X/P_Y 8. 收入效应，替代效应，价格效应 9. 需求曲线以下，价格曲线以上 10. 正常物品，劣质物品，吉芬物品

三、判断题

1. A 2. B 3. B 4. A 5. B 6. A 7. B 8. A 9. A 10. A

四、计算题

1. $Y=(P_Y/P_X)X$，$X=(P_X/P_Y)Y$ 2. （1）$X=48$，$Y=72$（2）（图略）

五、简答题

1. 无差异曲线的特征

① 无差异曲线图上的许多无差异曲线中，距离原点越远的无差异曲线所代表的总效用越大；

② 无差异曲线图上的任何两条无差异曲线不能相交；

③ 无差异曲线凸向坐标原点，且向右下方倾斜（图略）。

2. 导致消费曲线移动的原因是：商品的价格与消费者的收入水平。

①消费者的收入水平保持不变，当商品的价格发生变动时，消费者将增加相对跌价商品的购买量，减少相对涨价商品的购买量，这种现象称为替代效应。②消费者的消费偏好不变，收入水平发生变动时，消费者的购买量发生相对改变的现象称为收入效应。总效应是指当一种商品价格发生改变时，消费者的消费偏好和获得的总效用同时发生改变后的效应，即替代效应和收入效应的净效应，或称为价格效应。但是，消费曲线变动的最终结果还取决于商品的性质，即商品是属于正常物品还是劣质物品。

正常物品、劣质物品、吉芬物品的区别是：

收入增加（减少）时需求量也增加（减少）的物品是正常物品，收入增加（减少）时需求量减少（增加）的物品是劣质物品，价格上升（下降）需求量增加（减少）的劣质物品是吉芬物品。（图略）

六、思考题

一是工资收入增加，利息率保持不变，消费者消费商品的数量增加，预算线向右外移动；二是储蓄利率上升，工资收入保持不变，消费者的储蓄倾向增加，预算线向外移动。

本章参考文献

[1] 曼昆．经济学原理：上册、下册［M］．梁小民，译．北京：生活、读书、新知三联书店/北京大学出版社，1999.

[2] 尹伯成．现代西方经济学习题指南（微观经济学）［M］.4版．上海：复旦大学出版社，2005.

[3] 尹伯成．现代西方经济学［M］.4版．上海：复旦大学出版社，2005.

[4] 萨缪尔森．经济学［M］．北京：商务印书馆，1979.

[5] 席西民．经济管理基础［M］．北京：高等教育出版社，1998.

第三章 生产理论

核心内容

本章以作为产品的供给者的厂商如何实现利润极大化为切入点，系统介绍生产理论涉及的两个问题，一是，使用的生产要素（投入）与产品（产出）之间的物质技术关系；二是，要素组合与各种生产要素的价格关系。其中包括：

■ 生产函数理论；

■ 等成本线、等产量线及厂商均衡理论；

■ 生产有效性理论及最优生产区间；

■ 总成本、边际成本、可变成本、平均成本等成本理论；

■ 厂商取得最大利润的条件。

教学目的

通过本章的学习，使学生了解掌握以下内容：

■ 了解生产函数、边际产量、平均产量的定义和它们几何图形的特征；

■ 了解总产量、平均产量和边际产量变化的三个阶段，明确理性的厂商应该选择在哪个阶段进行生产；

■ 了解生产者均衡的条件；

■ 了解当要素价格固定不变时，规模报酬的变化规律；

■ 了解成本的概念、种类；

■ 了解短期成本和长期成本的构成；

■ 了解厂商取得最大利润的条件。

第一节 生产理论概述

一、生产函数

（一）厂商

厂商（Firm）是指市场经济中为赚取利润而从事生产的一个经济单位，它可以是一个个体生产者，也可以是一家规模巨大的公司。而且，厂商并不仅限于物质的有形变化，还包括运输、金融、批发和零售等多种劳务在内。生产的本意是指把投入的生产要素（由厂商购买）转化为产品（由厂商销售）。

在厂商行为的分析中必须假定厂商以利润极大化为目标，即厂商力求使销售的总收入与总成本之间的差距达到最大值。其中，厂商的总收入等于产品的销量乘以产品的销售价格；厂商的总成本等于投入的生产要素数量乘以要素价格。所以生产理论涉及两个问题：一是使用的生产要素（投入）与产品（产出）之间的物质技术关系；二是，要素组合与各种生产要素的价格关系。

（二）生产函数

众所周知，农民种植小麦，必须向土地中播撒种子，使用农具除草，施肥……在生产理论中，土地、种子、肥料、农具等被称为生产要素，用（X_1，X_2，X_3，…，X_m）来表示；在农民投入一定数量的生产要素和运用专业的生产技术条件下，收获的小麦数量被称为产量，用 Q 表示。

生产函数（Production Function），是指在既定的生产技术状况条件下，生产要素的投入量与产品的最大产量之间的物质数量关系。生产函数的数学表达式为：

$$Q = f(X_1, X_2, X_3, \cdots, X_m)$$

如前所述，如果一个生产过程投入 X_1，X_2，X_3，…，X_m 等 m 种生产要素，生产 Q_1，Q_2，Q_3，…，Q_n 等 n 种产品。则生产函数可记为：

$$F(Q_1, Q_2, Q_3, \cdots, Q_n) = G(X_1, X_2, X_3, \cdots, X_m)$$

为了研究简便，我们假设只投入劳动（L）和资本（K）两种类型的生产要素，生产的产品只有一种，则此时生产函数可以表示为：

$$Q = f(K, L)$$

如果再假设资本（K）是固定不变的，也就说，产量（Q）随劳动力（L）数量的变动而变动，则生产函数可记为：

$$Q = f(L)$$

生产函数一般可分为两种类型：一是固定比例生产函数；二是可变比例生产函数。固定比例生产函数，是指生产一种产品使用的劳动力数量与资本数量的组合比例固定不变，即要扩大（或缩减）产量，必须同比例增加（或减少）生产要素的投入。可变比例的生产函数，是指劳动与资本的组合比例是可以变动的。在大多数产品的生产中，为了生产一定数量的产品，可以采用多用劳动少用资本的“劳动密集型生产方法”，也可以采用多用资本少用劳动的“资本密集型生产方法”。

需要指出的是，生产函数的投入和产出都是指物质数量的投入和产出，而不是货币价值的投入和产出。但是，生产技术进步（如使用现代化的农业生产机械）会导致两种积极的结果：一是，投入同样数量的生产要素会产出更多数量产品；或者投入较少的生产要素，产量保持不变。于是生产函数会表现为另一个方程，这种情况将在后面章节进行分析。

（三）总产量、平均产量与边际产量

1. 边际产量、平均产量的定义

边际产量，是指增加一个单位的生产要素是总产量的增加值。

平均产量，是指总产量与生产要素的比值，即单位生产要素的产量。

为了便于分析，我们假设只有劳动数量的改变才能影响产量，其他的生产要素（如：厂房、设备、土地和少数经理人员及其薪金）等都是固定不变的。生产函数的具体形式是：

$Q = f(L) = 21L + 9L_2 - L_3$，则劳动的平均产量 $APP_L = Q/L = 21 + 9L - L_2$，劳动的边际产量 $MPP_L = \mathrm{d}Q/\mathrm{d}L = 21 + 18L - 3L_2$。根据以上数学模型我们可以推导出总产量、边际产量和平均产量的曲线图。

2. 总产量、边际产量和平均产量曲线的数学含义

如图 3-1 所示。

（1）边际产量是总产量曲线上任何一点的切线的斜率；平均产量是总产量曲线上任何一点与原点连线的斜率。

（2）边际产量取得最大值的点是总产量曲线从上凹转为下凹的拐点；边际产量为零的点是总产量曲线取得最大值的点。

（3）当边际产量为正值时，总产量上升；当边际产量为负值时，总产量下降。

（4）边际产量和平均产量曲线的交点，是平均产量取得最大值的点；当边际产量为零时，平均产量是负值。

（5）当边际产量曲线在平均产量曲线上方时，平均产量和边际产量同时增加；当边际产量在平均产量下方时，平均产量和边际产量同时减少。这种边际数值与平均值之间的关系是一个普遍存在的规律。

例如，某个球队原有 5 名队员，身高合计 10m，平均身高 2m。假设新增一名队员的身高为 2. 6m，于是全队的平均身高提高到 2. 1m，并且此时全队的平均

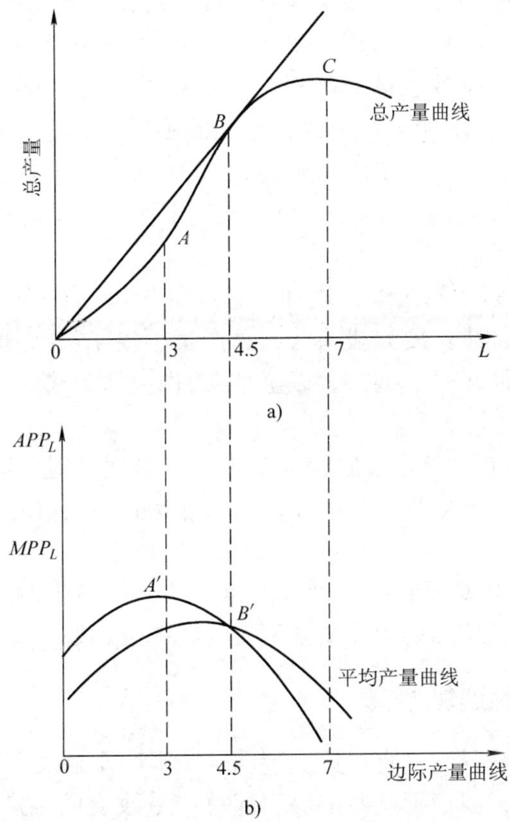

图 3-1　总产量曲线、平均产量曲线与边际产量曲线

身高一定低于新增队员的身高。这显然是因为，新增队员身高超过了原来的平均高度 0.6m，这 0.6m 只能使原 5 名队员的身高平均提高 0.1m；同理，假设新增队员的身高为 1.4m，这将引起全队 6 名队员的平均高度下降为 1.9m，这时全队平均身高一定大于新增队员的身高。当然，如果新增队员的身高恰好等于原来 5 名队员的平均身高，此时全队的平均身高不会改变，仍然为 2m。

3. 总产量、边际产量和平均产量模型的经济意义

（1）当生产要素刚刚开始投入生产时，每增加一个单位生产要素的投入，都会引起总产量的增加，且增加的速度越来越快。现实生活中我们总是会看到，当一个人摘苹果时，他每分钟摘 30 个；两个人加入进来以后，两个人摘苹果数量的数量可能是每分钟 70 个。因为，他们一个人摘上面的苹果，一个人摘下面的苹果，增加一个人，增加摘苹果 40 个。同理，第三个人、第四个人参加摘苹果后，每增加一个人，摘苹果的总数和整个团队的效率会迅速提高。

（2）但是，生产要素的投入并不是越多越好，总产量的增加总是有第一个

临界值，过了这个临界点再增加生产要素投入时，虽然总产量还会增加，但是，增加的速度会减缓。我们继续用“摘苹果”的例子来说明，当果园里有999人的时候，每分钟摘苹果的总量1200个；当果园总共有1000人的时候，每分钟摘苹果的数量1300个，增加了一个人，增加摘苹果100个。此时果园里的每棵树下都站着两个人。但是，当果园里总共有1001人时，增加了一个人，增加摘苹果90个。导致这种结果的原因是，果园里过于拥挤，人们互相碰撞，争抢梯子，摘苹果的速度反而下降。

（3）当生产要素的投入继续增加，总产量的增加达到第二个临界点时，过了这个临界点再增加生产要素投入时，总产量不仅不会增加，反而会开始下降。同样的道理，当果园里过于拥挤，以至于人们主要忙于挤来挤去，无暇去摘苹果了。

（4）当每一单位生产要素的投入带来总产量增加时，必然会引起平均产量的增加；单位生产要素增加带来的总产量增加达到最大值时，平均产量也达到最大值。

（5）当单位生产要素的投入带来的增加值开始减少时，必然会引起平均产量的减少。这说明，增加的生产要素不仅不能带来好处，反而会损害生产效率。

二、边际报酬递减规律

在前一个问题中我们一直讨论，劳动这一生产要素投入数量的增加会引起总产量的增加或减少，我们把这些能够引起总产量改变的生产要素称为可变要素。可变要素的边际产量（dQ/dL），是指当其他要素的数量固定不变时，可变要素（假设为劳动力数量）增加（或减少）一个微小数量或单位时，引起的总产量增加（或减少）的数量。它的变化一般经历两个阶段。

1. 可变要素的边际产量可能出现递增现象

我们在解释总产量和边际产量的关系的第一点时，已经说明了这个规律，即在生产初期，可变要素投入的数量越多，总产量增加的越多，且总产量增加的速度也越快。

需要指出的是，要素报酬递增的时间长短取决于两个条件：一是边际产量递增一般要以固定要素无法细分为前提；二是固定要素的价值大，细分固定要素时间长。前者是由于，生产初期，固定要素与可变要素的比例配合的不恰当，固定要素相对太多，而可变要素相对不足，因而每增加一个单位可变要素，可以使闲置的固定要素发挥作用，从而引起产量递增。只有把固定要素细分到最小的单位与每一个可变要素相配合，从而形成总产量的增加。后者是因为，如果固定要素可以分割为极小的价值单位，那么，厂商总可以使固定要素与最适度的可变要素结合在一起，这样一来，在生产初期，固定要素与可变要素的比例是比较适当的，那么报酬递增阶段可能永远不会出现。例如，在使用传统织布机的作坊里，每一名工人使用一台织布机，规定要素和可变要素的比例一直是适当的。而在现代化的大型企业中，经营者总是不断地研究“究竟要雇用多少工人才能有效地使机器运转，达到最大的产能”。

2. 可变要素边际产量递减阶段

我们在解释总产量和边际产量的关系的第二点时，已经说明了这个规律，即当可变要素增加到一定限度以后，再继续增加可变要素，反而会引起总产量减少，即边际产量成为负数。这种现象称为可变要素的边际产量递减规律，也称为要素报酬递减规律（the Law of Diminishing Returns）。在可变要素的数量足以使固定要素得到最有效的利用以后，总产量达到生产效率达到最佳状态。此后，继续增加可变要素，意味着可变要素相对过多，固定要素相对不足，固定要素与可变要素的组合比例失当。此时，保持固定要素不变，继续增加可变要素虽然可以使总产量增加，但总产量的增加量（边际产量）则出现递减现象。边际产量递减规律具有如下特征：

（1）要素边际产量递减规律的前提是生产技术保持不变。不过，技术进步一般会使要素边际产量递增阶段延长，要素边际产量递减规律的现象延后，但不会使这一规律失效。

（2）要素边际产量递减规律是以其他要素保持不变，只有一种要素（假设为劳动力）发生改变为前提的。而各种要素发生同时、同比例变化则属于“规模报酬”问题，这个问题将在本章后面专门介绍。

（3）要素边际产量递减规律是在可变生产要素使用量超过一定数量以后才出现。在此之前，当固定要素相对过多，可变要素相对不足时，增加可变要素将出现报酬递增的现象；此后，在一定范围内继续增加可变要素时，要素的边际产量处于恒定不变的状态。只有超过这个范围，仍然继续追加可变要素投入时才进入报酬递减阶段。

三、生产要素的合理组合

1. 生产区域的划分

在生产一种产品所使用的各种要素中，其余要素固定不变，只有一种要素可变（假设为劳动力）的情况下，随着可变要素逐渐增加，总产量、平均产量和边际产量的变化如图 3-2 所示，分为三个阶段。

第一个阶段为生产从零开始到平均产量取得最大值的部分。在这个阶段，投入劳动从零开始增加，总产量随之递增，且平均产量达到最大值；与此同时，边际产量随着要素投入的增加而递增，且在投入劳动达到一定数量时达到最大值，然后转为递减。第二个阶段为平均产量最大值到边际产量为零的部分。在这个阶段，总产量随着投入劳动的增加而增加，且达到最大值；但是当总产量最大时，边际产量为零；与此同时，随着投入劳动的增加平均产量递减。第三个阶段为边际产量小于零的部分。在这个阶段，总产量随着投入劳动的增加而减少，边际产量是负数，平均产量继续递减。

根据上述特征，如果厂商以利润最大化为目标，由于，利润 = 总销售收入 - 总成本，销售收入 = 产量 × 产品价格，总成本 = 使用的要素数量 × 要素价格。假设产品都可以销售出去，厂商只需要研究产量对利润的影响。因此，厂商是否会以为产量越多收益越大，而选择不断地增加投入呢？如果答案是否定的，那么能够使厂商得到利润的产量和投入的可变要素数量究竟应该是多少呢？在这里，我们假设，产品价格和生产要素价格是既定的，上述问题可以归结为：投入的要素数量与产量之间的关系问题。即在前面分析的基础上，厂商应该如何选择理性的生产区间呢？

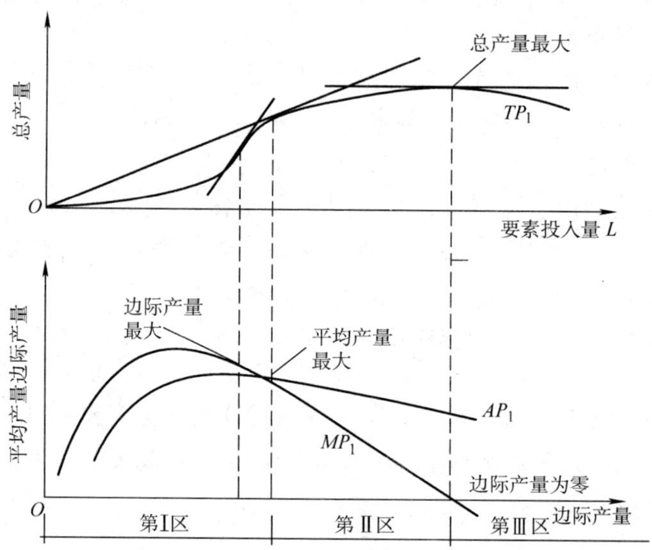

图 3-2 一种要素投入量变化时产量的变化

2. 厂商的理性选择

（1）理性的厂商不会考虑在第三个阶段进行生产。在此阶段，每增加一个劳动力会减少总产量，换言之，每减少一个劳动力的投入，总产量会上升。由于总产量增加会带来更多的销售收入，同时投入的劳动减少会使厂商支付工资和薪金的数量减少。因此厂商会选择减少劳动投入，而不会选择增加劳动投入，直到总产量取得最大值为止。

（2）理性的厂商不会选择在第一个阶段进行生产。在此阶段，平均产量处于递增阶段，边际产量大于平均产量，这意味着，增加可变要素的投入会引起的总产量的增加，也会使平均产量进一步提高。因此，只要要素的价格和产品的价格不变，且产品可以全部销售出去，只要边际产量大于平均产量，增加可变要素总是可以使平均产量增加，从而使厂商的利润持续增加。厂商会增加可变要素使用，直到边际产量等于平均产量为止。

（3）理性的厂商选择在第二个阶段进行生产。在此阶段，其他要素保持不变，一种要素投入会使平均产量达到最大值，且总产量达到最大值，这个阶段被称为生产有效区域。但是，如果不考虑其他因素，厂商实际上会投入多少可变要素劳动与既定的固定要素相结合是不确定的。首先，厂商不一定会选择平均产量最大值点，因为，在这点以后再增加要素投入，虽然平均产量下降，但是总产量仍然在上升，厂商的利润会随之增加。其次，厂商也不一定会选择总产量最大值点，因为，在这一点之前，虽然总产量较少，但是平均产量较大，说明同样一个单位的要素投入带来的产量较多，即要素的生产效率较高，这是厂商不得不考虑的因素。

在此阶段，厂商的理性选择首先取决于市场上对该产品的需求状况；其次，如果假设厂商不论生产多少都可以销售出去，则厂商的理性选择取决于产品的销售收入与要素的总成本之间的关系。

因此，只要假设生产函数是已知的，即投入的要素数量与产量之间的函数关系是已知的，产品价格和要素价格是已知的，就可以找出利润最大化的要素最佳组合以及最合理的生产数量。

四、生产者均衡

在前面我们讨论了只有劳动力数量（L）可以变动，其他要素都是固定不变的情况下，厂商的生产决策情形。而在实际生活中，这种要素组合只能在短期内维持，并且即使在短期内，厂房设备等固定资产可能保持不变，但是劳动力数量（L）和资本数量（K）都是可以变动的，并且这两种要素可以相互替代，即厂商既可以多用资本少用劳动，也可以多用劳动少用资本。因此，我们需要分析：固定资本保持不变，有两种生产要素可变的条件下，厂商的生产决策情形。我们需要借助两个重要的概念对这个问题进行分析，它们是“等产量线”和“等成本线”。

（一）等产量曲线

等产量线（Iso-quant），是指由两种生产要素（劳动和资本）之间的任何组合生产出来的，产量相等的点构成的曲线，在这条曲线上每一点所代表的产量是相等的，也称为等生产线（Isoproduct Curve）。假设，厂商生产某种产品（如棉布），我们用（L）表示劳动的数量，用（K）表示资本的数量，于是我们可以得到一条等产量曲线。理论上，同一坐标图上可以划出无数条等产量线，它们表示：劳动与资本的不同组合，可以创造不同的产量；或者表示：每一条等产量线表示任何产量下所对应的劳动与资本的组合情况。如图 3-3 所示，等产量线与无差异曲线的数学性质是相同的，有如下特点：

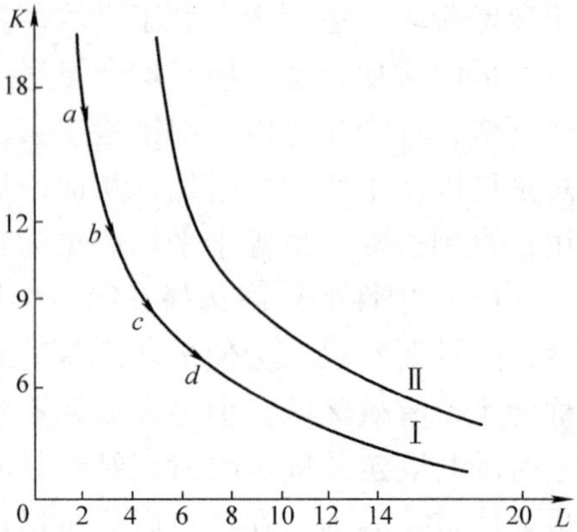

图 3-3　等产量曲线和等产量

（1）距离原点越远的等产量线所代表的产量越多。

（2）一个等产量线图上的两条等产量线不能相交。

（3）等产量线向右下方倾斜，凸向原点。

（4）边际技术替代率递减规律。边际技术替代率，是指产量固定不变前提下，等产量线上资本与劳动之间相互替代的比率。

它的数学性质是：边际技术替代率是等产量线上任何一点切线的斜率，是负数，且绝对值是递减的。边际技术替代率的数学表达式为：

$$MRTS_{LK} = -\mathrm{d}K/\mathrm{d}L = MPP_K/MPP_L$$

它的经济学意义是：由于一条等产量线代表一个确定的产量，该等产量线上的每一点代表一种技术上的、有效率的要素组合，因此，增加劳动的使用量必须相应减少资本的使用量；或者，增加资本的使用量必须相应减少劳动的使用量。因此，随着使用劳动的逐渐增加和资本数量的减少，劳动的边际产量是递减的；并且，使用较多劳动和较少的资本时，劳动的边际产量递减速度更快。

（二）等成本线

如图 3-4 所示，等成本线是指当资本与劳动的价格是确定的，厂商投入某一固定数量的总成本所能购买的资本与劳动量的组合情况。等产量线反映了投入生产要素数量与产量之间的技术关系，但是，厂商购买生产要素的支出构成生产成本，生产成本的高低取决于生产要素的价格；厂商能够投入要素数量的多少还取决于厂商的收入。

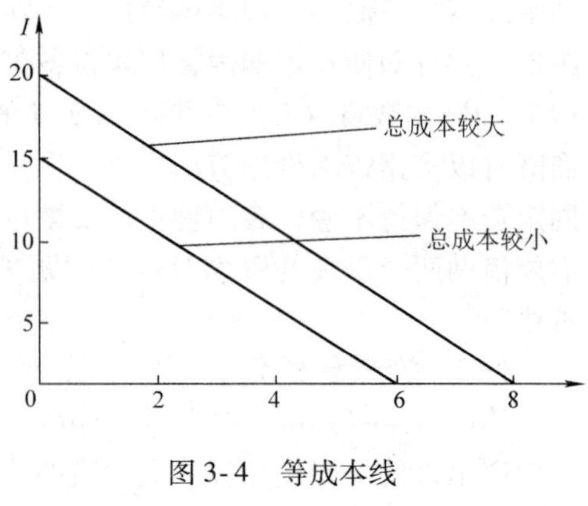

图 3-4　等成本线

等成本线的数学表达式为：

$$C = K(P_K) + L(P_L)$$

等成本线的数学性质是：等成本线斜率的绝对值等于两种要素的价格的比率（P_L/P_K），只要生产要素的价格不变，任何一条等成本曲线的斜率是相等的。总成本的增加（或减少）表现为等成本线向右上方（或左下方）平行移动，距离原点越远的等成本线表示的总成本越大。

等成本线的经济学意义是：相对于确定的生产要素支出，资本数量变化与劳动力数量变化的比例必须与劳动力价格和资本价格的比例保持相等。

（三）生产者均衡

等产量曲线说明了在任意确定的产量下进行生产，所需两种生产要素的组合情况；等成本曲线说明了在任意确定的总成本下进行生产，可能购买的两种生产要素的组合情况。生产者均衡有两种情形：一是在产量既定的前提下厂商花费的总成本最少；二是在总成本既定的前提下厂商获得的产量最大。

1. 产量既定成本最少

如图 3-5 所示，厂商耗费最小成本，生产出一定量产品的厂商均衡条件是：厂商购买的劳动和资本的数量是等产量曲线上的一点，这点的资本与劳动的边际技术替代率（$MRTS_{LK}$）恰好等于既定的劳动与资本的价格比率（P_L/P_K）。假设，等产量曲线已知，即在产量既定前提下，所需两种生产要素的各种组合是已知的；同时，等成本曲线已知，即生产要素的价格已知。则在众多的等成本曲线中必有一条（也只有一条）与既定的等产量线相切。

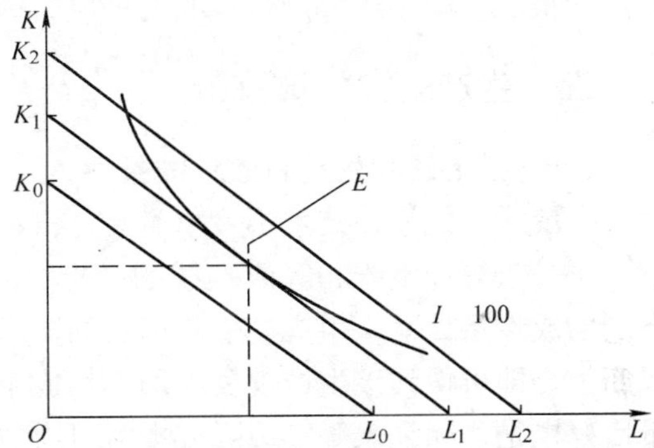

图 3-5 产量既定总成本最少的生产方法的决策

厂商均衡条件的经济学意义是：首先，在等成本线上其他任何一点代表的资本数量与劳动数量所花费的总成本并未增加，但不能满足等产量曲线所要求的最佳搭配比例。其次，等产量曲线上只有等产量线和等成本线的切点配才能满足技术要求。因为，如果边际技术替代率大于价格比率，意味着增加劳动量减少资本使用量将使总成本减少，因此，厂商会调整资本与劳动的组合；反之，如果边际技术替代率小于价格比率，意味着减少劳动使用量增加资本使用量也会使总成本减少，厂商仍然会调整资本与劳动的组合。只有在均衡点，厂商每花费一元钱所购买的两种生产要素所得到的边际产量都相等，且在此产量下总成本最小。这个规律还可以推广到使用多种生产要素进行生产的情况。

2. 总成本既定产量最大

如图 3-6 所示，在总成本既定的条件下，厂商所能获得的最大产量是，在生产要素价格既定条件下，一条等产量曲线与一条等成本线的切点，在切点处，生产要素的边际技术替代率（$MRTS_{LK}$）恰好地等于生产要素价格的比例（P_L/P_K）。假设，生产要素的价格已知，总成本线已知，则等成本曲线是确定的。根据生产技术要求的等产量曲线有若干条，则均衡点 E 是既定的等成本线与等产量线Ⅱ的切点，此时厂商花费的总成本能够获得最大的产量。显然，等产量线Ⅲ所代表的产量大于等产量线Ⅱ，但所需总成本大于既定的总成本，是不能实现的组合；而在等产量线Ⅰ与等成本线的两个交点，虽然总成本并不增加，技术上也可行，但产量很少，即小于等产量线Ⅱ的产量，因此也不是最佳选择。

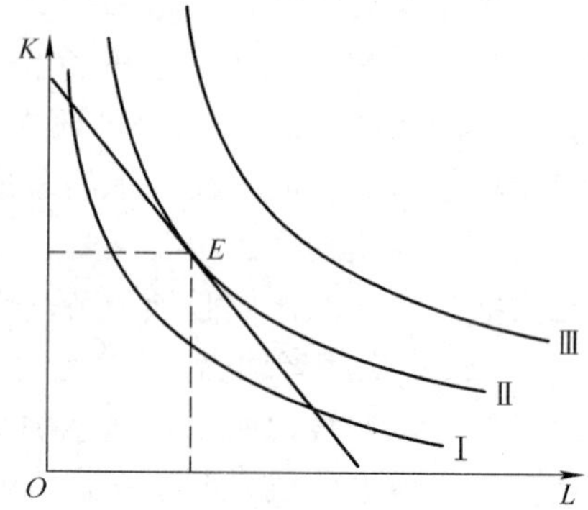

图 3-6 总成本既定产量最大的生产方法的决策

五、生产规模的报酬

（一）扩展线和生产有效性的条件

扩展线，是指在技术不变（生产函数不变）、生产要素的价格不变的条件下，每一条等产量线和等成本线的交点（一个生产均衡点）的连线。它表示在不同的成本条件下，生产规模与成本的一一对应关系。用每一个均衡点的成本除以产量，即可得到该生产规模下的平均成本，如果此规模下的平均成本对应的产量恰好也是边际收入等于边际成本时对应的产量，厂商即可获得最大利润。

前面谈到，按照一定的生产要素组合在生产的有效区域内生产，称为生产的技术有效性，这是满足生产有效性的第一个条件；在扩展线上选择最佳的要素价格和产量的组合，称为生产的经济有效性，这是生产有效性的第二个条件；在扩展线上选择最佳的生产成本和产量的组合，称为生产规模的有效性，这是生产有效性的第三个条件。上述三个条件，可以在完全竞争市场条件下实现。

（二）生产规模的变化阶段

在前面讨论了，使用一种可变要素进行生产时的要素边际报酬递减规律和使用两种可变要素进行生产时的边际技术替代率递减规律。接下来讨论当两种要素同时增加（一倍、两倍或 50% 时）产量增加的情况，即生产规模报酬问题。当使用的生产要素同比例变化时，每单位要素投入所对应的产量变化会有三种情况：固定不变、递增、递减等。如图 3-7 所示，事实上，厂商生产一种产品的情况是：最初经历规模报酬递增阶段；当规模经济充分利用以后转入规模报酬不变阶段；当生产规模达到一定限度以后转入规模报酬递减阶段。值得注意的是，对于某一个厂商来说，如果可以无限制地追加厂房设备进行生产，则规模报酬递减阶段不会出现；而要素的边际产量递减规律是在固定要素不变，产量随着可变要素增加而递减的趋势。理论上，必须把要素边际产量递减规律与规模报酬递增规律区别开来。

如果假设生产要素价格始终固定不变，则生产成本表现为：平均成本递减、平均成本不变和平均成本递增三个阶段。

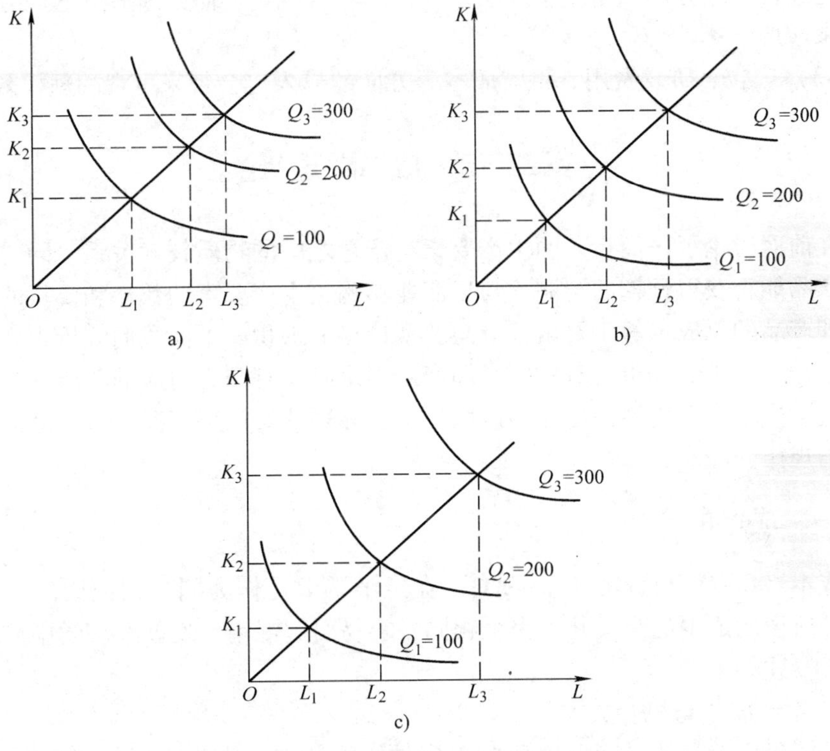

图 3-7 规模报酬递增与规模报酬递减

（三）规模报酬递增

1. 规模报酬递增的前提

规模报酬递增的必要前提是生产要素不可无限细分。一般来说，当厂商从较小规模开始扩张时，几乎都会遇到某种程度的规模报酬递增现象。假如厂商使用大量生产设备，由于劳动力数量不足，这些设备在生产规模较小时没有被充分利用。随着可变要素投入增多，产量增加的速度越快，规模经济效益十分显著。当厂商继续扩大经营规模时，它逐渐用完了造成规模递增的种种经济规模，也获得了劳动专业化的充分利益，这时，继续扩大经营规模可能规模报酬不变。虽然，规模报酬递增阶段总会出现，但是不同的生产类型，这一阶段持续的时间也可能不同。

2. 规模报酬递增的原因

(1) 专业化利益。生产规模的扩大，使用劳动较多，劳动者可以进行专业分工，从而提高劳动效率。当厂商扩大经营规模时，专业化利益有时也可以通过用效率更高的、专门化的设备代替非专门化的设备来实现。

(2) 要素的不可分割性。当经营规模非常小时，尤其是当可变要素较少时，不能通过盲目地分割固定要素来实现要素的合理配置，而必须通过增加劳动力的数量来增加产量。

(3) 广告、研发费用、融资成本等方面的投入也会带来可观的规模效益。

第二节 成本理论

在前面讨论了厂商投入的生产要素与产量之间的物质技术关系。同时，厂商生产产品能否获得预期的利润，与厂商能够购买生产要素的数量和要素的价格有关，即产品的总成本等于要素数量与要素价格的乘积。下面我们分析生产成本问题，它与生产函数分析是对称的，即产量确定时，有与之对应的总成本、平均成本和边际成本；有规模平均成本递增、不变和递减等三种情况；有产品的边际成本递增规律。

一、成本的含义

成本（Cost）与费用（Expense）在经济学中是作为同义词使用的，与日常生活中所说的成本的含义并不完全相同，容易引起混淆。现就经济学中成本的不同含义概述如下：

1. 生产成本与机会成本

经济分析的目的是有效率地配置各种资源问题，即在生产资源稀缺的前提下，使生产资源得到最佳的使用，产生最大的效益。因此，生产产品所花费的生产成本，是指为了生产某种产品而放弃（或牺牲）了另一种最佳替代物的生产。根据这个定义，生产成本也就是机会成本（Opportunity Cost），是指生产某种产品所费成本，也称为替代成本（Alternative Cost）。例如，生产500kg小麦需要消耗一定数量的土地、劳动、农具、种子、肥料等生产要素，这就是500kg小麦的成本；但是，相同数量土地、劳动和财物也能够生产100kg棉花。但是，我们不能简单地用“500kg小麦的机会成本是100kg棉花”来定义机会成本。恰当的解释是：厂商支付一定的费用购买了生产要素并且使用这些生产资源生产出小麦后获得的报酬，必须等于用这些生产要素生产别的产品时得到的报酬，那么厂商为生产支付的成本才是机会成本。

2. 显明成本与隐含成本

按照机会成本定义的生产成本还可以分为两种类型：一是显明成本（Explicit Cost），二是隐含成本（Implicit Cost）。

显明成本，是指作为成本项目计入厂商的会计账目中的费用，包括：支付给员工的工资薪金，支付的原料、材料、燃料、动力和运输等各项费用，以及借入资本的利息。也称为会计成本。

与显明成本相对应，隐含成本，是指厂商自己提供的资源所对应的费用，包括以下两项：

（1）作为成本项目计入会计账目中的厂房、机器等固定设备的折旧费。

（2）厂商自己投入资金的利息，厂商自己为生产提供的劳务时应得的薪金。

隐含成本又称为正常利润（Normal Profit），并且作为成本项目计入产品的"生产成本"之内。"正常利润"之所以构成产品的成本，是因为：如果产品的销售收入仅能补偿工人工资、原料和折旧，而不能弥补自己在生产过程中的投入，厂商将会把他的资金转移到别的行业。从长期来看，"正常利润"是厂商继续留在该行业（从而使某种产品可以被生产，形成有效供给）的必要条件。因此，"成本"的实质是"为了生产某种产品，形成市场供给所必须支付的代价"。

3. 固定成本与可变成本

厂商生产某种商品的生产成本还可以分为固定成本（Fixed Cost）与可变成本（Variable Cost）两大类。固定成本，是指即使厂商暂时停止生产也会承担的费用，包括：厂房设备、投资的利息、折旧费和维修费、各种保险费和一些税金，以及在暂停生产期间也要继续雇用的人员的工资和薪金。可变成本，是指随着产量变动而变动的成本，包括：工人的工资、购买原料以及其他物品的支出、电力费、营业税、短期借款的利息等。

4. 各种成本含义之间的关系

生产成本（机会成本）= 显明成本 + 隐含成本
　　　　　　　　　　= 作为成本项目计入会计账目的成本 + 隐含成本
　　　　　　　　　　= 显明成本 + 折旧 + 正常利润
　　　　　　　　　　= 固定成本 + 可变成本

二、厂商的短期成本

（一）短期成本的含义和构成

1. 短期的含义

所谓短期，是指厂商无法改变固定设备所限定的生产规模的时期。在该时期内，如果厂商希望通过改变生产要素配置来改变产量时，至少有一种生产要素是不能改变的，只能通过改变其他要素的投入来实现。例如，某厂商决定建造一座生产钢铁的工厂，他将按照设计要求建造厂房，购置机器等固定设备，建造这些固定设备的时间是比较长的，固定设备建成后的一段时间内，厂商只能根据已建成的固定设备确定生产规模。行业不同，短期时间的长短差异很大，例如钢铁业的短期可能是好几年，而从事运输业的短期可以只有几个月。

由于在短期内，厂商的固定设备无法改变，所以短期总成本（*TC*）由固定成本（*FC*）和可变成本（*VC*）构成。表示为：$TC = FC + VC$。

2. 短期成本的构成

如图3-8所示，分析短期成本时，涉及的概念还包括：平均成本（*AC*）、平均固定成本（*AFC*）、平均可变成本（*AVC*）和边际成本（*MC*）等概念。平均成本（*AC*），是指总成本与产量的比值；平均固定成本（*AFC*），是指固定成本与产量的比值；平均可变成本（*AVC*），是指可变成本与产量的比值。边际成本（*MC*），是指当产量增加（减少）一个单位时所增加（减少）的成本。需要说明的是，而产量变化时固定成本不变，产品的边际成本与固定成本无关，而只与可变成本有关。这些概念之间的关系为：

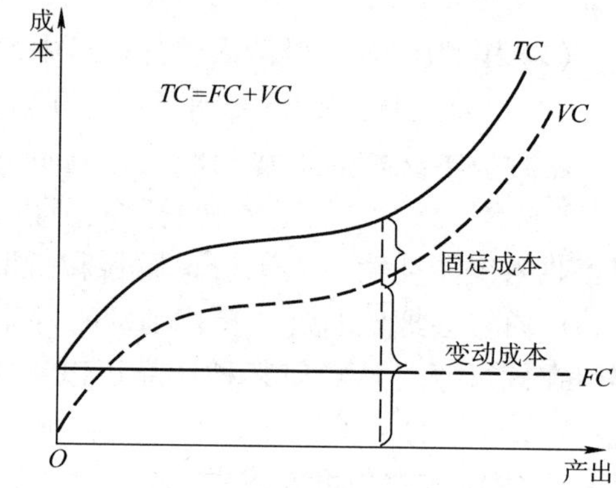

图3-8 总成本与固定成本和可变成本的关系

平均固定成本 $AFC = FC/Q$

平均可变成本 $AVC = VC/Q$

平均成本 $AC = FC/Q + VC/Q = AFC + AVC$

边际成本 $MC = \Delta TC/\Delta Q = \Delta VC/\Delta Q$

（二）总成本、可变成本与边际成本的关系

1. 总成本、可变成本与边际成本的数学性质

（1）根据前面谈到的各个成本概念，平均成本是总成本曲线（或可变成本曲线）上任何一点与原点的连线的斜率；边际成本是总成本曲线（或可变成本曲线）上任何一点切线的斜率。

（2）当产量随着可变要素的增加而增加，可变成本曲线（*VC*）从原点开始向右上方递增。总成本曲线（*TC*）处于可变成本上方，且与可变成本曲线平行，两者之间的垂直距离等于固定成本，总成本曲线也向右上方递增。

（3）边际成本（*MC*）曲线，在边际成本取得最小值之前是递减的，在边际成本取得最小值后转为递增。

（4）总成本曲线（*TC*）和可变成本曲线（*VC*）在边际成本（*MC*）取得最小值以前下凹，在边际成本（*MC*）取得最小值以后转为上凹。

2. 总成本、可变成本与边际成本的关系

如图 3-9 所示。

(1) 在生产初期，总成本和可变成本将随着产量的增加而逐渐减少。这是因为，产量的增加必然伴随着生产要素投入的增加，势必导致总成本的增加；而且在短期，主要是劳动力增加带来的可变成本的增加，固定成本保持不变。

(2) 在生产初期，由于生产要素的规模作用显现，产量增加的速度快于生产要素投入的速度，即处于规模报酬递增阶段，因此，成本增加的速度小于产量增加的速度，所以，边际成本处于递减阶段。但是，一旦生产进入规模报酬递减阶段，要素投入所带来的产量增加越来越少，边际成本开始进入递增阶段。

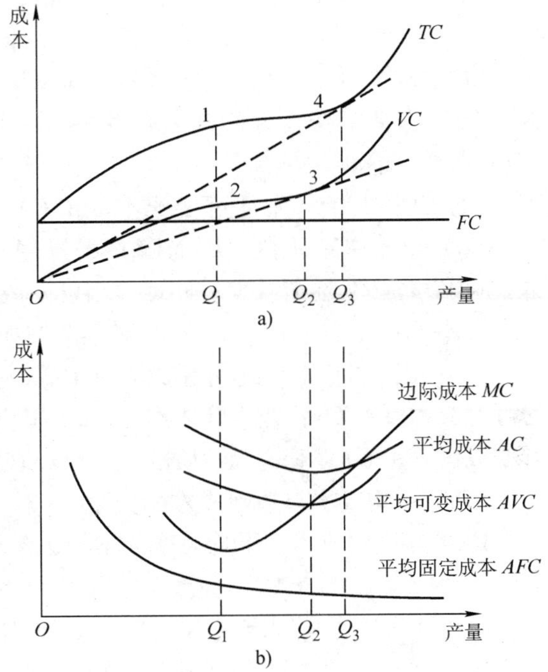

图 3-9　各种成本概念之间的关系

(3) 对于总成本和可变成本而言，边际成本递减的时候，总成本和边际成本增加的速度呈递减趋势；在边际成本递增的时候，总成本和边际成本增加的速度呈递增趋势。

(三) 平均固定成本、平均可变成本与边际成本的关系

1. 平均固定成本、平均可变成本与边际成本的数学性质

(1) 由于固定成本保持不变，因此平均固定成本（*AFC*）随产量增加而持续递减。

(2) 平均可变成本（*AVC*）曲线是可变成本（*VC*）曲线上任何一点与原点的连线的斜率。平均可变成本曲线一般呈 U 形。边际成本（*MC*）是总成本（*TC*）、可变成本（*VC*）曲线切线的斜率，边际成本曲线也呈 U 形。

(3) 在平均可变成本曲线（*AVC*）与边际成本曲线（*MC*）的交点，平均可变成本（*AVC*）取得最小值。在这一点之前平均可变成本（*AVC*）处于递减阶段，在这一点之后平均可变成本（*AVC*）转而处于递增阶段。

(4) 当边际成本曲线（*MC*）位于平均可变成本曲线（*AVC*）下面时，平均可变成本曲线（*AVC*）处于递减阶段；当边际成本曲线（*MC*）位于平均可变成

本曲线（*AVC*）上面时，平均可变成本曲线（*AVC*）处于递增阶段。

2. 平均固定成本、平均可变成本与边际成本的关系

（1）生产初期，平均固定成本（*AFC*）递减。是因为：生产初期，固定成本（*FC*）保持不变，因而随着产量的增加，单位固定成本（平均固定成本）（*AFC*）必然逐渐减少。

（2）生产初期，平均可变成本（*AVC*）递减。是因为：生产初期，可变成本（*VC*）处于递减阶段，因而随着产量的增加，单位可变成本（平均可变成本）（*AVC*）必然逐渐减少；同理，当可变成本（*VC*）处于递增阶段，单位可变成本（平均可变成本）（*AVC*）必然逐渐增加。

（3）相同产量下，在边际成本（*MC*）递减阶段，边际成本（*MC*）小于平均可变成本（*AVC*）；在边际成本（*MC*）递增阶段，边际成本（*MC*）大于平均可变成本（*AVC*）。对这个性质的证明已经在第一节中证明过了，这里不再重复。

（四）平均成本与边际成本的关系

1. 平均固定成本、平均可变成本与边际成本的数学性质

（1）平均成本（*AC*）曲线位于平均可变成本（*AVC*）曲线的上方，两者间的垂直距离等于平均固定成本（*AFC*），平均成本曲线呈U形。

（2）当边际成本曲线（*MC*）位于平均成本曲线（*AC*）之下时，平均成本曲线（*AC*）处于递减阶段；当边际成本曲线（*MC*）位于平均成本曲线（*AC*）之上时，平均成本曲线（*AC*）处于递增阶段。

（3）在边际成本曲线（*MC*）与平均成本曲线（*AC*）的交点，平均成本曲线（*AC*）取得最小值。平均成本（*AC*）的最低点处于平均可变成本（*AVC*）最低点的右上方。

2. 平均成本、平均可变成本与边际成本的关系

（1）平均成本（*AC*）最小值对应的产量大于平均可变成本（*AVC*）最小值对应的产量。这是因为，平均成本（*AC*）等于平均可变成本（*AVC*）加上平均固定成本（*AFC*），当平均可变成本（*AVC*）达到最小值并转为递增时，平均固定成本（*AFC*）仍在递减，只要平均固定成本（*AFC*）的递减超过平均可变成本（*AVC*）的递增，平均成本曲线（*AC*）仍然会处于递减阶段。当平均可变成本（*AVC*）的递增超过平均固定成本（*AFC*）的递减时，平均成本曲线（*AC*）必然转为递增。

（2）相同产量下，在边际成本（*MC*）递减阶段，边际成本（*MC*）小于平均成本（*AC*）；在边际成本（*MC*）递增阶段，边际成本（*MC*）大于平均成本（*AC*）。对这个性质的证明已经在第一节中证明过了，这里不再重复。

（3）边际成本曲线（*MC*）的形状与边际产量的变化相对称，即边际成本递减阶段恰好是边际产量递增阶段，而边际成本递增阶段恰好是边际产量递减阶段。

三、厂商的长期成本

1. 长期成本的含义

所谓长期，是指在该时期内，包括固定成本在内的一切生产要素投入数量都是可以变动的。对短期成本的分析实际上是假设生产规模是既定的，即假设厂商投入的厂房、机器等固定设备的规模是确定的，厂商将根据产品的销售情况，通过调整各种可变生产要素的投入量调整其产量。因此，当厂商有足够充分的时间，根据预期的产销量，重新设计生产规模时，就是所谓的长期分析。

长期成本，是指厂商支付的各种生产要素的费用总和，即厂商在长期中的每一个产量水平上通过选择最优的生产规模所能达到的最低总成本。在长期分析中，厂商根据预期的产销量调整生产要素配置，不仅调整劳动力报酬、原材料、动力等资源的投入量，也调整厂房、设备等资源的投入量。因此，长期分析是厂商以预期产量为依据，根据技术状况和可以利用的各种固定要素的数量，来选择与预期产量相应的生产规模。厂商的长期成本不存在固定成本与可变成本的区别。

同短期成本分析一样，与每一产量相对应的长期成本也包括：总成本、平均成本和边际成本。

2. 长期平均成本曲线的形状

如图 3-10 所示，长期平均成本（*LAC*）曲线是若干条短期成本曲线的包络线（Envelope Curve），这条曲线上的每一点是它与每一特定规模下的短期平均成本曲线的切点。众所周知，当厂商进行生产时，总是利用某一特定规模的厂房设备生产出计划的产量，因此，长期平均成本曲线实际上是一条计划曲线（Planning Curve），即长期内，与厂商预期产量相对应的一条平均成本曲线。长期成本曲线从原点出发向右上方倾斜。它表示，当产量为零时长期成本为零，且长期成本随着产量的增加而增加。与短期成本相同，长期成本曲线的斜率先递减，即长期成本的增加值先是随着产量的增加而递减；在达到一定的规模以前，即在经过长期成本曲线的拐点以后，长期成本曲

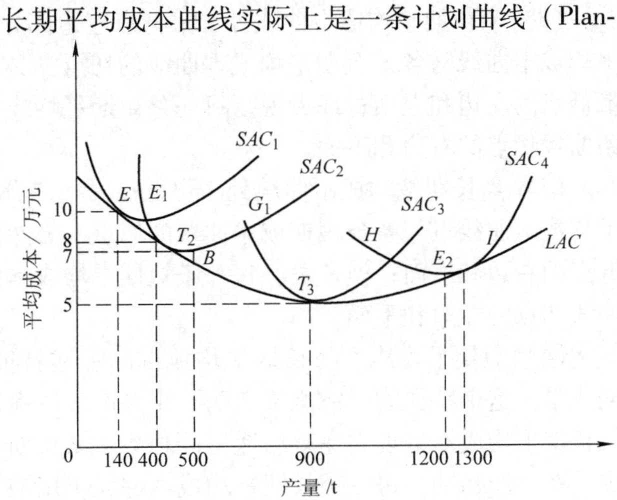

图 3-10 短期成本与长期成本的关系

线的斜率递增，长期成本的增加值随着产量的增加而增加。

长期成本的上述特征可以表示为：随着产量的扩大，使用的厂房设备的规模增大，生产经历三个阶段。它们是：一是，规模报酬递增阶段，即随着产量增加产品的单位成本递减阶段；二是，规模报酬不变阶段，即长期平均成本经历一段递减后，最好的资本设备和专业化的利益已经全部被利用，此时平均成本固定不变；三是，规模报酬递减阶段，即随着产量增加长期平均成本转入递增。导致规模报酬递减的主要原因是，企业管理水平不能像其他要素那样轻意改善，因而随着企业规模的扩大，管理的困难和成本呈递增趋势。

3. 长期平均成本曲线与短期平均成本曲线的关系

长期平均成本（*LAC*）是指厂商在长期内按产量平均计算的最低总成本。长期平均成本曲线上的每一点是它与某一特定的短期平均成本曲线的切点，即它是无数条短期平均成本曲线的包络线。在这条包络线上，每一条短期平均成本曲线表示在一定的产量下短期生产的最优生产规模，切点对应的短期成本是该产量下的最低平均成本。总之，长期平均成本曲线表示厂商在长期内在每一个产量下，通过选择最优生产规模所实现的最低平均成本的总和。长期平均成本呈 U 形。

按照利润最大化的前提，长期平均成本是厂商为了赚取最大利润，根据预期的产量，而选择的生产规模，该生产规模能使该产量下的平均成本最小。分析表明：

（1）只有长期平均成本曲线的最低点与相应的短期平均成本曲线的切点，才是该短期平均成本曲线的最低点。这说明，短期成本越低长期成本越低。

（2）当长期平均成本曲线处于最低点左边部分时（即处于递减阶段），长期平均成本曲线与各条短期平均成本曲线的切点，必然位于各条短期平均成本曲线最低点的左边和上面；或者说，每一条短期平均成本曲线的最低点，必然位于两条曲线切点的右边和下面。

（3）当长期平均成本曲线处于最低点右边部分时（即处于递增阶段），长期平均成本曲线点与各条短期成本曲线的切点，必然位于各条短期平均成本曲线最低点的右边和上面；换言之，每一条短期平均成本曲线的最低点，必然位于两条曲线切点的左边和下面。

（4）短期平均成本与长期平均成本的上述特征表明，短期成本总是低于长期成本。这个特征的经济意义表明，正是由于厂商追求规模经济的内在动力，导致长期平均成本呈现先递减后递增的趋势。从长期平均成本曲线图中我们可以看出，在生产初期，每一个长期平均成本都大于短期平均成本，说明这样的要素投入在短期是不合理的，厂商需要增加要素投入来进一步降低短期成本；与此同时当短期成本达到最低点时，该生产规模在长期则不是最佳选择，因此，厂商会通过扩大生产规模来进一步降低成本，以此类推，当长期成本曲线最低点与某一个短期成本曲线的最低点重合时，达到最佳生产规模和最低的成本，厂商能够获得最大利润。同理，在最低点的右边，扩大生产规模导致边际报酬递减，厂商只有不断地缩减生产规模才能实现最低成本。

4. 长期边际成本与短期边际成本的关系

长期边际成本（*LMC*）表示厂商在长期内增加一个单位的产量所增加的最低总成本的增加值。长期边际成本曲线上的任何一点，总是与某一特定短期边际成本曲线相交，交点代表的产量是长期平均成本（*LAC*）曲线与短期平均成本（*SAC*）曲线的切点对应的产量。

在每一个特定的产量下，任何一个特定的短期边际成本（*SMC*）曲线都经过相应的短期平均成本（*SAC*）曲线的最低点；并且，每一个产量下的短期边际成本（*SMC*）曲线总是与长期边际成本（*LMC*）曲线相交于一点。这个交点对应的产量是短期平均成本（*SAC*）曲线与长期平均成本（*LAC*）曲线切点对应的产量。在该点短期边际成本等于长期边际成本（$SMC = LMC$）。

5. 长期边际成本与长期平均成本的关系

如图 3-11 所示，长期边际成本呈 U 形，它与长期平均成本曲线相交于长期平均成本曲线的最低点。在交点的左边，即当长期平均成本曲线处于递减阶段时，长期边际成本（*LMC*）曲线位于长期平均成本（*LAC*）曲线的下方，即长期边际成本（*LMC*）的减少会导致长期平均成本（*LAC*）的减少。在交点的右边，即当长期平均成本处于递增阶段时，长期边际成本（*LMC*）曲线位于长期平均成本（*LAC*）曲线的上面，即长期边际成本的增加会导致长期平均成本的增加。这与其他边际曲线与平均曲线的关系一致。

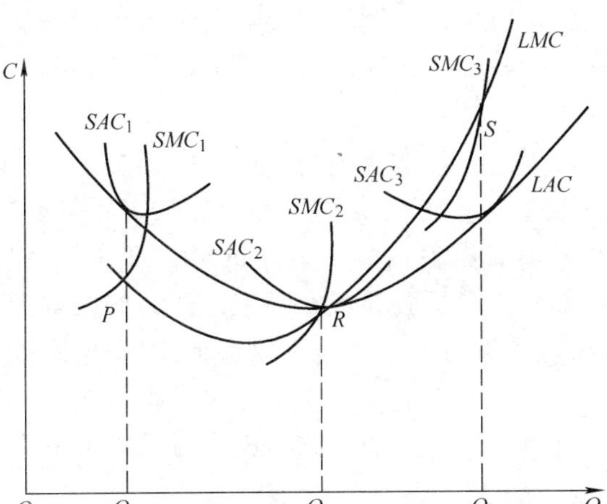

图 3-11 长期边际成本曲线

四、利润最大化的产量

在前面的介绍中已知，总成本（TC）是产量的函数。假设产品可以尽产尽销，企业的总收入（TR）等于产量（Q）乘以销售价格，可见总收入也是产量的函数。利润（π）是总收入与总成本的差（$\pi = TR - TC = TR(Q) - TC(Q) = \pi(Q)$），即利润也是产量的函数。下面，我们讨论使企业利润最大化的产量。

边际收益（MR）是指增加一个单位产量时收入的增加量。企业利润最大化的必要条件是，边际收益等于边际成本（$MR = MC$），也就是说企业要取得最大利润，其产量应当恰好达到这个程度：在增加（减少）一个单位产量时，所增加（减少）的收入与所增加（减少）的成本相等。这是因为：当边际收益大于边际成本时（$MR > MC$），增加产量时增加的收入大于增加的成本，继续扩大生产会增加利润，因此，厂商会选择扩大生产规模；当边际收益小于边际成本时（$MR < MC$），再减少产量时减少的收益小于减少的成本，减少产量也会使利润增加，所以厂商会选择继续减少产量。总之，只有当边际收益等于边际成本时，厂商才不会调整产量，生产达到均衡，此时利润水平取得最大值。

五、理论应用

1. 沉没成本与停止生产的决策

沉没成本（Sunk Cost），是指已经做过的投资形成的资源现在不能再用于其他任何目的。也就是说这项投资的机会成本为零，那么这项投资就不再是机会成本了，而被称为沉没成本。尽管这项投资在会计记录中是显性成本，但从经济成本的角度看，它已经是历史，不能让它影响关于未来的决策，也就是说人们在作出包括经营战略在内的各种社会生活决策时可以不考虑沉没成本，即沉没成本无关性原则。

先来看一个日常生活中经常遇到的情形：电影院正在放映一部动作大片，你能够支付票价的心理底线是 50 元，而这部影片的实际票价是 35 元，于是你高兴地买了票。但是在入场前你去购买了一瓶饮料，却意外丢失了电影票。此情此景，你该怎么办？如果答案是放弃观影回家，因为如果重新购票的话，你支付的总成本（70 元）超过了你的心理底线，这说明实际成本中包括了丢失了的电影票所导致的经济开支。而事实上，你应该再买一张电影票，享受到电影带给你的身心满足。因为，这也是经济学的正确考虑，显然你看电影的真正的经济成本仍然是 35 元，另外支付的 35 元属于沉没成本。

下面我们来看沉没成本是如何解释经济问题的。20 世纪 90 年代初，北美许多大型航空公司面临亏损，其中“美洲航空公司”1992 年公布的亏损额为 4.75

亿美元，“三角航空公司”公布的亏损额为5.65亿美元，而“美国航空公司”公布的亏损额为6.01美元。但是，尽管面临困境，但是各家航空公司仍然继续保持营运，航班照飞不误。解释这种现象有必要运用沉没成本无关性原则。因为问题的关键是航空公司的老板们认识到在短期中很多营运成本是沉没成本，其中包括飞机的购置成本。道理是这样的：在短期内，如果一个航空公司购买了一架飞机而且不能转卖（事实如此），那么飞机的购置成本就成为了沉没成本，而飞行的机会成本只包括燃料成本和乘务人员的工资，这样，只要飞行的总收益大于这些短期成本，航空公司就应该继续营业。而且事实也正是如此。

总之，在短期中，企业的固定成本是沉没成本，而且企业在决定生产多少时可以放心地不考虑这些成本。企业的短期供给曲线是在平均可变成本曲线以上的边际成本曲线的那一部分，而且固定成本的大小对供给决策是无关紧要的。

2. 生意冷清的餐馆的经营决策

中午时分，人们经常会看到一些餐馆生意寥寥，门可罗雀。可是店主依然开门纳客，坦然地面对这种情形，一副随遇而安的表情。大多数人都有这样的疑惑，他为什么还白白地给员工发工资，而不是关门歇业呢？问题的关键是：店主在作出经营决策的时候必须考虑固定成本与可变成本的区别，在餐饮业中，许多成本是固定成本，如：店铺的租金、厨房设备、餐具等等。而可变成本主要是食物的成本、员工的工资。根据短期内固定成本（沉没成本）无关性原则，餐馆的老板必须明确，只要他的餐馆全天营业的总收益能够大于所有的成本支出，就有利润；而只要经营午餐的总收益大于午餐的可变成本，即午餐客人支付的费用能够弥补食物成本和员工工资，那么他就可以提供午餐服务，否则，老板应该在午餐时间关门谢客。

同理，一些有季节性的经营项目，如：室外游泳池、游乐园等，在冬季的营业额非常低，那么经营者是否应该在淡季停止营业呢？对于这类经营项目而言，固定成本包括：购置场地的费用或租金、营运器材的购置开支等，这些短期内经营的固定成本是不必考虑的。只要在淡季内营业的总收益大于可变成本，他就能够继续经营；否则，最好选择暂时停业，待旺季来临时再一显身手。

名词概念

厂商	生产函数	边际产量	等产量线
等成本线	机会成本	边际收益	

要点回顾

■ 生产函数（Production Function）是指在生产技术状况给定的条件下，生产要素的投入量与产品的最大产量之间的物质数量关系。生产函数的数学表达式为：$Q = f(X_1, X_2, X_3, \cdots, X_m)$。

■ 为了研究简便，我们假设要素的投入只有劳动（L）和资本（K）两种类型，产品只有一种，则此时生产函数可以表示为：$Q = f(K, L)$。如果再假定资本（K）是固定不变的，因而产量（Q）随劳动力（L）数量的变动而变动，则生产函数可记为：$Q = f(L)$。

■ 根据边际产量、平均产量的定义和它们几何图形的特征来看，边际产量是总产量曲线上任何一点的切线的斜率，平均产量是总产量曲线上任何一点与原点连线的斜率。

■ 可变要素的边际产量（$\mathrm{d}Q/\mathrm{d}L$）是指当其他要素的使用量固定不变时，可变要素（假设为劳动力数量）增加（或减少）一个微小数量或单位时，引起的总产量增加（或减少）的数量。边际产量的变化一般经历两个阶段。一是，可变要素的边际产量可能出现递增现象。二是，可变要素边际产量递减阶段。当可变要素增加到一定限度以后，再继续增加可变要素，反而会引起总产量减少，即边际产量成为负数。这种现象称为可变要素的边际产量递减规律，也称为要素报酬递减规律（the Law of Diminishing Returns）。

■ 在生产一种产品所使用的各种要素中，其余要素固定不变，只有一种要素可变（假设为劳动力）的情况下，随着可变要素逐渐增加，总产量、平均产量和边际产量的变化可以分为三个阶段。理性的厂商选择在第二个阶段进行生产。在此阶段，其他要素保持不变，一种要素投入会使平均产量达到最大值，且总产量达到最大值，这个阶段被称为生产有效区域。

■ 根据给定的生产函数，理论上可以在同一坐标图上划出无数条等产量线，每一条等产量线表示产量（Q）为任何给定值时，劳动与资本的不同组合，这种描述了一个既定生产函数的无数等产量线的坐标图称为等产量线图。随着使用劳动的逐渐增加和资本数量的减少，劳动的边际产量是递减的，称为边际技术替代率递减规律。它表示：使用较多劳动和固定数量资本时，劳动的边际产量递减；使用较多劳动和较少的资本时，劳动的边际产量递减速度更快。

■ 等成本线是指在这条直线上的任何一点表示，当资本与劳动的价格已知，厂商投入某一固定量总成本所能购买的资本与劳动量的组合。对于每一个给定的总成本可以画出一条等成本线。等成本线的数学表达式为：$C = K(P_K) + L(P_L)$。等成本线斜率的绝对值等于两种要素的价格的比率（P_L/P_K），只要生产要素的价格不变，任何一条等成本曲线的斜率是相等的。总成本的增加（或减少）表现为等成本线向右上方（或左下方）

平行移动，距离原点越远的等成本线表示的总成本越大。

■ 厂商均衡条件的意义是：首先，在等成本线上其他任何一点代表的资本数量与劳动数量所花费的总成本并未增加，但不能满足等产量曲线所要求的配合比例。其次，等产量曲线上只有等产量线和等成本线的切点配才能满足技术要求。厂商均衡的另一种情形：成本既定产量最大。

■ 厂商生产一种产品的情况是：最初经历规模报酬递增阶段；当规模经济充分利用以后转入规模报酬不变阶段；当生产规模达到一定限度以后转入规模报酬递减阶段。如果假定要素价格始终固定不变，则表现为平均成本递减、不变和递增三个阶段。

■ 在完全竞争市场条件下实现生产有效性有三个条件：按照生产函数在生产的有效区域内生产，称为生产的技术有效性，这是满足生产有效性的第一个条件；在扩展线上选择最佳的要素价格和产量的组合，称为生产的经济有效性，这是生产有效性的第二个条件；在扩展线上选择最佳的生产成本和产量的组合，称为生产规模的有效性，这是生产有效性的第三个条件。

■ 生产某种产品所费成本是它的替代成本（Alternative Cost）或称为机会成本（Opportunity Cost）。显明成本也称为会计成本，它是指作为成本项目计入厂商的会计账目中的费用。隐含成本是指厂商自己提供的资源所对应的费用。

■ 厂商生产某种商品的生产成本还可以分为固定成本（Fixed Cost）与可变成本（Variable Cost）两大类。固定成本、可变成本及总成本除以产量的数值是平均固定成本（*AFC*）、平均可变成本（*AVC*）和平均成本（*AC*）。边际成本（*MC*）是指当产量增加（减少）一个单位时所增加（减少）的成本。当某一产量对应的边际成本与平均成本相等时，该产量对应的平均成本取得最小值，这对讨论完全竞争条件下厂商的长期均衡，具有重要十分重要的经济含义。

■ 短期是指这样一段时期，在该时期内，厂商无法改变固定设备所限定的生产规模，换言之，如果厂商希望通过改变要素配置来改变产量时，至少有一种生产要素是不能改变的，只能通过改变其他要素的投入来实现。在短期内，厂商的总成本（*TC*）由固定成本（*FC*）和可变成本（*VC*）的和构成，即 $TC = FC + VC$。所谓长期，是指在该时期内，包括固定成本在内的一切生产要素投入数量都是可以变动的。

■ 长期成本是假设在长期分析中，厂商根据预期的产销量调整生产要素配置。长期成本也包括总成本、平均成本和边际成本，以及相应的平均成本和边际成本。长期成本曲线一般呈 U 形。随着产量的扩大，使用的厂房设备的规模增大，生产经历三个阶段：一是规模报酬递增阶段，即随着产量增加产品的单位成本递减阶段；二是规模报酬不变阶段，即长期平均成本经历一段递减后，最好的资本设备和专业化的利益已经全部被利用，此时平均成本固定不变；三是规模报酬递减阶段，即随着产量增加长期平均成本转入递增，导致规模报酬递减。

■ 长期平均成本曲线与短期平均成本曲线的关系是作为包络线的长期平均成本曲线上的每一点是与某一特点的短期平均成本曲线的切点。长期边际成本与短期边际成本的关系是：长期边际成本曲线上的任何一点，总是与某一特定短期边际成本曲线相交，交点所代表的产量是长期平均成本曲线与短期平均成本曲线的切点对应的产量。

课后练习

一、单项选择题

1. 当劳动的（L）总产量下降时，（　　）。

   A. APP_L 是递减的　　B. APP_L 为零

   C. MPP_L 为零　　D. MPP_L 为负

2. 如果连续地增加某种生产要素，在总产量达到最大时，边际产量曲线（　　）。

   A. 与纵轴相交　　B. 经过原点

   C. 与平均产量曲线相交　　D. 与横轴相交

3. 下列说法中错误的是（　　）。

   A. 只要总产量减少，边际产量一定是负数

   B. 只要边际产量减少，总产量一定也减少

   C. 随着某种生产要素投入量的增加，边际产量和平均产量增加到一定程度将趋于下降，其中边际产量的下降一定先于平均产量

   D. 边际产量曲线一定在平均产量曲线的最高点与之相交

4. 如果横轴表示劳动，纵轴表示资本，则等成本曲线的斜率是(　　)。

   A. P_L/P_K　　B. $-P_L/P_K$　　C. P_K/P_L　　D. $-P_K/P_L$

5. 等产量曲线是指在这条曲线上的各点代表（　　）。

   A. 为生产同等产量投入要素的各种组合比例是不能变化的

   B. 为生产同等产量投入要素的价格是不变的

   C. 不管投入各种要素数量是多少，产量总是相等的

   D. 投入要素的各种组合所能生产的产量都是相等的

6. 如果某厂商增加一单位劳动使用量能够减少三个单位资本，并仍能生产同样的产出量，则 $MRTS_{LK}$为（　　）。

A. −1/3　　B. −3　　C. −1　　D. −6

7. 等成本曲线平行向外移动表示（　　）。

A. 产量提高了

B. 成本增加了

C. 生产要素的价格按相同比例提高了

D. 生产要素的价格按不同比例提高了

8. 等成本曲线围绕着它与纵轴的交点逆时针转动表明（　　）。

A. 生产要素 Y 的价格上升了　　B. 生产要素 X 的价格上升了

C. 生产要素 Y 的价格下降了　　D. 生产要素 X 的价格下降了

9. 在生产者均衡点上（　　）。

A. $MRTS_{LK} = P_L P_K$　　B. $MP_{PL}/P_L = MPP_K/P_K$

C. 等产量曲线与等成本曲线相切　　D. 上述都正确

10. 当某厂商以最小成本生产出既定产量时，那么他（　　）。

A. 总收益为零　　B. 一定获得最大利润

C. 一定未获得最大利润　　D. 无法确定能否获得最大利润

二、填空题

1. 在厂商行为的分析中必须假设厂商以________为目标，即厂商力求使销售的________与________之间的差距达到最大值。

2. 根据边际产量、平均产量的定义和它们几何图形的特征来看，________是总产量曲线上任何一点的切线的斜率，________是总产量曲线上任何一点与原点连线的斜率。

3. 总产量、平均产量和边际产量的变化可以分为三个阶段，第一个阶段，边际产量________；第二个阶段，在总产量达到最大值的时候，边际产量________；第三个阶段，边际产量________。

4. 等产量线上________与________之间相互替代的比率称为两种生产要素的边际技术替代率。边际技术替代率是等产量线上任何一点切线的________，并且为________。

5. 导致等成本线移动的因素是________和________。

6. 生产者均衡的两种情形是________和________。

7. 满足生产有效性的第一个条件是指：按照生产函数在生产的有效区域内生产，称为________；生产有效性的第二个条件是指：在扩展线上选择最佳的要素价格和产量的组合，称为________；生产有效性的第三个条件是指在扩展线上选择最佳的生产成本和产量的组合，称为________。上述三个条件，可以在完全竞争市场条件下实现。

8. 按照机会成本定义的生产成本有两种类型：一是________；二是________。

9. 固定成本是指，即使厂商暂时停止生产也会承担的费用，包括：________，________，________；可变成本是指随着产量变动而变动的成本，包括：________，________，________等。

10. 长期平均成本上的每一点是它与每一特定规模下的短期平均成本曲线的________。把这样画出来的长期平均成本曲线称作一族短期平均成本曲线的________。长期成本曲线一般呈________。

三、判断题（正确为A，错误为B）

1. 生产函数是指在生产技术状况给定的条件下，生产要素的投入量与产品的任何产量之间的物质数量关系。（　）

2. 当边际产量达到最大值时，总产量曲线继续上升，总产量曲线表现为从上凹转为下凹。（　）

3. 总产量与平均产量的关系是：随着投入劳动力数量的增加，总产量不断增加，与之相应的平均产量也不断增加。（　）

4. 当边际产量大于平均产量时，边际产量和平均产量均处于递增阶段；当边际产量小于平均产量时，边际产量和平均产量均处于递减阶段。（　）

5. 要素报酬递减规律是指任何情况下增加可变要素，一定会引起总产量减少，即边际产量为负数。（　）

6. 为了获得最大利润，理性的厂商一定会选择在总产量最大的一点进行生产。（　）

7. 边际技术替代率是等成本线上任何一点切线的斜率，并且为负数。（　）

8. 只要生产要素的价格不变，任何一条等成本曲线的斜率是相等的。（　）

9. 事实上，厂商生产一种产品的情况是：最初经历规模报酬递增阶段；当规模经济充分利用以后转入规模报酬不变阶段；当生产规模达到一定限度以后转入规模报酬递减阶段。（　）

10. 长期是指，在该时期内，除了固定成本以外，一切生产要素投入数量都是可以变动的。（　）

11. 平均可变成本曲线从递减转为递增的转折点是平均可变成本的最低点，该点也是平均可变成本曲线与总成本曲线的交点。（　）

12. 只有长期平均成本曲线的最低点与相应的短期平均成本曲线的切点，才是该短期平均成本曲线的最低点。（　）

13. 企业利润最大化的必要条件是，边际产量等于边际成本。（　）

四、计算题

1. 已知，生产函数为 $Q=f(K, L)=KL-0.5L_2-0.32K_2$，$Q$ 表示产量，K 表示资本，L 表示劳动。令上式的 $K=10$。求：

（1）写出劳动的平均产量（APP_L）函数和边际产量（MPP_L）函数。

（2）分别计算出当总产量、平均产量和边际产量达到最大值时厂商雇用的劳动数量。

（3）证明当 APP_L 达到极大值时 $APP_L=MPP_L=2$。

2. 假设，某产品生产的边际成本函数是 $C/=3Q^2-8Q+100$，若生产 5 单位产品时总成本是 595。求：

总成本函数、平均成本函数、可变成本函数和平均可变成本函数。

3. 假设某个生产者的生产函数为 $Q=\sqrt{KL}$，已知 $K=4$，其总值为 100，L 的价格为 10。求：

（1）L 的投入函数和生产 Q 的总成本函数、平均成本函数和边际成本函数。

（2）如果 Q 的价格为 40，生产者为了获得最大利润应生产多少 Q 及利润。

（3）如果的总值从 100 上升到 120，Q 的价格为 40，生产者为了获得最大利润应生产多少 Q 及利润。

五、简答题

1. 根据生产区域的图示说明厂商为什么选择在第二个阶段进行生产？

2. 等产量线有哪些特点？

3. 简要说明生产者均衡的基本情形。

4. 根据图示说明平均固定成本、平均可变成本、平均成本与边际成本的关系。

5. 简要说明长期边际成本与长期平均成本的关系。

参考答案

一、单项选择题

1. D 2. D 3. B 4. B 5. D 6. B 7. B 8. C 9. D 10. D

二、填空题

1. 利润，总收入，总成本 2. 边际产量、平均产量 3. 递增，达到极大值，递减 4. 资本，劳动，斜率，负数 5. 要素的价格，厂商的收入 6. 产量既定总成本最少，成本既定产量最大 7. 生产的技术有效性，生产的经济有效性，生产规模的有效性 8. 显明成本，隐含成本 9. 厂房设备，投资的利息，折旧费和维修费；工人的工资，购买原料以及其他物品的支出，电力费、营业税，短期借款的利息（答对其中三个即可） 10. 切点，包络线，U 形。

三、判断题

1. B 2. A 3. B 4. A 5. B 6. B 7. B 8. A 9. A 10. B 11. B 12. A 13. B

四、计算题

1. 解：

（1）劳动的平均产量函数 $APP_L = Q/L = 10 - 0.5L - 32/L$，劳动的边际产量函数 $MPP_L = 10 - L$。

（2）当总产量达到极大值时厂商雇用的劳动为 10，当平均产量达到极大值时厂商雇用的劳动为 8，当边际产量达到极大值时厂商雇用的劳动为 0。

（3）由于 $L = 8$ 时，平均产量达到极大值，且当 $L = 8$ 时，得到 $MPP_L = 2 = APP_L$，故当 APP_L 达到极大值时，$MPP_L = APP_L = 2$。

2. 解：

由边际成本函数积分得成本函数，即 $C = Q_3 - 4Q_2 + 100Q + a$（$a$ 为常数）

又因为生产 5 单位产品时总成本是 595，即求得 $a = 70$

所以，总成本函数为 $C = Q^3 - 4Q^2 + 100Q + 70$

平均成本函数为 $AC = C/Q = Q^2 - 4Q + 70/Q + 100$

可边成本函数 $VC = Q^3 - 4Q^2 + 100Q$

平均可边成本函数 $AVC = VC/Q = Q^2 - 4Q + 100$

3. 解：

（1）根据生产者均衡条件 $MPP_L/MPP_K = P_L/P_K$，得 $K/L = 2/5$，$K = 2/5L$

总成本函数 $TC = KP_K + LP_L = 100 + 10L = 100 + 5\sqrt{10}Q$

平均成本函数为 $TC/Q = 100/Q + 5\sqrt{10}$

边际成本函数为 $\mathrm{d}TC/\mathrm{d}Q = 5\sqrt{10}$

（2）将已知条件带入生产函数，得到 $Q=6.32$，利润 $\pi=QP_Q-TC=52.98$。

（3）由已知条件和生产者均衡条件得到 $Q=4\sqrt{3}$，利润 $\pi=QP_Q-TC=37.13$。

五、简答题

1. 厂商选择在第二个阶段进行生产的理由是：在此阶段，其他要素保持不变，一种要素投入会使平均产量达到最大值，且总产量达到最大值，这个阶段被称为生产有效区域。但是，如果不考虑其他因素，厂商实际上会投入多少可变要素劳动与既定的固定要素相结合是不确定的。

在此阶段，厂商的理性选择首先取决于市场上对该产品的需求状况；其次，如果假设厂商不论生产多少都可以销售出去，则厂商的理性选择取决于产品的销售收入与要素的总成本之间的关系。

因此，只要假设生产函数是已知的，即投入的要素数量与产量之间的函数关系是已知的，产品价格和要素价格是已知的，就可以找出利润最大化的要素最佳组合以及最合理的生产数量。

2. 等产量线的特点是：

（1）距离原点越远的等产量线所代表的产量越多。

（2）一个等产量线图上的两条等产量线不能相交。

（3）由于一条等产量线代表一个给定的产量，而且，该等产量线上的每一点代表一种技术上的、有效率的要素组合，因此，增加劳动的使用量必须相应减少资本的使用量，换言之，增加资本的使用量必须相应减少劳动的使用量。

（4）等产量线向右下方倾斜，凸向原点。边际技术替代率是负数，绝对值是递减的。

3. 厂商均衡的情形有：

（1）产量既定总成本最少。此时厂商均衡条件是：厂商购买的劳动和资本的数量是等产量曲线上的一点，这点的资本与劳动的边际技术替代率（$MRTS_{LK}$）恰好等于既定的劳动与资本的价格比率（P_L/P_K）。

（2）成本既定产量最大。此时均衡点将是既定的等成本线与某一条等产量线的切点。厂商所能获得的最大产量是，在生产要素价格既定条件下，等产量曲线与等成本线的切点，并且在切点，生产要素的边际技术替代率（$MRTS_{LK}$）恰好等于生产要素价格的比例（P_L/P_K）。

4. 平均固定成本、平均可变成本、平均成本与边际成本的关系：

（1）平均固定成本、平均可变成本的关系

① 由于固定成本保持不变，因此平均固定成本（AFC）随产量增加而持续递减。

② 平均可变成本（AVC）曲线是可变成本（VC）曲线上任何一点与原点的连线的斜率。平均可变成本曲线一般呈 U 形。

③ 边际成本（*MC*）是总成本（*TC*）、可变成本（*VC*）曲线切线的斜率，边际成本曲线也呈U形。边际成本曲线的形状与可变要素的边际产量的变化相对称，即边际成本递减阶段恰好是边际产量递增阶段，而边际成本递增阶段恰好是边际产量递减阶段。但是，决定边际成本变化（递增与递减）的因素与决定平均可变成本变化的因素并不完全相同，两者的关系是：

当边际成本曲线位于平均可变成本曲线下面时，平均可变成本曲线处于递减阶段；

当边际成本曲线位于平均可变成本曲线上面时，平均可变成本曲线处于递增阶段；

平均可变成本曲线从递减转为递增的转折点是平均可变成本的最低点，该点也是平均可变成本曲线与边际成本曲线的交点。

（2）平均成本（*AC*）与平均可变成本（*AVC*）的关系：

平均成本（*AC*）曲线位于平均可变成本（*AVC*）曲线的上方，两者间的垂直距离等于平均固定成本（*AFC*）。平均成本最小值对应的产量大于平均可变成本最小值对应的产量。

（3）平均成本（*AC*）与边际成本（*MC*）的关系

平均成本曲线呈U形。

当边际成本曲线位于平均成本曲线之下时，平均成本曲线处于递减阶段；

当边际成本曲线位于平均成本曲线之上时，平均成本曲线处于递增阶段；

边际成本曲线与平均成本曲线的交点是平均成本最小值点。

5. 长期边际成本与长期平均成本的关系为：

（1）当生产处于规模报酬递增阶段，即长期平均成本处于递减阶段时，长期边际成本（*LMC*）曲线位于长期平均成本（*LAC*）曲线的下方。

（2）当生产处于规模报酬递减阶段，即长期平均成本处于递增阶段时，长期边际成本（*LMC*）曲线位于长期平均成本（*LAC*）曲线的上方。

（3）长期边际成本（*LMC*）曲线与长期平均成本（*LAC*）曲线相交于平均成本曲线的最低点，该交点也是长期平均成本曲线从递减转为递增的转折点。

本章参考文献

[1] 曼昆．经济学原理：上册、下册［M］．梁小民，译．北京：生活、读书、新知三联书店/北京大学出版社，1999.

[2] 尹伯成．现代西方经济学习题指南（微观经济学）［M］．4版．上海：复旦大学出版社，2005.

[3] 尹伯成．现代西方经济学［M］．4版．上海：复旦大学出版社，2005.

[4] 萨缪尔森．经济学［M］．北京：商务印书馆，1979.

[5] 席酉民．经济管理基础［M］．北京：高等教育出版社，1998.

第四章 市场理论

核心内容

本章以介绍划分市场类型的标准为切入点，系统介绍了市场的基本类型，即完全竞争市场、完全垄断市场、垄断竞争市场和寡头垄断市场；以及这些市场结构的特点和达到市场均衡的条件。其中包括：

- 划分市场的标准；
- 完全竞争的概念以及达到市场均衡的条件；
- 完全垄断的概念以及达到市场均衡的条件；
- 垄断竞争的概念以及达到市场均衡的条件；
- 寡头垄断的概念以及达到市场均衡的条件。

教学目的

通过本章的学习，使学生了解掌握以下内容：

- 了解划分市场类型的基本标准及市场的基本类型有哪些；
- 了解完全竞争市场的条件、厂商需求曲线的特点及短期供给曲线是如何确定的；
- 了解垄断竞争市场的特点及实现短期均衡和长期均衡的条件；
- 了解实现完全垄断市场均衡的条件；
- 了解寡头垄断市场的特点及实现市场均衡的条件。

第一节 完全竞争的含义和特点

任何一个商品的价格是由市场上消费者对该商品的需求和厂商对该商品的供给这两种力量相互作用和影响决定的。在经济学中，市场既是有形市场与无形市场的总和，也是时间结构和空间结构的总和，但是通常以两个标准划分市场类型：一是，一个市场中厂商数量的多少；二是，一个市场中各个厂商所生产的产品之间相互替代程度的大小。根据这两个标准，市场结构分为四种类型：完全竞争市场、完全垄断市场、垄断竞争市场和寡头垄断市场。它们的基本特征如表

4-1 所示。

表 4-1 市场类型及特征

	卖者的数量	产品性质	长期市场进入
完全竞争市场	大量	同质	容易
垄断竞争市场	大量	差异	容易
寡头垄断市场	少数	同质或差异	有障碍
完全垄断市场	一个		不能进入

完全竞争市场和完全垄断市场是两个极端市场。垄断竞争市场和寡头垄断市场处在这两个极端市场结构之间，垄断竞争市场与完全竞争市场比较接近，寡头垄断市场与完全垄断市场比较接近。虽然在现实中，完全竞争市场和完全垄断市场非常罕见，而总是存在形形色色的垄断竞争市场和寡头垄断市场，也正是由于现实世界的复杂性，经济学对这两种市场类型的分析远远没有对完全竞争市场和完全垄断市场的分析那样清晰和确定，因此，分析完全竞争市场和完全垄断市场的特征在经济学理论十分重要。

一、完全竞争市场

完全竞争（Perfect Competition）也称纯粹竞争（Pure Competition），是指市场中不存在丝毫垄断因素。完全竞争市场必须具备以下几个条件：

1. 市场中存在众多小规模买者和卖者

每个卖者计划提供的产品数量或每个买者计划购买的产品数量所在市场上所占的份额都是很小的，以至于每一个卖者增加（减少）供给或买者增加（减少）需求对于市场价格的影响是微不足道的。总之，市场价格是由众多的卖者和买者的共同行为决定的。这意味着，任何一个卖者或买者都是市场价格的接收者，而不是市场价格的决定者。

2. 产品是同质的

在完全竞争市场上，消费者购买行为是随机的，即任何一个生产者提供的产品对所有买者来说是完全相同的，任何一个厂商的产品完全可以由另外一个厂商的产品来替代。这意味着，只要厂商把产品价格提高一点点，买者都将放弃购买这个产品，转而去购买其他厂商的产品。

3. 自由进入和退出该行业

完全竞争市场意味着不存在任何法律的、社会的或资金上的障碍，任何厂商都可以随意地进入和退出该市场，生产要素可以随着需求的变化在不同行业之间流动。

4. 完全的信息和知识

在完全竞争市场中，卖者和买者完全掌握市场信息，他们了解市场的现在和未来。否则，我们前面对消费者行为和生产者行为的分析都将成为空谈。

5. 完全竞争市场的需求曲线是一条与横坐标平行的直线

如图 4-1 所示，在完全竞争条件下，按照市场价格，厂商能够卖出他生产的任何数量的产品，换句话说，市场对该厂商产品的需求无限大。它的数学意义是：单个厂商生产该产品的需求曲线是一条与横坐标平行的直线，需求曲线与横坐标的距离等于该产品的市场价格。

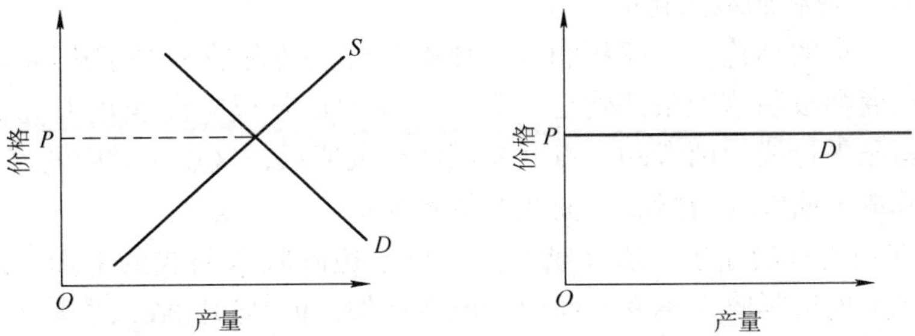

a) 市场供求决定成交价　　b) 单个厂商产品的需求曲线

图 4-1　完全竞争市场产品的价格与厂商的需求曲线

二、完全竞争市场的短期均衡

1. 总收入、平均收入与边际收入

第三章介绍了总收入的概念，即总收入等于产量与价格的乘积，$TR = P \times Q$。厂商获得最大利润的条件是：边际收入等于边际成本，$MR = MC$。

如图 4-2 所示，在完全竞争条件下，厂商每销售一个产品，获得的销售收入是产品的价格（P），即边际收入（ΔTR）总是等于固定不变的单位产品的市场

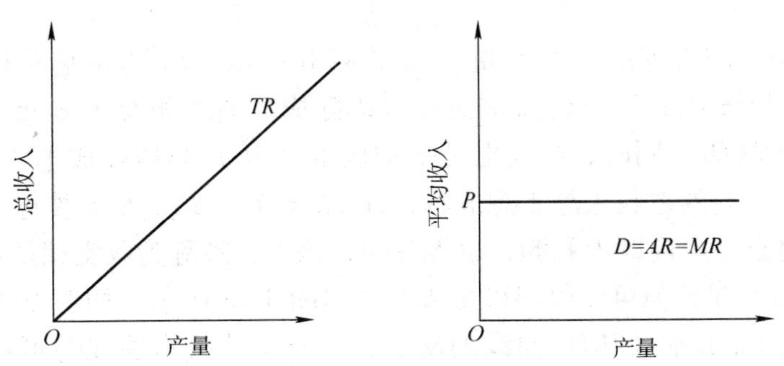

a) 总收入　　b) 平均收入与边际收入

图 4-2　完全竞争条件下的总收入、平均收入和边际收入

价格（P），即 $\Delta TR = P$，由于边际收入是总收入曲线的斜率，所以，总收入曲线是一条从原点出发的直线，它的斜率也是市场价格 P。由此，平均收入 $AR = TR/Q = P \times Q/Q = P$。所以，在完全竞争条件下，不论销售量如何增加，由于市场价格保持不变，因而边际收入总是等于平均收入也等于市场价格，即 $MR = \Delta TR/\Delta Q = P = AR$。总之，在完全竞争市场上，厂商的需求曲线与总收入曲线、平均收入曲线是同一条线，即所谓的“三线合一”，这是完全竞争市场的一个非常重要的特征。

2. 厂商实现利润最大化的条件

根据第三章的结论，厂商利润最大化的条件是边际收入等于边际成本（$MR = MC$），厂商会按照这个条件确定产量。厂商的边际成本曲线呈 U 形，边际收入曲线是一条平行线，两者的交点就是利润最大值点，这点所对应的产量为均衡产量。边际成本曲线与边际收入曲线的关系为：

（1）在均衡点的左边，边际成本曲线位于边际收入曲线的下面。此种状况说明，产量增加边际收入不变，而边际成本增加，但是边际收入总是大于边际成本。此时，厂商会选择增加产量。因为，产量的增加会带来利润增加；但是，利润增加值随着产量增加递减，最终达到边际成本等于边际收入的状态，厂商得到了扩大产量所能够带来的最大利润。

（2）在均衡点的右边，边际成本曲线位于边际收入曲线的上面。在这个阶段厂商会选择逐渐减少产量，最终达到边际收入等于边际成本的状态，并且获得最大利润。

3. 厂商均衡产量的决定

（1）能够赚得利润的均衡产量。如图 4-3a 所示，根据厂商利润最大化的条件，在 E 点，边际收入（MR）等于边际成本（MC），厂商可以获得最大利润，这点对应的产量是均衡产量。在这个产量下，总收入大于平均成本，此时厂商可以获得利润。

（2）超额利润为零的均衡产量。如图 4-3b 所示，P_b 为市场价格，小于图 4-3a中的市场价格 P_a，厂商的需求曲线与边际成本曲线相交于 E 点，这时，厂商的均衡产量为 Q_b；同时，E 点也是平均成本（AC）与边际成本（MC）的交点，意味着，厂商的总收入等于总成本，即 $TR = TC = P_b$。E 点被称为盈亏平衡点，因为在这点上厂商既无利润，也无亏损，该点也被称为收支相抵点。

（3）厂商亏损，但可以收回可变成本。如图 4-3c 所示，均衡点 E 是边际收入（MR）与边际成本（MC）曲线的交点，且介于总成本曲线与可变成本曲线之间。此时，厂商的平均收入小于平均成本，是亏损的。但是，此时厂商仍然可以选择继续生产，因为，收入在弥补可变成本以后仍有剩余，可以选择继续生产。

（4）厂商亏损，总收入恰好弥补可变成本。如图 4-3d 所示，均衡点 E 是边际收入（MR）与边际成本（MC）曲线的交点，并且是边际收入曲线与可变成本曲线的切点。此时，厂商的总收入仅仅能够弥补可变成本，厂商可以选择继续生产，也可以选择停止生产，E 点被称为停止营业点或关闭点。

（5）厂商亏损，停止生产。如图 4-3e 所示，均衡点 E 是边际收入（MR）

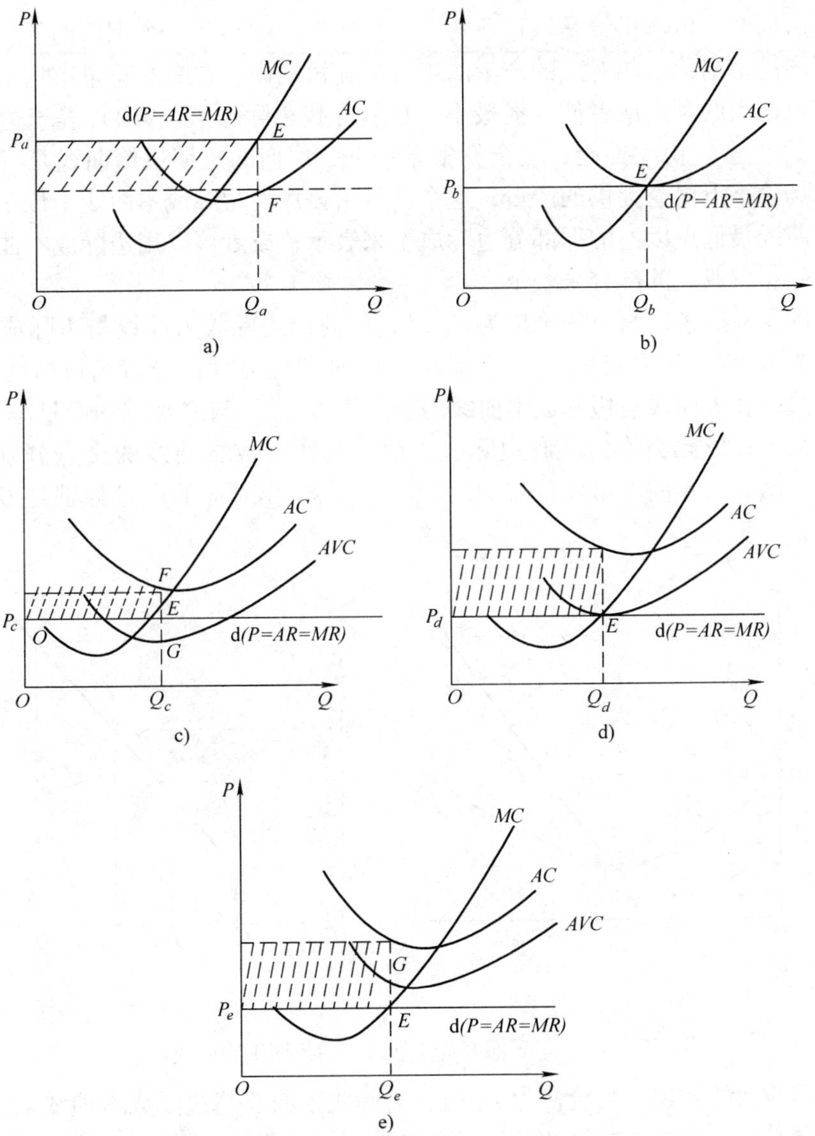

图 4-3　完全竞争条件下短期均衡产量的决定

与边际成本（*MC*）曲线的交点，且位于可变成本曲线之下。此时，厂商肯定会选择停止生产。因为在这种情况下，所有的收入既无法弥补可变成本，也无法弥补固定成本，增加产量只能扩大亏损数量。

三、完全竞争市场的短期供给曲线

1. 厂商短期供给曲线

众所周知，市场供给是该行业各个厂商的供给的总和。个别厂商的供给曲线是与不同的市场价格相对应的产量的组合。在短期内，在完全竞争市场上，厂商为了赚取最大的利润或者使亏损最小，总是寻找边际收入（*MR*）等于边际成本（*MC*）的产量 。由此推论，完全竞争条件下，厂商的短期供给曲线是：厂商在不同市场价格下愿意提供的产量，这个产量由该厂商边际成本曲线中位于平均可变成本曲线最低点以上的那部分边际成本来表示；或者可以用边际成本曲线大于和等于停止营业点的部分来表示。

如图 4-4 所示，当市场价格为 P_1 时，厂商的边际收入曲线与边际成本曲线的交点为 E_1 点，与之对应的产量是 Q_1，此时利润最大；当市场价格为 P_2 时，厂商的边际收入曲线与边际成本曲线的交点为 E_2 点，与之对应的产量是 Q_2，此时利润最大；以此类推，厂商边际收入曲线与边际成本曲线的交点分别是 E_1、E_2、E_3、E_4，与不同的市场价格 P_1、P_2、P_3、P_4 相对应的产量分别是 Q_1、Q_2、Q_3、Q_4。

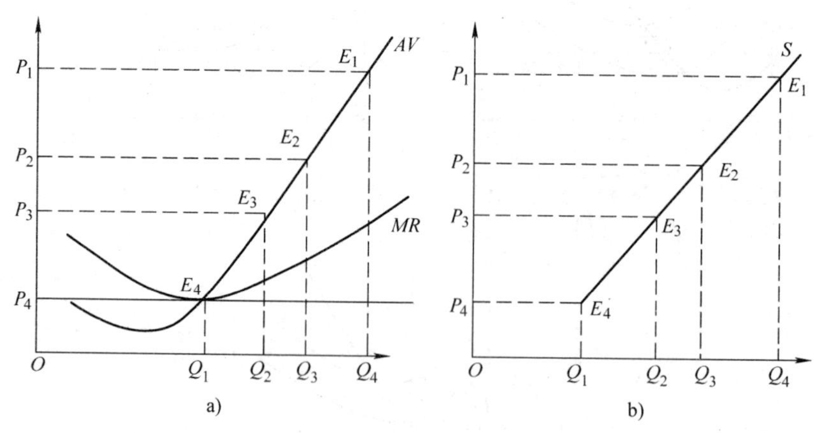

图 4-4　完全竞争条件下厂商的短期供给曲线

根据前面的知识，当价格为 P_4 时，边际收入曲线与边际成本曲线的交点 E_4 点恰好是平均可变成本曲线的最低点，也是停止营业点。因此，可以确信，当市场价格小于 P_4 时，厂商不会进行生产，不会形成产品供给，所以该厂商的供给曲线肯定是E_4点以上部分，即边际收入曲线、边际成本曲线与平均可变成本曲线三条曲线的交点以上的部分。具体而言，E_1、E_2、E_3、E_4点反映了在不同价格水平下厂商提供产品的产量的组合轨迹，它就是厂商的短期供给曲线。

2. 行业（市场）短期供给曲线

如图4-5所示，一个行业，即一个产品市场的供给量是该行业各个厂商的供给量的总和，各个厂商的供给是相互依存、相互作用的，他们同时决定着整个市场的产品价格。当需求曲线既定时，市场供给曲线决定价格，这个价格决定着厂商的供给量，各个厂商的供给量的总和构成市场的总供给量。

在短期内，当一个行业的需求状况和供给状况基本稳定时，行业的产量和价格保持稳定，该行业处于短期均衡状态。由于该行业的各个厂商将把他的产量调整到利润最大或亏损最小的状态。所以，只要市场价格保持不变，厂商也不会改变产量。如果所有厂商都处于均衡状态，那么整个行业也处于均衡状态。如图4-5所示。

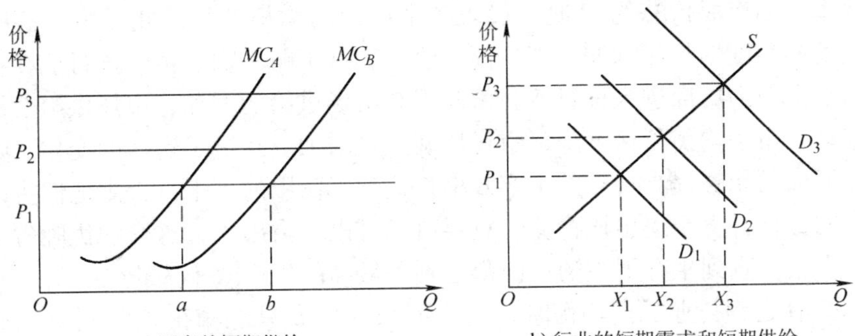

a) 厂商的短期供给　　b) 行业的短期需求和短期供给

图4-5　短期的行业均衡和厂商均衡

假如某一行业兴旺发达，随着现有的厂商进一步扩大生产规模，或者新厂商进入该行业，我们需要进行长期均衡分析。

四、完全竞争市场的长期均衡

与短期均衡一样，在长期中，行业的长期均衡与厂商的长期均衡是相互依存、相互作用、同时决定的，供给和需求决定了该产品的均衡价格和均衡产量。在长期，各个厂商根据该产品的市场价格调整他们自己的生产规模，厂商获得最大利润的条件同样是边际收入等于边际成本。

根据完全竞争市场的特点，不断有新的厂商进入该行业，亏损的厂商也会不断地退出该行业，当该产品的供给量和需求量在某一价格下达到均衡时，该行业达到均衡状态，市场上的价格、产量、厂商的数量都不再发生变化，这就是该行业的长期均衡。此时，留存下来的每个厂商的长期均衡产量是他的长期平均成本曲线最低点对应的产量。

在长期调整过程中，由于厂商的数量可以改变，市场供给的增加不是原来的厂商扩大供应量引起的，而是由于厂商数量增加引起的。同时，长期均衡下，厂商的长期平均成本（*LAC*）位于长期平均成本曲线的最低点。因此，行业的长期供给曲线由市场均衡时，各个厂商的长期平均成本曲线最低点的轨迹构成的。行业长期供给曲线有三种情况：水平直线、向右上方倾斜、向右下方倾斜，分别表示行业成本的固定不变、递增和递减三种情况。

完全竞争的长期均衡有重大的理论和现实意义，它表明，在完全竞争条件下，市场机制能够实现社会资源的合理配置。

1. 完全竞争条件下的长期均衡的特点

（1）在行业达到长期均衡时生存下来的厂商都具有最大的经济效率。如图4-6所示，假设：某行业有甲、乙、丙三个厂商，它们分别具有高、中、低三种生产效率。当市场价格为 *P* 时，代表各个厂商的均衡产量，此时甲、乙厂商能够赚到不同程度的超额利润，丙厂商的收支相抵不赔不赚。由于该行业存在超额利润，吸引新的厂商进入该行业，由此引起市场供给的增加，市场供给曲线向右下方移动，市场均衡价格下降，市场均衡产量增加。经过了这样的变化，除非厂商乙和厂商丙能够提高自己的生产效率，达到厂商甲的水平，否则他们将面临不同程度的亏损，直至退出该行业。只要市场可以自由出入，这样的优胜劣汰将一直进行下去，直到生存下来的厂商都达到了最高的生产效率为止。

（2）在达到行业长期均衡时，生存下来的厂商只能赚得正常利润。根据前面的分析，只要该行业存在超额利润，新的厂商就会不断地进入该行业，引起市场均衡产量增加和均衡价格下降，所有厂商的利润水平将会普遍下降，直至超额利润消失。

（3）在行业长期均衡状态下，每个厂商的产量具有特殊性。在长期均衡状态下，每个厂商提供的产量，不仅必然是短期平均成本曲线的最低点对应的产量，而且必然是长期平均成本曲线最低点对应的产量。具体是指，这个产量是在当时的技术条件下，效率最高的、成本最低的生产规模下的产量。这是因为，在生产开始阶段，厂商使用的生产规模可能小于最优规模，意味着该厂商的规模位于长期平均成本曲线最低点的左上方，此时，厂商能够获得超额利润；随着竞争的加剧，长期成本处于递减阶段，厂商只能通过优化生产规模来维持利润，即使用效率高、成本低的生产规模来进行生产。因此，当行业达到长期均衡时，厂商使用的生产规模是最优的，但是却只能赚取正常利润，而不能赚到超额利润了。

2. 完全竞争厂商长期均衡的条件

（1）每个生存下来的厂商的产量，对应的边际成本恰好等于既定市场价格，

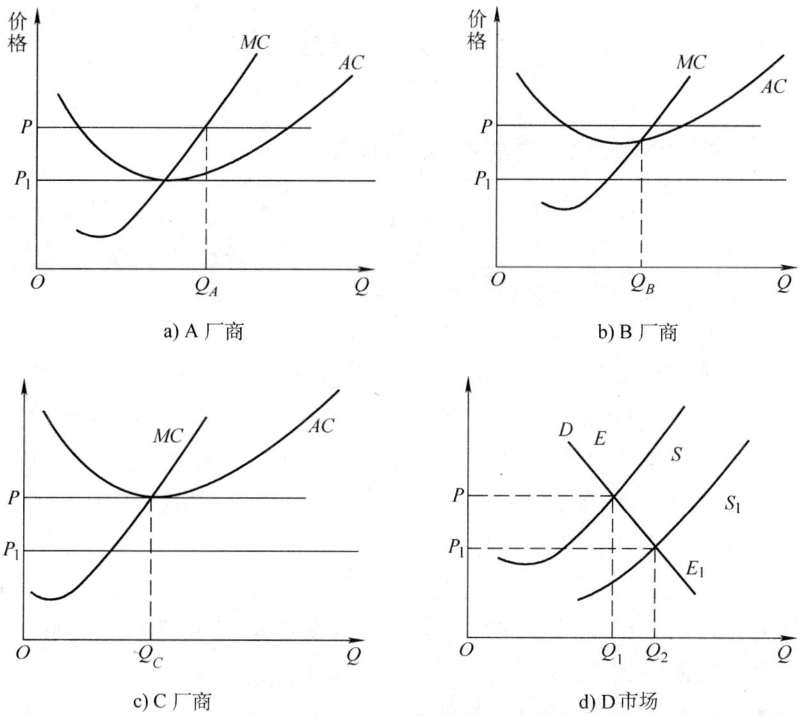

图 4-6 行业与厂商的短期均衡和长期均衡

即 $P = MC$，此时，厂商可以赚得的最大利润。

（2）每个生存下来的厂商的产量，对应的平均成本恰好等于既定的市场价格，即 $P = SAC$，此时，厂商只能赚的正常利润，无法赚到超额利润。

（3）每个生存下来的厂商的产量，对应的长期平均成本等于既定的市场价格，即 $P = LAC$，此时，厂商在长期调整中只能赚到正常利润，而不能赚到超额利润。

同时满足上述三个条件，即 $P = MC = SAC = LAC$，即厂商选择的产量，对应的长期平均成本位于长期平均成本曲线的最低点。这意味着，在完全竞争条件下，当行业达到均衡状态时，产品的市场价格（卖价）等于厂商的边际成本；各厂商提供的产量是在既定的技术条件下，使用最佳生产规模得到的；各厂商提供的产量，对应的是在最佳规模下的最低成本。

综上所述，在任何一个市场上对一种产品的需求和供给决定该产品的市场价格，在需求量和供给量达到平衡时，厂商愿意在该价格下进行生产，提供满足均衡的产量；并且，这个产量是在最佳生产规模下，是用最小的成本生产出来的。总之，完全竞争的市场结构具有使生产资源合理配置，提高生产效率的功能。

第二节 完全垄断市场

一、完全垄断市场的特点和需求曲线

当完全竞争的假设中的任何一个条件不能成立时，就出现了某种形式的不完全竞争，其中，当某一个行业提供的某种产品只有一家厂商，不存在丝毫竞争因素，这种市场结构称为完全垄断（Monopoly）。

1. 垄断产生的原因

（1）某些产品需要大量固定要素，规模经济十分显著，大规模生产可以使成本大大降低。在这种场合，效率高的生产规模提供的产量超过市场需要，市场上只有一家厂商提供产品就可以满足需求，有两家厂商参与生产将无利润可赚。

（2）法律赋予某产品生产的专利权，以保障其免于其他商品的竞争。其目的是为了促进新产品和新技术的创新。

（3）一家厂商控制了其产品的基本原料来源。如美国铝公司长期保持垄断地位是因为它控制了铝土矿。加拿大国际制镍公司享有可观的垄断地位，是因为它控制了世界镍矿藏的90%。

2. 垄断厂商的均衡价格和产量的决定

如图4-7所示，垄断厂商面对的是向右下方倾斜的需求曲线，即需求量随着价格的上升而减少，随着价格的下降而增加。这是因为，假设产品的定价过高，消费者将削减该产品的消费量，厂商的产品不能尽产尽销，只能降低价格，刺激销售量。这意味着，厂商增加销售量时，不仅最后增加的这个产品的销售价格比原来低，在较低价格下，销售全部产品的销售总收入减少，此时，边际收入递减且小于销售价格。总之，在完全垄断市场条件下，一种产品的需求曲线向右下方倾斜，边际收入曲线也向右下方倾斜，且在需求曲线的下方。在完全垄断市场上，边际收入呈递减趋势，且边际收入总是低于该销售量下的销售价格。

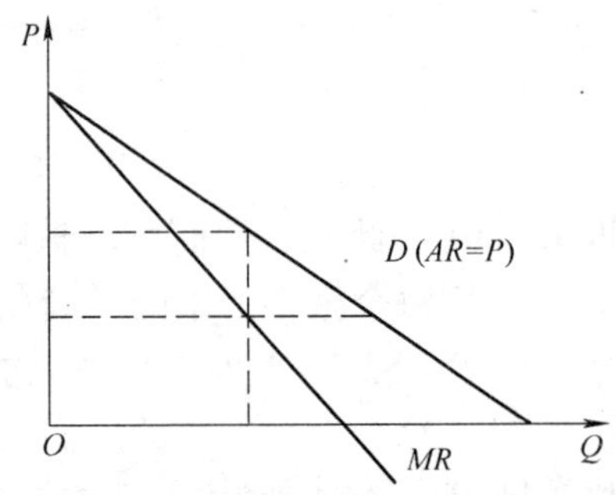

图4-7 垄断厂商边际收入曲线与需求曲线的关系

二、完全垄断市场的短期均衡

1. 利润最大

如图4-8所示，当产量小于 Q_1 时，边际收入大于边际成本，即 $MR > MC$，表示每增加一个单位的产量可以带来利润，从而导致利润总量增加；反之，当产

量超过 Q_1 时，边际收入小于边际成本，即 $MR < MC$，表示扩大产量反而导致利润总量减少。所以，边际收入等于边际成本（$MR = MC$）时的产量带来的利润最大。此时，垄断厂商索取的价格是 P_1，利润等于矩形面积 P_1STU。

2. 亏损最小

如图 4-9 所示，由于需求太小，销售价格很低，以至于没有任何的产量可以使总收入大于总成本，即 $TR < TC$，厂商面临亏损。与完全竞争条件下一样，此时厂商不一定选择停止生产，他可以把产量调整到这样的水平，即该产量对应的边际收入等于边际成本。当产量小于 Q 时，边际收入大于边际成本，即 $MR > MC$，表示每增加一个单位的销售量可以使亏损减少；反之，当产量大于 Q 时，边际收入小于边际成本，即 $MR < MC$，表示增加销售量会扩大亏损。这时，只要总收入超过总可变成本，即 $TR > TVC$，垄断厂商进行生产获得的收入，不仅可以弥补全部的可变成本，还可以弥补部分固定成本。但是，如果价格进一步降低，致使总收入小于总可变成本，垄断厂商将停止进行生产。以上分析说明，垄断并非一定给厂商带来利润，决定利润水平的是市场需求量、产品的销售价格和生产成本等多种因素。

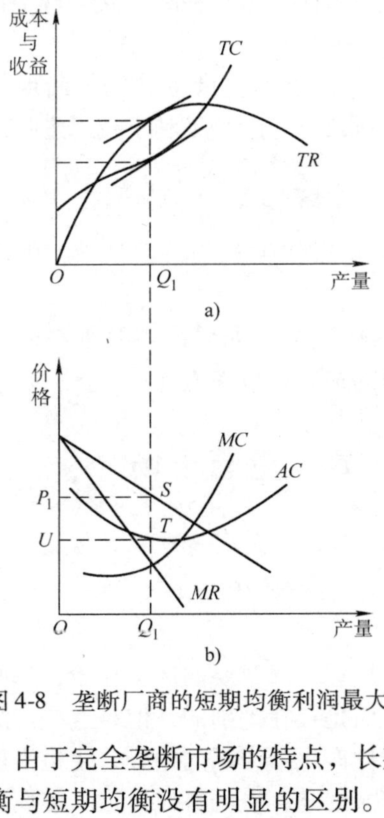

图 4-8 垄断厂商的短期均衡利润最大

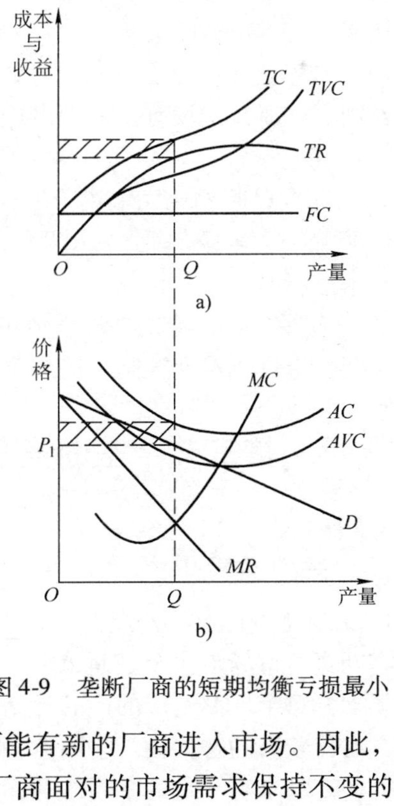

图 4-9 垄断厂商的短期均衡亏损最小

由于完全垄断市场的特点，长期内不可能有新的厂商进入市场。因此，长期均衡与短期均衡没有明显的区别。在垄断厂商面对的市场需求保持不变的前提下，厂商是通过调整生产规模来达到长期均衡的，如果需求量增加或者更富有弹性，厂商将进一步调整生产规模。垄断厂商达到长期均衡的条件是：$MR = LMC = SMC$。

三、完全竞争与完全垄断的区别

1. 垄断的后果

（1）产品的数量和价格。在完全垄断条件下，厂商通过控制产量使边际收入超过边际成本，由于边际收入等于销售价格，两者的差距取决于市场需求弹性，需求弹性较小时两者的差距可能相当大。与完全竞争条件下的相比，垄断厂商提供了较少的商品，索取了较高的价格，这是对资源配置的扭曲。

（2）产品的生产成本。完全垄断条件下，厂商提供的产量，即在边际收入等于边际成本时所对应的产量一般不会恰好是长期平均成本的最小值，这意味着，虽然厂商取得了规模经济，但是整个社会却存在着经济资源的浪费。

（3）垄断利润。完全竞争市场的长期均衡消除了超额利润，而完全垄断厂商必定会获得超额利润。需要说明的是，垄断利润并非来源于科技创新、管理水平的提高、勤奋地工作或者承担了特殊经营风险，而是由于垄断厂商取得了特殊的地位或占有了特殊的资源。

（4）技术进步和创新。很显然，如果垄断厂商能够凭借特殊的垄断地位获得超额利润，那么他没有任何理由进行创新，所以，垄断是不利于技术进步和创新的。

2. 与完全垄断相比完全竞争的缺点

（1）完全竞争条件下，一个厂商的新发明将很快被竞争对手仿效，因而不利于技术进步。

（2）有些产品，特别是规模经济十分显著的商品，如果由规模很小的厂商进行生产，单位成本会很高，造成全社会资源的损失和效率低下。

第三节　垄断竞争市场与寡头垄断市场

一、垄断竞争市场

1. 垄断竞争行业的特点

垄断竞争市场与完全垄断市场的特征十分接近，最重要的区别在于，垄断竞争市场上，每个厂商生产的产品不是同质的，而是存在差别的，但是这些产品之间有具有比较高的替代性。垄断竞争市场上，厂商生产产品的差异，使每个厂商对自己的产品享有一定的垄断权利，但是，产品之间存在的替代性，又使厂商不能享有完全的垄断利润，厂商不得不通过提高管理、提高产品的技术含量来提升自己的竞争力。

垄断竞争场商可以通过三种途径实现最大利润：一是调整价格；二是改变产品的“质量”，如改变产品外观设计、颜色、包装盒商标等吸引客户；三是通过刊登广告或其他形式的推销活动来扩大销售量。后两种途径属于非价格竞争，他们主要是通过影响消费者需求来增加销售量，但其中也必然包含着成本状况的改变。上述三种途径是分析垄断竞争市场短期均衡和长期均衡的主要条件。

2. 垄断竞争厂商面临的需求曲线

由于垄断竞争市场的特点，垄断竞争厂商面临的需求曲线向右下方倾斜，并且，由于产品的可替代性较小，需求曲线的斜率可能很小，接近于一条水平线。

如图 4-10 所示，垄断竞争厂商可能面临两条需求曲线。d_1 表示厂商改变产品的销售价格时，其他厂商不改变销售价格；*EFG* 是另一条需求曲线，表示厂商改变销售价格时，其他厂商也会同样调整产品的销售价格。

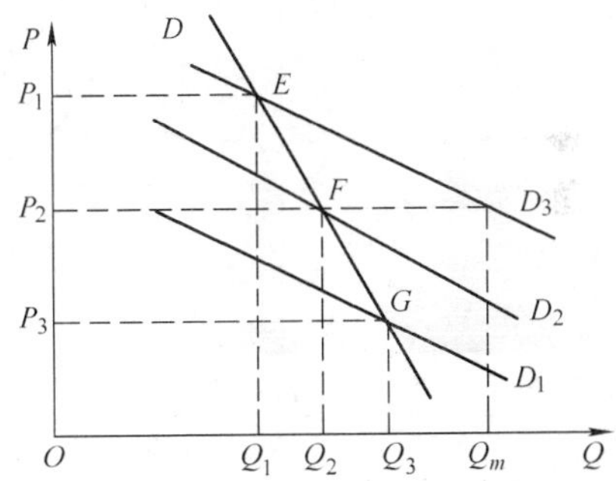

图 4-10 垄断竞争厂商的需求曲线

当销售价格为 P_1 时，厂商的销售量为 Q_1，如果厂商把销售价格降低为 P_2 时，如果其他竞争者并不同步采取降价措施，则厂商的销售量为 Q_m，这表示，曾经购买其他厂商产品的消费者转而购买了降价厂商的产品；但是实际上，如果其他厂商也采取降价措施时，首先降价厂商的销售量为仅仅为 Q_2，显然，销售量增加并没有预期的那样多，这是因为，其他厂商的忠实客户并没有被吸引过来。总之，随着垄断竞争厂商降低价格，需求曲线向左下方移动，销售量增加。销售价格与销售量的对应关系可以用 *EFG* 来表示。

3. 垄断竞争市场的短期均衡

我们通过分析价格因素的改变来分析垄断竞争厂商的短期均衡过程。

如前所述，厂商利润最大化的条件是边际收入等于边际成本，$MR = MC$。如图 4-11 所示，当需求曲线分别为 D_1，D_2，D^* 时，厂商的边际收入曲线为 MR_1，MR_2，MR^*。当厂商把销售价格从 P_1 降为 P_2 时，如果其他厂商也竞相降价，则该厂商的实际销售量为 Q_2；而理论上，当价格为 P_2 时，该厂商获得利润最大的产量是边际成本与边际收入曲线（MR_2）的交点对应的产量 Q_m^*，其对应的销售价格为 P_3。于是，该厂商必然把销售价格进一步调整为 P_3，但是，这次降价又伴随着其他竞争者的降价，最终实际的销售量仅为 Q_3，如此循环往复。但是，这种过程并不会永远持续下去。

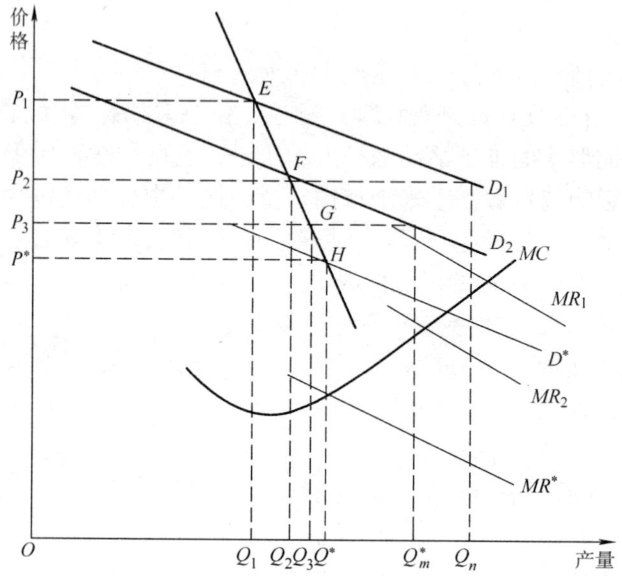

图 4-11 垄断竞争厂商的需求曲线和短期均衡

最后，当价格下降到 P^* 时，厂商面临的两条需求曲线 D^* 与 $EFGH$ 相交于 H 点，他们对应的需求量为 Q^*；此时，边际收入曲线 MR^* 与边际成本曲线的交点所对应的产量也是 Q^*，即市场需求量与供给量相等，市场供求达到平衡，垄断竞争市场实现短期均衡。

需要指出的是，首先，垄断竞争市场的短期均衡并不意味着每个厂商都能够获得超额利润，厂商能否获得利润，是获得超额利润还是正常利润，主要取决于均衡状态下，该厂商的平均成本与实际销售价格的差额。其次，上述分析，是在假设需求状况和厂商的成本保持不变的条件下进行的，如果这些因素也发生改变，则需要进行长期均衡分析。

4. 垄断竞争市场的长期均衡

从长期来看，如果某一个行业有利润，就会有新的厂商进入该市场，从而使某种产品的供求量增加，市场的供给曲线向左下方移动，同时销售价格下降。销售价格的下降会使原来的厂商面临亏损，从而退出市场，厂商数量的减少会使供给曲线向右上方移动。垄断竞争市场长期均衡的条件是，市场上所有厂商的单个边际收入等于边际成本，而此时厂商面临的需求曲线是长期平均成本曲线的切线，但是切点位于长期平均成本曲线最低点的左边，即均衡点的产量小于最佳规模的产量。他的经济学意义是，厂商在长期均衡时虽然可以获得最大利润，但利润为零；对于整个社会来说，是社会效益的极大损失和浪费。

5. 评价

虽然，由于市场上存在着大量的有差异性的产品和服务，扩大了消费者的选择空间，满足了消费者对产品多样性和服务多样性的消费需要；但是，总的来看，垄断竞争市场有其不可忽视的缺陷，即给资源配置带来损失。

（1）由于某些厂商的销售价格大于边际成本，其对应的产量小于市场需要，同时价格较高，对消费者是一种压力。

（2）长期均衡产量小于最佳规模产量，造成资源配置的浪费，损失了效率。

（3）厂商为了突出产品的差异性，可能会加强包装和广告开支，这些开支并没有实际提升消费者的效用。以过度包装为代表的竞争行为，不仅增加了成本，加重厂商负担，也提高了销售价格，增加了消费者的压力，是对社会资源的浪费。

二、寡头垄断市场

（一）寡头垄断市场的特征

1. 寡头垄断市场的特征

寡头垄断（Oligopoly）是指一个行业或产品市场中只有少数几家垄断厂商，同时包含垄断因素与竞争因素但更接近于完全垄断的市场结构。它最显著的特点有以下两个：

（1）各个厂商之间存在着既相互竞争，又相互依存的关系。具体是指对内厂商之间相互竞争，对外厂商之间往往一致行动，维护市场，对消费者而言，寡头垄断市场更类似于完全垄断市场。

以价格竞争为例，虽然市场上存在着其他的竞争者，但是个别厂商采取降价策略时并非可以独立地作出决策，因为其他厂商也会对竞争对手的价格调整采取行动，于是，寡头厂商之间的竞争会导致整个行业的价格战，最终导致市场利润的下降甚至亏损，寡头厂商不愿看到这样两败俱伤的结果，所以，在寡头垄断市场上厂商之间更愿意选择协作或相互勾结。

（2）寡头厂商的经营决策及导致的后果有极大的不可预见性或不确定性。正是由于寡头垄断厂商之间既竞争又协作的关系，使得某一个厂商采取某种策略时，其他厂商的反应是不确定的。例如，一家厂商决定提高产品的价格，而有的厂商可能会采取跟进的策略，同时提高自己的产品价格；而有的厂商可能采取观望策略，保持原来的价格不变。

各个厂商之间总是通过协调行动作为减少竞争的不确定性和限制局外人进入该市场的有效手段，从而保证自己获得应有的利润。

2. 寡头垄断产生的原因

与完全垄断市场类似，寡头垄断市场的产生有“自然的”和“制度的”两方面原因。需求相对狭小是制造业形成寡头垄断最主要的“自然的”原因。首先，大批量生产使厂商可以使用最先进的大型设备，从事大规模的生产，而规模效应可以极大地提高劳动生产率，有效地降低成本；其次，企业的商誉、品牌、知识产权及广告效应可以发挥最大的规模效益，而且这些投入的单位产品的成本较小；第三，由于大规模的生产可以有效地分散新产品研发的风险，研发投资收回的可能性加大，因此，寡头垄断厂商有动机、有能力进行技术创新。形成寡头垄断“制度的”的原因是指厂商对原材料资源的控制，政府对发明专利的保护和给予生产、经营的特许权等寡头厂商享有的特权。

（二）寡头垄断理论类型

由于寡头垄断市场的不确定性，使得经济学家始终无法对寡头垄断市场的短期均衡和长期均衡作出准确的判断。但是，根据厂商对市场变化的反应，寡头垄断理论大致可分三种类型：一是假设寡头垄断厂商之间不存在相互协作或勾结的理论，其代表理论是双垄断理论和拐折需求曲线模型；二是假设寡头垄断厂商之间存在非正式的勾结的理论，其代表理论是价格领导模型；三是假设寡头垄断厂商之间存在正式的勾结的理论，代表理论是卡特尔模型。

1. 双垄断模型

双垄断模型是寡头垄断市场的特例，指假设一种产品市场上只有两个厂商，且彼此不存在相互勾结的理论模型，最有代表的是“古诺模型”。

古诺模型假设开始时只有一个厂商垄断了某一市场，而后另一个厂商进入该市场，这两个厂商彼此竞争，不断调整自己的生产规模，并最终达到市场均衡。该模型的分析基于这样一些假设，即两个厂商生产同质产品，每个厂商都确切知道总需求的状况，每个厂商都通过调整自己的产量来实现利润最大化。在古诺模型下，市场均衡的状态是：市场的均衡价格高于完全竞争价格低于完全垄断价格；均衡产量低于完全竞争产量高于完全垄断产量，两个厂商都能够获得垄断利润。

2. 拐折的需求曲线模型

由于寡头垄断厂商之间存在彼此竞争又相互妥协的关系，这使得各个厂商总是尽可能避免价格竞争，而主要采取改变产品外型、包装、营销手段等非价格竞争手段。此时，寡头垄断市场上的价格可能存在刚性。美国经济学家保罗·斯维奇（P. M. Sweezy）提出这样一种假设，即价格在某一水平上固定不变，而当某一厂商改变价格后，其他的厂商对此的反应会使市场的需求曲线出现折拐点，并且自折拐点向右下方倾斜，这条需求曲线称为拐折需求曲线。如图 4-12 所示，拐折模型是基于这样的假设，即开始时某垄断厂商在价格为 P 时的产量为 Q，当他提高价格时其他厂商并不跟进，从而对该厂商产品的需求量将减少；当他降低价格时，其他厂商也跟着降低价格，从而使该厂商增加的需求并没有预期的那样多，因此需求曲线出现拐折。与此同时，该厂商的边际成本曲线也出现间断，但是边际成本曲线在间断部分的变化，却不会导致价格和产量的改变。

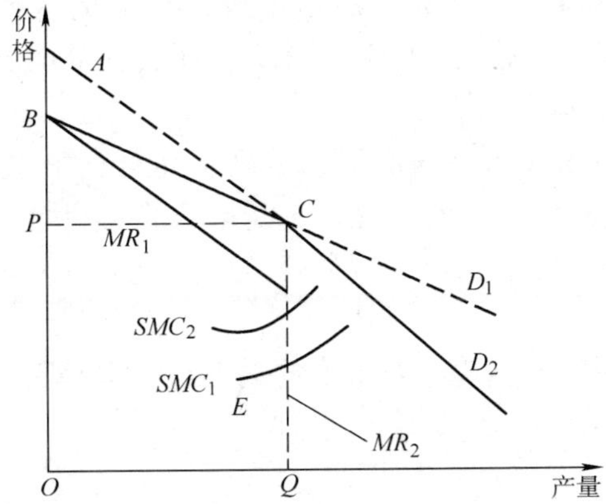

图 4-12　拐折需求曲线模型

拐折曲线模型是对寡头厂商之间不存在相互勾结的前提下，市场的价格存在刚性现象的一种合理假说，它解释了为什么寡头垄断市场的价格从来不像完全竞争市场那样会随着供求数量的变化而变化这一现象。

3. 价格领导模型

价格领导模型是指某一产品市场上的价格，通常是由某一个厂商率先确定，其他厂商跟随其后确定自己的产品价格。如果各个厂商生产的产品是同质的，则是产品价格往往是统一的；如果产品之间存在一定的差异，则产品价格也存在一定的差异。价格领导模型是厂商之间非正式勾结模型的代表。

4. 卡特尔模型

卡特尔模型是指某一产品市场上的厂商针对产品的价格、产量、销售范围和利润分配等问题进行协商，达成一致，并签订正式协议的一种合作形式。卡特尔协议中最重要的内容是确定产品的销售价格和市场供应量（生产限额或销售限额），以此来维持较高的价格（超过完全竞争价格），使各个厂商能够获得相应的利润。如果一个卡特尔的成员之间能够根据该产品的市场需求状况和各个厂商的成本状况，依据行业利润最大化的前提达成一致，则对于消费者来说，寡头垄断市场上某一产品的价格和产量是相对确定的，这样的市场结构与完全垄断市场是完全一样的。

但是，实际上寡头垄断厂商之间很难为利润的分配达成一致，即使表面上形成了价格和生产联盟，在个人利润最大化的驱使下，某个或某些厂商的行为往往会破坏协议的规定，如与消费者达成价格回扣协议等方式，这样卡特尔内部总是存在摩擦，甚至最终走向解体。

（三）评价

（1）出于竞争的需要，寡头厂商乐于改进产品的性能、包装和营销手段，在客观上给消费者带来了益处；同时，寡头垄断实现了规模化生产，对提高全社会的资源利用效率发挥积极作用。

（2）寡头垄断市场上产品的价格总是高于完全竞争市场的价格，产量总是低于完全竞争市场的产量，并且，寡头垄断市场的长期均衡并不是建立在成本最低条件下的，厂商总是能够获得垄断利润，这些说明寡头垄断在一定程度上造成了资源的浪费。

（3）综合分析说明，寡头垄断市场的缺点与完全垄断市场基本一致。

名词概念

完全竞争　　完全垄断　　垄断竞争　　寡头垄断

要点回顾

- 划分市场类型一般按照两个标准：一是一个市场中厂商数量的多少；二是一个市场中各个厂商所生产的产品之间相互替代程度的大小。根据这两个标准，市场结构分为四种类型：完全竞争市场、完全垄断市场、垄断竞争市场和寡头垄断市场。
- 完全竞争市场具备以下四个条件：一是人数很多的小规模买者和卖者；二是产品是同质的；三是自由进入和退出该行业；四是完全的信息和知识。
- 在完全垄断市场上，边际收入（MC）呈递减趋势，且边际收入（MR）总是低于该销售量下的销售价格（P）。完全垄断市场上只有一家厂商，如果任由垄断厂商追求最大利润，则厂商由边际收益等于边际成本（$MR=MC$）确定利润最大的产量；由于边际收益曲线在需求曲线的下方，必定有价格大于边际成本（$P>MC$），这意味着垄断厂商提供了较少的产品而索取了较高的价格。
- 垄断竞争市场上，每个厂商生产的产品不是同质的，而是存在差别的，但是这些产品之间有具有比较高的替代性。垄断竞争市场上，厂商生产产品的差异，使每个厂商对自己的产品享有一定的垄断权利，但是，产品之间存在的替代性，又使厂商不能享有完全的垄断利润，厂商不得不通过提高管理、提高产品的技术含量来提升自己的竞争力。
- 寡头垄断是指一个行业或产品市场中只有少数几家垄断厂商，同时包含垄断因素与竞争因素但更接近于完全垄断的市场结构。其最显著的特点有两个：一是厂商之间存在着既相互竞争，又相互依存的关系；二是寡头厂商的经营决策即导致的后果有极大的不可预见性或不确定性。

课后练习

一、单项选择题

1. 在完全竞争市场上，厂商短期均衡条件是(　　)。

A. $P = AR$　　B. $P = MR$　　C. $P = MC$　　D. $P = AC$

2. 在一般情况下，厂商得到的价格若低于以下哪种成本就停止营业。(　　)

A. 平均成本　　B. 平均可变成本

C. 边际成本　　D. 平均固定成本

3. 在完全竞争的情况下，需求曲线与平均成本曲线相切是(　　)。

A. 厂商在短期内要得到最大利润的充要条件

B. 某行业的厂商数目不再变化的条件

C. 厂商在长期内要得到最大利润的条件

D. 厂商在长期内亏损最小的条件

4. 完全竞争市场的厂商短期供给曲线是指(　　)。

A. $AVC > MC$ 中的那部分 AVC 曲线

B. $AC > MC$ 中的那部分 AC 曲线

C. $MC \geqslant AVC$ 中的那部分 MC 曲线

D. $MC \geqslant AC$ 中的那部分 MC 曲线

5. 在完全竞争市场中，行业的长期供给曲线取决于(　　)。

A. SAC 曲线最低点的轨迹　　B. SMC 曲线最低点的轨迹

C. LAC 曲线最低点的轨迹　　D. LMC 曲线最低点的轨迹

6. 下列行业中哪一个最接近于完全竞争模式。(　　)

A. 飞机　　B. 卷烟　　C. 水稻　　D. 汽车

7. 对完全垄断厂商来说(　　)。

A. 提高价格一定能够增加收益

B. 降低价格一定会减少收益

C. 提高价格未必能增加收益，降低价格未必减少收益

D. 以上都不正确

8. 垄断厂商利润最大时，(　　)。

A. $P = MR = MC$　　B. $P > MR = AC$

C. $P > MR = MC$　　D. $P > MR = AC$

9. 垄断利润或者说超额利润(　　)。

A. 不是一种成本，因为它不代表生产中使用的资源所体现的替换成本

B. 不能为垄断者在长期中所获得，因为价格在最优产出水平上必须等于长期平均成本

C. 是保证资本继续进入该行业的必要条件

D. 能为完全竞争者和垄断者一样在长期中获得

10. 若一个管理机构对一个垄断厂商的限价正好使经济利润消失，则价格要等于(　　)。

A. 边际收益　B. 边际成本　C. 平均成本　D. 平均可变成本

11. 在短期，完全垄断厂商(　　)。

A. 无盈亏　B. 取得最大利润

C. 发生亏损　D. 以上任何一种情况都可能出现

12. 完全垄断厂商如果处于(　　)。

A. 长期均衡时，一定处于短期均衡

B. 长期均衡时，不一定处于短期均衡

C. 短期均衡时，一定处于长期均衡

D. 以上都不正确

13. 在完全垄断厂商的最好和最优产量处(　　)。

A. $P=MC$　B. $P=SAC$ 的最低点的值

C. P 最高　D. $MR=MC$

14. 垄断竞争市场上厂商的短期均衡发生于(　　)。

A. 边际成本等于实际需求曲线中产生边际收益时

B. 平均成本下降时

C. 主观需求曲线与实际需求曲线相交，并有边际成本等于主观需求曲线中产生的边际收益时

D. 主观需求曲线与平均成本曲线相切时

15. 垄断竞争厂商短期均衡时(　　)。

A. 厂商一定能够获得超额利润

B. 厂商一定不能够获得超额利润

C. 只能得到正常利润

D. 取得超额利润，发生亏损及获得正常利润三种情况都可能发生

16. 垄断竞争厂商长期均衡点上，长期平均成本曲线处于(　　)。

A. 上升阶段　B. 下降阶段

C. 水平阶段　D. 以上三种情况都可能发生

17. 在垄断竞争中( )。

A. 只有为数很少几个厂商生产有差异的产品

B. 有许多厂商生产同质产品

C. 只有为数很少几个厂商生产同质产品

D. 有许多厂商生产有差异的产品

18. 垄断竞争厂商实现最大利润的途径有( )。

A. 调整价格从而确定相应产量 B. 品质竞争

C. 广告竞争 D. 以上途径都可能使用

19. 寡头垄断厂商的产品是( )。

A. 同质的

B. 有差异的

C. 既可以是同质的，也可以是有差异的

D. 以上都是错误的

20. 卡特尔制定统一价格的原则是( )。

A. 使整个卡特尔的产量最大

B. 使整个卡特尔的利润最大

C. 使整个卡特尔的成本最小

D. 使整个卡特尔中各个厂商的利润最大

二、判断题（正确为A，错误为B）

1. 在完全竞争市场上，市场价格是由众多的卖者和买者的共同行为决定的，这意味着，任何一个卖者或买者都是市场价格的决定者。（ ）

2. 在完全竞争条件下，单个厂商生产该产品的需求曲线是一条与横坐标平行的直线，需求曲线与横坐标的距离等于该产品的市场价格。（ ）

3. “三线合一”，这是分析完全垄断市场的一个非常重要的特征。（ ）

4. 在完全竞争市场上，在厂商的总收入等于总成本点，厂商无法获得超额利润，因此，该点被称为“盈亏平衡点”。（ ）

5. “盈亏平衡点”是指市场价格既等于边际收入也等于平均可变成本那一点，此时，厂商获得的收入既不能弥补可变成本也不能弥补固定成本。（ ）

6. 完全竞争的长期均衡表明，完全竞争条件下，市场机制能够实现社会资源的合理配置。（ ）

7. 在完全垄断市场条件下，一种产品的需求曲线向右下方倾斜，边际收入曲线也向右下方倾斜，且在需求曲线的上方。（ ）

8. 垄断并非一定给厂商带来利润，决定利润水平的是市场需求量、产品的销售价格和生产成本等多种因素。 ( )

9. 在垄断竞争市场上，厂商为了突出产品的差异性，可能会加强包装和广告开支，这些开支可以提升消费者的效用。 ( )

10. 在寡头垄断市场上，各个厂商之间总是通过协调行动限制局外人进入该市场，从而保证自己获得应有的利润。 ( )

三、计算题

1. 假设完全竞争市场的需求函数和供给函数分别为 $Q_s = 50000 - 2000P$ 和 $Q_d = 40000 + 3000P$。求：

（1）市场均衡价格和均衡产量；

（2）厂商的需求函数。

2. 完全竞争厂商的短期成本函数为 $STC = 0.04Q^3 - 0.8Q^2 + 10Q + 5$。求：

（1）厂商的短期供给函数；

（2）若市场价格 $P = 26$ 元，厂商利润最大时的产量和利润；

（3）厂商停止生产的市场价格。

3. 假设垄断厂商的产品的需求函数为 $P = 12 - 0.4Q$，总成本函数 $TC = 0.6Q^2 + 4Q + 5$。求：

（1）Q 为多少时总利润最大，价格、总收益、总利润各为多少？

（2）Q 为多少时总收益最大，与此相对应的价格、总收益、总利润各为多少？

（3）Q 为多少时总收益最大且 $\pi \geqslant 10$，与此相对应的价格总收益、总利润各为多少？

4. 已知，某垄断者的成本函数为 $TC = 0.5Q^2 + 10Q$，产品的需求函数为 $P = 90 - 0.5Q$。求：

（1）计算利润极大时的产量、价格、利润；

（2）假设国内市场的销售价格超过 $P = 55$ 时，国外同质的产品即将输入本国，计算销售价格 $P = 55$ 时垄断者提供的产量和赚得的利润；

（3）假设政府限定国内最高销售价格 $P = 50$，垄断者会提供的产量和利润是多少？国内市场是否会出现供不应求？

5. 垄断竞争市场中某一厂商的长期总成本函数为 $LTC = 0.001Q^3 - 0.425Q^2 + 85Q$。这里，$LTC$ 是长期总成本，q 是月产量，不存在进入障碍，产量由该市场的整个产品集团调整。如果产品集团中所有厂商按同样比例调整它们的价格，出售产品的实际需求曲线为，q 是厂商月产量，p 是产品单价。

求：厂商长期均衡产量和价格。

四、简答题

1. 在完全竞争市场上，厂商如何确定短期均衡产量？

2. 在完全竞争市场上，厂商的短期供给曲线是如何确定的？

3. 产生垄断的原因有哪些？成为垄断者的厂商是否可以任意确定商品价格？

4. 垄断者怎样确定供给量和销售价格？

5. 进出自由对形成垄断竞争市场和寡头垄断市场有什么意义？

6. 对比分析垄断竞争市场结构与完全竞争市场结构。

7. 为什么参加卡特尔的各个厂商会按相同的价格出售产品，而不会要求生产相等的产量？

参考答案

一、单项选择题

1. C 2. B 3. B 4. C 5. C 6. C 7. C 8. C 9. A 10. C

11. D 12. A 13. D 14. C 15. D 16. B 17. D 18. D 19. C 20. B

二、判断题

1. B 2. A 3. B 4. B 5. A 6. A 7. B 8. A 9. B 10. B

三、计算题

1. 解：

（1）市场均衡时的均衡产量 $Q=Q_s=Q_d=46000$。

（2）完全竞争市场中，厂商的需求曲线是由市场的均衡价格决定，故厂商的需求函数是 $P=2$。

2. 解：

（1）厂商的短期供给函数是指厂商在不同价格是愿意提供的产量，可以由厂商的边际成本曲线位于平均可变成本曲线以上的一段来表示。即 $P=MC=0.12Q^2-16Q+10$（$P\geqslant10$）。

（2）按 $MC=P$ 可使利润最大的原则，得到 $Q=20$，$\pi=92.4$。

（3）价格等于最低平均可变成本时，厂商要停止生产，因此，价格等于 6 时，厂商要停止生产。

3. 解：

（1）由于总利润最大化的条件是 $MC=MR$。根据已知条件得到 $Q=4$，带入需求函数得到：$P=10.4$，总收益 $TR=PQ=41.6$，总利润 $\pi=TR-TC=11$。

（2）总收益最大时，即 TR 最大，则 $Q=15$ 时，总收益 TR 最大。

由于 $Q=15$，得到，$P=6$，总收益 $TR=PQ=60$，总利润 $\pi=TR-TC=-110$。

（3）根据已知条件得到 $Q_1=3$，$Q_2=5$，把两个数值分别带入总收益公式，得到 $TR_1=32.4$，$TR_2=50$，故选择 $Q_2=5$。

总之，当 $Q=5$ 时，总收益最大，且利润 $\pi\geqslant 10$，总收益 $TR=50$；利润 $\pi=10$。

4. 解：

（1）垄断者利润最大化的条件是 $MC=MR$，根据已知得到 $Q=40$，带入需求函数得 $P=70$，利润 $\pi=TR-TC=1600$。

（2）当 $P=55$ 时，根据 $MC=P$，得到 $Q=45$。

当 $Q=45$ 时，$TC=1462.5$，$TR=2475$，利润 $\pi=1012.5$。

（3）根据题目，$P=50$ 是政府对垄断厂商采取边际成本定价原则，即 $P=MC$，因此厂商提供的产量为 $Q=40$。厂商的利润 $\pi=PQ-TC=800$。

而当，$P=50$ 时，根据需求函数得到 $Q=80$，即市场对该产品的需求量。

因此，当政府采取限价措施时，垄断厂商提供的产量不能满足市场对产品的需求，出现产品短缺现象。

5. 解：

对 LTC 求导，得到 LAC，因此，$Q=300-2.5P$，$P=120-0.4Q$

长期均衡中，实际需求曲线必然和 LAC 曲线在均衡点上相交。令 $LAC=P$，则有 $LAC=0.001Q^2-0.425Q+85=120-0.4Q$，最终得到，$Q=200$，$P=40$。

四、简答题

1. 在完全竞争市场上，厂商确定短期均衡产量：

（1）能够赚得利润的均衡产量。根据给定的总成本曲线，厂商可以赚到利润的区间是 $OQ_S<Q<OQ_T$，在这个阶段，总收入达于总成本，即 $TR>TC$，利润为正值，所以厂商必然会选择在这个范围内的产量；同时，E 点是利润最大值点，在该点 $MR=MC$。

（2）超额利润为零的均衡产量。均衡点是平均成本（AC）与边际成本（MC）的交点，意味着，厂商的总收入等于总成本，此时，利润 $\pi=0$，厂商无法获得超额利润，只能获得正常利润，E 点被称为盈亏平衡点。

（3）假设产品的市场价格很低，以至于在任何产量下，厂商的平均收入都小于平均成本，显然厂商面临亏损。但是，如果厂商选择停止生产，它还会支付固定成本。当市场价格大于平均可变成本时，虽然厂商亏损，只要通过生产可以补偿可变成本开支，厂商仍然会进行生产，这就是所谓亏损最小的均衡产量。

2. 在完全竞争市场上，厂商如何确定短期供给曲线：

当边际收入曲线与边际成本曲线的交点恰好是平均可变成本曲线的最低点，

也是停止营业点。因此，可以确信，当市场价格小于停止营业点对应的价格时，厂商不会进行生产，不会形成产品供给，所以该厂商的供给曲线肯定是该点以上部分，即边际收入曲线、边际成本曲线与平均可变成本曲线三条曲线的交点以上的部分，具体而言，在不同价格水平下厂商提供产品的产量的组合轨迹，它就是厂商的短期供给曲线。

3. 产生垄断的原因有哪些？成为垄断者的厂商是否可以任意确定商品价格？

（1）完全垄断指一个企业对市场提供所有产品，因而对市场有完全影响的市场结构。在这样的市场结构中，竞争关系完全不存在，垄断企业对产品价格由完全控制权。导致垄断的原因有三个：

政府通过法律赋予某些企业垄断地位；

某企业对全部或大部分资源的所有权控制而形成对产品经营的垄断；

由于规模经济需要而形成的垄断。

（2）从理论上讲，垄断这是价格的制定者，其产品没有替代品，其他厂商无法进入垄断行业，厂商是产品的唯一卖者。然而在实际上，如果垄断厂商定价过高，购买者就会减少消费产品的数量，从而使厂商的总收益下降。同时，其他厂商也会生产替代品使垄断产品被取代；而国家或政府也会通过“反垄断法”规定最高限价，甚至提高税收的方法对过高的垄断价格予以限制。所以，垄断场上不能够任意确定产品的价格。

4. 垄断者怎样确定供给量和销售价格？

垄断厂商面对的是向右下方倾斜的需求曲线，即需求量随着价格的上升而减少，随着价格的下降而增加。这是因为，假设产品的定价过高，消费者将削减该产品的消费量，厂商的产品不能尽产尽销，只能降低价格，刺激销售量。这意味着，厂商增加销售量时，不仅最后增加的这个产品的销售价格比原来低，在较低价格下，销售全部产品的销售总收入减少，此时，边际收入递减且小于销售价格。总之，在完全垄断市场条件下，一种产品的需求曲线向右下方倾斜，边际收入曲线也向右下方倾斜，且在需求曲线的下方。在完全垄断市场上，边际收入呈递减趋势，且边际收入总是低于该销售量下的销售价格。

5. 进出自由对形成垄断竞争市场和寡头垄断市场的意义：

垄断竞争厂商产品有一定替代性，又有一定差别性。替代带来竞争，差别形成垄断。但显然，仅有产品差别，还不足以形成垄断竞争市场。例如，不同品牌的洗衣粉厂商是垄断竞争场上，但不同品牌的汽车厂商就是寡头厂商。因为，生产汽车的厂商规模较大，规模经济的需要给厂商进入汽车市场构筑了巨大障碍，而进入洗衣粉市场则容易得多。因此，自由进出对形成垄断竞争有十分重要的意义，而对于寡头市场，自由进出是需要庞大的经济实力作后盾的，相对要困难得多。

6. 垄断竞争市场结构与完全竞争市场结构对比分析：

（1）两者的相似之处。完全竞争市场与垄断竞争市场上同样存在着大量小规模厂商，他们能够自由进出该行业。

（2）两者的区别。首先，由于垄断竞争行业中每个厂商的产品不是同质的，存在差别。因此，垄断竞争厂商的产品的需求曲线是自左向右下倾斜的；而垄断竞争行业的产品是同质的，各厂商产品具有完全替代性，它的需求曲线是水平线，表明需求弹性无穷大。其次，垄断竞争厂商的长期均衡产量低于完全竞争场上长期均衡产量，而价格高于完全竞争厂商的长期价格。这表明，同完全垄断市场相比，垄断竞争导致产品产量较小，消费者支付的价格较高，但市厂商并未因此赚取更多的利润。第三，从整个社会来看，垄断竞争行业各厂商使用的设备规模小于最有规模，意味着生产资源未能得到最有效率的利用，造成了资源浪费。

7. 参加卡特尔的各个厂商会按相同的价格出售产品，而不会要求生产相等的产量。

参加卡特尔的各厂商之所以会结成一个卡特尔，就是因为他们愿意根据整个行业的产品的需求状况和各厂商的成本状况，按利润极大化原则确定产品价格和全行业的产销量。在这种情况下，价格和产量决定就与完全垄断行业一样。为使行业利润极大，各厂商协商一致，根据全行业产品需求线所产生的边际收益曲线和全行业的边际成本曲线相交来决定本行业产量和价格，然后再由行业边际收益与各厂商的边际成本相等来瓜分产量，出售产品。

由于各厂商成本情况不一样，势必造成各厂商产量不相等，并且由于是按卡特尔统一价格出售产品，因此，有些厂商会赢利较多，有些厂商则盈利较少，甚至亏损。

本章参考文献

［1］曼昆．经济学原理：上册、下册［M］．梁小民，译．北京：生活、读书、新知三联书店/北京大学出版社，1999.

［2］尹伯成．现代西方经济学习题指南（微观经济学）［M］．上海：复旦大学出版社，2005.

［3］尹伯成．现代西方经济学［M］．上海：复旦大学出版社，2005.

［4］萨缪尔森．经济学［M］．北京：商务印书馆，1979.

第五章　要素市场与收入分配

核心内容

本章中，通过分析竞争的、追求利润最大化的企业如何决定一种生产要素需求量来了解它们的价格和人们的收入是如何决定的。

■ 要素市场的概念、结构和特征；

■ 要素市场的均衡条件；

■ 使用生产要素时厂商利润最大化的条件；

■ 不同的市场结构下，生产要素与收入分配；

■ 劳动市场中工资、利息、租金的确定；

■ 地租、利息、利润理论。

教学目的

通过本章的学习，使学生了解掌握以下内容：（要点的多少可根据内容确定）

■ 要素市场的概念、结构和特征；

■ 要素市场的均衡条件；

■ 使用生产要素时厂商利润最大化的条件；

■ 不同的市场结构下，生产要素与收入分配；

■ 劳动市场中工资、利息、租金的确定。

第一节　边际生产力

一、要素市场

生产要素（Factors of Production）是用于生产产品和劳务的投入。经济学中的生产要素主要包括四种资源：劳动、土地、资本和企业家才能。劳动是用于生产物品和劳务的时间与努力，土地是用于生产物品和劳务的自然禀赋，它包括空气、水以及土地与地下矿藏。资本是我们所生产的并且现在可以用于生产其他物品与劳务的物品，例如机械、大楼、高速公路以及人力资本等。企业家才能是组织劳动、土地和资本的资源。生产要素市场特征集中体现在以下方面：

1. 生产要素市场的供求主体不同于一般商品

商品市场的商品供应者是企业，而消费者是商品的需求者。在生产要素市场中，恰恰相反，消费者是要素的供应者，企业是要素的需求者。要素的价格分别是企业的成本和消费者的收入。

2. 生产要素的需求是属于派生需求

人们不是直接需要某种要素，而是由于对某产品和劳务的需求而产生了对它的需求。例如，由于汽车的需求导致企业对钢材的需要；由于人们需要旅游出行，导致了对于高速公路铁路的需求。由于要素市场的这个特征，我们分析要素市场需求时必须同时考虑产品市场的需求。

3. 企业对生产要素的购买一般只是获得它们的使用权

消费者对一般最终商品的购买获得的是商品的所有权。而企业购买生产要素是为了进一步生产最终产品提供给消费者，从而赢取利润，由此，从某种角度来讲，企业对生产要素的购买主要是为了获取它们的使用权，工资、地租、利息、正常利润分别表示了它们的使用价格。

4. 生产要素的需求是联合需求

企业在生产某种产品或提供某种服务时，必须需要多种生产要素的配合使用。各种生产要素不仅要有质的规定性，还要有一定的数量比例。现实中很少有某种产品或服务单纯地依赖于一种生产要素生产。

二、完全竞争企业生产要素的需求和供给

为了简化分析，我们只讨论完全竞争企业的要素需求，并假定完全竞争企业是处于产品市场和要素市场均为完全竞争条件下的企业。在完全竞争市场上，企业只能按照既定的价格出售自己的产品和购买生产要素。

在要素市场上，要素的需求与其他产品一样取决于它的价格，而且，需求定理同样适用于生产要素市场。如图 5-1 所示，生产要素的需求曲线（*DD*）向右下方倾斜。在其他情况不变的情况下，当要素的价格上升时，要素的需求量下降；当要素价格下降时，其需求量上升。

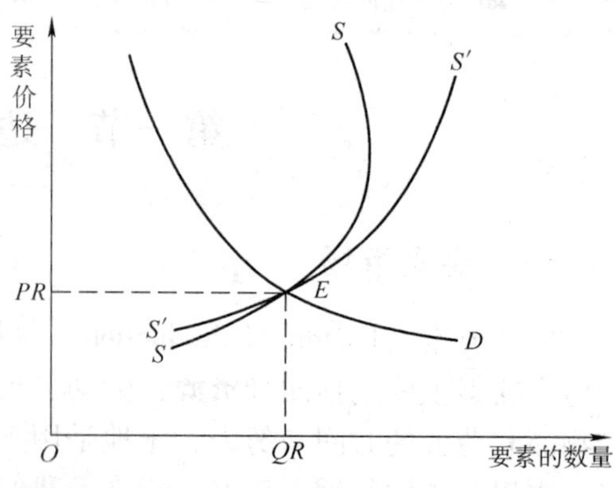

图 5-1　生产要素的供给曲线和需求曲线

一种要素的供给量也是取决于其价格。在其他条件不变的情况下，一种要素资源的价格越高，该要素资源

的供给量越大。即，曲线向右上方升起。图中曲线 $S'S'$ 表示了一种要素的供给曲线。如果这种要素是劳动的话，供给曲线还会出现当需求量达到一定程度曲线向左上方弯曲的情况，而不是继续向右上方上升，如图中曲线 SS 所示。原因在于，在其他情况不变的情况下，工资率越高，个人不劳动闲暇的机会成本就越大。于是个人更不愿意放弃工作。这种高工资率引起工作时间延长的趋势称为替代效应。但是与替代效应反方向作用的是收入效应。当工资率越高，个人的收入越多，在其他条件不变的情况下，个人就会觉得更加富有，于是要增加大多数物品的需求，其中包括闲暇。这种由于工资率的上升引起的劳动的减少的趋势称为收入效应。

均衡的要素价格决定于需求与供给曲线的交点，在图 5-1 中 PR 与 QR 为均衡价格和均衡数量。当科技人口等因素发生改变，需求曲线和供给曲线也将发生相应的移动。当需求增加时，需求曲线向右移动，价格和需求数量上升，人们的收入提高；相反则反之。当供给增加时，供给曲线向右移动，价格下降，所用的数量增加，人们的收入可能下降，也可能上升，或保持不变，这取决于要素的需求弹性。

产品价格、技术变革、移民等因素会影响劳动的需求和供给。当产品价格上升时，边际收益产品上升，劳动需求增加，需求曲线向右移动。当移民数量增加以及生育率的提高会增加劳动的供给，供给曲线向右移动。技术变革的影响是复杂的，节约劳动型的新技术会减少劳动的需求，使需求曲线向左移动，但同时技术进步增加了劳动边际产量，这又增加了劳动需求。

三、边际生产力理论

“边际生产力”这一术语是 19 世纪末美国经济学家克拉克首先在《财富的分配：一种关于工资、利息和利润的学说》提出，并进一步用于其分配论分析的。它指的是在其他条件不变前提下每增加一个单位要素投入所增加的产量，即边际物质产品（MPP），有时被简称为边际产品（MP）。而增加一个单位要素投入带来的产量所增加的收益，叫做边际收益产品（MRP）。边际收益产品等于要素的边际物质产品和边际收益的乘积，即：

$$MRP = MP \times MR$$

因此，可变要素的边际收益产品 MRP，取决于两个因素：①增加一单位要素投入带来的边际物质产品（MP）的变化。②增加一单位产品所增加的收益（MR）的变化。

特别地，最后雇佣的那个工人所带来的产量称为劳动的边际生产力或劳动边际收益产量；最后追加的那个单位资本所带来的产量称为资本边际生产力或资本边际收益产量。

前面我们提到了边际收益递减规律，在这里其也可以重新命名为边际收益产品递减规律。即，在其他条件不变的情况下，随着生产要素的不断投入并超过一定数量后，每增加一单位的新生产要素所产生的收益产品逐渐减少。

由此产生一个问题，以劳动为例，第一个劳动者生产的边际产品很大，而第二劳动者的边际产品相当较小，如图 5-2 所示。然而，这两个劳动者几乎是相同的，而且付出的劳动量也是相同的，理应得到相同的工资。但是哪种工资呢？第一个劳动者的边际收益产品，还是第二个较低的边际收益产品，还是其他？

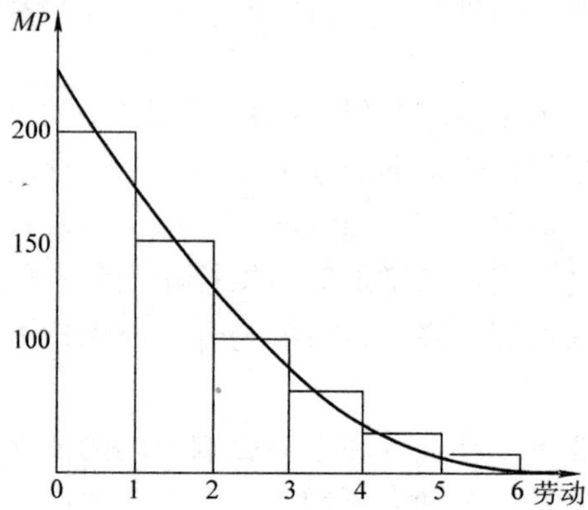

图 5-2 边际收益递减可以表示为边际产品递减

在自由竞争的条件下，当地主可以随意雇佣不同数量的劳动者时，他必然是将最后一个劳动者的边际收益产品作为劳动者的工资。因为地主不会自愿地雇佣一个工资率高于其边际收益产品的劳动者。

第一个劳动者及其他劳动者所生产的超过最后一个劳动者生产的边际产品的部分流向哪里了呢？这部分边际产品作为地租留在了地主手里。如图 5-3 所示，

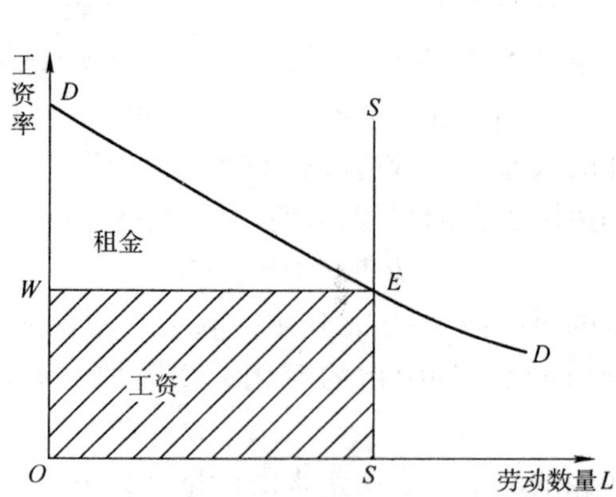

图 5-3 生产要素分配

假如劳动的供给曲线是 *SS*，那么劳动的需求曲线 *DD* 和供给曲线的交点 *E* 就确定了均衡工资率为 *W*。斜线的阴影部分为工资总额。由于 *OSED* 面积为总产量，所以三角形 *WED* 的面积就成为地主的租金所得。由此，最后一个劳动者的边际收益产品就决定了劳动和土地这两个传统的生产要素的收入分配。

在自由竞争的市场上，地主之间也通过竞争来得到劳动者，就如同劳动者通过竞争得到一份工作一样。换个角度来思考，由劳动者根据土地的边际收益产品曲线来决定自己打算租用土地的量，同样也可以得到同样的均衡租金率。在克拉克的边际生产力的重要前提条件是，生产要素的供求双方是完全竞争的，并且，不存在相互勾结或所谓的雇佣协会或工会。

四、利润最大化的两个条件

在前面章节中已经阐述了，当企业在所生产的产量水平实现利润最大化时，边际收益等于边际成本。在本章又提到了，当使用生产要素实现企业利润最大化时，边际收益产量等于生产要素的使用价格。道理很简单，当某种要素边际收益产量高于要素价格时，企业可以通过购买更多的生产要素来增加收益，当生产要素边际收益产量低于要素价格时，企业则可以通过减少购买使用此要素来提高收益。

这两个利润最大化的条件是相等的。以劳动为例，当使用的劳动量实现利润最大时，边际收益产量（*MRP*）等于工资率（*W*）。

利润最大化的第一个条件表示为：

$$MRP = W \tag{5-1}$$

其中又根据定义有：边际收益产量 = 边际产量 × 边际收益

即

$$MRP = MP \times MR \tag{5-2}$$

由此可以得出：

$$W = MP \times MR \tag{5-3}$$

式（5-3）两边除以 *MP*，得：

$$MR = W \div MP$$

工资率除以劳动的边际产量等于边际成本。它是指企业以 *W* 的成本多雇用 1 小时的劳动，此劳动生产了 *MP* 单位的产量。由此，每单位产量的成本，即边际成本为 *W* 除以 *MP*。记边际成本为 *MC*，则有：

$$MR = MC \tag{5-4}$$

式（5-4）即为利润最大化的第二个条件。

由此可以证明两个条件是相等的。

第二节 市场要素均衡与收入分配

由于生产要素需求的联合性和派生性，决定了它的需求比产品需求更加复杂，在分析要素需求和供给时应注意以下几个问题：

（1）产品市场结构的类型是完全竞争还是不完全竞争的。

（2）一家厂商对生产要素的需求与整个行业的需求及联系又不同。

（3）只有一种生产要素变动与多种生产要素变动的情况。

（4）生产要素本身的市场结构是完全竞争的还是不完全竞争的。

上节已经讨论了较为简单的要素需求和供给需求模型，本节将要分析更为复杂和现实的要素需求和供给。

一、厂商的要素需求

1. 单一要素变化条件下厂商对要素的需求

完全竞争厂商对生产要素 L 的需求函数反映的是：在其他条件不变时，完全竞争厂商对要素 L 的需求量与要素价格 W 之间的关系。这个关系容易用要素需求来表示。表 5-1 是只使用一种生产要素的某个完全竞争厂商的要素需求表。其中，要素价格也与产品价格一样是既定不变的常数——不因要素数量的变化而变化。为了保证利润达到最大化，厂商使用的要素量必须使要素价格与要素的边际产品价值相等，因此，要素需求表 5-1 中最后一栏与倒数第二栏的数字完全一样。现在给定一个要素价格，例如为 100，则为了使要素使用量达到最优，边际产品价值亦必须为 100，而与边际产品价值 100 相应的要素数量为 1。因此，要素价格为 100 时，要素需求量为 1。同样地，给定另外一个要素价格，例如为 50，由表 5-1 可以找到另外一个相应的要素需求量是 6。如此类推，表 5-1 的最后一栏和第一栏合起来就表示厂商的要素需求曲线。

表 5-1 完全竞争厂商的要素需求表

要素数量 L	边际产品 MP	产品价格 P	边际产品价值 $VMP=MP\times P$	要素价格 W
1	10	10	100	100
2	9	10	90	90
3	8	10	80	80
4	7	10	70	70
5	6	10	60	60
6	5	10	50	50
7	4	10	40	40
8	3	10	30	30
9	2	10	20	20
10	1	10	10	10

要素需求函数为：

$$P \times MP(L) = W \tag{5-5}$$

在式（5-5）中，MP（L）表示边际产品是要素的函数。由于产品价格 P 为既定常数，故上式显然确定了从要素价格 W 到要素使用量 L 的一个函数关系，即确定了完全竞争厂商对要素的一个需求函数。

为了说明这个函数的特点，假定一开始时，厂商使用的要素数量为最优数量，现在让要素价格 W 上升，于是有 $P \times MP$（L）$< W$。为了重新恢复均衡，厂商必须调整要素使用量 L，使 MP（L）上升从而 $P \times MP$（L）亦上升，而根据边际生产力递减这一性质，只有通过减少要素使用量才能达到这个目的。这样便得到了结论：随着要素价格的上升，厂商对要素的最佳使用量即需求量将下降。因此，完全竞争厂商的要素需求曲线与其边际产品价值曲线一样向右下方倾斜，如图 5-4 所示。

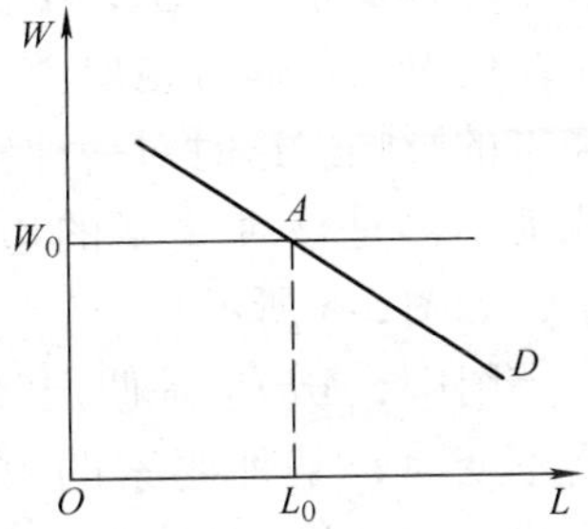

图 5-4　生产要素长期需求曲线

更进一步，利用要素使用原则还可以证明，在完全竞争条件下，厂商对单一要素的需求曲线将与其边际产品价值曲线完全重合。首先，边际产品价值已知是要素 L 的函数，它由图 5-4 中向右下方倾斜的曲线 VMP 表示。其次，如果把公式右边的要素价格 W 也看成是 L 的函数，则它的形状就是一条水平线，这是因为，根据要素市场完全竞争的假定，无论单个厂商如何改变要素使用量，要素价格均不受影响。于是给定一个要素价格 W_0，就有一条水平直线（仍然用 W_0 表示）。最后，要素使用原则 $VMP = W$ 在图形上的表示就是 VMP 曲线与 W_0，曲线的交点 A。A 点表明，当要素价格为 W_0 时，要素需求量为 L_0 换句话说，边际产品价值曲线 VMP 上 A 点亦是要素需求曲线上一点。同样地，如果给定另外一个要素价格，则有另外一条水平直线与 VMP 相交于另外一点。根据同样的分析即知，新的交点也是需求曲线上一点。于是，在使用一个生产要素（以及不考虑其他厂商调整）的情况下，完全竞争厂商对要素的需求曲线与要素的边际产品价值曲线恰好重合。

应当指出的是，尽管要素的需求曲线与其边际产品价值曲线重合为一条线，但这同一条线在这两个场合的含义却是截然不同的。首先，它包含的变量的含义不同。作为边际产品价值曲线，它的 L 表示要素使用量，而作为要素需求曲线，这个 L 却是表示最优要素使用量或要素需求量；其次，它反映的函数关系也不同。在边际产品价值曲线场合，自变量为要素使用量 L，边际产品价值是要素使用量的函数；而在要素需求曲线场合，自变量却是要素价格 W，要素需求 L 是要素价格的函数。

2. 多种要素变动条件下厂商对要素的需求

由于生产要素的需求一般是一种联合需求，各种要素之间存在替代或补充关系，因此，在存在两种或多种可变要素时，厂商对其中一种要素的需求，不仅取决于该种要素本身的价格，而且也要受到其他要素价格和需求的影响。这时对一种生产要素的需求曲线就不再是该种要素的边际收益产品曲线了，如图 5-5 所示。

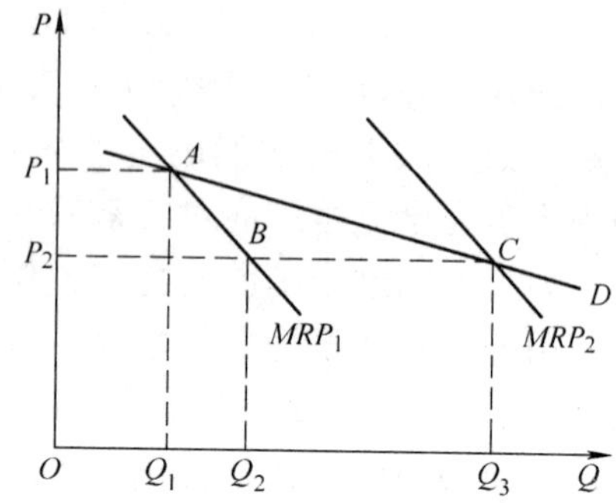

图 5-5 厂商多种可变要素情况下的要素需求

图中，MRP_1 是假定其他要素需求和价格不变时，某种要素的收益产品曲线。当价格为 P_1 时厂商对此要素的需求量为 Q_1，当价格下降为 P_2 需求量升为 Q_2。但是当其他生产要素与该要素为互补关系时，则当该要素价格降低而增加需求时，其他要素资源需求也会在既定的价格下增加。反过来，其他要素需求的增加影响边际收益产品曲线向右移动。这样该种要素的需求量就会增加到 Q_3。如果其他要素是该要素的替代要素，则当该要素的价格下降时，厂商会对其他要素的需求减少，增加该要素的需求，以降低成本。这样会使 *MRP* 线更加向右移动。因此，厂商在多种可变生产要素的情况下的要素需求曲线不再简单的是 MRP_1 和 MRP_2，而是通过 *AC* 两点的 *D* 曲线。

二、要素市场的需求和供给

市场需求曲线就是指整个产业对某种生产要素的总需求曲线。和产品市场不同，在求解市场需求时不能将所有厂商的需求简单相加。因为要素市场是一种派生需求。如果生产要素的价格下降，则所有的厂商都会增加该要素的需求，以增加生产，产品的供给也会相应的增加。假如消费者对该产品的消费偏好、收入水平等其他条件不变的话，产品的价格将会下降。这时，厂商的供给数量必然将会减少，这样派生出的要素需求也会减少。这时，个别厂商的要素需求曲线将会左移。因此，在价格下降的情况下，整个市场对该要素的总需求曲线，就是个别厂商左移后的需求曲线的总和。

一般情况下，市场要素供给曲线是一条向右上方倾斜的曲线。这是因为，当消费者作出某种牺牲而提供要素时，随着要素提供的数量的增加，消费者得到的补偿也不断地增加。根据消费者均衡的原理，消费者取得的最后一元钱的收入所付出的牺牲，须等于最后一元钱消费所得的效用。由于边际效应递减原理，随着收入的增加，消费者所取得的最后一元的效用也随之减少，消费者愿意为之付出的牺性也随着减少，这就意味着单位要求的要素服务价格越来越高。

至于数量固定，无论价格高低都只能全部提供到要素市场去的要素，其供给曲线是一条垂直线。

要素市场的需求曲线与市场供给曲线的交点，决定了竞争的要素市场的均衡价格。在这个价格水平上，要素的供求相等，而且这个价格等于厂商的边际收益产品 *MRP*，对于完全竞争产品的厂商也就是边际产品价值 *VMP*。

三、买方垄断的要素市场

在买方垄断的要素市场上买方数目减少，一个厂商购买要素的数量足以影响要素市场的价格和供需。当市场上只有一个买者时，厂商的需求曲线就是市场的需求曲线。当厂商垄断要素市场时，厂商会通过减少购买数量来降低要素的价格，获得垄断利润。

买方垄断厂商取得最大利润的条件是边际收益等于边际成本。在要素市场上，垄断厂商使用要素的数量满足 $VMPL = MFCL$。设供给函数为 $W(L)$，则成本函数为 $L \times W(L)$，于是，边际要素成本：

$$MFC = [L \times W(L)]' = W(L) + L \times \frac{DW(L)}{DL} \tag{5-6}$$

可见，边际要素成本包括要素价格 $W(L)$ 和乘积项 $L \times \frac{DW(L)}{DL}$。乘积项反映了由于增加使用要素而引起的要素价格的变动。在完全竞争市场上，厂商面临的要素供给曲线是水平垂直的，要素市场的价格对它来讲是固定不变的，它可以固定的价格 W 购买任意多的生产要素，对要素市场的价格影响可以忽略不计，从而式（5-6）中的第二项为0。对于垄断买方，它所面临的要素供给曲线就是市场要素的供给曲线。它的购买量随时都可以影响市场价格，市场要素的供给曲线是向右上方倾斜的。于是 $\mathrm{d}W(L)/\mathrm{d}L \geqslant 0$。再由 *MFC* 的表达式即知：$MFC \geqslant W$。所以垄断买方的边际要素成本大于价格，如图5-6所示。

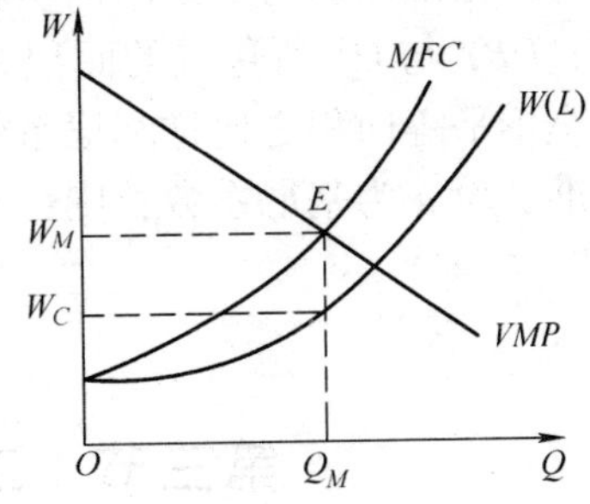

图5-6　买方垄断市场的价格确定

使边际产品价值曲线和边际要素成本曲线合并在一起，根据要素使用原则来确定垄断买主的最优使用量。如图5-6所示，*VMP* 与 *MFC* 交于 *E* 点，故要素的需求量为 Q_M。要素的价格为 W_C，因为垄断的厂商只要出 W_C 的价格就会得到足够的生产要素。生产要素的价格也不会低于 W_C，因为低于 W_C 厂商没法吸引足够的要素。

四、收入分配

1. 要素的收入分配比例

在要素价格决定的同时，收入分配也就决定了。每个要素提供者得到的收入是要素价格乘以他们提供的要素数量。企业的总收入在各要素之间分配，但各要素之间的比例各占多少呢?

在完全竞争条件下，一种要素收入在总收入中所占份额，等于这种要素的产出弹性。

要素 X 的产出弹性为：

$$E_X = \frac{\partial Q}{\partial X} \times \frac{X}{Q} = MP_X \times \frac{X}{Q} \tag{5-7}$$

在完全竞争条件下，要素 X 的价格 $P_X = MP_X \times P$，这里 P 是产品价格，要素 X 所得收入在总收入中所占比例为：

$$(X \times P_X)/(P \times Q) = X \times MP_X \times P/(P \times Q) = E_X \tag{5-8}$$

2. 洛伦兹曲线与基尼系数

为了研究国民收入在国民之间的分配，避免贫富过分悬殊，美国统计学家洛伦兹提出了著名的洛伦兹曲线，如图 5-7 所示。横轴 OP 表示人口（按收入由低到高分组）的累计百分比，纵轴 OI 表示收入的累计百分比。当收入完全平等时，人口累计百分比等于收入累计百分比，洛伦兹曲线为通过原点的 45°线 OY。当收入完全不平等时，1% 的人口占有 100% 的收入，洛伦兹曲线为折线 OPY。实际上，一般国家的收入分配，既不是完全平等，也不是完全不平等，而是在两者之间，洛伦兹曲线为一条凸向横轴的曲线。ODY 与 OY 所包围的面积 A 为不平等面积；OPY 与 OY 所包围的面积 $A + B = \Delta OPY$，为完全不平等面积。不平等面积与完全不平等面积之比称基尼系数（Gini Coefficient），是衡量一个国家贫富差距的标准。设 g 为基尼系数，则：

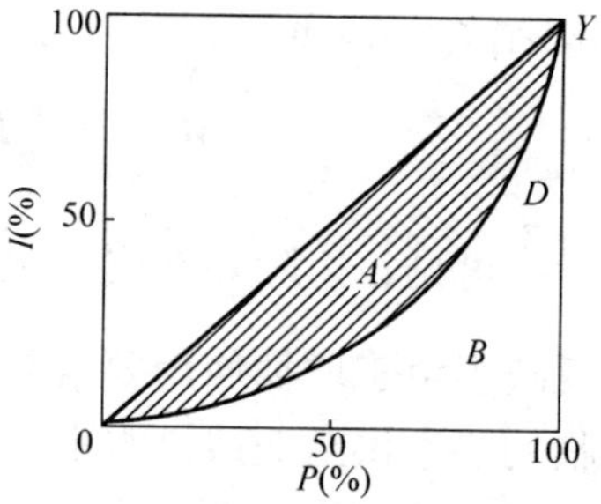

图 5-7 洛伦兹曲线

$$g = \frac{A}{A + B} \qquad (0 < g < 1)$$

第三节 工资、利息、租金与利润

一、劳动市场与工资

在经济方面的一切价格中，工资即劳动的价格是最为重要的。因为对于大多数家庭来讲，他们的劳动所得是他们唯一的重要收入来源。

1. 劳动的需求

影响劳动需求的因素主要有三个：企业产品的价格、其他生产资源的价格以及技术。

按照边际生产力理论，对劳动要素的需求反映了劳动的边际收益产品。企业产品的价格越高，劳动需求越大，产品的价格通过边际收益产品影响劳动需求。企业产量的价格上升增加了边际收益，进而增加了劳动的边际收益产量。当产品价格上升时，劳动需求增加，而且，劳动需求曲线向右移动。

其他两种因素影响长期劳动需求，长期劳动需求是当所有资源都可以变动时，工资率和劳动需求量之间的关系。在长期中，当生产资源的相对价格变动时，相对价格降低的资源将替代相对价格下降的资源。由此，当如资本等生产资源价格下跌时，企业将用资本替代劳动，并增加资本需求量。但劳动需求可能增加也可能下降。如果资本价格下降增加的生产规模相当大，劳动需求增加，否则会减少劳动需求。

最后，改变劳动边际收益产品的技术将改变劳动的需求。

2. 劳动供给

劳动供给涉及消费者对其拥有的既定时间资源的分配。所谓消费者拥有的时间资源是既定的具有两层含义：消费者选择一部分时间作为闲暇来享受，选择其余时间作为劳动供给。前者即闲暇直接增加了效用，后者则可以带来收入。

在其他条件不变的情况下，工资率越高，在一定的范围内，工人提高的劳动量越大。因为，工资率越高，人们不劳动休闲在家的机会成本就会越高。这种工资率提高引起工作时间更长的趋势就是我们常提及的替代效应。

在收入增加到一定程度后，由于收入的增加也会引起闲暇的增加，工资率的提高降低了劳动的需求，这种趋势称为收入效应。闲暇商品完全与众不同。假定其他条件不变时，对于一般商品，价格上升意味着消费者实际收入下降，但闲暇价格的上升却相反，意味着实际收入的上升。因为消费者此时享有同样的闲暇即提供同样的劳动量可以获得更多的收入。随着收入的增加，消费者将增加对商品的消费，从而亦增加对闲暇商品的消费。结果，由于收入效应，闲暇需求量与闲暇价格的变化相同。这样一来，在一般正常商品场合在同一方向起作用的替代效应和收入效应，在闲暇商品场合却起着相反的作用。因此，随着闲暇价格的上升，闲暇需求量究竟是下降还是上升要取决于这两种效应的大小 。如果替代效应大于收入效应，则闲暇需求量随其价格上升而下降；反之，如果收入效应大于替代效应，则闲暇需求量随其价格的上升而上升。这就意味着劳动供给曲线向后弯曲。

均衡工资水平由劳动市场的供求关系来决定，且随着这种关系的变化而变化。

二、地租理论

（一）土地的供给曲线

土地所有者实际上是在土地供给所可能带来的收入与自用土地之间进行选择。于是土地所有者的效用函数可以写为：

$$U = U(Y, q) \tag{5-9}$$

其中，Y，q 分别为土地收入和自用土地数量。

如果假定不考虑土地消费性使用这个微小部分，即不考虑土地所有者自用土地的效用，则自用土地的边际效用等于零，从而效用函数简化为：

$$U = U(Y) \tag{5-10}$$

换句话说，效用只取决于土地收入的大小，而与自用土地数量大小无关。在这种情况下，为了获得最大效用就必须使土地收入达到最大，而为了使土地收入最大又要求尽可能地多供给土地（假定土地价格总为正的）。由于土地所有者拥有的土地为既定的，例如为$\overline{Q}$，故它将供给$\overline{Q}$量的土地——无论土地价格 R 是多少。因此，土地供给曲线将在Q的位置上垂直。

土地数量本身的固定不变并不能说明土地供给曲线垂直。要使（用于生产的）土地供给曲线垂直，必须假定土地没有自用用途，没有自用价值，或者说，假定土地在生产性使用上的机会成本等于零。这个假定显然并不完全符合实际，因为土地对土地所有者确实有某些消费性用处，尽管这些用处相对于其拥有的全部土地数量来说也许很小。如果将土地的自用价值也考虑进来的话，则土地的供给曲线就可能不再是那么垂直，而是略微向右上方倾斜。

（二）使用土地的价格和地租的决定

将所有单个土地所有者的土地供给曲线水平相加，即得到整个市场的土地供给曲线。再将向右下方倾斜的土地的市场需求曲线与土地供给曲线结合起来，即可决定使用土地的均衡价格。如图 5-8 所示，土地需求曲线 D 与土地供给曲线 S 的交点是土地市场的均衡点。该均衡点决定了土地服务的均衡价格 R_0。特别是，如果假定土地没有自用价值，则单个土地所有者的土地供给曲线为垂直线，故市场的土地供给曲线亦为垂直线。

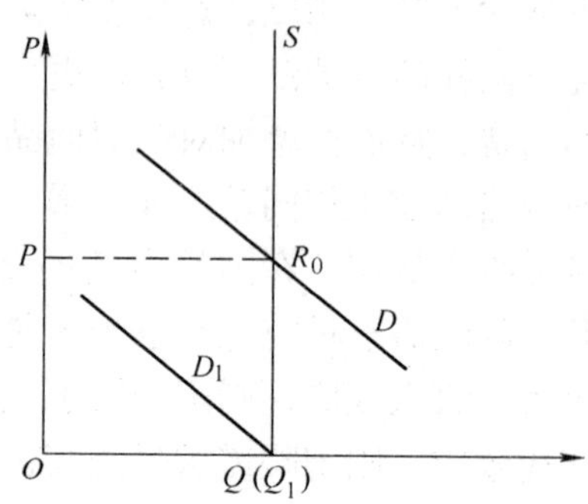

图 5-8 地租的决定

由于此时土地的供给曲线垂直且固定不变，故地租完全由土地的需求曲线决定，而与土地的供给曲线无关：它随着需求曲线的上升而上升，随着需求曲线的下降而下降。如果需

求曲线下降到 D_1，则地租将消失，即等于零。

根据上述地租决定理论，我们可以给出一个关于地租产生的解释，如图5-8所示。假设一开始时土地供给量固定不变为 Q_1，对土地的需求曲线为 D_1，从而地租为零。现在由于技术进步使土地的边际生产力提高，或由于人口增加使粮食需求增加，从而粮食价格上涨，对土地的需求曲线便开始向右边移动，从而地租开始出现。因此，可以这样来说明地租产生的（技术）原因：地租产生的根本原因在于土地的稀少，供给不能增加；如果给定了不变的土地供给，则地租产生的直接原因就是土地需求曲线的右移。土地需求曲线右移是因为土地的边际生产力提高或土地产品（粮食）的需求增加从而粮价提高。如果假定技术不变，则地租就由土地产品价格的上升而产生，且随着产品价格的上涨而不断上涨。

（三）租金、准租金和经济租金

1. 租金

为与特殊的地租相区别，可以把这种供给同样固定不变的一般资源的服务价格叫做“租金”。换句话说，地租是当所考虑的资源为土地时的租金，而租金则是一般化的地租。

2. 准租金

租金以及特殊的地租均与资源供给状况的固定不变相联系。这里的固定不变显然对（经济学意义上的）短期和长期都适用。但是，在现实生活中，有些生产要素尽管在长期中可变，但在短期中却是固定的。所谓准租金就是对供给量暂时固定的生产要素的支付，即固定生产要素的收益。

准租金可以用厂商的短期成本曲线来加以分析，如图 5-9 所示。图中 MC、AC、AVC 分别表示厂商的边际成本、平均成本和平均可变成本。假定产品价格为 P_0，则厂商将生产 Q_0。这时的可变总成本为面积 $OGBQ_0$，它代表了厂商对为生产 Q_0 所需的可变生产要素量而必须作出的支付。固定要素得到的则是剩余部分 GP_0CB。这就是准租金。

如果从准租金 GP_0CB 中减去固定总成本 $GDEB$，则得到经济利润 DP_0CE。可见，准租金为固定总成本与经济利润之和。当经济利润为零时，准租金便等于固定总成本。当然，准租金也可能小于固定总成本——当厂商有经济亏损时。

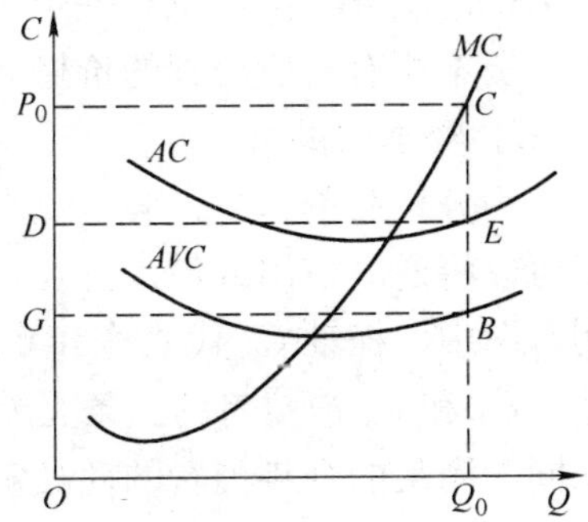

图 5-9 准地租和经济利润

3. 经济租金

一种生产资源的总收入由其经济租金和机会成本组成。经济租金是一种由资源所有者所得到的高于使该所有者提供资源所要求的数量的收入。任何生产要素都可以得到经济租金。引起生产资源的供应所要求的收入是使用生产资源的机会成本——资源次优用途的价值，超过机会成本的收入即成为此生产资源的经济租金。

经济租金的几何解释类似于所谓的生产者剩余，如图5-10所示。图中要素供给曲线S以上、要素价格P_0下的阴影区域BP_0E为经济租金。要素的全部收入为OP_0EQ_0。但按照要素供给曲线，要素所有者为提供Q_0量要素所愿意接受的最低要素收入却是$OBEQ_0$。因此，阴影部分BP_0E是要素的“超额”收益，即使去掉，也不会影响要素的供给量。

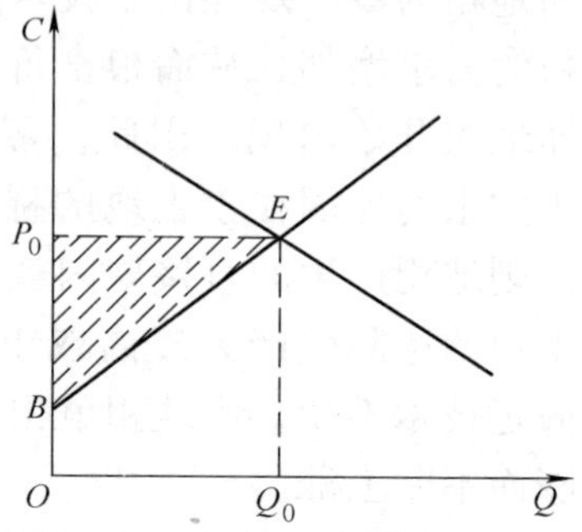

图5-10　经济租金

总之，经济租金是要素收入（或价格）的一个部分，该部分并非为获得该要素于当前使用中所必须，它代表着要素收入中超过其在其他场所可能得到的收入部分。简言之，经济租金等于要素收入与其机会成本之差。

三、利息理论

1. 资本和利息

作为与劳动和土地并列的一种生产要素，资本的特点可以概括如下：第一，它的数量是可以改变的，即它可以通过人们的经济活动生产出来；第二，它之所以被生产出来，其目的是为了以此而获得更多的商品和劳务；第三，它是作为投入要素，即通过用于生产过程来得到更多的商品和劳务的。

作为生产服务的源泉，资本本身具有一个市场价格，即所谓资本价值。例如，一台机器、一幢建筑物在市场上可按一定价格出售；另一方面，资本也与土地和劳动等其他要素一样，可以在市场上被租借（注意不是出售）出去。因此，作为生产服务，资本也有一个价格，即使用资本（或资本服务）的价格，或者说，资本所有权所得到的价格。这个价格通常称为利率，并用γ来表示。

2. 资本的供给

为分析简单起见，假定只有一种商品、只有今年和明年两个时期、并且消费者可以将商品借出或借入。在这些假定之下，长期消费决策可以用图5-11来说明。图中，横轴C_0代表今年消费的商品量。纵轴C_1代表明年消费的商品量。U_1、U_2和U_3消费者的三条无差异曲线。无差异曲线在这里表示的是给消费者带来同等满足的今年消费的商品量和明年消费的商品量的各种组合，它与普通的无差异曲线一样，也是向右下方倾斜，且向原点凸出，并且较高位的无差异曲线代表较高的效用。无差异曲线向右下方倾斜表明，为了保证总的效用水平不变，减少今年的消费量就必须用增加明年的消费量来弥补，反之亦然。无差异曲线凸向原点表明，今年消费对明年消费的“边际替代率”递减，因为随着今年消费量的提高，从而明年消费量的下降，今年消费的“边际效用”就下降，而明年消费的“边际效用”则上升，于是今年消费替代明年消费的能力将下降。

再来看预算线 $W'W$。假定消费者今年得到的商品量为 C_0^0，明年将得到的商品量为 C_0^1。于是消费者的初始状态可以用图中的点 A（C_0^0，C_0^1）表示。显而易见，A 是预算线上一点。处于 A 点的消费者可以借出一部分他今年的商品，也可以借入一部分别人今年的商品。如果再假定他所面临的市场利率为 γ，则他减少一单位商品的今年消费，就可以增加（$1+\gamma$）个单位商品的明年消费。换句话说，预算线的斜率必为 $-(1+\gamma)$，其中负号说明预算线是向右下方倾斜的。因此，预算线具备两个特点。第一，它必须经过初始状态 A 点；第二，它的倾斜程度由市场利率 γ 完全确定，随着 γ 的增加而愈加陡峭。将这两个特点综合在一起，即得如下结论：随着利率的上升，预算线将绕初始状态点 A 顺时针方向旋转；反之亦然。最后，如果消费者将明年的商品均提前到今年消费，则它今年可能有的最大消费为：

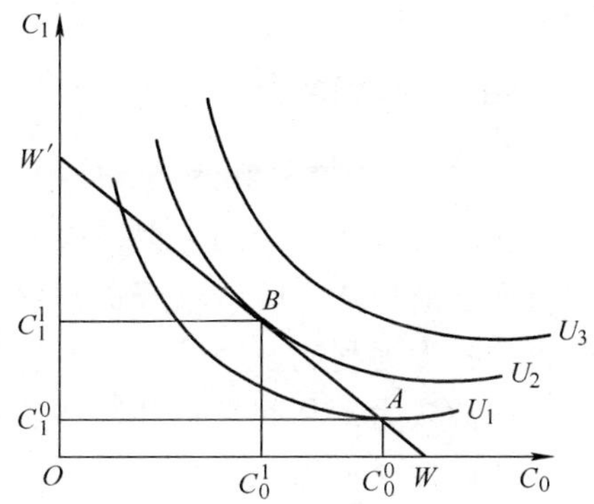

图 5-11　长期消费决策

$$W = C_0^0 + \frac{C_0^1}{1+\gamma} \tag{5-11}$$

它由预算线与横轴的交点表示。该点决定了预算线的高低。

消费者的均衡位置当然是在预算线与无差异曲线 U_2 的切点 B，即它的长期最优消费决策是：今年消费 C_0^1，明年消费 C_1^1。将初始状态 A 与均衡状态 B 比较一下即知，处于点 A 的消费者尽管今年拥有的商品量为 C_0^0，但却决定只消费其中一部分即 C_0^1，而将另一部分（$C_0^0-C_0^1$）储蓄起来，并按利率借出去，从而能够在明年将消费从 C_1^0 提高到 C_1^1。

于是，由上分析，给定一个市场利率，消费者今年有一个最优的储蓄量从而确定贷出量。如果进一步使利率变化，例如，设市场利率提高，则预算线将绕初始点 A 顺时针旋转，从而将与另一无差异曲线相切，得到另一均衡点及另一个最优储蓄量和贷出量。

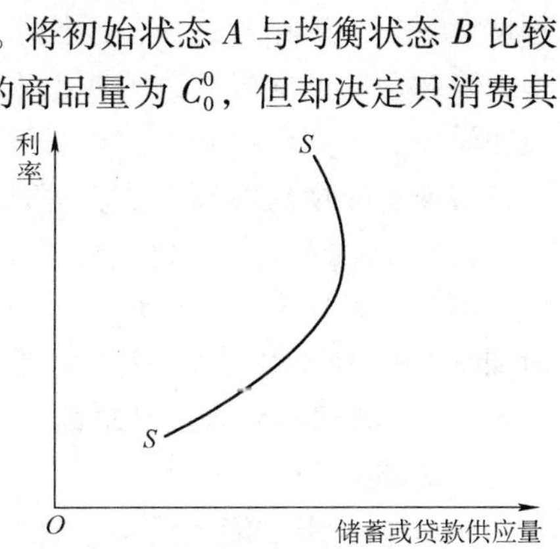

图 5-12　贷款供给曲线

将不同利率水平下消费者的最优储蓄量画在图上，就得到一条储蓄或贷款供给曲线，如图5-12所示。图中，横轴 S 表示储蓄或贷款供给。一般来说，随着利率的上升，人们的储蓄也会被诱使增加，从而曲线向右上方倾斜。但与劳动供给曲线时的情况相同，当利率处于很高水平之上时贷款曲线亦可能出现向后弯曲的现象。

四、利润理论

（一）企业家与利润

随着大规模生产的出现，需要专门的经营管理人才，许多企业的所有权与经营权便逐渐分开，所有权属资本家，经营权属企业家，资本家的收入为利息，企业家的收入为利润。

通常认为，利润是一种特殊的人力资源——企业才能的报酬。这是总收入减去一切显性成本和隐性成本后的剩余。我们曾经讲过，正常利润应列入隐性成本，所以这里所说的利润属于纯粹利润，也就是超额利润或经济利润。

利润主要有三个来源：创新、风险和垄断。

（二）亏损及其决策

当总收入不足以支付显性成本和隐性成本时，就产生负利润，或叫亏损。亏损的性质不同，决策也不同。

（1）总收入不能偿付可区分的变动成本。在这种情况下，生产越多，亏损越大。除非预料情况会迅速改变，厂商将立即关门，不会继续经营下去。

（2）总收入能偿付可区分的变动成本，但不能偿付显性固定成本。在这种情况下，除非厂商拥有足够的准备金应付必要的支付，否则将会破产，然后进行改组，使债权人成为所有人，显性固定成本变为隐性固定成本。

（3）总收入能够偿付可区分的变动成本，但不能偿付全部折旧费用。在这种情况下，厂商在现有设备还能使用时，将继续经营下去。一旦现有设备损耗完毕，除非预期情况会有改善或有人愿意提供新的资金，否则厂商将会关门，而且会在设备必须大量更新以前进行清算。只要折旧费用小于固定资产的实际损耗与设备残值的贴现值之和，清算都是有利的。

（4）总收入能够偿付显性成本和折旧费用，但不能赚加隐性成本。在这种情况下，如果厂商愿意的话，可以继续经营下去。不过，当现金收入低于设备残值和预期收入的贴现值，而且没有多大改善的希望时，厂商将进行清算。

（三）利润的特点及其功能

1. 利润的特点

（1）企业家才能无所谓“边际”和边际生产力，因此利润无法像其他要素价格那样由边际生产力决定。

(2) 利润是一种可以变动的余额，不像其他要素价格都是事先议定的。

(3) 利润不仅可大可小，而且可正可负，不像其他要素价格均为正值。

2. 利润的功能

利润，不仅是厂商从事生产经营的动机，也是厂商评价生产经营的标准，不仅影响整个社会的资源利用，也影响到整个社会的收入分配。正是由于预期利润的刺激，才使厂商从事创新和冒险，促进总投资、总产量和总就业，这对社会是有利的。

企业家总是追求利润，避免亏损。因此，利润的出现是一种信号，表示社会想要扩充这个产业。利润不仅是产业扩充的诱因，也是产业扩充的手段。

同时，利润的诱惑使具有冒险精神的企业家从事高风险的生产活动。

当然，单纯的利用垄断权力而获得的超额利润，应当受到国家和社会的限制。

五、小结

经济学通过研究各种要素市场在市场如何被定价来研究市场经济中人们的收入分配问题。一般来讲，要素价格是由要素供给和要素需求双重力量达到均衡时所确定的。

克拉克的边际生产论阐述了在一个竞争的市场上，总产品按照生产要素的价格等于其边际收益产品的方式，在各种生产要素间被完全分配掉的。各种要素所得分配的份额取决于生产技术和要素的相对数量。

厂商利润最大化的要素使用量是使要素的边际收益产品等于边际要素成本的使用量。在完全竞争的要素市场上，均衡的要素价格是每个厂商的边际收益产品等于要素的价格。在买方垄断的要素市场上，厂商的边际收益产品大于要素的价格。

工资是劳动的服务价格。利息率是资本的服务价格。地租是土地的服务价格。经济利润来源于创新、承担风险和垄断。

名词概念

生产要素　边际生产力　要素市场　洛伦兹曲线　基尼系数　经济租金

要点回顾

- 生产要素是用于生产产品和劳务的投入。经济学中的生产要素主要包括四种资源：劳动、土地、资本和企业家才能。劳动是用于生产物品和劳务的时间与努力，土地是用于生产物品和劳务的自然禀赋，资本是我们所生产的并且现在可以用于生产其他物品与劳务的物品，企业家才能是组织劳动、土地和资本的资源。
- 由于生产要素需求的联合性和派生性，决定了其需求比产品需求更加复杂：第一，产品市场结构的类型是完全竞争还是不完全竞争的；第二，一家厂商对生产要素的需求与整个行业的需求及联系又不同；第三，只有一种生产要素变动与多种生产要素变动的情况；第四，生产要素本身的市场结构是完全竞争的还是不完全竞争的。

- 市场需求曲线是指整个产业对某种生产要素的总需求曲线。和产品市场不同，在求解市场需求时不能将所有厂商的需求简单相加。因为要素市场是一种派生需求。如果生产要素的价格下降，则所有的厂商都会增加该要素的需求，以增加生产，产品的供给也会相应的增加。假如消费者对该产品的消费偏好，收入水平等其他条件不变的话，产品的价格将会下降。
- 一般情况下，市场要素供给曲线是一条向右上方倾斜的。这是应为，当消费者作出某种牺牲而提供要素时，随着要素提供的数量的增加，消费者得到的补偿也不断地增加。根据消费者均衡的原理，消费者取得的最后一元钱的收入所付出的牺牲，须等于最后一元钱消费所得的效用。由于边际效应递减原理，随着收入的增加，消费者所取得的最后一元的效用也随之减少，消费者愿意为之付出的牺牲也随着减少 ，这就意味着单位要求的要素服务价格越来越高。
- 美国统计学家洛伦兹提出了著名的洛伦兹曲线，如图 5-7 所示。横轴 *OP* 表示人口（按收入由低到高分组）的累计百分比，纵轴 *OI* 表示收入的累计百分比。当收入完全平等时，人口累计百分比等于收入累计百分比，洛伦兹曲线为通过原点的 45°线 *OY*；当收入完全不平等时，1% 的人口占有 100% 的收入，洛伦兹曲线为折线 *OPY*。一般而言，一个国家的收入分配，既不是完全平等，也不是完全不平等，而是在两者之间，洛伦兹曲线为一条凸向横轴的曲线。*ODY* 与 *OY* 所包围的面积 *A* 为不平等面积；*OPY* 与 *OY* 所包围的面积 $A + B = \Delta OPY$，为完全不平等面积。不平等面积与完全不平等面积之比称基尼系数，是衡量一个国家贫富差距的标准。
- 劳动供给涉及消费者对其拥有的既定时间资源的分配。所谓消费者拥有的时间资源是既定的具有两层含义：一是消费者选择一部分时间作为闲暇来享受；二是选择其余时间作为劳动供给。前者即闲暇直接增加了效用，后者则可以带来收入。在其他条件不变的情况下，工资率越高，在一定的范围内，工人提高的劳动量越大。工资率越高，人们不劳动休闲在家的机会成本就会越高。在收入增加到一定程度后，由于收入的增加也会引起闲暇的增加，工资率的提高降低了劳动的需求，这种趋势成为收入效应。
- 一种生产资源的总收入由其经济租金和机会成本组成。经济租金是一种由资源所有者所得到的高于使该所有者提供资源所要求的数量的收入。任何生产要素都可以得到经济租金。引起生产资源的供应所要求的收入是使用生产资源的机会成本——资源次优用途的价值，超过机会成本的收入即成为此生产资源的经济租金。

- 作为与劳动和土地并列的一种生产要素，资本的特点可以概括如下：第一，它的数量是可以改变的，即它可以通过人们的经济活动生产出来；第二，它之所以被生产出来，其目的是为了以此而获得更多的商品和劳务；第三，它是作为投入要素，即通过用于生产过程来得到更多的商品和劳务的。
- 利润，不仅是厂商从事生产经营的动机，也是厂商评价生产经营的标准，不仅影响整个社会的资源利用，也影响到整个社会的收入分配。正是由于预期利润的刺激，才使厂商从事创新和冒险，促进总投资、总产量和总就业，这对社会是有利的。企业家总是追求利润，避免亏损。因此，利润的出现是一种信号，表示社会想要扩充这个产业。利润不仅是产业扩充的诱因，也是产业扩充的手段。

课后练习

一、单项选择题

1. 如果厂商处于完全竞争的产品市场中，且要素 A 是其唯一的可变要素，则该厂商对要素 A 的需求曲线为(　　)。

   A. VMP_a 曲线　B. MPP_a 曲线　C. MFC_a 曲线　D. 以上都不是

2. 在完全竞争的产品和要素市场中经营的厂商，其总利润达到最大的条件为(　　)。

   A. $P_x = MC_x$，且 MC_x 上升

   B. $MPP_a/P_a = MPP_b/P_b$

   C. $MPP_a/P_a = MPP_b/P_b = 1/MC_x$

   D. $MPP_a/P_a = MPP_b/P_b = 1/MC_x = 1/P_x$（设厂商以要素 a，b 生产商品 x）

3. 生产要素的需求曲线所以向右下方倾斜，是因为(　　)。

   A. 要素的边际收益产量递减

   B. 要素生产的产品的边际效用递减

   C. 要素参加生产的规模报酬递减

   D. 以上都不是

4. 全体厂商对某种生产要素的需求曲线，与单个厂商对这种生产要素的需求曲线相比(　　)。

A. 前者与后者重合　　B. 前者比后者陡峭

C. 前者比后者平坦　　D. 无法确定

5. 工资率的上升所导致的替代效应是指(　　)。

A. 工作同样长的时间可以得到更多的收入

B. 工作较短的时间也可以得到同样的收入

C. 工人宁愿工作更长的时间

D. 以上都对

6. 如果政府大力提倡用先进的机器来代替劳动，这将导致(　　)。

A. 劳动的供给曲线向右移动　　B. 劳动的需求曲线向右移动

C. 劳动的供给曲线向左移动　　D. 劳动的需求曲线向左移动

7. 既要提高工资又要避免失业增加在哪种情况下容易实现？(　　)

A. 劳动的需求富有弹性　　B. 劳动的供给富有弹性

C. 劳动产品的需求富有弹性　　D. 劳动产品的需求缺乏弹性

8. 下面哪种情况能够带来经济利润？(　　)

A. 商品的供给数量很大

B. 商品的需求数量很小

C. 厂商有效地控制了商品的供给

D. 以上都对

9. 假设某歌唱演员的年薪为 10 万元，但如果他从事其他职业，最大只能得到 3 万元，那么他所获得的经济地租是(　　)。

A. 10 万元　　B. 7 万元　　C. 3 万元　　D. 不确定

10. 下列说法错误的是(　　)。

A. 经济地租属于长期分析，准地租属于短期分析

B. 经济地租是对某些特定要素而言的，经济地租是对整个厂商来说的

C. 厂商存在经济利润，其要素存在经济地租

D. 一种要素在短期内存在准地租，并不意味着长期中业存在经济地租

二、判断题（正确为 A，错误为 B）

1. 一个竞争性的厂商，在其最后雇用的那个工人所创造的产值大于其雇用的全部公认的平均产值时，厂商必定没有实现最大利润。　　(　　)

2. 即使劳动的边际物质产品保持不变，一个垄断厂商对劳动的需求曲线仍然是向下倾斜的。 ( )

3. 如果一个垄断厂商在完全竞争的劳动市场上同时雇用了熟练劳动和非数量劳动力，那么，厂商支付给他们的工资将与他们的边际生产力成正比。 ( )

4. 假设一个厂商同时在产品市场和劳动市场上都具有垄断力量，那么他所制服的工资率只有在等于劳动的边际收益产品时，他才能够获得最大利润。 ( )

5. 在一个竞争性的劳动市场上，如果最低工资高于均衡工资，必然会引起失业。 ( )

6. 假设一个厂商使用一个可变要素（劳动）和一个固定要素，且可变要素市场是完全竞争市场。如果可变要素的边际物质产品等于平均物质产品，那么该厂商在产品市场完全竞争的情况下销售产品必然面临净亏损，在产品市场被该厂商完全垄断的情况下销售产品，可能获得净利润。 ( )

7. 在长期均衡和完全竞争劳动市场条件下，一个竞争性厂商雇用的工人的工资将等于他对企业增加的产出的价值。由于垄断厂商雇用的工人获得与他们相同的工资率，因此他们获得的工资也与他们对产出的贡献的价值相等。 ( )

8. 如果劳动市场是完全竞争的，同时男女具有相同的生产力，那么在完全竞争产品市场上销售其所生产产品的厂商绝不会因为对男女支付差别工资而获得利益；但是在垄断产品市场上销售其所生产产品的厂商会从支付有差别的性别工资中获得利益。 ( )

9. 如果男女工人具有相同的生产力，那么厂商不会以不同的工资率雇用他们，因为以低工资工人取代高工资工人是有利可图的。 ( )

10. 即使女工人生产力高于男工人，对于垄断购买厂商来说，分别雇用一定数量的男工人和女工人，并对男工人提供高于女工人的工资率仍然是有利可图的。 ( )

三、简答题

1. 简述厂商获得最大利润的两个条件。

2. 假设劳动与资本这两种生产要素可以变动，分析要素价格变动引起的替代效应和收入效应情况。

3. 简述劳动供给曲线为什么向右弯曲。

4. 简述土地的供给曲线垂直的原因。

参考答案

一、单项选择题

1. A 2. D 3. A 4. B 5. C 6. D 7. D 8. C 9. B 10. C

二、判断题

1. A 2. A 3. A 4. B 5. A 6. A 7. B 8. B 9. B 10. A

三、简答题

1. 答题参考

厂商利润最大化的两个条件是：$MC = MR$，$MFC = MRP$。

首先，为了实现最大限度的利润，厂商需要对投入要素量和产出量作出某种选择。如果厂商把产量作为选择变量，将总收益、总成本、总利润作为产量的函数，则实现利润最大的条件是：厂商在既定的产量下，在这个产量下生产最后一个产品的边际收益恰好等于生产这个产量的边际成本。

同样，如果厂商把投入的生产要素作为选择变量，将总收益、总成本、总利润作为要素的函数，则实现最大利润的条件是：厂商投入一定数量的生产要素（如劳动），在这个雇用劳动数量下最后一个单位劳动带来的边际收益产品恰好等于雇用这个劳动数量的边际要素成本。

2. 答题参考

（1）替代效应。由于工资率的相对降低，即 W/r 下降，厂商将用价格较低的劳动来替代资本，使资本与劳动的比率下降，即 K/L 下降；由于再生产中使用较多的劳动和较少的资本，在可变要素的边际产量递减规律的作用下，劳动的边际物质产品 *MPP* 减少，边际产品价值曲线 *VMP* 向左移动。

（2）产出效应。由于工资率下降，厂商可以在总成本不变情况下，增加劳动和资本的使用量来扩大产量。这将使边际产品价值曲线 *VMP* 向右移动。

（3）利润最大化效应。替代效应和产出效应都假设总成本不变，当工资率下降后，由于边际要素成本降低，边际成本曲线向右移动，利润最大的产量必然增加。因此，厂商为了赚取最大利润，将提高劳动和资本的投入数量从而使总成本增加，此举也将使边际产品价值曲线 *VMP* 向右移动。

（4）一般情况下，工资率下降的净效应是产出效应、利润最大化效应之和大于替代效应，使边际产品价值曲线 *VMP* 向右移动。最终，当两种生产要素都可以变动的，而其中一种要素的价格发生改变时，厂商对这种要素的需求变得更加富有弹性。

3. 答题参考

劳动供给曲线表示劳动供给量与劳动价格之间的关系，而劳动供给与劳动者选择闲暇需求是对立关系，即劳动供给增加就是先下需求的减少。劳动价格

（工资）是闲暇的机会成本或价格。从替代效应看，工资上升总会导致闲暇需求的减少，即劳动供给的增加。但从收入效应看，工资上升时，对闲暇的需求也会增加。当工资较低时，替代效应大于收入效应，所以闲暇需求会随着工资的增加而下降，同时劳动供给增加；但是，当工资较高时，工资增加引起的劳动收入增加量很大，收入效应将大于替代效应，引起劳动供给的减少，从而表现为劳动供给曲线向后弯曲。

4. 答题参考

土地供给曲线垂直，说明土地使用价格（租金）变化不会影响土地供给数量，这并不是因为自然赋予的土地数量是固定不变的，而是因为我们通常假设土地只有一种生产性用途，而没有自由用途。因此，当该种资源只能用于某种特定的方面，即机会成本为零，则即使该种资源的价格下降，它也不会转移到其他方面去，而引起供给数量的减少。所以，土地的供给曲线是垂直的。假设土地存在某些消费性用途，如打猎、建造网球场、私人会所等，那么土地的供给曲线有可能略微向右上方倾斜。

本章参考文献

[1] 曼昆．经济学原理：上册、下册［M］．梁小民，译．北京：生活、读书、新知三联书店/北京大学出版社，1999.

[2] 萨缪尔森．经济学［M］．北京：商务印书馆，1979.

[3] 尹伯成．现代西方经济学习题指南（微观经济学）［M］．4 版．上海：复旦大学出版社，2005.

[4] 尹伯成．现代西方经济学［M］．4 版．上海：复旦大学出版社，2005.

第六章　市场缺陷与政府作用

核心内容

本章以市场失灵和市场缺陷为切入点，以均衡理论和福利经济学为主线，在一般均衡的基础上，探讨厂商和消费者之间如何分配生产要素和消费品，以达到社会福利最大化，即福利经济学。最后分析市场缺陷以及政府的作用。其中包括：

■ 一般均衡理论；
■ 福利经济学；
■ 市场缺陷与政府作用。

教学目的

通过本章的学习，使学生了解掌握以下内容：

■ 一般均衡与局部均衡分析方法；
■ 福利经济学的发展与内容；
■ 市场失灵和市场缺陷；
■ 政府干预市场经济运行的手段。

第一节　一般均衡理论

一、局部均衡分析

单个市场、居民户或企业的行为是局部均衡分析的主要对象，分析方法为：将其他市场和经济的其他部分的行为视为既定——假定某一商品、劳务或生产要素的价格只取决于其本身的供求，而不受其他商品、劳务和生产要素的价格和供求的影响，以此达到单独探讨某一商品、劳务或生产要素价格和数量决定的目的。前面各章使用的是局部均衡分析法，其特征如下：

- ■ 单个市场的均衡价格和数量由竞争性的供给和需求共同决定；
- ■ 从不同商品的边际效用推导出市场需求线；
- ■ 由单个商品的边际成本推导出其竞争性的供给曲线；
- ■ 企业根据产品的 *MC* 和 *MRP* 确定利润最大化的投入和产出；
- ■ 企业对生产要素的需求派生于其 *MRP*；
- ■ 对生产要素（土地、劳动、资本品等）的派生需求及供给共同确定要素价格（租金、工资、利息率等）；
- ■ 要素的价格和数量决定收入，进而决定商品的需求，形成循环往复的过程。

二、一般均衡分析

假定 OPEC 作出石油提价决议，因为汽车需求下降，钢铁工人会失业。实际上，经济生活中的问题是错综复杂、牵一发而动全身的，仅凭局部均衡分析法是不能解决全局性问题的，因此，需要引入一般均衡分析。

一般均衡分析方法同局部均衡分析一样，也是从微观经济主体的行为出发，考察每一种产品和每一种要素的供给和需求同时达到均衡状态所需具备的条件和相应的均衡价格和均衡数量。不同的是，它假定一个社会所有商品的供给、需求和价格，所有生产要素的供给、需求和价格，以及商品和生产要素的供求和价格，是相互依存相互作用的，以此考察全部家庭、企业和市场同时相互作用以解决如何生产、生产什么和为谁生产的问题，一般均衡分析假定如下：

- ■ 所有市场都是完全竞争的；
- ■ 每个家庭既是产品需求者也是要素供给者：收入来自要素供给并全部用于消费，在收入约束下追求效用最大化；
- ■ 每个家庭的效用函数连续、既定不变，且无差异曲线凸向原点；
- ■ 每个企业既是要素需求者也是产品供给者：在生产函数的约束下追求利润最大化；
- ■ 每个企业的生产函数既定不变，不存在规模报酬递增，等产量线凸向原点；
- ■ 不考虑中间产品的生产和交换；
- ■ 不存在外部性。

一般均衡是所有市场同时出清、所有价格同时决定的一种均衡状态，是局部均衡分析的拓展，图 6-1 展示了从局部均衡拓展为一般均衡的过程。图中所有圆形是各种市场同时形成供求平衡的一般均衡状态。

下面用一般均衡分析法分析由资本供给增加从而市场利率下降带来的影响。在一般均衡分析方法中，这会导致如下一系列连锁反应：

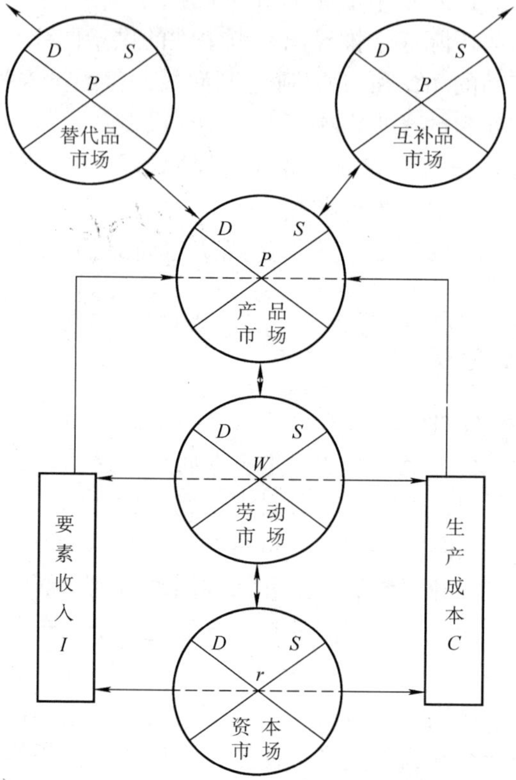

图 6-1 从局部均衡拓展为一般均衡

- ■ 资本价格相对便宜导致企业以资本产品替代劳动，劳动需求下降，工资水平随之下降；
- ■ 利率和工资的下降表明要素支出减少，家庭的劳动和投资收益因此减少，收入下降，而企业的生产成本降低，利润上升，导致供大于求，产品价格下降；
- ■ 产品自身价格下降，会引致替代品和互补品以及相关的替代品和互补品价格的不断变动，最终很可能是产品价格水平下降，边际收益产品曲线左移，要素价格水平也下降；
- ■ 如果工资水平下降，企业又会以劳动替代资本，减少投资需求，导致利率下降，利率下降以后，又会引起第二轮的连锁反应；
- ■ 利率变动的最终结果，可能收敛在一种新的一般均衡状态，也可能是发散的、循环的不稳定状态。

那么，一般均衡对企业、家庭和市场而言，到底意味着什么呢？

对企业而言，当企业扮演产品供给者的角色时，供给量是所有产品价格和要素价格的函数；当其扮演要素需求者的角色时，要素的需求量也是所有产品价格和要素价格的函数。企业的总收益是各种产品供给量与其价格乘积之和，企业的总成本是各种要素需求量与其价格乘积之和，用总收益与总成本之差计算企业利润。企业在生产函数和要素价格的约束下，选择利润最大化的最优产品供给量和要素需求量。单个企业某种产品需求量和某种要素供给量的加总就是这种产品的市场供给和这种要素的市场需求。

对家庭而言，当家庭扮演产品需求者的角色时，需求量是所有产品价格和要素价格的函数；当扮演要素供给者的角色时，要素的供给量也是所有产品价格和要素价格的函数。家庭对各种产品的需求量和要素的供给量构成家庭的效用函数。家庭对各种产品的需求量与其价格乘积之和，等于家庭对各种要素的供给量与其价格乘积之和，从而构成家庭的预算约束。家庭在预算约束下选择效用最大化的最优产品需求量和要素供给量。单个家庭某种产品的需求之和与对某种要素的供给之和就是该产品的市场需求和该要素的市场供给。

对市场而言，研究均衡时关注的市场因素为产品市场与要素市场的需求和供给。假定产品和要素都是商品，那么，每种商品的供求函数都是所有商品价格的函数。所有商品市场同时达到供求均衡状态，就是我们所研究的一般均衡状态，如表6-1所示。

表6-1　一般均衡主体分析

主　体	企　业	家　庭	市　场
决策变量	产品供给量 要素需求量	产品需求量 要素供给量	产品市场的需求与供给 要素市场的需求与供给
约束条件	生产函数 要素价格	预算约束	
目标	利润最大化	效用最大化	
均衡条件	$\frac{MP_L}{\omega}=\frac{MP_K}{r}=\cdots$	$\frac{MU_X}{P_X}=\frac{MU_Y}{P_Y}=\cdots$	$Q_{d1}(P_1, P_2, \cdots, P_n)=Q_{s1}(P_1, P_2, \cdots, P_n)$ $Q_{d2}(P_1, P_2, \cdots, P_n)=Q_{s2}(P_1, P_2, \cdots, P_n)$ $\vdots$ $Q_{dm}(P_1, P_2, \cdots, P_n)=Q_{sm}(P_1, P_2, \cdots, P_n)$

经济学家埃奇沃思（F. Y. Edgeworth）发明的箱形图主要是用来直观分析一般均衡问题，在希克斯一般均衡模型中，埃奇沃思箱形图（见图6-2）是主要分析工具。

假定仅有两个消费者A和B，两种产品X和Y，且产量既定（O_X和O_Y）。消费者A以O_A为原点，横轴表示消费产品X的数量，纵轴表示消费产品Y的数量；消费者B以O_B为原点，横轴表示消费产品X的数量，纵轴表示消费产品Y的数量。箱中的任何一点表示既定数量的X和Y在A和B之间的分配，比如在E_1点，A消费O_AX_1，O_AY_1，B消费O_BX_1，O_BY_1，且$O_AX_1+O_BX_1=X$，$O_AY_1+O_BY_1=Y$。另外，点E_l也是消费者A无差异曲线U_{A1}和消费者B无差异曲线U_{B1}的交点。下面从E_1点开始分析一般均衡。

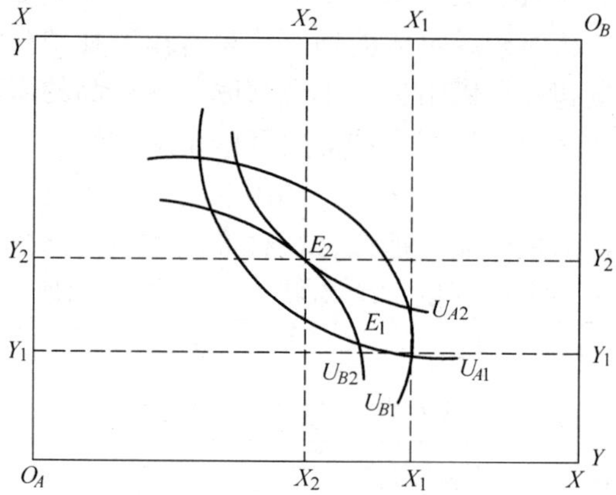

图6-2 埃奇沃思箱形图

通过观察发现，在E_1点，U_{A1}的斜率绝对值小于U_{B1}的斜率绝对值，即：$\frac{MU_{X1}^A}{P_{X1}}=\frac{MU_{Y1}^A}{P_{Y1}}<\frac{MU_{X1}^B}{P_{X1}}=\frac{MU_{Y1}^B}{P_{Y1}}$，根据效用最大化的均衡条件$\frac{MU_X}{P_X}=\frac{MU_Y}{P_Y}=\cdots$，在$E_1$点消费者$A$和$B$都没有实现效用最大化的目标。那么如何实现效用最大化目标呢？通过调整X和Y的消费量，即：消费者A减少消费X而增加消费Y，消费者B则增加消费X减少消费Y（或者，A以X向B交换Y），两者效用水平都会提高，从而逐渐达到均衡。如图6-2所示，从E_1点运动到E_2点，消费者A的无差异曲线U_{A2}与消费者B的无差异曲线U_{B2}相切于，此时，$\frac{MU_{X2}^A}{P_{X2}}=\frac{MU_{Y2}^A}{P_{Y2}}=\frac{MU_{X2}^B}{P_{X2}}=\frac{MU_{Y2}^B}{P_{Y2}}$，满足一般均衡状态下家庭效用最大化的均衡条件。

显然，消费量的调整确实提高了A和B的效用水平，消费者A的效用水平

从 U_{A1} 提高到 U_{A2}，消费者 B 的效用水平从 U_{B1} 提高到 U_{B2}，且 X 和 Y 总量保持不变$\begin{pmatrix} O_AX_2+O_BX_2=O_AX_1+O_BX_1=X \\ O_AY_2+O_BY_2=O_AY_1+O_BY_1=Y \end{pmatrix}$。同理，$A$、$B$ 无差异曲线的所有切点都代表分配的最优组合。

三、一般均衡模型

法国经济学家里昂·瓦尔拉斯于 1874 年提出了一般均衡理论，英国经济学家希克斯于 1939 年在他的《价值与资本》一书中对瓦尔拉斯一般均衡理论作了拓展。

（一）瓦尔拉斯一般均衡模型

在瓦尔拉斯一般均衡模型中，如果存在一套一般均衡价格体系，生产者愿意生产的各种产品的数量应该正好等于消费者愿意购买的数量；而且由完全竞争市场决定的要素的分配和价格是最优的并且能够保证该经济系统经常处于供求均衡的正常状态。模型假设条件如下：

■ 所有产品市场和要素市场完全竞争；

■ 消费者偏好、技术状况和要素供给均固定不变；

■ 生产规模收益不变。

模型说明：

◆ 假定有 n 种产品和 m 种要素

- X_1，X_2，…，X_n 为 n 种产品的数量；
- P_1，P_2，…，P_n 为 n 种产品的价格；
- Y_1，Y_2，…，Y_m 为 m 种要素的数量；
- W_1，W_2，…，W_m 为 m 种要素的价格。

◆ A_{ij} 表示生产系数（其中 i 代表各种生产要素，j 代表各种产品，A_{12} 表示生产 1 单位第二种产品所使用的第一种要素）。

◆ 令 $P_1=1$，则其他所有产品的价格就是各自与第一种产品的交换比率。

瓦尔拉斯的一般均衡模型由两组需求方程和两组供给方程构成，如图 6-3 所示。

（二）希克斯一般均衡模型

希克斯一般均衡模型特征如下：

■ 首次用局部均衡方法研究一般均衡问题，将两种均衡理论联系起来；

■ 分析工具为埃奇沃思箱形图和契约曲线；

■ 2×2×2 模型：两种产品 X 和 Y，两种要素 L 和 K，要素供给者和产品需求者 A 和 B（X 商品为 A 所有，Y 商品为 B 所有或两人各持一定量的两种产品）；

■ 三种一般均衡：交换的一般均衡、生产的一般均衡、交换与生产同时均衡。

	需求方程	供给方程
产品	假定条件： • 消费者偏好既定 • 消费者对某产品需求总和为该产品市场需求 • 消费者来自提供生产要素的收入全部用于消费支出 • 所有产品的价格和收入约束消费者的需求量 • 消费者收入取决于所有生产要素的价格 需求方程： $X_1 = F_1(P_1, P_2, \cdots, P_n; W_1, W_2, \cdots, W_m)$ $X_2 = F_2(P_1, P_2, \cdots, P_n; W_1, W_2, \cdots, W_m)$ …… $X_n = F_n(P_1, P_2, \cdots, P_n; W_1, W_2, \cdots, W_m)$	假设条件： • 产品的价格等于生产成本 • 某产品生产成本是生产 1 个单位这种产品所用要素的报酬总和 供给方程： $A_{11}W_1 + A_{21}W_2 + \cdots A_{m1}W_m = P_1$ $A_{12}W_1 + A_{22}W_2 + \cdots A_{m2}W_m = P_2$ …… $A_{1n}W_1 + A_{2n}W_2 + \cdots A_{mn}W_m = P_n$
要素	假设条件： • 生产技术系数不变 • 规模收益不变 • 某要素用于所有产品生产中的量的总和为其市场需求量 • 不存在失业，每一种要素的总供给等于其总需求 需求方程： $A_{11}X_1 + A_{12}X_2 + \cdots A_{1n}X_n = Y_1$ $A_{21}X_1 + A_{22}X_2 + \cdots A_{2n}X_n = Y_2$ …… $A_{m1}X_1 + A_{m2}X_2 + \cdots A_{mn}X_n = Y_m$	假设条件： • 某要素的供给取决于该要素本身的价格、其他要素的价格和所有产品的价格 供给方程： $y_1 = F_1(P_1, P_2, \cdots, P_n; W_1, W_2, \cdots, W_m)$ $y_2 = F_2(P_1, P_2, \cdots, P_n; W_1, W_2, \cdots, W_m)$

图 6-3 瓦尔拉斯一般均衡模型

1. 交换的一般均衡

在社会生产状况既定，收入分配状况既定的条件下，通过要素所有者之间的交换达到效用最大化的均衡状况就是交换的一般均衡。完全竞争的条件下交换的一般均衡的状态也是交换的帕累托最优状态。交换的一般均衡的条件是，任意两种产品对消费这些产品的消费者而言边际替代率 *MRS* 是相等的。

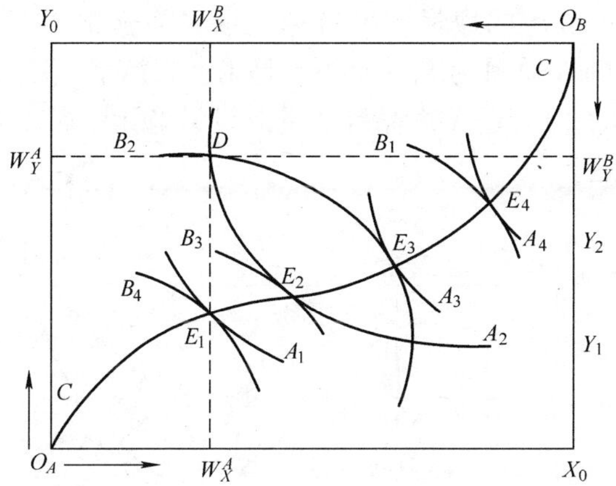

图 6-4　交换的埃奇沃思箱形图

如图 6-4 所示，假设交换开始前 *A*、*B* 两人对于 *X*、*Y* 商品的最初拥有状况位于图中的 *D* 点。根据前面的一般均衡原则，发现 *D* 点是不均衡的，因为 *A*、*B* 两人获利的机会还存在，双方可通过交换使得至少一方的效用水平提高而不会同时降低另一方的效用水平。比如 E_3，它是 *A* 和 *B* 从初始状态 *D* 点出发，沿着无差异曲线 B_2 进行交换的结果，*B* 的效用水平没有变化（同一条无差异曲线上运动），但是 *A* 的效用水平提高了（消费组合从 A_2 上升到 A_3）。同理有 E_3 点。当然，交换也可在 E_2 与 E_3 中间的任一点进行，通过交换两人效用水平都会提高。但是，这些交换的点都不是均衡点，因为，在这些点上，*A* 和 *B* 之间仍然有继续交换的动力，因为二者的 *MRS* 不相等。交换何时停止？在 *A* 和 *B* 的无差异曲线的切点处。比如在 E_1 点，交换停止时，*A*、*B* 两人各自持有的 *X* 和 *Y* 的 *MRS* 是相等的（两人无差异曲线在这一点的切线斜率相等），因此，失去了继续交换的动力。

在埃奇沃思箱形图中，*A* 和 *B* 的无差异曲线的切点（图中的点 E_1，E_2，E_3，E_4）都是交换的均衡点，在这些切点上，两个人的 *MRS* 相等，没有继续交换的动机。我们将两个人无差异曲线切点的连线称作“契约曲线”。契约曲线上的点都是交换的均衡点。

2. 生产的一般均衡

在技术与社会生产资源总量既定的情况下，社会通过资源配置使产品产量达到最大就是生产的一般均衡。如果产品的产量没有达到最大，可以通过重新配置资源使之达到最大。生产的一般均衡条件是指，任意两种生产要素的边际技术替

代率 *MRTS* 对于使用这两种要素而生产的商品来说都是相等的。

假定社会用 K 和 L 两种资源生产 X 和 Y 两种商品，用埃奇沃思箱形图来分析社会如何配置资源使产品的产量达到最大，即达到生产的一般均衡，如图 6-5 所示。横坐标表示 L 资源的数量，纵坐标表示 K 资源的数量。社会所拥有的 L 总量为 L_0，所拥有的 K 总量为 K_0。图 6-5 是由生产 X 产品与生产 Y 产品的等产量曲线合并而得到的，O_X 是 X 产品等产量曲线的坐标原点，O_Y 是生产 Y 产品等产量曲线的坐标原点。

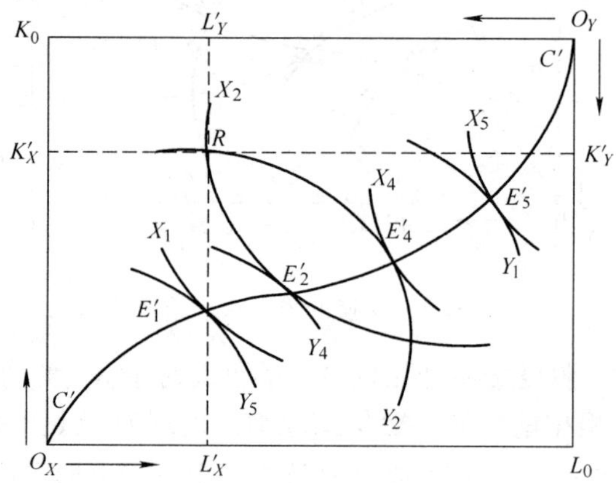

图 6-5 生产的埃奇沃思箱形图

假定 R 点为社会最初的资源配置状态，社会用 L'_X 单位 L 资源与 K'_X 单位 K 资源生产出 X_2 的 X 商品，用 L'_Y 单位 L 资源与 K'_Y 单位 K 资源生产出 Y_2 的 Y 商品。但是，R 点不是资源配置的有效点。因为，在 R 点用于 X 产品与 Y 产品生产的 L 与 K 两要素的边际技术替代率不相等。哪些是资源配置的有效点？X 产品的等产量曲线与 Y 产品的等产量曲线的切点。在切点处，L 与 K 两种生产要素的边际技术替代率对使用这两种生产要素所生产的 X 与 Y 两种商品而言都是相等的，此时的资源配置是最优的，因为在任一切点上，重新配置资源只会在增加一种产品产量的同时减少另一种产品的产量。在生产的埃奇沃思箱形图中，在契约曲线上，即表示资源最优配置的等产量线切点的连线 $C'C'$线上，X、Y 两种商品生产中所使用的 L 与 K 两种生产要素的边际技术替代率是相等的，也是生产的最优均衡状态，称为生产的帕累托最优状态。生产的契约曲线上的点都是生产的帕累托最优点。

3. 交换与生产的一般均衡

生产与交换同时达到均衡的状态称为交换和生产的一般均衡。交换与生产同时达到均衡所需具备的条件是：任意两种商品在生产中的边际技术替代率等于每一位消费者在这两种商品消费中的边际替代率，即：$MRT_{XY}=MRS_{XY}^{A}=MRS_{XY}^{B}$。

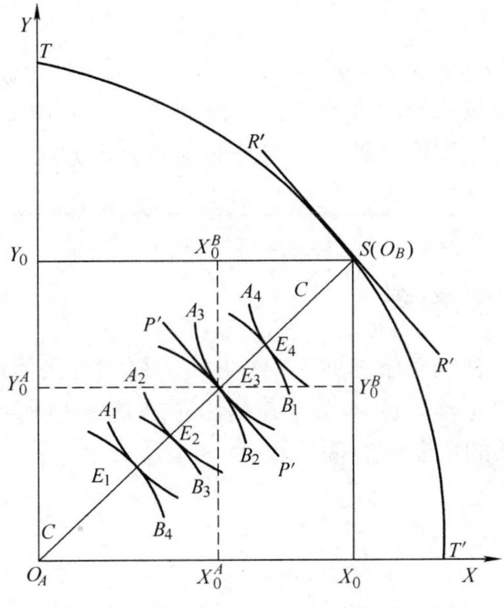

图 6-6 交换与生产的一般均衡

假定社会资源已经达到最优配置，可得生产的契约曲线。将生产的契约曲线转换为图 6-6 中的生产可能性曲线 TT'。生产可能性曲线上的任一点都表示在给定一种产品（比如 X 产品）产量的前提下，另一种产品（Y 产品）所能够达到的最高产量。在生产可能性曲线上任选一点 S 作为生产的一般均衡点，考查如何达到交换的一般均衡。在 S 点，X 的产出水平为 X_0，Y 的产出水平为 Y_0。用 O_A 代表消费者 A 无差异曲线的坐标原点；用 O_B 作为表示消费者 B 无差异曲线的坐标原点，O_B 与 S 点重合。过 S 点的切线 $R'R'$ 斜率的值为生产可能性曲线在点 S 的边际技术替代率。显然，如果在交换的一般均衡中能够找到一个均衡点，使该点的边际替代率等于 S 点的边际技术替代率，就达到了交换与生产的一般均衡。

根据给定的生产可能性曲线上的 S 点，构造一个交换的埃奇沃思箱形图，并得到一条相应的契约曲线 CC，在 CC 上找到一个边际替代率与 S 点的边际技术替代率相等的点，即 E_3 点。此时，两个消费者两条无差异曲线在 E_3 点切线的斜率与生产可能性曲线上 S 点切线的斜率相等，即 $MRT_{XY}=MRS_{XY}^{A}=MRS_{XY}^{B}$，因此，在 E_3 点可以达到交换与生产的一般均衡。

第二节　福利经济学

福利经济学（Welfare Economics）属于规范经济学，它探讨增进社会福利的各种途径，是政府政策选择的重要依据。由庇古（A. C. Pigou）完成的古典福利经济学，以基数效用为理论基础，采用局部均衡分析方法，研究国民收入的增长及其分配。以帕累托（V. Pareto）为代表的新福利经济学，以序数效用为理论基础，采用一般均衡分析方法，研究社会资源的最优配置。

一、古典福利经济学

庇古被称为“福利经济学之父”，他明确了福利经济学的研究对象，建立了古典福利经济理论的完整理论体系，并提出了政府干预私人市场竞争的政策主张。古典福利经济学的主要内容如下：

（一）福利的含义

福利的含义如图 6-7 所示。

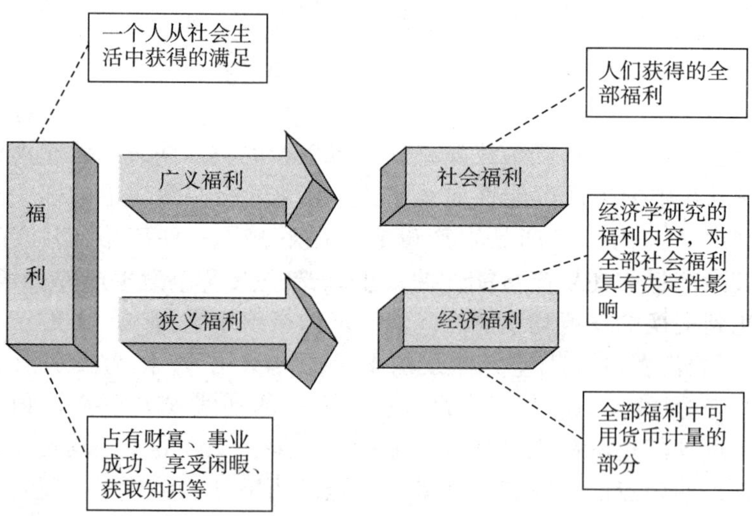

图 6-7　福利的含义

（二）福利的计量

庇古以基数效用论为依据，主张利用效用来计量福利。人们通过消费商品获得效用，因而商品所能提供效用的大小可以通过价格的高低来表现。可见，可以借助商品价格进而用货币计量福利大小。

（三）经济福利与国民收入

就个人而言，收入高，能够享受的商品和劳务多，福利就高；反之，收入低则福利低。如果将社会福利看作一国公民个人福利的总和，那么作为全社会个人收入总和的国民收入就能够代表全社会福利。因此，庇古用国民收入来表示全社会的经济福利，将全社会经济福利研究转变成国民收入的研究。

（四）收入均等化及最优资源配置的政策主张

庇古认为，通过改善国民收入的分配状况，实行适度的收入均等化；通过不断优化社会资源配置以增加国民收入总量是可以改善社会生活状况、增进经济福利的。他强调了政府在增进社会福利中的重要作用。

1. 收入均等化

同样增加 1 元钱的收入，对富人是锦上添花，而对穷人则是雪中送炭。显然，增加 1 元钱给穷人带来的效用高于给富人带来的效用。可见，货币的效用随着个人收入的增加而递减。庇古认为，如果把富人收入的一部分转移给穷人，社会福利就会增大。除了富人的自愿转移外，他主张政府向富人征税再补贴给穷人。

2. 优化资源配置

只有现有的社会资源实现最优配置，才能够最大限度地提供社会所需求的产品量，才能最大限度地增加国民收入量，也才能实现整个社会福利最大化。庇古认为，完全竞争在提高效率的同时，往往会导致边际私人纯产值与边际社会纯产值的背离，即社会资源配置不合理，此时生产不能带给社会足够的效用，因而也影响着社会福利的有效增加。可见，庇古所主张的资源配置最优化，并不是单纯地达到最大物质产出量，而是要达到使社会效用最大化。庇古认为，必须依靠政府改善资源配置状况，达到增进社会经济福利最有效增长的目的。

二、现代福利经济学

20 世纪 30 年代以后，围绕着有关福利评价标准问题的争论形成了现代福利经济理论。

（一）序数效用与有关福利评价的三个命题

序数效用论认为，效用只能排列先后次序，无法确切计量，用序数效用论否定了古典福利经济理论，同时也把分配问题排除在了福利经济学研究范围之外，提出了有关福利评价的三大命题，如图 6-8 所示。

（二）最优条件论

现代福利经济理论只探讨资源配置问题对福利最大化的影响，并归纳了达到资源最优化配置所需的一系列条件，被称为最优条件论。福利经济学所说的最优指帕累托最优（Pareto Optimum），即：如果某个经济体系发生变化（由政治、

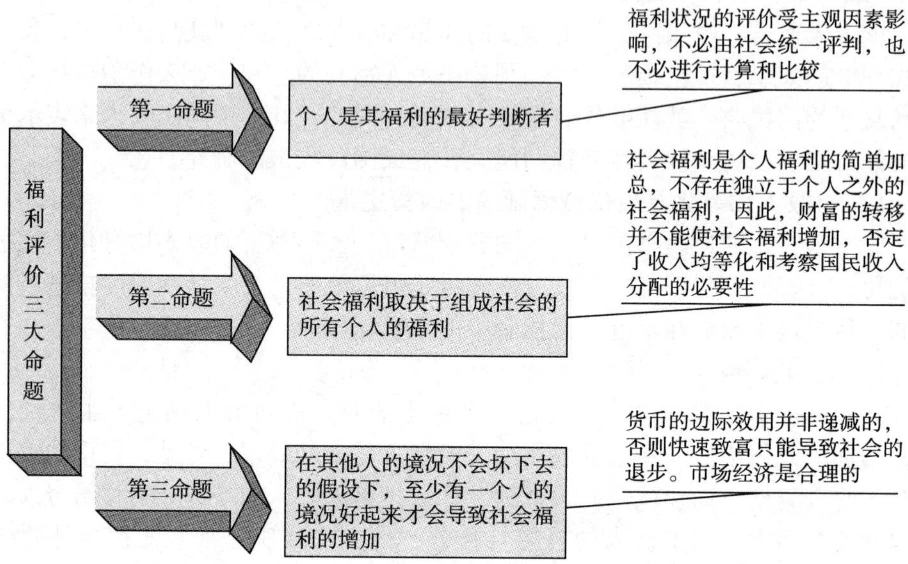

图 6-8 福利评价三大命题

经济、法律等因素造成)，可以在不使其他人的境况变坏的情况下，使一些人，至少使一个人的情况变得更好时，社会的福利就会得到改善。我们将衡量社会福利改善与否的标准称为帕累托标准。

1. 帕累托最优状态

帕累托最优状态是指社会资源得到最优配置，经济运行达到最高效率的状态，在这一状态下，如果作任何改变使某一成员受益，其他成员必然受损。当然，如果通过重新配置社会资源，能在不使其他成员境况变坏的基础上至少使某一成员的境况变好，这种经济状态的改进就称为帕累托改进。可见，帕累托最优状态是不再存在帕累托改进的资源配置状态。帕累托最优是从效率出发的一种理想状态。如果社会资源重新配置后符合帕累托改进准则，则称改进后的状态为帕累托更优（Pareto Superior）。

帕累托最优和福利有什么关系呢？从理论上讲，一个社会有无穷多个帕累托最优状态，这些状态的集合称为效用边界曲线（Frontier Utility Curve）或福利边界曲线（Welfare Frontier Curve）。假定只有两个社会成员 A 和 B，图 6-9 中的福利边界曲线 u_1u_1' 是社会资源全部分配给 A 和 B 时两人福利水平的组合。在 u_1u_1' 边界上任何一点，都是帕累托最优状态。如果 A，B 两人的福利组合在边界 u_1u_1' 以内（例如点 C)，社会资源的配置是缺乏效率的，不是帕累托最优状态，因为 C_1C_2 曲线上的任一点的福利水平都高于点 C。因此，我们可以通过重新配置社会资源，使其移到 C_1C_2 曲线上，从而达到帕累托最优。u_1u_1' 边界之外的任何一点，都表示社会资源的任何配置都不可能达到，如点 D。

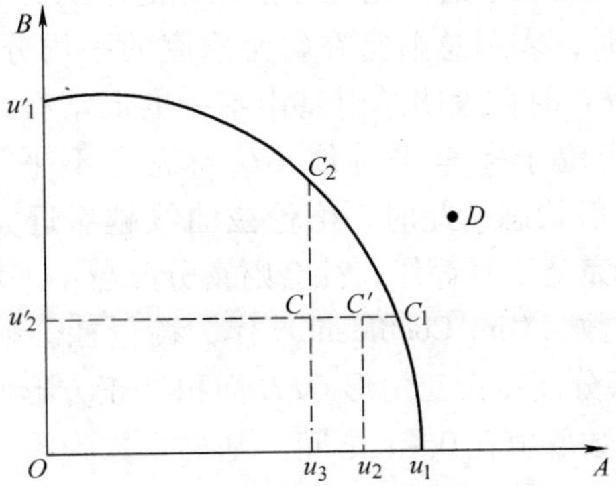

图 6-9 福利边界曲线

2. 效率与公平

帕累托最优说明了效率状况并未考虑社会公平。图 6-9 中的 u_1 点是帕累托最优状态，但资源的效用全部为成员 A 获得，成员 B 一无所有，这显然是不公平的。通过重新配置社会资源可以改善公平，比如，分配给 B 一定份额的资源，福利组合从点 u_1 移到点 C'，A 会损失的福利为 u_1u_2，B 获得的福利为 u_2C'，因为 $u_1u_2 < u_2C'$，全社会的福利提高了。但是，因为 C'点不在 u_1u_1'曲线上，因而这个福利改善的资源配置组合是是缺乏效率的，不符合帕累托改进准则，不是一个帕累托更优。显然，效率与公平之间存在着矛盾。

经济学用“平等”（Equality）衡量社会公平程度，并用图 6-10 所示的洛伦兹曲线（Lorenz Curve）衡量社会的平等程度。在图 6-10 中的正方形 $OFEG$ 中，

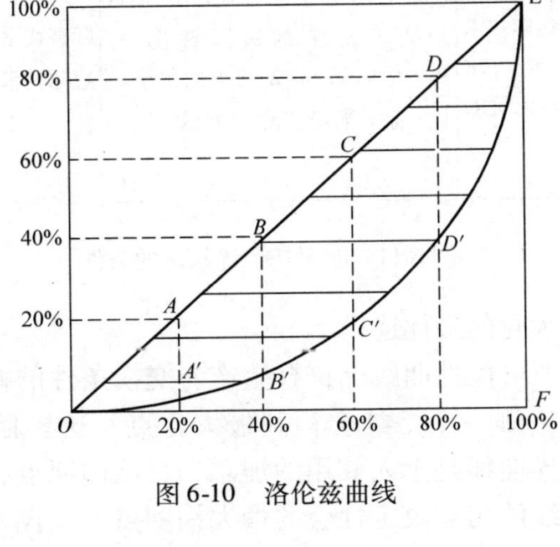

图 6-10 洛伦兹曲线

纵轴表示拥有财富的百分比，横轴表示收入从低到高排列的家庭的百分比。洛伦兹曲线 *OE* 直观地表现出社会总财富在各阶层家庭中的分布情况。洛伦兹曲线为对角线 *OE*（直线）时，表示总财富在每个家庭的平均分配，称为完全平等线；洛伦兹曲线为折线 *OFE* 时，表明总财富由唯一的最富有家庭拥有，称为完全不平等线；洛伦兹曲线位于完全平等线 *OE* 与完全不平等线 *OFE* 之间时，如 *OA'B'C'D'E*线，是一般状态，此时，洛伦兹曲线越靠近完全平等线，社会财富分配越平均；越靠近完全不平等线，社会财富分配越不平均。

经济学用基尼系数（Gini Coefficent）作为衡量社会财富分配平等程度的指标。图 6-10 中阴影部分面积占三角形 *OFE* 面积（正方形面积的一半）的比例就是基尼系数。基尼系数取值在 0 ~ 1 之间。基尼系数为零，表示社会财富完全平等分配，等于 1 时则表示社会财富完全不平等分配。因为洛伦兹曲线不易确定，目前很多国家都以收入最高的 20% 家庭的财富与收入最低的 20% 家庭的财富之比来衡量分配不平等的程度。

3. 帕累托最优状态的条件

帕累托最优状态的条件就是本章第一节中分析的一般均衡的三个条件，如图 6-11 所示。

帕累托最优状态的条件		
生产的最优条件 ■ 对所有生产者来说，任何生产要素的边际技术替代率彼此相等 ■ $MRTS^X_{LK}=MRTS^Y_{LK}=\cdots=\frac{W}{R}$ 其中，$MRTS^X_{LK}$表示生产产品 *X* 的两种要素 *L*，*K* 的边际技术替代率，*W/R* 表示要素 *L*，*K* 的价格之比，是与产品无关的常数	交换的最优条件 ■ 对所有消费者来说，任何产品的边际替代率彼此相等 ■ $MRS^i_{XY}=MRS^j_{XY}=\cdots=\frac{P_X}{P_Y}$ 其中，MRS^i_{XY}表示消费者 *i* 消费产品 *X* 与 *Y* 的边际替代率，P_X/P_Y表示产品 *X* 与 *Y* 的价格之比，是与消费者无关的常数	生产和交换的最优条件 ■ 在生产可能性边界上，对于任何产品来说，边际替代率与边际技术替代率相等 ■ $MRS^i_{XY}=MRS^j_{XY}=\cdots=MRT_{XY}$ 其中，MRS_{XY}指产品 *X*，*Y* 的边际替代率，MRT_{XY}指产品 *X*，*Y* 的边际技术替代率

图 6-11 帕累托最优状态的条件

4. 社会福利最大化的最优选择

实际上，在生产可能性曲线上符合生产与交换条件的帕累托最优状态可能有无穷多个，那么，哪一个是社会福利最大化点？这要借助于社会无差异曲线。假定社会无差异曲线是个人效用的加总，且凸向原点，那么，社会无差异曲线与福利边界曲线的切点决定社会的最大福利点。在图 6-12 中，*UU* 为社会福利边界，WW 为社会无差异曲线。在不同效用水平的社会无差异曲线中，总有一条会与既定的社会福利边界相切，如 W_1W_1 与 UU 切于点 E，点 E 代表了社会最大福利。

5. 完全竞争一般均衡就是帕累托最优状态

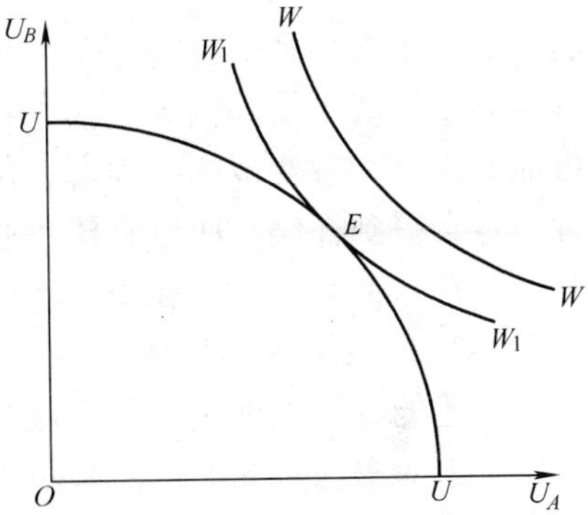

图 6-12　最大社会福利

在完全竞争条件下，对产品 X，Y 的消费者 A 来说，效用最大化的条件是这两种产品的边际替代率等于其价格比（$MRS_{XY}^{A}=\frac{P_X}{P_Y}$），同理，对消费者 B、C……也有 $MRS_{XY}^{B}=\frac{P_X}{P_Y}$，$MRS_{XY}^{C}=\frac{P_X}{P_Y}\cdots$，可见，产品 X，Y 的均衡价格达到了交换的帕累托最优状态，即：$MRS_{XY}^{A}=MRS_{XY}^{B}=\cdots=\frac{P_X}{P_Y}$。

在完全竞争条件下，对产品 X，Y 的生产者 A 来说，利润最大化的条件是投入要素 L，K 的边际技术替代率等于其价格比（$MRTS_{LK}^{A}=\frac{W}{R}$），同理，对生产者 B，$C\cdots$也有 $MRTS_{LK}^{B}=\frac{W}{R}$，$MRTS_{LK}^{C}=\frac{W}{R}\cdots$，可见，要素 L，K 的均衡价格达到了生产的帕累托最优状态，即：$MRTS_{LK}^{A}=MRTS_{LK}^{B}=\cdots=\frac{W}{R}$。

生产可能性曲线上任何一点的边际技术替代率是曲线在这一点切线的斜率，即 $MRT_{XY}=-\frac{\mathrm{d}Y}{\mathrm{d}X}$。而我们知道，$-\frac{\mathrm{d}Y}{\mathrm{d}X}=\frac{P_X}{P_Y}$，故 $MRS_{XY}=\frac{P_X}{P_Y}=MRT_{XY}$。可见，产品 X，Y 的均衡价格达到了生产和交换的帕累托最优状态。完全竞争一般均衡就是帕累托最优状态。

现代福利经济学家认为，在资本主义自由竞争的市场机制下，实现资源配置最优化是达到社会福利最大化的唯一途径。

（三）补偿原则论

古典福利经济理论认为增进社会福利必须依靠社会进步，但根据他们的分析，社会进步却降低了社会福利，从而使古典理论陷入了死胡同。现代福利经济学家针对古典理论的缺陷提出了补偿原则论。

补偿原则论认为，在经济变革中既有受益者，也有受损者，可以通过经济政策用受益者新增的部分收益对受损者给予补偿，使后者能够保持原有的经济地位，从而达到在维持后者福利现状的基础上使前者福利变好，因此，总社会福利仍然是增长的。但是，如果得不偿失——受益者所得补偿不了受损者所失，或者等于所失，受益者在向受损者补偿之后自己没有剩余，变革则不可取。

补偿原则论认为效率第一，只要坚持效率优先原则，国民收入就会得到较快的增长，个人福利也会得到普遍提高。因此，并不要求每一次经济变革之后受益者都向受损者作出补偿，因为，在动态的经济变革中，上一次变革中的受益者很可能成为下一次变革的受损者，反之，亦然。可见，补偿原则论假定长期中受损者一定会得到补偿，所以补偿不必实际进行，个人福利状况的改善只是先后的问题，没有永久的受损者和受益者。

（四）“社会福利函数”论

上述的补偿原则论在分析社会福利时强调效率指标，回避了分配问题。实际上，个人对福利状况的价值判断以及分配问题对福利的影响很大，影响福利的因素是多元的，并基于此提出了“社会福利函数”的概念。社会福利函数有两个层次，首先是个人的福利函数，其次是社会福利函数，如图 6-13 所示。

社会福利函数的层次	
第一层次——个人福利函数 ■ 个人的福利（U）受到一系列因素的影响 ■ $U=U(q_1, q_2, q_3, \cdots, q_n)$ ■ 其中，q_n 是第 n 种因素给个人带来的效用水平，效用累计得到个人福利总和 ■ 个人福利水平的差异性：各因素对不同的人而言，在个人福利总和中所占的比重不同（优先顺序，排列组合等） ■ 个人最优福利状态的唯一性：只有一种排列组合能使福利总水平达到最高	第二层次——社会福利函数 ■ 全部个人福利的总和构成社会福利（W），社会福利是所有个人福利水平的函数 ■ $W=W(U_1, U_2, \cdots, U_n)$ ■ 其中，U_n 表示第 n 个人的福利水平 ■ 社会福利最大化的条件：所有个人福利的最大化 ■ 社会福利最大化的途径 • 国民收入最大化 ✧ 社会资源配置最优化 ✧ 生产效率最大化 • 国民收入分配最优化 ✧ 符合社会所接受的占主导地位的道德标准（社会偏好次序）的分配，非分配均等化

图 6-13 社会福利函数的层次

三、福利经济政策

福利经济学的观点影响着福利国家的经济政策，如图 6-14 所示。

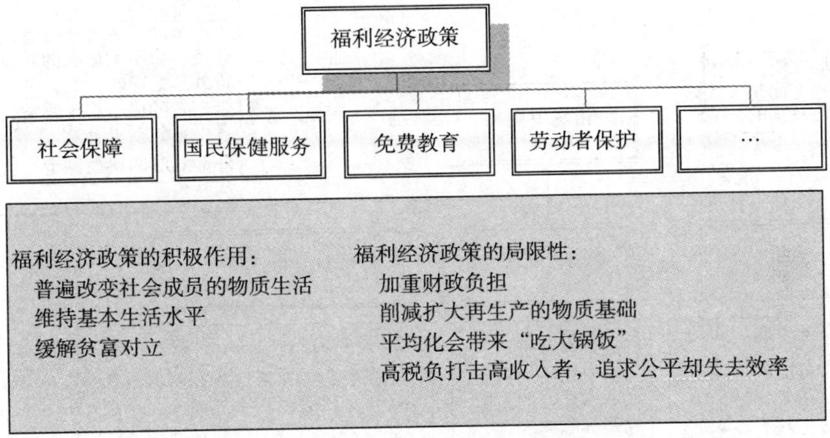

图 6-14　福利经济政策的内容及影响

第三节　市场缺陷与政府作用概述

在社会市场经济条件下，市场和政府都是资源配置方式。追求效率的市场机制的资源配置功能却并不是万能的，市场机制具有本身固有的缺陷——市场失灵和市场缺陷，这为政府介入市场运行提供了理论依据。

一、市场失灵和市场缺陷

1. 市场失灵

市场失灵是指市场在资源配置方面的无效率或缺乏效率。引起市场失灵的因素如图 6-15 所示。

考虑政府为什么要关闭小的炼油厂？由图 6-16 可知，小的炼油厂的生产带来负外部效应，因为考虑到其对社会造成的损害后，边际社会成本 *MSC* 和边际收益 *MB* 确定的均衡社会效率产量 Q^* 小于由小炼油厂边际私人成本 *MPC* 和边际收益 *MB* 确定的均衡私人效率产量 Q。边际社会成本 *MSC* 是边际私人成本 *MPC* 和边际损害 *MD* 之和，边际私人成本和边际社会成本的偏离就导致了小炼油厂生产的负外部效应。在没有政府干预时，边际损害 *MD* 作为小炼油厂给社会造成的成本没有得到补偿，因此，私人效率产量 Q 是缺乏社会效率的。政府的作用就在于通过采取措施，使 *MD* 内化于生产过程中，达到有社会效率的产量 Q^*，产

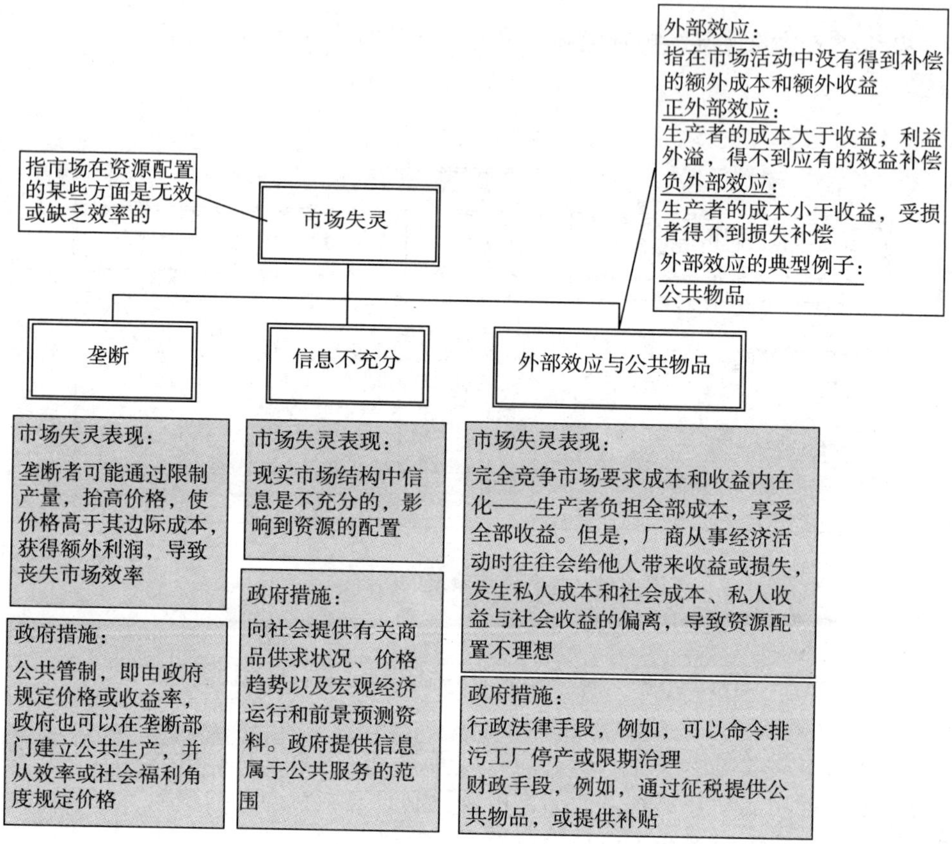

图 6-15　市场失灵

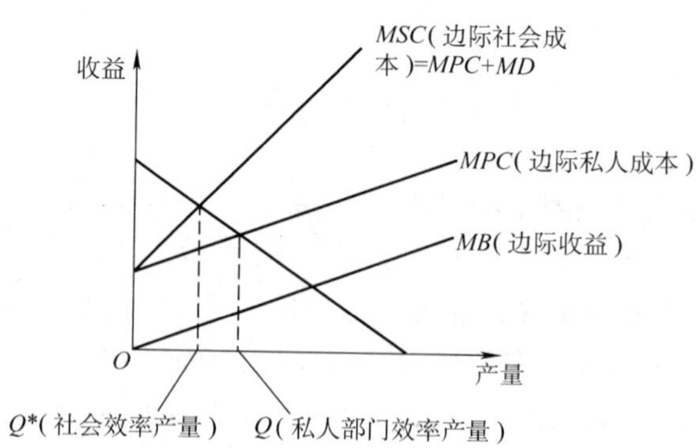

图 6-16　负外部效应

量 Q^* 是将炼油厂的负外部效应内部化的产量。

考虑由政府出资修建道路的例子。由图 6-17 可知，在完全竞争市场上，私人部门生产者的边际效用 *MPU* 小于社会边际效用 *MSU*，因此，由私人部门修建道路的私人效率产量为 Q，显然小于考虑社会效用时的社会效率产量 Q^*，所以需要政府干预使产量保持在有社会效率的 Q 水平，从而使由边际社会效用 *MSU* 与边际私人效用 *MPU* 的偏离导致的正外部效应得到补偿，即社会效用的内部化。

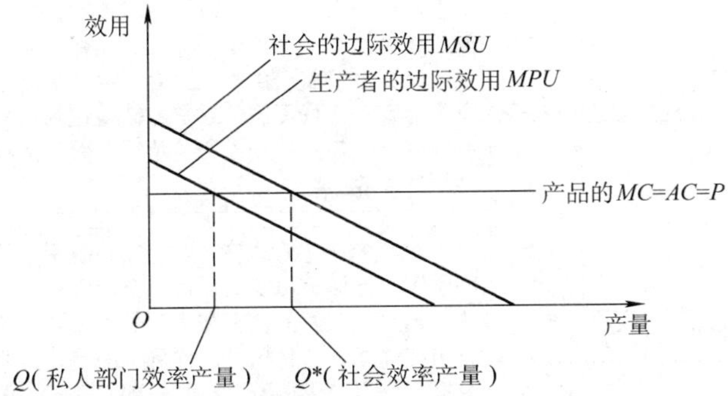

图 6-17　正外部效应

总之，完全竞争市场要求成本和收益内在化，产品生产者要负担全部成本，同时全部收益归生产者所有。在相互作用的经济单位中，一个经济单位对其他经济单位产生正的或负的外部效应，而该单位又没有从其他单位获得报酬或未向其他单位支付补偿，就会发生私人成本和社会成本的偏离、私人收益和社会收益的偏离。

存在负外部性时：社会效率产量应该小于体现私人效率的现定产量，但因为生产现定产量私人的成本小于收益，因此有利可图。但受损者没有得到相应补偿，因此需要政府的干预：比如征税、行政和法律手段等（停产、限期治理污染等）。

存在正外部性时，社会效率产量应该大于体现私人效率的现定产量，但因为生产社会效率产量使得生产者的成本大于收益，在得不到应有的效益补偿时，会导致现定产量小于社会效率产量，所以需要政府的干预，比如通过补贴来刺激产量的增加。

2. 市场缺陷

市场缺陷的表现形式如图 6-18 所示。

二、政府的经济作用

1. 政府在经济发展中的作用

政府在经济发展中的作用如下：

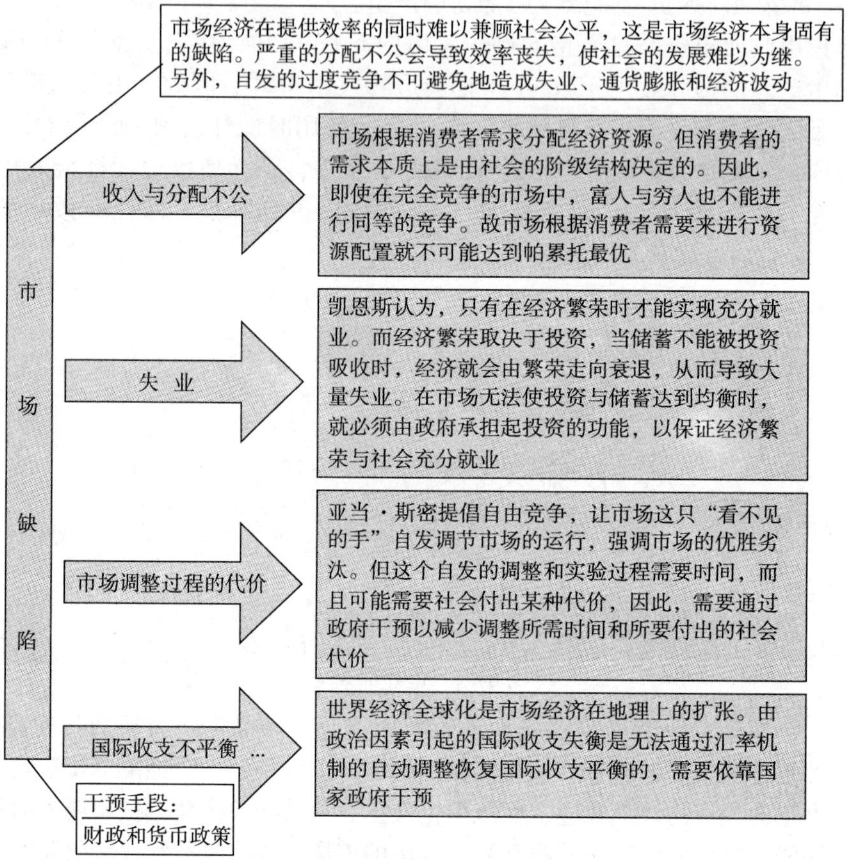

图 6-18 市场缺陷

- ■ 通过政策、法律为竞争制定规则，创造公平、公开、公正的竞争环境；
- ■ 稳定宏观经济环境，建立稳定、健全的金融货币政策，稳定价格，稳定利率；
- ■ 加强交通、通信、能源等基础建设，完善公共设施；
- ■ 为企业和公众提供市场信息，特别是国际市场信息服务；
- ■ 重视对教育的投资；
- ■ 科研及新技术、新产品开发；
- ■ 建立社会保障体系、完善劳动力和人才市场、促进劳动力合理流动。

2. 政府干预市场的目的

政府干预市场的目的是为了提供公共物品满足公共需要。公共物品是和私人物品对应的。从商品和服务的供给渠道来看，在市场经济体制下，供给的主渠道是市场，凡是市场上有的东西人们可以到商店里购买。但是，由于存在市场失灵，有些商品和服务市场不能提供，或不适于由市场提供，则必须由政府系统通过本身的特殊运行机制来提供。因此，人类社会需要的各式各样的商品和服务，依据需要主体和提供渠道的不同，可以划分为公共物品和私人物品两类。一般来讲，私人物品由市场提供更有效率，公共物品由政府提供更有效率。私人物品和公共物品的比较如表 6-2 所示。

表 6-2 私人物品与公共物品的比较

	私 人 物 品	公 共 物 品
功能	满足私人需要	满足公共需要
特征	能分割并可分别提供给不同的人 成本收益内在化，无外部性	不论人们是否愿意购买，其所提供的好处不可分割地散布到整个社区 具有极强的外部性
提供主体	市场	以政府为代表的国家机构等公共部门

社会公共需要由政府满足还基于社会公共需要的自身特征。社会公共需要在任何社会形态中都存在，因此，政府对市场经济的干预是任何市场经济国家都需要的，不是社会主义市场经济的特殊之需。社会公共需要的特征如下：

- 是社会公众在生产、生活和工作中的共同需要，它不是普通意义上的人人有份的个人需要或个别需要的简单加总，而是就整个社会而言，为了维持一定的社会经济生活，为了维持社会再生产的正常运行，也为了维护市场经济的正常秩序，必须由政府集中执行和组织的社会职能的需要；
- 是每一个社会成员可以无差别地共同享用的需要，一个或一些社会成员享用并不排斥其他社会成员享用；
- 社会成员享用社会公共需要也要付出代价（如交税或付费），但这里的规则不是等价交换原则，各社会成员的付出与其所得是不对称的，不能说谁多付出就多享用，少付出就少享用，不付出就不享用；
- 满足社会公共需要的物质手段只能来自社会产品的剩余部分，如果剩余产品表现为价值形态，就只能是对“M”部分地抽取。

3. 政府干预市场的手段

政府干预市场的手段如下：

- 行政、法律手段
  - ✧ 制定市场法规，规范市场行为；
  - ✧ 制定发展战略和中长期规划，制定经济政策，引导和调节经济运行；
  - ✧ 直接采取行政手段，如规定产品价格，实行公共管制，命令造成污染的厂商停产或限期治理等；
  - ✧ 依法管制涉及产权、契约，行业的进入与退出，价格（收费），数量和质量，资源与环境，会计与统计和社会保障等诸多方面。

- ■ 组织公共生产和提供公共物品
  - ✧ 公共生产指由政府出资（即由预算拨款）兴办的所有权归政府所有的工商企业和单位；
  - ✧ 按广义的生产概念，既包括生产有形产品和服务的工商企业，也包括提供无形产品和服务的医院、学校、文艺团体以及政府机关和国防部门；
  - ✧ 政府组织公共生产不仅是出于提供公共物品的目的，而且是出于有效调节市场供求和经济稳定的目的。比如，在垄断部门建立公共生产，并从效率或社会福利角度规定价格。
- ■ 财政手段
  - ✧ 财政既不直接生产公共物品，也不直接提供公共物品，而是以税收、收费、国债等形式筹集收入，又通过投资、公共支出、补贴等形式形成支出，并通过财政政策调节经济的运行。

4. 政府机制的缺陷和干预失效

如同市场机制存在失灵和缺陷一样，政府机制也存在缺陷和干预失效的问题。政府的运行总是以政治权力为基础和前提，而经济是政治的基础，政治权力不能创造财富，却可以支配财富，甚至凌驾于经济之上支配经济，这正是政府机制的缺陷和政府干预失效的原因：

- ■ 提供经济信息不及时甚至失真；
- ■ 政治决策失误，大的方面包括发展战略，小的方面包括一个投资项目的选择，而决策失误会造成难以挽回的巨大损失；
- ■ 由于滥用权力而导致的寻租行为，等等。

政治体制和经济体制是相辅相成的，政治体制改革和经济体制改革必须相互适应，政治体制改革迟滞，必然会损害或丧失经济改革的效率并制约经济的发展。因此，建立“统一、高效、公正、廉洁”的政府，健全政府机制，转变政府职能，是经济改革的内在要求，也是社会经济发展的重要保证。

名词概念

局部均衡	一般均衡	埃奇沃思箱形图
瓦尔拉斯一般均衡模型	希克斯一般均衡模型	福利经济学
收入均等化	最优条件论	帕累托最优状态
基尼系数	社会福利最大化	补偿原则论
市场失灵	市场缺陷	垄断
信息不充分	外部效应	公共产品

要点回顾

- 局部均衡分析的是单个市场、居民户或企业的行为，条件是将其他市场和经济的其他部分的行为视为既定，即，假定某一商品、劳务或生产要素的价格只取决于其本身的供求，而不受其他商品、劳务和生产要素的价格和供求的影响；因而可以单独探讨某一商品、劳务或生产要素价格和数量的决定。
- 一般均衡分析是经济分析中所采用的一种理论分析方法，它与局部均衡分析相对应。与局部均衡分析不同，一般均衡分析假定一个社会的所有各种商品的供给、需求和价格，所有各种生产要素的供给、需求和价格，以及产品和生产要素的供求和价格，是相互依存相互作用的，考察的是全部家庭、企业和市场同时相互作用以解决如何生产、生产什么和为谁生产的问题。
- 福利经济学属于规范经济学，它探讨增进社会福利的各种途径，是政府政策选择的重要依据。由庇古（A. C. Pigou）完成的旧福利经济学，以基数效用为理论基础，采用局部均衡分析方法，研究国民收入的增长及其分配。以帕累托（V. Pareto）为代表的新福利经济学，以序数效用为理论基础，采用一般均衡分析方法，研究社会资源的最优配置。
- 市场失灵是指市场在资源配置的某些方面是无效或缺乏效率的，与市场效率。市场失灵主要体现在存在垄断、信息不充分和外部效应与公共物品等领域。
- 市场缺陷指，市场机制本身存在固有的缺陷，市场经济在提供效率的同时难以兼顾社会公平。一个社会的发展，公平与效率是密不可分的两个方面，一旦出现严重的分配不公，贫富差距过于悬殊，也就失去了社会效率。另外，自发的过度竞争不可避免地造成失业、通货膨胀和经济波动。市场缺陷主要表现在收入与财富分配不公、失业问题、市场调整过程的代价、国际收支平衡问题和经济波动等方面。

课后练习

一、单项选择题

1. 埃奇沃思箱形图用几何图形来分析(　　)问题。

   A. 一般均衡分析　　B. 局部均衡分析

   C. 经济增长　　D. 调节经济运行

2. 瓦尔拉斯一般均衡模型假定所有产品市场和要素市场都是(　　)。

A. 完全竞争　　B. 完全垄断

C. 寡头垄断　　D. 垄断竞争

3. 福利经济学属于(　　)。

A. 规范经济学　　B. 实证经济学

C. 劳动经济学　　D. 宏观经济学

二、多项选择题

1. 希克斯一般均衡模型要研究哪些均衡?(　　)

A. 生产的均衡　　B. 交换的均衡

C. 生产与交换的均衡　　D. 消费的均衡

2. 希克斯一般均衡模型的图解表述借助于哪些工具?(　　)

A. 平面坐标系　　B. 契约曲线

C. 埃奇沃思箱形图　　D. 平均线

3. 庇古的主张有(　　)。

A. 收入均等化　　B. 优化资源配置

C. 人力资本投资　　D. 经济增长政策

4. 帕累托最优状态的条件有(　　)。

A. 生产的最优条件　　B. 交换的最优条件

C. 交换和生产的最优条件　　D. 平等的条件

5. 社会福利函数有两个层次(　　)。

A. 个人福利函数　　B. 社会福利函数

C. 生产函数　　D. 消费函数

6. 市场资源配置的无效率是由(　　)引起的。

A. 市场失灵　　B. 市场缺陷

C. 市场自由　　D. 市场法制

7. 外部性根据受益和受损的情况可以分为(　　)。

A. 正外部效应　　B. 负外部效应

C. 外部经济　　D. 外部不经济

8. 下列哪些因素会导致市场缺陷?(　　)

A. 收入分配不公　　B. 失业问题

C. 国际收支不平衡　　D. 财富分配不公

9. 政府干预市场的手段有(　　)。

A. 行政、法律手段　　B. 组织公共生产

C. 提供公共物品　　D. 财政手段

三、填空题

1. 基尼系数是用来衡量__________的指标。

2. 瓦尔拉斯的一般均衡模型由__________和__________两组方程构成。

3. 政府干预市场的目的是基于提供公共物品和满足__________。

四、简答题

1. 一般均衡分析和局部均衡分析的区别？
2. 一般均衡的经济含义？
3. 一般均衡模型有哪些？
4. 现代福利经济学理论有哪些？
5. 帕累托最优状态的条件？
6. 政府干预市场经济运行的原因、手段和效果？

参考答案

一、单项选择题

1. A　　2. A　　3. A

二、多项选择题

1. ABC　　2. ABC　　3. AB　　4. ABC　　5. AB
6. AB　　7. ABCD　　8. ABCD　　9. ABCD

三、填空题

1. 社会财富分配平均程度　2. 产品需求、产品供给　3. 公共需要

四、简答题

1. 答题参考

局部均衡分析的是单个市场、居民户或企业的行为，条件是将其他市场和经济的其他部分的行为视为既定，即，假定某一商品、劳务或生产要素的价格只取决于其本身的供求，而不受其他商品、劳务和生产要素的价格和供求的影响；因而可以单独探讨某一商品、劳务或生产要素价格和数量的决定。

一般均衡分析是经济分析中所采用的一种理论分析方法，它与局部均衡分析相对应。与局部均衡分析不同，一般均衡分析假定一个社会的所有各种商品的供给、需求和价格，所有各种生产要素的供给、需求和价格，以及产品和生产要素的供求和价格，是相互依存相互作用的，考察的是全部家庭、企业和市场同时相互作用以解决如何生产、生产什么和为谁生产的问题。

2. 答题参考

（1）企业。企业作为产品的供给者，对某种产品的产量和供给量是所有产品价格和要素价格的函数。而作为要素的需求者，对某种要素的需求量也是所有产品价格和要素价格的函数。企业对各种产品供给量与其价格乘积之和构成企业的总收益，企业对各种要素需求量与其价格乘积之和构成总成本，总收益与总成本之差为利润。企业在生产函数和要素价格的约束下，选择最优的产品供给量和要素需求量，以求利润最大化。均衡条件为：$\frac{MP_L}{W}=\frac{MP_K}{R}=\cdots$，将每个企业对某种产品的供给和某种要素的需求分别进行加总，便可得到这种产品的市场供给和这种要素的市场需求。

（2）家庭。家庭作为产品需求者，对某种产品的需求量是所有产品价格和要素价格的函数。而作为要素供给者，对某种要素的供给量也是所有产品价格和要素价格的函数。家庭对各种产品的需求量和要素的供给量构成家庭的效用函数。家庭对各种产品的需求量与其价格乘积之和，等于家庭对各种要素的供给量与其价格乘积之和，从而构成家庭的预算约束，即预算线。家庭在预算约束下选择最优的产品需求量和要素供给量，追求效用最大化。均衡条件为$\frac{MU_X}{P_X}=\frac{MU_Y}{P_Y}=\cdots$，将每个家庭对某种产品的需求和对某种要素的供给分别进行加总，就可以得到该产品的市场需求和该要素的市场供给。

（3）市场。产品市场与要素市场的需求和供给是综合研究产品市场和要素市场一般均衡的要件。若将产品和要素都看作商品，则每种商品的供求函数都可以表示为所有商品价格的函数。一旦所有商品市场同时达到供求均衡，整个经济就达到了一般均衡状态，用函数表示为：

$$Q_{d1}(P_1,P_2,\cdots,P_n) = Q_{s1}(P_1,P_2,\cdots,P_n)$$
$$Q_{d2}(P_1,P_2,\cdots,P_n) = Q_{s2}(P_1,P_2,\cdots,P_n)$$
$$\cdots\cdots$$
$$Q_{dm}(P_1,P_2,\cdots,P_n) = Q_{sm}(P_1,P_2,\cdots,P_n)$$

3. 答题参考

一般均衡模型有瓦尔拉斯一般均衡模型和希克斯一般均衡模型。

4. 答题参考

现代福利经济学的理论有序数效用与有关福利评价的三个命题、最优条件论、补偿原则论和“社会福利函数”论。

5. 答题参考

（1）生产的最优条件。帕累托最优状态的生产条件与交换条件相似。假定一个社会拥有一定禀赋要素，并存在某种初始分配，帕累托最优状态要求这些生产要素在生产者之间的配置，通过调整满足下述条件：$MRTS_{LK}^{X}=MRTS_{LK}^{Y}=\cdots=\frac{W}{R}$，其中，$MRTS_{LK}^{X}$表示生产产品 X 的两种要素 L，K 的边际技术替代率，W/R 表示要素 L，K 的价格之比，是与产品无关的常数。该条件即，对所有生产者来说，任何生产要素的边际技术替代率彼此相等。

（2）交换的最优条件。帕累托最优要求社会最终产品在消费者之间的分配，通过交换满足下述条件：$MRS_{XY}^{i}=MRS_{XY}^{j}=\cdots=\frac{P_X}{P_Y}$，其中，$MRS_{XY}^{i}$表示消费者 i 消费产品 X 与 Y 的边际替代率，P_X/P_Y 表示产品 X 与 Y 的价格之比，是与消费者无关的常数。该条件即，对所有消费者来说，任何产品的边际替代率彼此相等。

（3）交换与生产的最优条件。符合交换的最优条件只说明消费最有效率；符合生产的最优条件只说明生产最有效率，只有交换和生产都达到最优才说明整个资源配置也达到了最优。帕累托最优的第三个条件是将交换与生产同时达到最优的条件。帕累托最优要求在生产可能性边界上的产品组合符合下述条件：$MRS_{XY}^{i}=MRS_{XY}^{j}=\cdots=MRT_{XY}$，其中，$MRS_{XY}$指产品 X，Y 的边际替代率，MRT_{XY}指产品 X，Y 的边际技术替代率。该条件即，对于任何产品来说，边际替代率与产品转换率相等。对于任何产品来说，如果 MRT 不等于 MRS，就可以多生产一些产品而少生产另一些产品，从而社会成员的福利得到改善。例如，若所有成员对产品 X，Y 的边际替代率等于1，即 $MRS_{XY}^{i}=MRS_{XY}^{j}=\cdots=1$，产品 X，Y 的边际技术替代率 $MRT=2$，那么就可以多生产 Y 少生产 X，将一个 X 转换为两个 Y，从而增加社会成员的福利。

6. 答题参考

（1）原因。在社会市场经济条件下，市场和政府都是资源配置方式。市场是一种有效率的运行机制，但市场的资源配置功能不是万能的，市场机制具有本身固有的缺陷，经济学称为“市场失灵”和“市场缺陷”。“市场失灵”和“市场缺陷”为政府介入或干预市场提供了必要性和合理性的依据。

（2）政府干预市场的手段。行政、法律手段、组织公共生产和提供公共物品、财政手段。

（3）政府机制的缺陷和干预失效。如同市场机制存在失灵和缺陷一样，政府机制也存在缺陷和干预失效的问题。政府缺陷和失效可能表现在多方面，例如，提供经济信息不及时甚至失真；政治决策失误，大的方面包括发展战略，小的方面包括一个投资项目的选择，而决策失误会造成难以挽回的巨大损失；特别值得重视的是，在市场经济特征下，几乎不可避免地会产生由于滥用权力而导致的寻租行为，也就是公务员特别是领导人员，凭借人民赋予他的政治权力，谋取私利，权钱交易，化公为私，受贿索贿，为“小集体”谋福利，纵容亲属从事非法商业活动，等等。因此，建立“统一、高效、公正、廉洁”的政府，健全政府机制，转变政府职能，是经济改革的内在要求，也是社会经济发展的重要保证。

本章参考文献

[1] 陈共．财政学［M］．北京：中国人民大学出版社，2002.

[2] 李致平，等．现代西方经济学［M］．合肥：中国科学技术大学出版社，2002.

[3] 司春林，等．宏观经济学［M］．上海：上海财经大学出版社，2002.

[4] 徐康宁，等．宏观经济学［M］．北京：石油工业出版社，2003.

[5] 石良平．宏观经济学［M］．北京：高等教育出版社，2000.

[6] 蔡继明．宏观经济学［M］．北京：人民出版社，2002.

[7] 布兰查德．宏观经济学［M］．钟笑寒，等译．北京：清华大学出版社，2002.

[8] 黎诣远．西方经济学［M］．北京：高等教育出版社，1999.

[9] 李汉君．西方经济学［M］．北京：中国商业出版社，1997.

第七章　宏观经济政策

核心内容

本章以政府的宏观经济政策目标为切入点，以财政政策和货币政策为主线，以简明扼要的表述方式对以下内容进行了系统介绍，其中包括：

- 宏观经济目标；
- 财政政策；
- 货币政策。

教学目的

通过本章的学习，使学生了解掌握以下内容：

- 掌握宏观经济政策目标的内容；
- 掌握财政政策的内容；
- 掌握货币政策的内容。

第一节　宏观经济政策目标和政府行为

一、宏观经济政策目标

宏观经济政策是指国家或政府为了增进社会经济福利而制定的解决经济问题的指导原则和措施，是政府有意识、有计划地运用一定的政策工具，调控宏观经济运行，以达到一定的政策目标。一般认为，物价稳定、充分就业、经济增长和国际收支平衡是宏观经济政策的四大目标。

（一）物价稳定

物价稳定指物价总水平的稳定。物价的变化表明了货币购买力的变化。通常用来衡量物价变化的指标有：GNP 缩减指数、消费者物价指数、生产者物价指数。在不同的国家，不同的社会经济条件下，人们对物价上涨的承受能力是不同的，因此，衡量物价稳定与否的标准也是迥异的。但是，任何国家都不愿意物价水平不断上涨，总想把物价的上涨幅度控制在该国人民能承受的限度以内。那么，最优通货膨胀率到底应该是多少？在大多数的经合组织国家中，通货膨胀已经下降到了非常低的水平，中央银行仍在努力达到零通货膨胀，即价格稳定，因为他们认为通货膨胀成本很高；但也有很多国家要保持很低但为正数的通货膨胀率，因为他们认为通货膨胀能带来很多好处。

1. 通货膨胀效应

铸币收入。铸币收入是指从货币增长中得到的收入，它能减少政府的税收额度。货币创造是通货膨胀的根源，是政府为其支出融资的渠道之一，它是对向公众借款或者增税的一种替代。通常，政府并不直接创造货币以支付政府支出，而是通过发行和销售债券，用所得收入来应付支出。但是如果债券被中央银行购买了，并通过创造货币来应付支出，就产生了铸币收入，用 H 表示基础货币，则：

$$\frac{\text{铸币收入}}{Y} = \frac{\Delta H}{PY} = \frac{\Delta H}{H}\frac{H}{PY}$$

其中，$\Delta H/H$ 表示基础货币的增长率，H/PY 表示基础货币对（名义）GDP 的比率。

实际利率为负。实际通货膨胀和预期通货膨胀为正时，中央银行能够达到负的实际利率，以抵抗衰退。债券的名义利率不能为负，否则债券持有人会选择直接持有货币。因此，名义利率的底限是零。实际利率等于名义利率减去预期通货膨胀率。如果通货膨胀和预期通货膨胀都是正的，则实际利率可以为负；如果通货膨胀率和预期通货膨胀率都为零，则实际利率可以达到的最小值也只是零；但如果存在实际通货紧缩以及预期通货紧缩，实际利率一定是正的。因此，通货膨胀率越低，实际利率的底线越高，货币政策在增加需求和结束衰退方面的作用越有限。下面用公式表达这个过程：

$$R = I - \pi^e$$

$$I \geqslant 0 \Rightarrow R \geqslant -\pi^e$$

$$\pi^e < 0(\text{通货紧缩}) \Rightarrow R > 0$$

其中，R 为实际利息率，I 为名义利息率，π^e 为预期通货膨胀率。

通货紧缩的负面效应。此时，尽管名义利率很低，但预期的通货紧缩却意味着很高的实际利率。20 世纪 90 年代后，日本中央银行面对经济活动的急剧减弱，将短期名义利率降到了接近零的水平。但是随着经济活动的减弱，通货膨胀转变成了通货紧缩，导致实际利率为正。日本经济本该从较低的实际利率中获益，但日本中央银行却无法将名义利率降到零以下。

通货膨胀率为正时，企业能够削减实际工资而不需要削减名义工资。能在不打击劳动者生产积极性的前提下降低企业生产成本，保持甚至扩大利润空间。通货膨胀效应如下：

■ 铸币收入

✧ 定义：指从货币增长中得到的收入，它能减少政府的税收额度；

✧ 产生机理：政府并不直接创造货币以支付政府支出，而是通过发行和销售债券，用所得收入来应付支出。但是如果债券被中央银行购买了，并通过创造货币来应付支出，就产生了铸币收入；

✧ 货币创造是通货膨胀的根源，是政府为其支出融资的渠道之一，它是对向公众借款或者增税的一种替代。

■ 实际利率为负

✧ 实际利息率、名义利息率和预期通货膨胀率之间的关系：$R=I-\pi^e$，其中 R 为实际利息率，I 为名义利息率，π^e 为预期通货膨胀率；

✧ 实际利率为负的机理：名义利率的底限是零，如果实际通货膨胀和预期通货膨胀为正时，中央银行能够达到负的实际利率，以抵抗衰退；反之，存在通货紧缩时，实际利率一定为正，货币政策在增加需求和结束衰退方面的作用非常有限。

■ 其他

✧ 通货膨胀率为正时，企业能够削减实际工资而不需要削减名义工资。能在不打击劳动者生产积极性的前提下降低企业生产成本，保持甚至扩大利润空间。

■ 反例——通货紧缩

✧ 20 世纪 90 年代后，日本中央银行面对经济活动的急剧减弱，将短期名义利率降到了接近零的水平。但是随着经济活动的减弱，通货膨胀转变成了通货紧缩，导致实际利率为正。日本经济本该从较低的实际利率中获益，但日本中央银行却无法将名义利率降到零以下。

2. 通货膨胀的成本

通货膨胀率确实能为经济体带来好处，但是，通货膨胀也给经济体带来一定成本。

通货膨胀的成本如下：

■ 税收扭曲

✧ 定义：通货膨胀和不完善的指数化税收体系的相互作用会导致税收扭曲。比如，累进税率下，名义收入（并非实际收入）增长导致人们攀升到高税率等级，称这种现象为税收潜移。政府支出也会随之扩大。

■ 货币幻觉

✧ 定义：是人们在评估名义变化和实际变化时所犯的系统性错误，通货膨胀的货币幻觉导致厂商和个人的错误决策，加大了人们决策的不确定性。

■ 通货膨胀的波动性

✧ 通货膨胀率越高，通货膨胀的波动性越大，个人和厂商决策的不确定性越大。

■ 皮鞋成本

✧ 定义：因为通货膨胀不断攀升，名义利率不断攀升，导致持有货币成本不断加大，因此人们经常光顾银行，不断光顾银行的行为被称为皮鞋成本。这一成本不是通货膨胀的主要成本。

（二）充分就业

较高的失业率不但造成社会经济资源的极大浪费，而且很容易导致社会动荡和政治危机，因此各国政府一般都将充分就业作为优先考虑的政策目标。充分就业指经济资源得到充分利用，劳动力市场不存在非自愿性失业。在充分就业状态下仍然存在的失业率被称为自然失业率。充分就业可以分为低度充分就业和高度充分就业。以美国为例，其正常失业率为4%，失业率为4%的就业为低度充分就业，失业率为3%的就业为高度充分就业。充分就业目标可分为短期充分就业目标和长期充分就业目标。短期充分就业目标是针对周期性失业的，长期充分就业目标是解决结构性失业的。如图7-1所示。

（三）经济增长

经济增长指在一个特定时期内经济社会所生产的人均产量和人均收入的持续增长。通常用一定时期内实际国民生产总值年增长率来衡量。经济增长会增加社会福利，但并不是增长率越高越好。这是因为，经济增长一方面要受到各种资源条件的限制，不可能无限地增长，尤其是对经济已经相当发达的国家更是如此；另一方面，经济增长也要付出代价，如环境污染、各种社会问题等。因此，经济增长应该是实现与本国具体情况相符合的适度经济增长。第二次世界大战后西方同家的经济增长经历了一个从高速增长到低速增长的历程，具体如下：

■ 经济增长率越高越好吗？经济增长会增加社会福利，但不是增长率越高

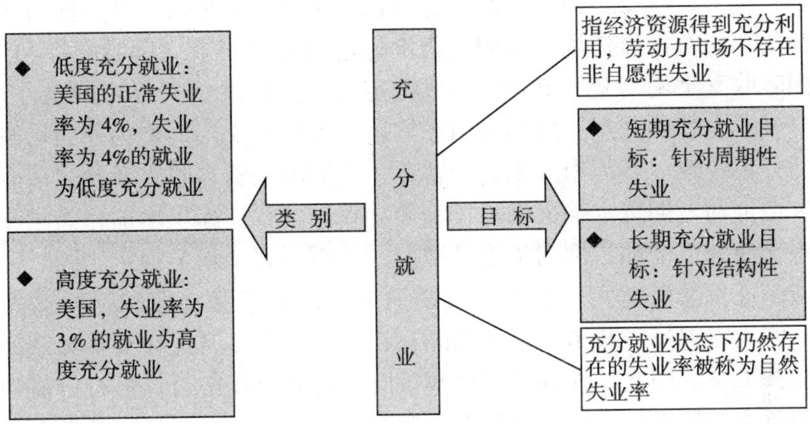

图 7-1 充分就业

越好。

✧ 经济增长受到各种资源条件的限制，不可能无限地增长；

✧ 经济增长要付出代价，如环境污染、各种社会问题等；

✧ 经济增长率与本国具体情况相符合的适度经济增长是好的。

（四）国际收支平衡

在经济全球化的背景下，国际经济交往增多，国际收支状况成为反映一国对外经济及国内经济的稳定程度。当国际收支处于失衡状态时，在浮动汇率制下会引起本币币值的波动，进而对国内经济产生冲击，影响国内就业水平、价格水平及经济增长。因此，国际收支平衡成为一国宏观经济政策的重要目标之一。

国际收支平衡的目标为汇率稳定、外汇储备有所增加、进出口平衡。国际收支平衡并不是消极地使一国在国际收支账户上经常项目收支与资本账户收支相抵，也不是消极地防止汇率和外汇储备变动，而是使一国外汇储备有所增加。适度增加外汇储备被看作是改善国际收支的基本标志之一。

中央银行的货币政策目标大体上有三种类型。①以维持物价稳定为核心的单一目标，如新西兰、德国、瑞士，虽然中央银行法中规定了调节通货及信用供给、金融稳定等目标，但没有维持充分就业与促进经济增长等内容。②以美国为首的发达国家，货币政策目标包括上述四大目标。③还有一些国家是把货币的稳定放在优先位置，同时兼顾经济增长目标。我国规定货币政策的最终目标是货币稳定并以此促进经济增长。

（五）宏观经济目标之间的关系

宏观经济政策四大目标之间既存在互补关系，也有交替关系。例如，经济增长与充分就业之间具有内在一致性，经济增长率高意味着失业率低。因此为了实现充分就业水平，就要维持必要的经济增长。交替关系是指一个目标的实现对另一个目标的实现有排斥作用。例如，物价稳定与充分就业之间就存在两难选择。此外，国际收支平衡与充分就业、物价稳定这些国内经济目标之间也存在矛盾，国内充分就业与物价稳定一般称为内在均衡，国际收支均衡称为外在均衡，内外均衡之间并不一致。若国内实现充分就业，人们的工资与收入上升，从而引起对商品需求增加和短期资本输出增加，结果导致国际收支赤字增加；而国际收支状况的改善又使外汇增加，国内货币量增加，从而不利于物价稳定。同时，为消除失业或抑制通货膨胀而实行扩张性或紧缩性货币政策又会使国际收支失衡。总之，以上四大宏观经济政策目标之间既存在互补关系，又存在交替关系，但常常表现为交替关系。因此，在制定经济政策时，必须对经济目标进行价值判断、权衡轻重缓急和利弊得失，确定目标的实现顺序和目标指数高低，使各个目标之间达到最佳的匹配组合，使所选择和确定的目标体系成为一个和谐、有机的整体。这种相互关系如图 7-2 所示。

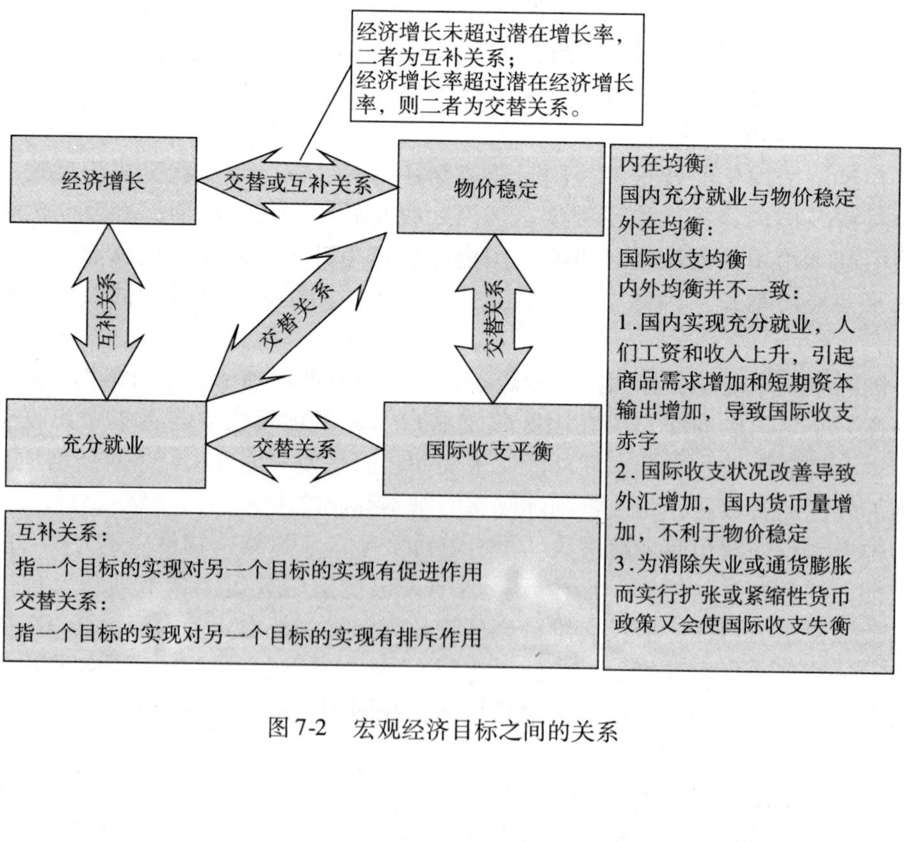

图 7-2　宏观经济目标之间的关系

二、政府宏观经济政策及其类型

宏观经济政策工具是用来达到政策目标的手段。在实现经济政策工具中，在不考虑对外经济交往的情况下，常用的有需求管理和供给管理政策。

1. 需求管理

需求管理是通过调节总需求来达到一定政策目标的宏观经济政策工具。需求管理是要通过对总需求的调节，实现总需求等于总供给，达到既无失业又无通货膨胀的目标。在总需求小于总供给时，经济中会由于需求不足而产生失业，这时就要运用扩张性的政策工具来刺激总需求；在总需求大于总供给时，经济中会由于需求过度而引起通货膨胀，这时就要运用紧缩性的政策工具来压抑总需求。需求管理包括财政政策与货币政策，具体如下：

■ 通过调节总需求实现总需求等于总供给，达到既无失业又无通货膨胀的目标

　✧ 总需求 < 总供给，用扩张性的政策工具刺激总需求；

　✧ 总需求 > 总供给，用紧缩性的政策工具抑制总需求。

■ 政策类型

　✧ 财政政策；

　✧ 货币政策。

2. 供给管理

供给管理是要通过对总供给的调节，来达到一定的政策目标。供给即生产，在短期内影响供给的主要因素是生产成本，特别是生产成本中的工资成本。在长期内影响供给的主要因素是生产能力，即经济潜力的增长。因此，供给管理包括控制工资与物价的收入政策、人力政策，以及促进经济增长的增长政策等，具体如下：

■ 通过调节总供给实现总需求等于总供给，达到既无失业又无通货膨胀的目标。

■ 影响供给的主要因素

　✧ 短期内：生产成本（特别是工资成本）；

　✧ 长期内：生产能力（即经济潜力的增长）。

■ 政策类型

　✧ 收入政策（控制工资与物价）；

　✧ 人力政策；

　✧ 经济增长政策；

　✧ 指数化政策。

三、供给管理政策

1. 收入政策

收入政策是政府为了降低一般价格水平上升的速度，采取的强制性或非强制性的限制货币工资和价格的政策。收入政策的目的在于影响或控制价格、货币工资和其他收入的增长率。收入政策的理论基础主要是成本推动通货膨胀理论。通货膨胀是由于成本增加，特别是由于工资成本的增加而引起的，所以，要制止通货膨胀就必须控制工资增长率，同时，控制价格 水平。其政策实施效应如下：

■ 政策类型

- ✧ 工资——物价冻结：政府采用法律手段禁止在一定时期内提高工资与物价；
- ✧ 税收刺激计划：以税收为手段来控制工资的增长；
- ✧ 工资与物价指导线：政府为了制止通货膨胀，根据劳动生产率和其他因素，规定出工资与物价上涨的限度，工会和企业要根据这一指导线来确定工资增长率，企业也要根据这一规定确定物价上涨率。如果工会或企业违反规定，使工资增长率和物价上涨率超过了这一指导线，政府就要以税收或法律形式对之进行惩罚。

2. 人力政策

人力政策又称就业政策，是一种旨在改善劳动市场结构，以减少失业的政策。人力政策又称就业政策，是一种旨在改善劳动市场结构，以减少失业的政策。人力政策主要体现在人力资本投资、协助工人进行流动、完善劳动力市场等三方面，具体如下：

■ 政策类型

- ✧ 人力资本投资：由政府或有关机构向劳动者投资，以提高劳动者的文化技术水平与身体素质，适应劳动力市场的需求；
- ✧ 协助工人进行流动：提供充分的信息，以及必要的物资帮助与鼓励，使劳动者在地区、行业和部门之间的流动有利于劳动的合理配置与劳动者人尽其才，减少由于劳动力的地区结构和劳动力的流动困难等原因造成的失业；
- ✧ 完善劳动力市场：失业产生的一个重要原因是劳动力市场的不完善，此项政策有利于降低失业，尤其是自然失业率。

3. 经济增长政策

从长期来看，影响总供给的最重要因素是经济潜力或生产能力。因此，提高经济潜力或生产能力的经济增长政策就是供给管理政策的重要内容。促进经济增长的政策是多方面的，主要有技术进步、增加劳动力的数量和质量、资本积累和计划化与平衡增长四个方面，具体如下：

■ 技术进步

✧ 国家对全国的科学技术发展进行规划与协调；

✧ 国家直接投资于重点科学技术研究工作；

✧ 政府采取鼓励科学技术发展的政策措施；

✧ 加强对科技人才的培养。

■ 增加劳动力的数量和质量

■ 资本积累

✧ 资本的增加可以提高资本——劳动比率，即提高每个劳动力的资本装备率，发展资本密集型技术，利用更先进的设备，以提高劳动生产率；

✧ 资本的积累主要来源于储蓄，可以通过减少税收，提高利息率等途径来鼓励人们储蓄。经验表明：凡是储蓄率高的国家，经济增长率也高。

■ 计划化与平衡增长

4. 指数化政策

指数化政策指的是为了消除通货膨胀引起的收入分配变动对经济的不利影响，而定期地调整各种收入的名义价值，使其实际价值保持不变，以对付通货膨胀的政策。指数化政策的措施主要有工资指数化和税收指数化两种，具体如下：

■ 定义：是为了消除通货膨胀引起的收入分配变动对经济的不利影响，而定期地调整各种收入的名义价值，使其实际价值保持不变，以对付通货膨胀的政策。

■ 政策措施

✧ 工资指数化：按通货膨胀率指数来调整名义工资，以保持实际工资水平不变；

✧ 税收指数化：按通货膨胀率指数来调整起征点与税率等级。

第二节 财政政策

财政政策是指一国政府为实现一定的宏观经济目标而调整财政收支规模和收支平衡的指导原则以及相应的措施。财政政策贯穿于财政工作的全过程，体现在收入、支出、预算平衡和国家债务等各个方面。所以，财政政策是由税收政策（又称财政收入政策）、支出政策、预算平衡政策、国债政策等构成的一个完整的政策体系。在我国的社会主义市场经济运行中，政府主要起着宏观调控的作用，其中财政政策是政府进行宏观经济调控的主要政策手段之一。

一、财政政策目标

财政政策目标是指财政政策所要实现的期望值。这个目标受财政政策作用范围和作用强度的制约；要求时间上的连续性和空间上的一致性和层次性；受社会、政治、经济、文化等环境和条件的制约，并取决于民众的偏好和政府的行为。因此，财政政策目标的确定不是一个随心所欲的过程，而是一个科学的、民主的选择或决策的过程。各国的财政政策目标迥异，即使同一个国家在不同时期财政政策也可能不同。我国财政政策目标如图 7-3 所示。

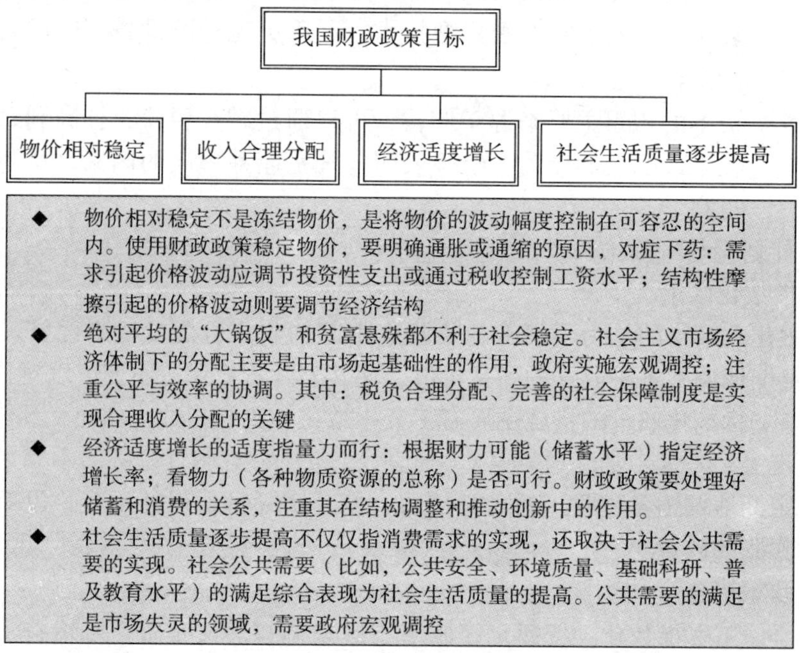

图 7-3　我国财政政策目标

1. 物价相对稳定

物价稳定是各国都追求的财政政策目标。物价相对稳定不是冻结物价，而是将物价的波动幅度控制在可容忍的空间内。在采取财政措施稳定物价时，首先要弄清楚通货膨胀或通货紧缩的原因，对症下药。如果物价波动由需求过旺或需求不足引起，则应该调节投资性支出或通过税收控制工资水平；如果物价波动由结构性摩擦构成，则必须从调节经济结构入手。

2. 收入分配合理

传统计划经济体制下以“吃大锅饭”为特征的平均分配主义抑制了劳动者

的生产积极性，不利于经济发展；但是，分配不合理，贫富悬殊过大又不利于社会稳定。社会主义市场经济下的分配主要由市场起基础作用，同时实施政府的宏观调控；既要充分调动社会成员的劳动积极性，又要防止贫富差距过大，需要进行公平与效率的协调。税收负担的合理分配、完善社会保障制度等是实现收入合理分配的关键。

3. 经济适度增长

适度指量力而行。首先要根据财力可能（储蓄水平）制定经济增长率。其次看物力（各种物质资源的总称）可能。财政政策在推进经济增长的过程中，一方面要在政策取向上注意处理好储蓄和消费的关系，保持适度的社会储蓄率；另一方面要充分认识到我国经济发展中的若干制约因素，注意发挥财政在结构调整和推进创新方面的作用。

4. 社会生活质量逐步提高

经济系统的最终目的是满足全体社会成员的需要，需要的满足程度，不仅取决于个人消费需求的实现，而且取决于社会公共需要的实现。这种公共需要的满足，综合表现为社会生活质量的提高。比如，公共安全、环境质量、基础科研、普及教育等水平的提高都标志着社会生活质量的提高。社会生活质量的提高仅靠市场无法实现，需要政府的宏观调控。

二、财政政策工具

财政政策工具是财政政策主体所选择的用以达到政策目标的各种财政手段，财政政策工具主要有税收、公债、公共支出、政府投资、财政补贴等，如图7-4所示。在税收方面，可以通过确定宏观税率、税负分配、税收优惠与税收惩罚作为调控手段；在公债方面，通过调整公债规模、持有人结构、期限结构、公债利率作为调控手段。政府投资是一种诱发性投资，能将基础瓶颈制约所压抑的民间部门的生产能力释放出来，从而产生投资的乘数效应。公共支出包括购买性支出和转移性支出，都保证了一定的消费需求。财政补贴通过影响价格调控制经济运行。

三、财政政策分类

财政政策的实施对经济稳定和经济发展都具有重要的作用，这是由国家财政在国民经济运行中所处的地位和财政功能所决定的。财政通过参与国民收入分配和再分配，与社会供需总量和结构发生密切的联系，这就使国家能够运用财政政策对其实行有效调节。为了保证国民经济持续稳定增长，财政政策必须“逆经济风向”进行相机抉择。当社会总需求大于社会总供给从而出现总需求膨胀时，政府就需要采取紧缩性的财政政策；相反，当社会总需求小于总供给，出现总供

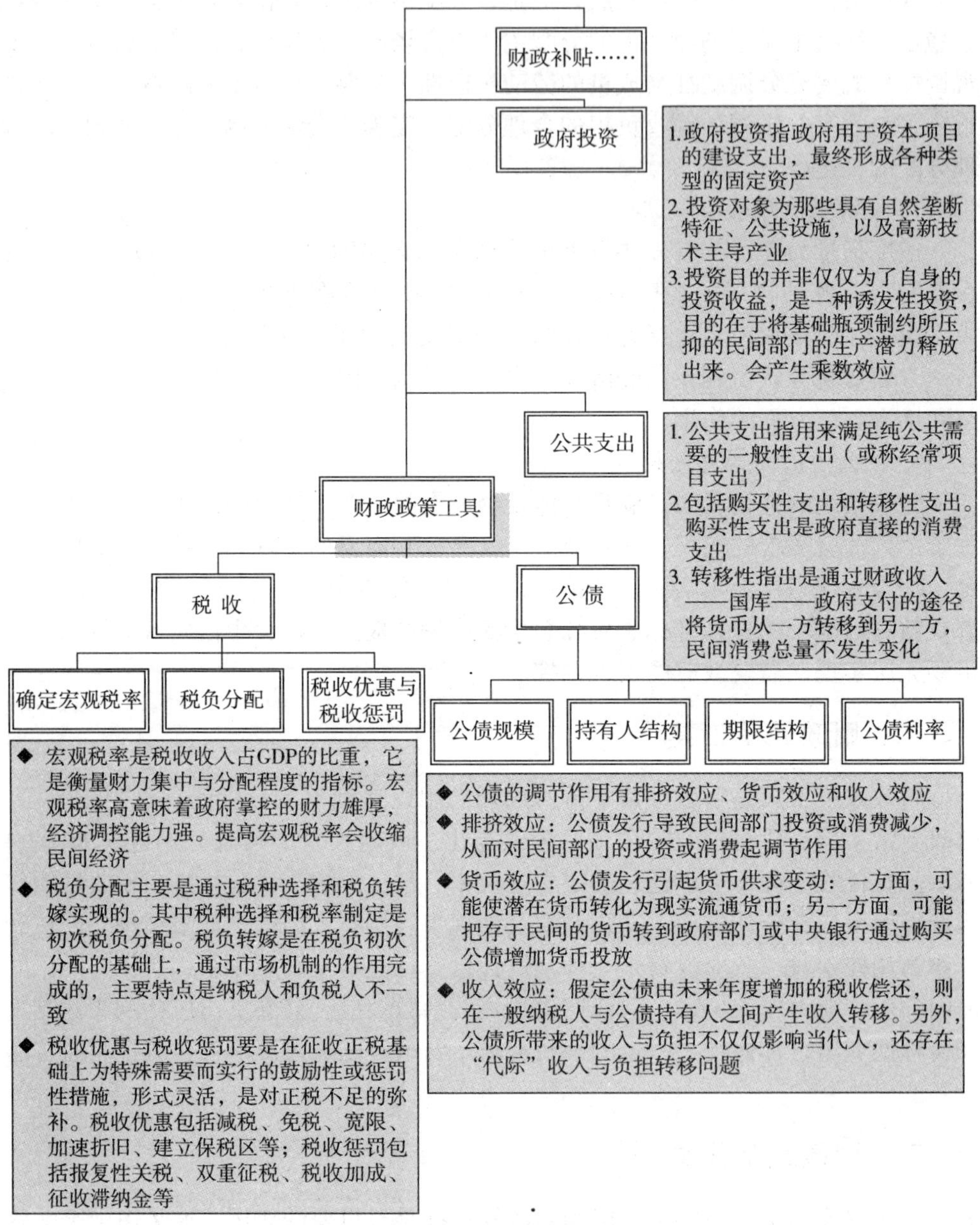

图 7-4 财政政策工具

给过剩时，政府就需要采取扩张财政政策。按照不同标准，财政政策可以有许多种分类，下面介绍以调节经济周期的作用、调节国民经济总量、财政赢余与赤字为标准的财政政策分类，如图 7-5 所示。

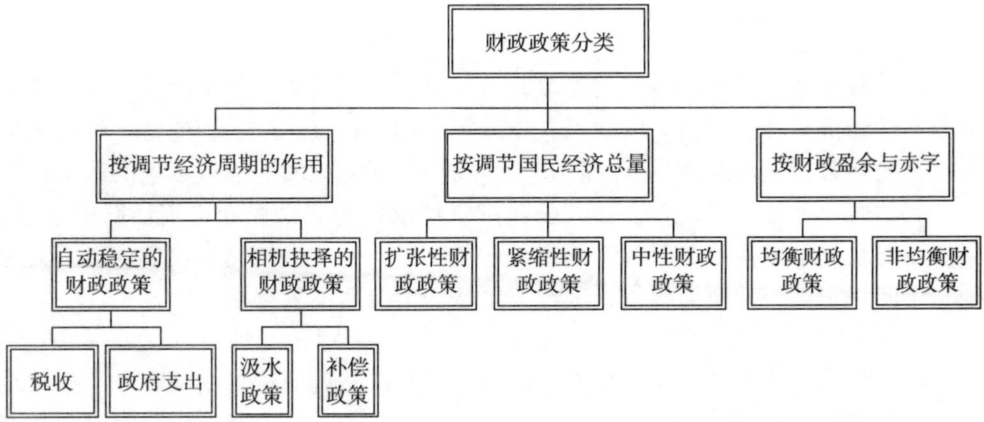

图 7-5 财政政策分类

（一）自动稳定的财政政策

自动稳定的财政政策是指某些政策能够内在地自动产生稳定效果，并随着社会经济发展自动地发挥调节作用，不需要政府采取任何干预行动。财政政策的自动稳定性主要体现在两个方面：

1. 税收的自动稳定性

税收体系，特别是公司所得税和累进的个人所得税，对经济活动水平的变化反应相当敏感。如果当初政府预算是平衡的，税率没有变动，而经济活动出现不景气，国民生产就要减少，这时税收收入就会自动下降；如果政府预算支出保持不变，则由税收收入的减少而带来预算赤字，这种赤字会自动产生一种抑制国民生产继续下滑的力量。

2. 政府支出的自动稳定性

对个人的转移支付计划是普遍的自动稳定器。转移支付计划是为了在个人收入下降到非常低时，为维持他们的生活水平而向他们提供的。比如，公共救济款以及对有儿童家庭的援助福利计划和失业救济金。如果国民经济出现衰退，具备申请失业救济金资格的劳动力增加，政府必须对失业者支付津贴或救济金，在维持他们日常所需的同时，保证国民经济总需求的下降幅度不至于过大；反之，在经济繁荣阶段，失业者可以重新获得就业机会，在总需求接近充分就业水平时，政府可以减少或停止救济性支出，抑制总需求过旺态势的出现。

（二）相机抉择的财政政策

相机抉择的财政政策是指某些财政政策本身没有自动稳定的功能，需要借助某种外力才能对经济产生调节作用。也就是说，政府根据当时的经济情况，采用不同的财政措施，以消除通货膨胀缺口或通货紧缩缺口，是政府利用国家财力有意识地干预经济活动的行为。相机抉择的财政政策又有汲水政策和补偿政策两种形式。

1. 汲水政策

汲水政策是对付经济波动的财政政策，是在经济萧条时靠付出一定数额的公共投资使经济自动恢复活力的政策。该政策有如下特点：第一，他是一种诱导景气复苏的政策，是以经济本身所具有的自发恢复能力为前提治理萧条的政策；第二，它的载体是公共投资，以扩大公共投资规模作为启动民间投资活跃的手段；第三，财政支出规模是有限的，不进行超额支出，以能够使民间投资恢复活力为限；第四，它是一种短期政策，随经济萧条的消失而不复存在。

2. 补偿政策

补偿政策是政府有意识地从当时经济状态的反向调节景气变动幅度的财政政策，以达到稳定经济波动的目的。在经济繁荣期，为了减少通货膨胀因素，政府通过增收节支来抑制社会有效需求；反之，在经济萧条时期，为减少通货紧缩因素，则通过增支减收来增加消费和投资需求，促进整个社会有效需求的增加。

（三）扩张性的财政政策

扩张性的财政政策是指通过财政分配活动来增加和刺激社会的总需求，促进经济的发展。如减税（降低税率）和增加财政支出等政策。减税可以增加民间的可支配收入，在财政支出不变的情况下，也可以扩大社会总需求。财政支出是社会总需求的直接构成因素，财政支出规模的扩大会直接增加总需求。若减税与增加财政支出并举，扩张性财政政策一般会导致财政赤字，此时的扩张性财政政策等同于赤字财政政策。在国民经济总需求不足时，通过扩张性财政政策使总需求与总供给的缺口缩小以至平衡；如果总需求与总供给原来就是平衡的，扩张性的财政政策会使总需求超过总供给。

（四）紧缩性的财政政策

紧缩性的财政政策是指通过财政分配活动来减少和抑制社会总需求，降低通货膨胀率，使经济降温。如增加税收和减少财政支出等政策。增加税收可以减少民间可支配收入，降低人们的消费需求；减少财政支出可以降低政府的消费需求和投资需求。增税与减支并举的紧缩性财政政策等同于盈余财政政策。在国民经济已经出现总需求过旺的情况下，通过紧缩性财政政策消除通货膨胀缺口，达到供求平衡；若总供求原来就是平衡的，紧缩性财政政策会造成有效需求不足。

（五）中性财政政策

中性财政政策是指财政的分配活动对社会总需求的影响保持中性，财政的收支活动既无扩张效应也无紧缩效应。这种财政政策要求财政收支保持平衡，等同于预算平衡财政政策。

（六）非均衡财政政策

非均衡财政政策指通过增加盈余或减少盈余以及增加赤字或减少赤字的形式

表现出来的财政政策。

（七）均衡财政政策

均衡财政政策指以收支均衡的形式表现出来的财政政策。均衡财政政策的主要目的是力求避免预算盈余或预算赤字可能带来的消极后果。均衡财政政策不等于中性财政政策，因为在均衡财政之下，政府支出可以通过调整支出的结构，提高支出乘数，产生使收入上升的效果，即平衡预算的乘数效果。

四、财政政策的传导和效应

（一）财政政策传导机制

财政政策传导机制的分析主要研究如何把财政政策工具变量最终转化为政策目标变量（即实现期望值）。财政政策传导机制是财政政策在发挥作用过程中，各种政策工具通过某种媒介体相互作用形成的一个有机联系的整体。财政政策主要通过收入分配、货币供应和价格等媒介体将财政政策工具的作用传导出去。财政政策工具变量的改变主要是通过引起这些媒介体中间变量的改变来达到预期目标。因此，政策能够达到预期目标在很大程度上就与传导机制作用联系在一起。

1. 政策工具变量调整对收入分配的影响

对个人收入分配的影响。主要体现在改变货币收入者实得货币收入（对居民个人收入征税、提高税率或给予补贴）或使货币收入者的实际购买力发生变化（货币的升值与贬值）。居民个人收入变化影响其储蓄和消费行为，并影响劳动者的生产积极性，在一定程度上可能引起其对工作与闲暇的重新选择，最终影响总产出。

对企业利润分配的影响。主要体现在企业税后利润分配上。企业税后利润的分配直接影响企业的投资行为，从而影响到总产出。

2. 政策工具变量调整对货币供应的调整

在此我们不考虑财政政策对货币流通速度与货币存量结构变化的影响，只看财政赤字与货币供应的关系。以我国为例，财政赤字具有货币扩张效应。因为：①我国过去财政总收入中包括已经发行的公债收入，这样计算的总收入与总支出的差额称为“硬赤字”。硬赤字的弥补只能通过向银行透支或借款解决。②中央银行能压缩专业银行的贷款规模，但在提供财政借款时，总是要打破年度信贷总规模，因为赤字数额是在年终结算时才知道，而库款的支拨在预算执行过程中已经发生，一旦发生赤字，货币已经进入流通领域。而且在新的年度压缩信贷规模往往比较困难。

3. 政策工具变量调整对价格的影响

我国许多财政政策工具的作用是通过价格体系发挥出来的，或与价格相互作用对经济进行调节。我国产业部门间的利润率差异除了成本因素之外，很大程度上是由价格政策引起的。比如基础工业产品的低价格与加工工业产品的高价格导致了基础工业产品与加工工业产品的盈利差。在市场经济体制中，除了采取管制物价等行政手段外，还要借助于税收、补贴等财政政策工具通过经济手段适当调控物价。

（二）财政政策效应

财政政策影响产品市场的总需求，总需求影响国民收入，国民收入影响货币市场上的货币需求，货币需求又影响利率，利率最后又会影响产品市场上的投资与总需求。这个财政政策发生作用的过程可以用符号表示如下（以政府购买支出增加为例）：

$$G\uparrow \rightarrow AD\uparrow \rightarrow Y\uparrow \rightarrow L\uparrow \rightarrow R\uparrow \rightarrow I\downarrow \rightarrow AD\downarrow$$

即，政府支出（G）增加，使总需求（AD）与国民收入（Y）上升，在货币供给量不变的情况下，货币需求（L）增加，利率（R）上升，从而投资（I）与总需求（AD）减少。当然在一般情况下，总需求最终是增加的。

五、财政政策的局限性

如果要扩张经济就需要增加政府支出或者削减税收，以增加总需求；如果要紧缩经济就应采取相反措施，这种决策看起来相当简单，但在实际生活中却很难收到预期的效果。财政政策在实际运用中会发生各种矛盾，从而限制财政政策对市场经济的调节作用。这种局限性主要体现在税收政策、支出政策和政策时滞等方面。

1. 税收政策方面的局限性

为防止通货膨胀可以通过增加税收来压缩社会总需求，以抑制物价上涨，但是，如果对企业利润增加课税，企业为了保持原有利润，会抬高商品价格。因此，通过税收负担的转嫁过程，增税必然会引起物价上涨，从而限制了税收政策用以抑制物价上涨的作用。如果对个人所得增加税收，将直接降低个人可支配收入以及个人消费水平，这会与因对企业增税而引起的物价上涨结合起来，遭到国民的反对，实施起来有一定难度。

面对为防止经济衰退而减少税收，但人们并不一定将因少纳税而将留下来的钱用于购买商品，反之则可能用于储蓄。因此，减税并不见得能够带来消费或投资的增加。

2. 支出政策方面的局限性

在萧条时期，政府的购买和转移支付的增加，虽然提供了消费与投资、扩大总需求的可能性，但如果人们将这笔收入用于储蓄而非商品购买时，这种可能性就不能成为现实。在通货膨胀时期，政府要减少对商品的购买，将直接影响大企业的收益，因此会遭到他们的强烈反对。政府要削减转移支付，将直接减少人们的收入，甚至影响基本生活，会遭到公众的反对。在通货膨胀时期，政府削减支出，但由于其中部分财政支出具有刚性，使得财政支出难以大幅度压缩。

3. 政策时滞

如图 7-6 所示，财政政策时滞的存在导致财政政策效应偏差。政策效应偏差是指政策在实施过程中实际效应与预期效应发生了背离。在政策实施过程中必然发生的完全与人的因素无关的偏差为自然偏差；在政策实施过程中的人为因素造成的偏差为人为偏差。财政政策效应的自然偏差与人为偏差往往是交叉在一起的。

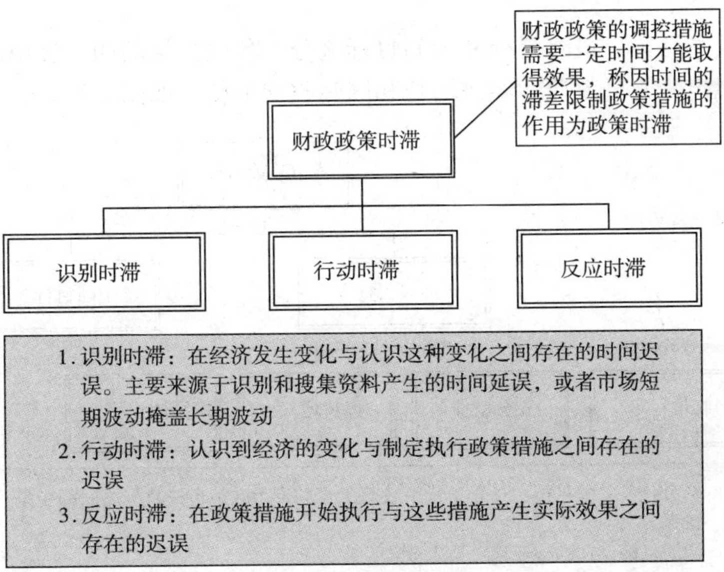

图 7-6　财政政策时滞

在财政政策设计基本正确、政策工具运用搭配得当、政策执行主体行为端正的前提下，由于新出台的政策本身的不完善、旧政策的历史惯性的干扰等非人为因素造成的新政策不能有效发挥作用、与其他政策不能协调等偏差，就是自然偏差。财政政策实施过程大体分为政策出台阶段、政策完善阶段、政策成熟阶段、政策蜕化阶段。不同阶段，财政政策的实施效果不同。通常政策出台阶段和蜕化阶段的政策效果差，而在政策完善阶段和政策成熟阶段政策效果好一些，因此，自然性偏差体现出阶段性特征。

但是，无论是政策目标的选择，还是政策工具的运用或传导机制的设计，终归是人的因素在起作用。当人的主观意志与客观实际发生背离时，政策效应就会发生人为偏差。政策设计脱离实际，因为期望值过高而在客观上难以实现；政策工具缺乏或选择不当，搭配有误，使政策缺乏可操作性；政策主体行为偏差，使政策贯彻受阻等都是人为偏差的表现。

第三节 货币政策

所谓货币政策，就是由中央银行通过增加或减少货币供应量的方式来调节利率，并且通过利率的变动调节国民产出。与财政政策相比较，货币政策更具有间接调控的性质，其调控的有效性在很大程度上取决于经济的市场化程度。

一、货币政策目标

货币政策目标有最终目标和中间目标之分，各国公认的四大货币政策最终目标为物价稳定、充分就业、经济增长和国际收支平衡，如图 7-7 所示。

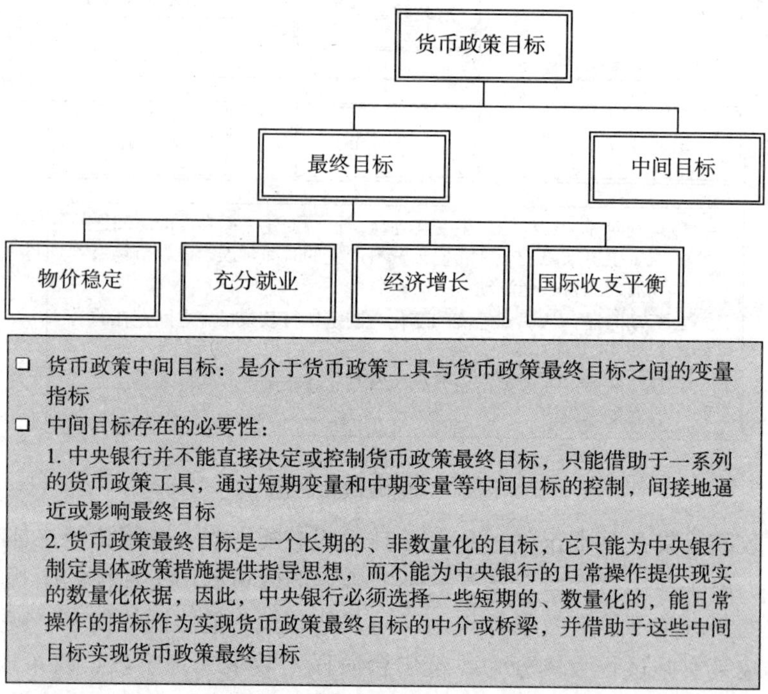

图 7-7 货币政策目标类别

1. 货币政策中间目标必备的条件

为了能够有效地反映货币政策效果，货币政策中间目标必须具备三个条件，即可测性、可控性，以及与最终目标的相关性，具体如下：

■ 可测性

✧ 中央银行选择的金融控制变量必须具有明确而合理的内涵和外延；

✧ 中央银行能够迅速而准确地收集到有关这些指标的数据、资料；
✧ 中央银行能够对这些资料、数据进行有效的分析（包括定性和定量的分析），并作出相应判断及科学预测。

■ 可控性
✧ 中央银行对中间目标有足够的控制能力，且在较短的时间内就能见效；
✧ 中央银行通过对各种货币政策工具的运用，能顺利完成对中间目标的控制和调节。

■ 相关性
✧ 中央银行选择的中间目标必须与货币政策最终目标高度相关，当中央银行通过对中间目标的控制和调节达到某一预期水平时，最终目标也能达到或接近这一相应的预期水平。

2. 货币政策中间目标的类型

根据各中间目标对货币政策工具反应的先后与作用于最终目标的距离和强度，经济学家把中间目标又分为远期中间目标（中间目标）和近期中间目标（操作目标）两类，如图 7-8 所示。货币政策近期中间目标距离中央银行政策工具最近，是中央银行货币政策工具的直接调控对象，可控性极强，中央银行正是借助于近期中间目标影响远期中间目标并实现最终目标。

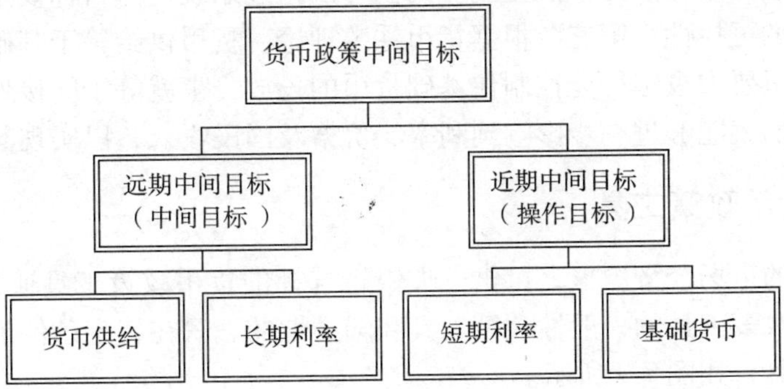

图 7-8　货币政策中间目标

为什么选择货币供给作为远期货币政策中间目标？货币供给一般由通货和各种存款货币构成，前者直接由中央银行产生并进入流通，中央银行对其有一定的控制性。后者是商业银行和其他金融机构的负债，中央银行通过货币政策间接控制。就相关性而言，一定时期的货币供给代表了当时社会的有效需求和整个社会的购买力，直接影响着货币政策目标的实现。因此，货币供给与货币政策最终目标之间存在着密切的联系。

为什么选择长期利率作为远期货币政策中间目标？第一，可测性强。中央银行能随时观察到资本市场上的利率水平和结构，及时进行分析。第二，可控性强。中央银行可以通过公开市场业务来影响经济中的货币供给，从而引起短期利率的变化，并引起长期利率的相应变动，以达到对长期利率的控制。第三，相关性好。长期利率的变化对投资有较大的影响，而投资的变化直接导致产出的变化，并与最终目标发生联系。

为什么选择短期利率作为近期货币政策中间目标？银行同业拆借利率常被选作短期市场利率。中央银行随时可在货币市场上观察到短期利率的水平和结构。当中央银行打算提高同业拆借利率以缩减货币供给时，可以通过公开市场操作卖出政府债券，以减少银行准备金，此时银行为弥补准备金不足就会增加在同业拆借市场上的融资，从而导致同业拆借利率上升。因而中央银行对其有较强的控制力。此外，同业拆借利率的变化会引起资本市场利率的相关性变化，从而影响远期中间目标，所以短期利率是较好的近期中间目标。

为什么选择基础货币作为近期货币政策中间目标？基础货币又称高能货币，是流通中现金和银行准备金的总和。基础货币常被选做理想的近期中间目标是因为：第一，基础货币表现为中央银行的负债，其数额随时反映在中央银行的资产负债表上，很容易为中央银行所掌握。第二，基础货币中的通货可以由中央银行直接控制，中央银行可以通过公开市场操作随意控制银行准备金总量中的非借入准备金。借入准备金虽然不能完全控制但可以通过贴现进行目标设定，并进行预测，有较强的可控性。第三，根据货币乘数理论，货币供给等于基础货币与货币乘数之积，只要中央银行能控制住基础货币的投放，也就等于间接地控制住了货币供给，从而就能够进一步影响到利率、价格及国民收入，以实现其最终目标。

二、货币政策工具

在发达的市场经济国家，可供中央银行选择的货币政策工具通常有两大类，即作为主要政策工具的一般性政策工具和辅助性的、只在特定条件下起作用的选择性政策工具，如图 7-9 所示。

（一）一般性政策工具

一般性政策工具主要包括再贴现政策、法定准备金制度、公开市场业务。

1. 再贴现政策

贴现是指票据持有人在票据到期之前，为获取现款而向银行支付一定利息的票据转让。再贴现就是指商业银行和其他金融机构将贴现所获得的未到期票据转让给中央银行。再贴现政策是中央银行最早的货币政策工具之一。再贴现政策包括三项基本内容：规定和调整再贴现率、规定能够用于再贴现的票据的条件、规定各银行一定时期内在中央银行再贴现的最高限额。

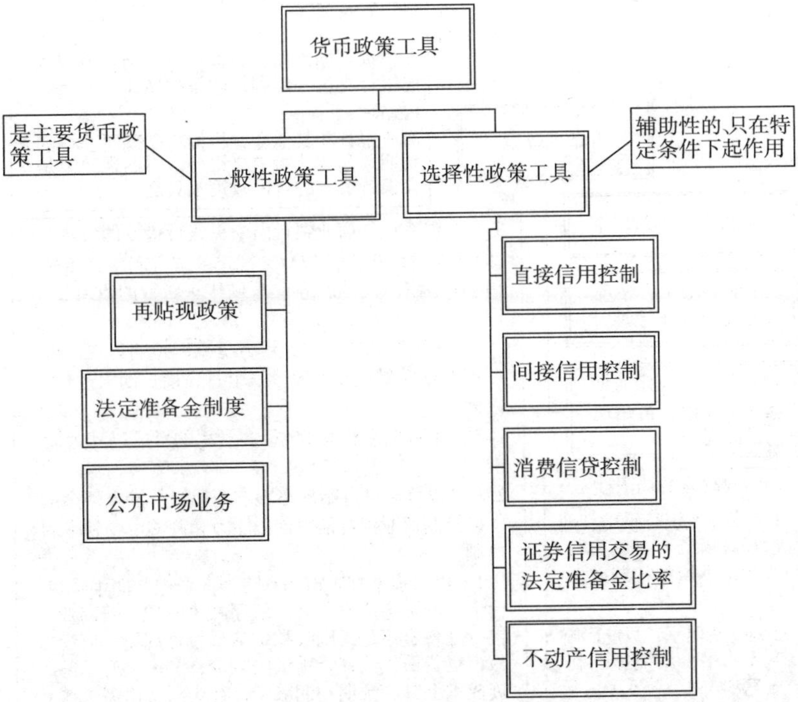

图 7-9　货币政策工具的类型

再贴现实际上是商业银行向中央银行借款的一种方式，借款的成本即再贴现率。再贴现率是一种官方利率，它不随市场资金供求状况变动的市场利率，它是根据国家的信贷政策所规定的，在一定程度上反映了中央银行的政策意向，如图 7-10 所示。

2. 法定准备金制度

法定准备金制度是中央银行在法律赋予的权利范围内，对商业银行吸收的存款必须向中央银行缴纳一定准备金所制定的制度规定。法定准备金制度主要包括调整法定准备金率、规定可充当法定准备金的资产的内容和规定准备金计提的基础。

法定准备金制度是中央银行控制货币供给的一个有效的工具。当中央银行提高法定准备金率时，商业银行应增加上交中央银行的法定准备金量，从而减少超额准备金量，降低了放款及创造信用的能力；另外，法定准备金率提高，货币乘数就变小，从而也就降低了商业银行体系创造信用、扩大信用规模的能力，其结果是社会的银根紧缩，货币供给减少，利率提高，投资及社会支出都下降，收入水平减少。反之，降低法定准备金率，则货币供给增加，利率下降，投资增加，收入提高。如图 7-11 所示。

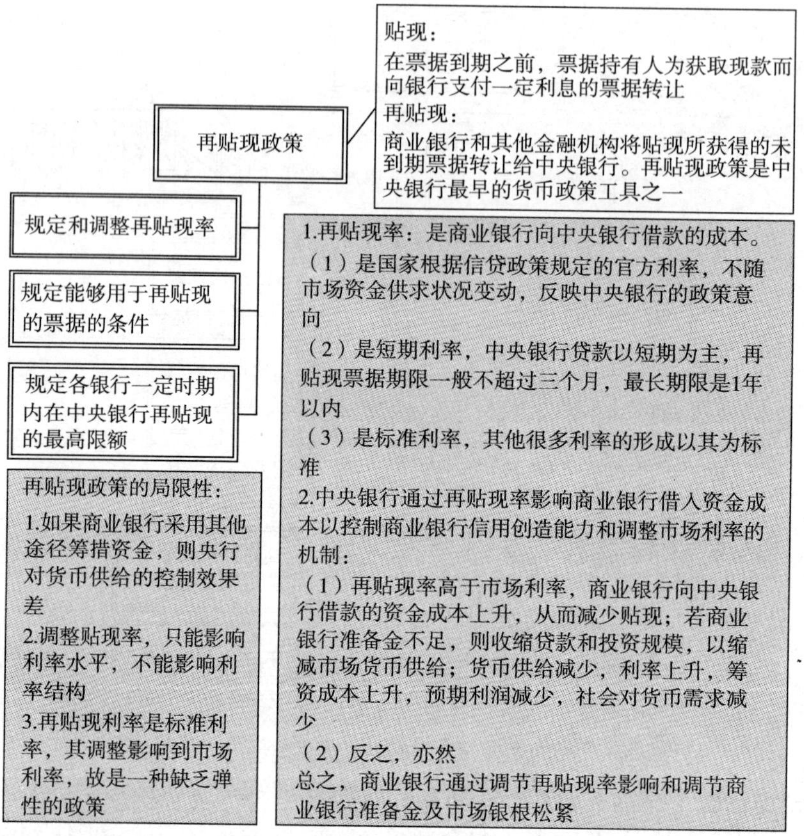

图 7-10 再贴现政策

3. 公开市场业务

公开市场业务又称公开市场操作，是指中央银行在公开市场上买卖有价证券的行为，并借此来调节货币供给量。公开市场业务是中央银行最重要的货币政策工具之一。当金融市场上资金缺乏时，中央银行买进有价证券，向社会投入基础货币，从而引起货币供给的多倍扩张；反之，当金融市场上货币供给过多时，中央银行卖出有价证券，基础货币流向中央银行，从而引起货币供给的多倍收缩。中央银行就是通过在公开市场从事证券买卖活动，以达到扩张或收缩信用、调节货币供给的目的。

中央银行买卖证券有直接证券买卖方式和回购协议与反向回购协议方式两种。直接证券买卖方式中交易行为一次性终止。双方都不再承担任何义务和责任。回购协议或反向回购协议方式下，中央银行购买证券，同时签订一个协议，规定原证券出售者将在短期内再买回这些证券。反向回购协议与回购协议的内容相同，只是方向相反，即中央银行出售证券，买主则同意在不久的将来再把这些

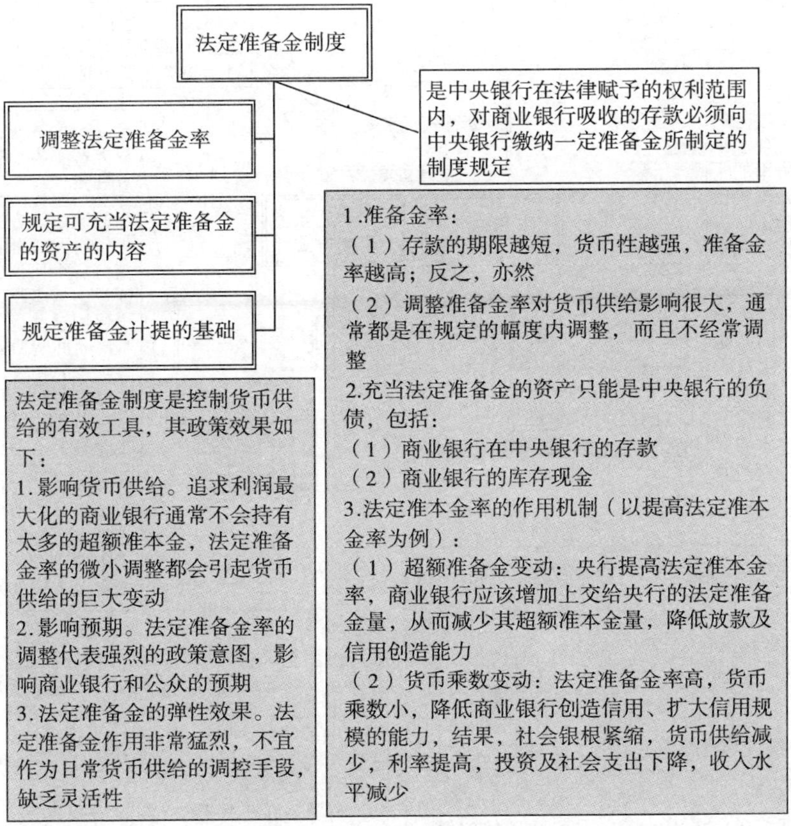

图 7-11 法定准备金制度

证券卖给中央银行。用回购协议方式买卖证券，既能满足社会短期性资金的需求，又能及时收回借出的资金，从而有利于金融市场的稳定。如图 7-12 所示。

（二）选择性货币政策

选择性货币政策工具是指能影响银行系统的资金运用方向和不同信用的资金利率的各种措施。这些措施旨在不影响货币供给的情况下，对某些具体用途的信贷数量产生影响。主要包括：直接信用控制、间接信用控制、消费信贷控制、证券信用交易的法定保证金比率、不动产信用控制等。

1. 直接信用控制

直接信用控制是指中央银行根据有关法令对银行系统的信用活动施以各种直接的干预。主要的干预措施有利率最高限额、信用分配、流动性比率。如图7-13所示。

（1）利率最高限额。利率最高限额的主要作用在于影响利率结构，因为这项规定会改变银行资金来源和去向，进而影响银行信用供给能力和货币供给。同

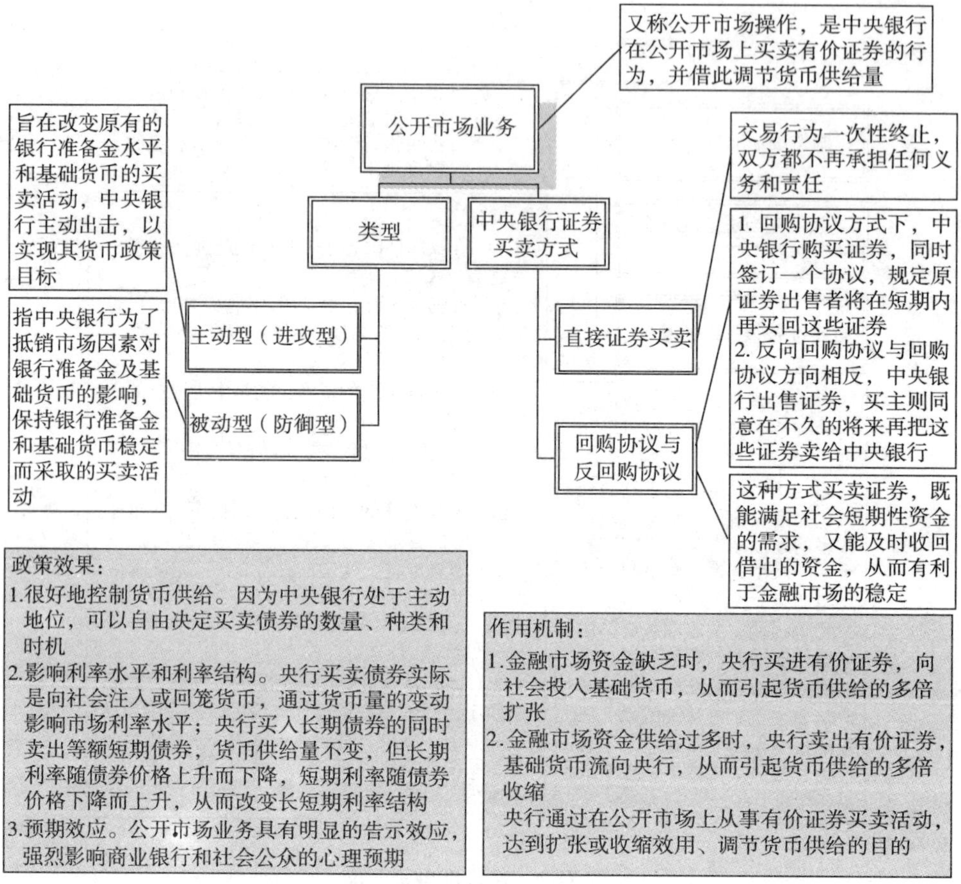

图 7-12　公开市场业务

时，利率最高限额有利于防止金融机构之间为争夺存款的过度竞争，避免造成资金储备过高而使银行风险增大。

（2）信用分配。信用分配是指中央银行根据金融市场的状况和客观经济形势，权衡客观经济需要的轻重缓急，对银行系统的信用加以合理分配和限制，主要表现为在限制银行系统对某个领域信贷时，对银行系统的该项贷款申请，中央银行用各种理由加以拒绝；在支持银行对某个领域信贷时，中央银行可以设立专门信贷基金以保证某项事业的特殊需要，这样可以保证信贷资金按照中央银行的政策意图流向最需要的地方，也有利于对幼稚产业的扶持。

（3）流动性比率。流动性比率是指有些国家的中央银行为了保障金融机构的支付能力，在规定法定存款准备金率外，还规定金融机构对其资产维持某种程度的流动性，即规定金融机构的全部资产中流动性资产所占的比重。一般来说，资产的流动性越高，收益率越低。金融机构为保持中央银行规定的流动性比率，

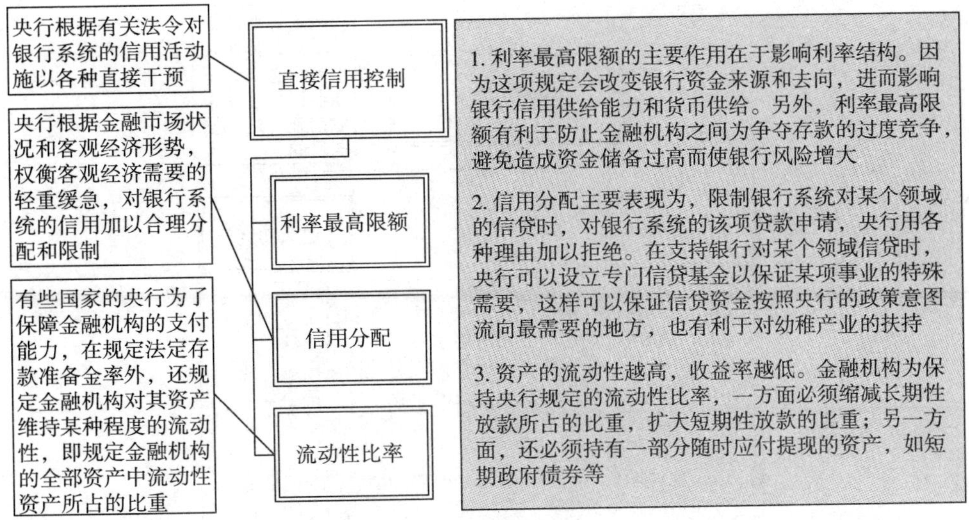

图 7-13　直接信用控制

一方面必须缩减长期性放款所占的比重，扩大短期性放款的比重；另一方面，还必须持有一部分随时应付提现的资产，如短期政府债券等。

2. 间接信用控制

间接信用控制指中央银行通过非法律的手段，传递货币政策意图，使商业银行主动采取措施，达到预期的目的。中央银行经常采用的方式有窗口指导、道义规劝等。如图 7-14 所示。

（1）窗口指导。窗口指导中央银行根据产业政策的要求、物价走势和金融市场动向，规定商业银行每季度贷款的增减额，并要求其执行。如果商业银行不按规定的增减额对产业部门贷款，中央银行可削减向该行的贷款额度，甚至采取停止提供信用等制裁措施。日本使用窗口指导政策较多，效果不错。

（2）道义规劝。道义规劝是指中央银行利用其特殊的声望和地位，对商业银行和其他金融机构经常发出通告、指示或与金融机构的负责人进行面谈，劝告其遵守和贯彻中央银行政策。比如，在通货膨胀率较高时，规劝商业银行减少贷款，以抑制总需求；在房地产与证券市场投机盛行时，中央银行要求商业银行缩减对这两个市场的贷款等。虽然这种行为并非法律行为，没有法律的约束，但商业银行为了避免不必要的麻烦，还是会按照中央银行的政策意图行动。

3. 消费信贷控制

消费信贷控制是在经济过热时使用的货币政策，是中央银行对消费者在购买耐用消费品时的分期付款信用所采用的管制措施，包括规定分期付款的第一次最低付款金额，分期付款的最长期限和适合于采用分期付款的耐用消费品的种类。

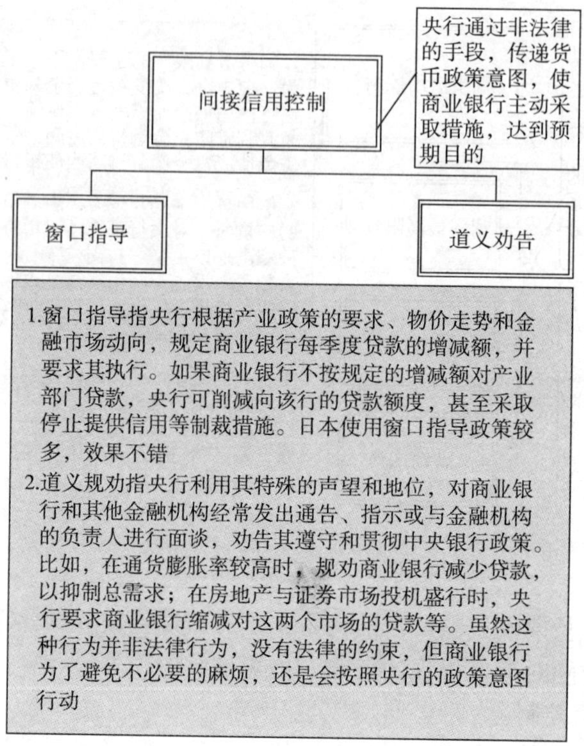

图 7-14　间接信用控制

在经济过热时，如果中央银行提高法定的第一次最低付现额，相当于提高了消费商品的价格，势必减少公众对商品的需求；如果中央银行缩短分期付款的最长期限，就会增加未来偿还期内每期的支付额，也会减少对商品的需求。如图 7-15 所示。

4. 证券信用交易的法定保证金比率

证券信用交易的法定保证会比率是按百分比表示的，购买人对所购证券支付的最低现款比率，是中央银行对以信用方式购买股票和证券所实施的一种管理措施。中央银行通过规定保证金比率来控制以信用方式购买股票或证券的交易规模。证券信用交易法定保证金比率工具，间接地控制了流入证券市场的信用量，即控制了证券市场的最高放款额，它既能使中央银行遏制过度的证券投机活动，又不贸然采取紧缩和放松货币供给的政策，有助于避免金融市场的剧烈波动和促进信贷资金的合理运用。

5. 不动产信用控制

不动产信用控制是指中央银行对商业银行及其他金融机构的房地产贷款所采取的限制措施，旨在控制不动产市场的信贷规模，抑制过度投机，减轻经济波

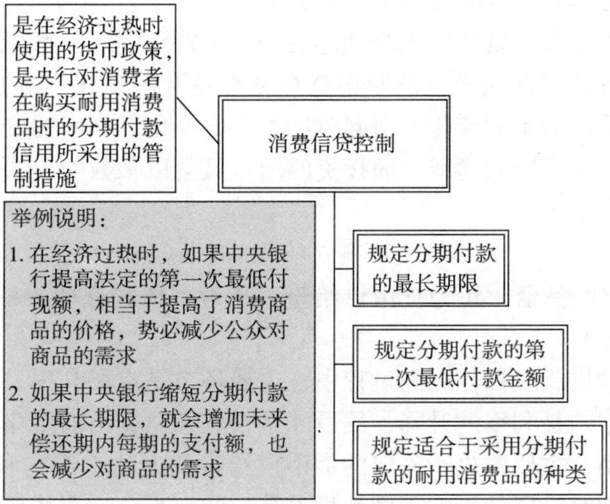

图 7-15　消费信贷控制

动。与一般耐用品的消费不同，以住房需求为例，住房投资规模大、期限长，与宏观经济走势紧密相关。通过不动产信用的控制有利于宏观经济的稳定。通常的不动产信用控制包括对金融机构的不动产贷款规定最高限额、对金融机构的房地产贷款规定最长期限和规定首次付款的最低金额。如图 7-16 所示。

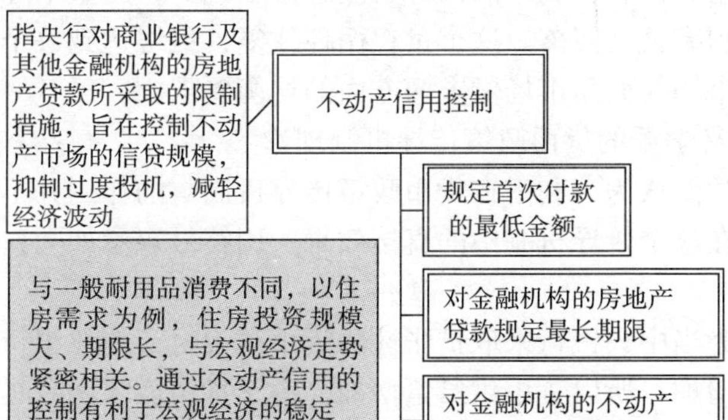

图 7-16　不动产信用控制

三、货币政策传导机制

货币政策的传导机制是指运用一定的货币政策工具引起经济活动的变化，从而实现货币政策最终目标的渠道和机理。在这里主要介绍凯恩斯学派和货币主义学派的观点。

1. 凯恩斯学派的货币政策传导机制理论

凯思斯学派货币政策传导机制理论的特点是特别强调利率环节，认为中央银行实施货币政策后，首先通过商业银行存款准备金的变化引起货币供给量的变化，再通过货币供给量的变化，引起市场利率的变化，利率的变化又通过资本边际效率的影响引起投资的增减，而投资的增减又会以乘数的方式影响总支出和总收入。用符号表示为：

$$R \rightarrow M \rightarrow R \rightarrow I \rightarrow E \rightarrow Y$$

其中，R 为存款准备金，M 为货币供给量，R 为市场利息率，I 为投资，E 为总支出，Y 为总收入。

在这个传导机制发挥作用的过程中，主要环节是市场利率，因为货币供给量的变化首先影响的是利率的升降，然后才是投资和总支出的变化。中央银行货币政策效应的大小，主要取决于一定的货币供给量的变化引起的利率变化的幅度，一定的利率变化对投资的影响程度和货币乘数的大小。这个传导机制只显示了货币市场对商品市场的影响，没有表现货币市场和商品市场之间循环往复的相互作用过程，因此属于局部均衡分析。一般均衡分析的基本观点是：当中央银行采取扩张性的货币政策使货币供给量增加时，如果总需求不变，利率会相应下降，利率的下降会刺激投资，并引起总支出和产量的增加。同时，由于产量的增加使货币需求增加，当货币需求超过货币供给时，会使利率有所回升，这是商品市场对货币市场的作用。接着，利率的回升又使总需求减少，产量下降，进一步导致货币需求下降，利率又会回落。这个过程循环往复，最终达到一个均衡点，这一点同时满足货币市场与商品市场供求两方面的均衡要求。

2. 货币主义学派的货币政策传导机制理论

货币主义学派认为，利率在货币政策传导机制中的作用并不重要，他们更强调货币供给量在整个传导机制中的直接效果。用符号表示如下：

$$M \rightarrow E \rightarrow Y$$

该理论认为当中央银行采取扩张性的货币政策时，商业银行的存款准备金增加，基础货币增加，所以货币供给量增加。由于货币需求函数具有稳定性，其中不包含货币供给的因素，即货币供给量是作为外生变量出现的，这样利率就会下降。但这只是暂时的，利率下降后会刺激投资，使产出量和收入增加。随着产出量的增加，货币需求也会增加，从而利率开始回升，又可能回复到原来的水平。货币政策的传导机制主要不是通过利率间接地影响总支出和总收入水平，而是通过货币供给量的变化直接影响社会的总支出与总收入水平。

从上述两种货币政策传导机制理论中可以得出货币政策传导机制的一般模式：货币供给量变化以后，会引起市场利率的变化，由于利率发生了变化，才进一步刺激了企业的投资和消费者个人的消费欲望。当投资和消费发生变化后，社会总支出和总收入水平也会相应发生改变。

四、货币政策的局限性

中央银行通过货币政策控制货币供应量，从而相应地影响市场利率水平，实现宏观调控目标。但是，在一些具体情况下则暴露出货币政策本身的局限性。在经济衰退时期，尽管中央银行采取扩张性措施，如降低存款准备金率和再贴现率等，增加贷款，降低利率刺激投资，但是商业银行往往为了安全起见不肯冒此风险。厂商认为市场前景暗淡，预期利润率低，也不愿为增加投资而向银行借款。在通货膨胀时期，尽管中央银行提高利率，但企业如果认为有利可图，因而在利率提高的情况下依然增加借款。货币政策的效果可能被货币流通速度的变化所抵消。在经济繁荣时期，人们对前景预期乐观而增加支出，在物价上涨时，人们宁愿持有货物而不愿意持有货币，于是货币流通速度加快，产生扩大货币供应量的效果。在经济衰退时期，实行扩张性货币政策，扩大货币供应量，但由于人们压缩开支，使货币流通速度放慢，产生减少货币供应量的效果。

五、财政政策与货币政策的配合

财政政策与货币政策以及其他各项政策都有自己的特点，经济繁荣或萧条的程度和原因也不同。因此，在不同的经济形势下要采取不同的政策，或将各种政策配合使用。

财政政策与货币政策的比较如下：

- 猛烈程度不同。比如，政府支出的增加与法定准备率变动的作用比较猛烈，税收和公开市场业务的作用比较缓慢；
- 政策效应的快慢不同。货币政策的变动快，起作用需要的时间长；财政政策变动慢，但起作用快；
- 政策影响范围不同。如公开市场业务影响小，而政府支出的政策影响大；
- 政策实施时受的阻力大小不同。如增税与减少政府支出的财政政策阻力大，而货币政策阻力小。

要根据不同的经济形势相机抉择地采取相应的政策。在经济发生严重衰退时，就不能运用作用缓慢的政策，而要选用作用猛烈的政策，当经济出现衰退的苗头时，就不宜运用作用猛烈的政策，而要用缓慢的政策。同时，在运用经济政策调节经济时，要善于将各种政策配合使用。政府和中央银行可以根据具体情况和不同目标，选择不同的政策组合。相机抉择的实质是灵活地运用各种政策，所包括的范围相当广泛。同时，在考虑如何混合使用两种政策时，不仅要看当时的经济形势，还要考虑政治上的需要。

名词概念

经济增长	国际收支平衡	收入政策	指数化政策
税收	公债	公共支出	政府投资
财政补贴	宏观税率	财政政策	货币政策
基础货币	再贴现	法定准备金	公开市场业务

要点回顾

- 宏观经济政策是指国家或政府为了增进社会经济福利而制定的解决经济问题的指导原则和措施，是政府有意识、有计划地运用一定的政策工具，调节控制宏观经济运行，以达到一定的政策目标。一般认为，宏观经济政策的目标有四个，即，物价稳定、充分就业、经济增长和国际收支平衡。
- 物价稳定指物价总水平的稳定。物价的变化表明了货币购买力的变化。通常用来衡量物价变化的指标有：GNP 缩减指数、消费者物价指数、生产者物价指数。
- 财政政策是指一国政府为实现一定的宏观经济目标而调整财政收支规模和收支平衡的指导原则以及相应的措施。财政政策贯穿于财政工作的全过程，体现在收入、支出、预算平衡和国家债务等各个方面。所以，财政政策是由税收政策（又称财政收入政策）、支出政策、预算平衡政策、国债政策等构成的一个完整的政策体系。
- 财政政策目标是指财政政策所要实现的期望值。这个目标受财政政策作用范围和作用强度的制约；要求时间上的连续性和空间上的一致性和层次性；受社会、政治、经济、文化等环境和条件的制约，并取决于民众的偏好和政府的行为。因此，财政政策目标的确定不是一个随心所欲的过程，而是一个科学的、民主的选择或决策的过程。
- 财政政策工具是财政政策主体所选择的用以达到政策目标的各种财政手段，财政政策工具主要有税收、公债、公共支出、政府投资、财政补贴等。
- 财政政策主要通过收入分配、货币供应和价格等媒介体将财政政策工具的作用传导出去。财政政策工具变量的改变主要是通过引起这些媒介体中间变量的改变来达到预期目标。因此，政策能够达到预期目标在很大程度上就与传导机制作用联系在一起。
- 货币政策，就是由中央银行通过增加或减少货币供应量的方式来调节利率，并且通过利率的变动调节国民产出。与财政政策相比较，货币政策更具有间接调控的性质，其调控的有效性在很大程度上取决于经济的市场化程度。

- 货币政策目标有货币政策最终目标和货币政策中间目标两种。其中货币政策中间目标，是指介于货币政策工具与货币政策最终目标之间的变量指标。根据各中间目标对货币政策工具反应的先后与作用于最终目标的距离和强度，经济学家把中间目标又分为远期中间目标（中间目标）和近期中间目标（操作目标）两类。货币政策最终目标是指货币政策在一段较长的时期内所要达到的目标。
- 货币政策工具通常有两大类，即作为主要政策工具的一般性政策工具和辅助性的、只在特定条件下起作用的选择性政策工具。一般性政策工具主要包括再贴现政策、法定准备金政策、公开市场业务。选择性政策工具包括直接信用控制、间接信用控制、消费信贷控制、证券信用交易的法定保证金比率、不动产信用控制等。
- 货币政策的传导机制是指运用一定的货币政策工具引起经济活动的变化，从而实现货币政策最终目标的渠道和机理。

课后练习

一、单项选择题

1. 通货膨胀的成本有(　　)。

A. 皮鞋成本　　B. 物价稳定

C. 经济增长　　D. 调节经济运行

2. 通货膨胀的好处有(　　)。

A. 铸币收入　　B. 税收扭曲

C. 货币幻觉　　D. 通货膨胀的波动性

3. 政府转移支付指下列哪一项？(　　)

A. 失业救济　　B. 出口补贴

C. 居民粮食补贴　　D. 以上都是

4. 税收与其他形式的收入比较具有(　　)。

A. 强制性　　B. 无偿性

C. 固定性　　D. 以上都是

5. 政府开支增加之所以有“挤出效应”，是因为(　　)。

A. 政府开支增加抬高了物价，抑制了私人消费支出

B. 政府开支增加导致政府债务增加，提高了市场利率，不利于私人投资

C. 政府开支增加抬高了物价，使货币需求增加，提高了市场利率，不利于私人投资

D. 政府投资于本来属于私人投资的领域，导致私人可投资的项目减少

6. 税收政策对整个宏观经济的作用是(　　)。

A. 改变资源配置　　B. 调节供需和收入分配

C. 监督经济活动　　D. 以上都是

7. 政府通过下列措施发挥公债的利率效应(　　)。

A. 调整公债的利率水平　　B. 改变公债的价格

C. A 和 B 都是　　D. A 和 B 都不是

8. 当经济不景气时，政府财政支出政策体现在(　　)。

A. 减税　　B. 精简机构，节约开支

C. 扩大基础设施建设规模　　D. 以上都是

9. 下列哪一项是商业银行的负债（　　）。

A. 库存现金　　B. 贷款

C. 证券投资　　D. 活期存款

10. 下列哪一项不是中央银行的职能？(　　)

A. 制定货币政策　　B. 为成员银行保存储备

C. 发行货币　　D. 为政府赚钱

二、多项选择题

1. 宏观经济政策目标有(　　)。

A. 物价稳定　　B. 充分就业

C. 经济增长　　D. 收入提高

2. 政府的宏观经济政策工具有(　　)。

A. 需求管理政策　　B. 供给管理政策

C. 收入政策　　D. 指数化政策

3. 供给管理政策有(　　)。

A. 税收刺激计划　　B. 税收指数化

C. 人力资本投资　　D. 经济增长政策

4. 经济增长政策有(　　)。

A. 资本积累　　B. 技术进步

C. 计划化与平衡增长　　D. 增加劳动力的数量和质量

5. 自动稳定的财政政策有(　　)。

A. 税收　　B. 政府支出

C. 补偿政策　　D. 汲水政策

6. 相机抉择的财政政策有(　　)。

A. 税收　　B. 政府支出

C. 补偿政策　　D. 汲水政策

7. 货币政策远期目标有(　　)。

A. 货币供给　　B. 长期利率

C. 短期利率　　D. 基础货币

8. 选择性货币政策有(　　)。

A. 消费信贷控制　　B. 不动产信用控制

C. 直接信用控制　　D. 间接信用控制

三、填空题

1. 物价稳定是指____________的稳定。

2. 通货膨胀和不完善的指数化税收体系会导致____________。

3. 税收扭曲并不仅仅局限于____________的范畴。

4. 政府从货币增长中得到的好处称为____________。

5. 经济增长是指在一个特定时期内经济社会所生产的____________和____________的持续增长。

6. 供给管理是通过对____________的调节，来达到一定的政策目标。

7. 指数化政策是为了消除____________引起的收入分配变动对经济的不利影响。

8. 税收指数化是按通货膨胀率指数来调整____________和____________。

9. 公债是一种财政____________形式。

10. 公共支出主要指用来满足____________的一般性支出。

11. 相机抉择政策本身____________自动稳定的功能。

12. 根据财政政策在调节____________方面的功能，可以将其划分为扩张性的、紧缩性的、中性的财政政策。

13. 作为货币政策中间目标的必备条件为____________、____________、____________。

14. 基础货币又称为____________，是流通中____________和____________的总和。

四、判断题（正确为A，错误为B）

1. 物价稳定是物价总水平的绝对稳定。 （ ）

2. 税收扭曲仅限于资本收益税的范畴。 （ ）

3. 铸币收入能在减少政府税收额度的同时增加政府所能支配的资源量。 （ ）

4. 国际收支平衡不仅反映了一国对外经济交往状况，而且反映了该过经济的稳定程度收入。 （ ）

5. 收入政策包括物价稳定、工资与物价指导线、税收刺激计划等政策。 （ ）

6. 工资指数化是按通货膨胀率调整实际工资的政策。 （ ）

7. 降低法定存款准备金率，会增加基础货币，进而使货币供给量增加。 （ ）

8. 超额准备金率提高会导致货币乘数变小，从而使货币供给量增大。 （ ）

9. 货币主义学派认为，货币政策的传导机制主要通过利率的变动间接影响总支出和总收入。 （ ）

五、简答题

1. 宏观经济政策目标有哪些？它们之间的关系如何？

2. 供给管理政策有哪些？

3. 简述财政政策的分类及对宏观经济的影响。

4. 在价格不变的条件下，为什么增加货币供给会使价格下降？

5. 什么是公开市场业务？这一货币政策工具有些什么优点？

6. 为什么中央银行紧缩信用的措施容易见效，而在其扩大信用时会遇到困难？

7. 简述中国今年的财政政策分析。

参考答案

一、单项选择题

1. A	2. A	3. D	4. D	5. D
6. A	7. C	8. C	9. D	10. D

二、多项选择题

1. ABCD	2. AB	3. ABCD	4. ABCD
5. AB	6. CD	7. AB	8. ABCD

三、填空题

1. 物价总水平 2. 税收扭曲 3. 资本收益税 4. 铸币收入 5. 人均产量、人均收入 6. 总供给 7. 通货膨胀 8. 起征点、税率等级 9. 财政信用 10. 纯公共需要 11. 没有 12. 国民经济总量 13. 可测性、可控性、最终目标相关性 14. 高能货币、现金、银行准备金

四、判断题

1. B 2. B 3. A 4. A 5. B 6. B 7. A 8. B 9. B

五、简答题

1. 答题参考

宏观经济政策目标有：物价稳定、充分就业、经济增长、国际收支平衡。

宏观经济政策四大目标之间既存在互补关系，也有交替关系。互补关系是指一个目标的实现对另一个目标的实现有促进作用。例如，经济增长与充分就业之间具有内在一致性。经济增长率高意味着失业率低。因此为了实现充分就业水平，就要维持必要的经济增长。交替关系是指一个目标的实现对另一个目标的实现有排斥作用。例如，物价稳定与充分就业之间就存在两难选择。此外，国际收支平衡与充分就业、物价稳定这些国内经济目标之间也存在矛盾，国内充分就业与物价稳定一般称为内在均衡，国际收支均衡称为外在均衡，内外均衡之间并不一致。若国内实现充分就业，人们的工资与收入上升，从而引起对商品需求增加和短期资本输出增加，结果导致国际收支赤字增加；而国际收支状况的改善又使外汇增加，国内货币量增加，从而不利于物价稳定。同时，为消除失业或抑制通货膨胀而实行扩张性或紧缩性货币政策又会使国际收支失衡。总之，以上四大宏观经济政策目标之间既存在互补关系，又存在交替关系，但常常表现为交替关系。因此，在制定经济政策时，必须对经济目标进行价值判断、权衡轻重缓急和利弊得失，确定目标的实现顺序和目标指数高低，使各个目标之间达到最佳的匹配组合，使所选择和确定的目标体系成为一个和谐、有机的整体。

2. 答题参考

供给管理政策有：收入政策、人力政策、经济增长政策、指数化政策。

3. 答题参考

财政政策的实施对经济稳定和经济发展都具有重要的作用，这是由国家财政在国民经济运行中所处的地位和财政功能所决定的。财政通过参与国民收入分配和再分配，与社会供需总量和结构发生密切的联系，这就使国家能够运用财政政策对其实行有效调节。为了保证国民经济持续稳定增长，财政政策必须“逆经济风向”进行相机抉择。当社会总需求大于社会总供给从而出现总需求膨胀时，政府就需要采取紧缩性的财政政策；相反，当社会总需求小于总供给，出现总供给过剩时，政府就需要采取扩张财政政策。按照不同标准，财政政策可以有许多

种分类。

（1）自动稳定的财政政策和相机抉择的财政政策。自动稳定的财政政策是指某些政策能够内在地自动产生稳定效果，并随着社会经济发展自动地发挥调节作用，不需要政府采取任何干预行动。财政政策的自动稳定性主要体现在两个方面：税收的自动稳定性和政府支出的自动稳定性。相机抉择的财政政策。相机抉择的财政政策是指某些财政政策本身没有自动稳定的功能，需要借助某种外力才能对经济产生调节作用。也就是说，政府根据当时的经济情况，采用不同的财政措施，以消除通货膨胀缺口或通货紧缩缺口，是政府利用国家财力有意识地干预经济活动的行为。相机抉择的财政政策又有汲水政策和补偿政策两种形式。

（2）扩张性的财政政策、紧缩性的财政政策和中性财政政策。扩张性的财政政策是指通过财政分配活动来增加和刺激社会的总需求，促进经济的发展。如减税（降低税率）和增加财政支出等政策。紧缩性的财政政策是指通过财政分配活动来减少和抑制社会总需求，降低通货膨胀率，使经济降温。如增加税收和减少财政支出等政策。中性财政政策是指财政的分配活动对社会总需求的影响保持中性，财政的收支活动既无扩张效应也无紧缩效应。这种财政政策要求财政收支保持平衡，等同于预算平衡财政政策。

（3）均衡财政政策与非均衡财政政策。非均衡财政政策指通过增加盈余或减少盈余以及增加赤字或减少赤字的形式表现出来的财政政策。均衡财政政策指以收支均衡的形式表现出来的财政政策。均衡财政政策的主要目的是力求避免预算盈余或预算赤字可能带来的消极后果。

4. 答题参考（略）

5. 答题参考

公开市场业务又称公开市场操作，是指中央银行在公开市场上买卖有价证券的行为，并借此来调节货币供给量。公开市场业务是中央银行最重要的货币政策工具之一。当金融市场上资金缺乏时，中央银行买进有价证券，向社会投入基础货币，从而引起货币供给的多倍扩张；反之，当金融市场上货币供给过多时，中央银行卖出有价证券，基础货币流向中央银行，从而引起货币供给的多倍收缩。中央银行就是通过在公开市场从事证券买卖活动，以达到扩张或收缩信用、调节货币供给的目的。

公开市场业务的政策效果主要表现在以下几个方面：①很好地控制货币供给。②影响利率水平和利率结构。③预期效应。因此，公开市场业务是对预期有良好影响的货币政策工具。

6. 答题参考（略）

7. 见相关实事资料。

本章参考文献

[1] 陈共．财政学［M］．北京：中国人民大学出版社，2002.
[2] 李致平，等．现代西方经济学［M］．合肥：中国科学技术大学出版社，2002.
[3] 司春林，等．宏观经济学［M］．上海：上海财经大学出版社，2002.
[4] 徐康宁，等．宏观经济学［M］．北京：石油工业出版社，2003.
[5] 石良平．宏观经济学［M］．北京：高等教育出版社，2000.
[6] 蔡继明．宏观经济学［M］．北京：人民出版社，2002.
[7] 布兰查德，宏观经济学［M］．钟笑寒，等译．北京：清华大学出版社，2002.
[8] 黎诣远．西方经济学［M］．北京：高等教育出版社，1999.
[9] 李汉君．西方经济学［M］．北京：中国商业出版社，1997.

第八章 管理者与管理职能

核心内容

本章以简明扼要的表述方式对以下内容进行了系统介绍：

- 管理者的类型、素质和管理者的角色；
- 四大管理职能及相互之间的关系；
- 管理者应具备的基本能力；
- 企业所承担的社会责任。

教学目的

通过本章的学习，使学生了解掌握以下内容：

- 管理者的素质要求和技能要求；
- 管理者在管理工作中扮演角色的差异性；
- 道德标准的判断和企业社会责任的具体体现。

第一节 管理者的类型与管理职能

一、管理工作与管理者

（一）管理工作

一般意义而言，管理者就是指全部或部分从事管理工作的人员。所以，要研究管理者，首先应对管理工作有大致的分析。

广义的管理工作。从广义上看，凡是对组织资源或职能活动进行筹划与组织的工作都属于管理工作。这样，凡是在各级各类组织中管人的、管物的、管理某项活动的都可以看作是广义上的管理者。例如，在一个企业中，从总经理的领导工作，到一般财务人员的账务处理工作，都可以看作是广义的管理工作。

狭义的管理工作。从狭义上看，以管人为核心的组织与协调的工作属于管理工作。即通过管理他人，进而筹划与组织资源相关活动的各种工作。例如，企业中总经理和各部门经理、各作业班组长所从事的工作即为狭义上所指的管理工作。

领导工作。谈到管理工作，经常与领导工作相联系或相混淆。所谓领导工作，与上面所讲的狭义的管理工作的含义大致相同，它所强调的是必须拥有下属和权力。例如，总经理的工作就是领导工作；而会计师的工作就不是领导工作。此外，领导工作更强调工作性质与内容上的高层次，如决策、指挥，从而与一般性的事务处理相区别。如狭义管理工作中基层管理者（如班组长）的工作一般就不能称之为领导工作。

（二）管理者

1. 管理者的传统观点

传统的观点认为管理者是运用职位、权力，对人进行统驭和指挥的人。这种概念强调的是组织中正式职位和职权，强调必须拥有下属。

2. 管理者的现代观点

美国学者德鲁克曾给管理者下定义为：在一个现代的组织里，每一个知识工作者如果能够由于他们的职位和知识，对组织负有贡献的责任，因而能够实质性地影响该组织经营及达成成果的能力者，即为管理者。这一定义，强调作为管理者首要的标志是必须对组织的目标负有贡献的责任，而不是权力；只要共同承担职能责任，对组织的成果有贡献，他就是管理者，而不在于他是否有下属人员。依据这一定义，拥有知识并负有贡献责任的工程师就是管理者。

3. 管理者的定义

综合以上分析，管理者的定义应为：管理者是指履行管理职能，对实现组织目标负有贡献责任的人。

（三）管理者素质

管理者的素质是指管理者的与管理相关的内在基本属性与质量。管理者的素质主要表现为品德、知识、能力与身心条件。管理者的素质是形成管理水平与能力的基础，是做好管理工作、取得管理功效的极为重要的主观条件。

管理者的基本素质包括以下几项：

1. 政治与文化素质

政治与文化素质是指管理者的政治思想修养水平和文化基础。包括：政治坚定性、敏感性；事业心、责任感；职业道德；人文修养与广博的文化知识等。

2. 基本业务素质

基本业务素质是指管理者在所从事工作领域内的知识与能力。包括一般业务素质和专门业务素质。

3. 身心素质

身心素质是指管理者本人的身体状况与心理条件。包括：健康的身体；坚强的意志；开朗、乐观的性格；广泛而健康的兴趣等。

（四）现代管理者素质的核心

在当今时代进行有效而成功的管理，最重要的管理者素质就是创新。创新是现代管理者素质的核心。创新素质主要体现在以下几方面：

1. 创新意识

管理者要树立创新观念，要真正认识到创新对组织生存与发展的决定性意义，并在管理实践中，事事、时时、处处坚持创新。

2. 创新精神

管理者在工作实践中，不但要想到创新，更要敢于创新。要有勇于突破常规、敢为天下先的大无畏精神。

3. 创新思维

管理者不但要敢于创新，还要善于通过科学的创新思维来完成创新构思。

4. 创新能力

管理者创新取决于自身创新能力。创新能力是在管理实践中，由相关的知识、经验、技能与创造性思维综合形成的。

二、管理者类型

管理者可以按多种标志进行分类。

（一）按管理层次划分

1. 高层管理者

高层管理者是指一个组织中最高领导层的组成人员。他们对外代表组织，对内拥有最高职位和最高职权，并对组织的总体目标负责。他们侧重组织长远发展计划、战略目标和重大政策的制定，拥有人事、资金等资源的控制权，以决策为主要职能，故也称为决策层。例如，公司的总经理就属高层管理者。

2. 中层管理者

中层管理者是指一个组织中中层机构的负责人员。他们是高层管理者决策的执行者，负责制定具体的计划、政策，行使高层授权下的指挥权，并向高层报告工作，也称为执行层。例如，一个企业的销售科长、一个商场的物流部经理。

3. 基层管理者

基层管理者是指在生产经营第一线的管理人员。他们负责将组织的决策在基层落实，制定作业计划，负责现场指挥与现场监督，也称为作业层。例如，生产车间的工段长、班组长。

（二）按管理工作的性质与领域划分

1. 综合管理者

综合管理者是指负责整个组织或其所属单位的全面管理工作的管理人员。他们是一个组织或其所属单位的主管，对整个组织或该单位目标实现负有全部的责任；他们拥有这个组织或单位所必需的权力，有权指挥和支配该组织或该单位的全部资源与职能活动，而不是只对单一资源或职能负责。例如，公司的总经理，工厂的厂长、车间主任都是综合管理者；而公司或工厂的会计处处长则不是综合管理者，因为其只负责财务这种单一职能的管理。

2. 职能管理者

职能管理者是指在组织内只负责某种职能的管理人员。这类管理者只对组织中某一职能或专业领域的工作目标负责，只在本职能或专业领域内行使职权、指导工作。职能管理者大多具有某种专业或技术专长。例如，一个工厂的总工程师、会计处处长等。

（三）按职权关系的性质划分

1. 直线管理人员

直线管理人员是指有权对下级进行直接指挥的管理者。他们与下级之间存在着领导隶属关系，是一种命令与服从的职权关系。直线管理人员的主要职能是决策和指挥。直线人员主要指组织等级链中的各级主管，即综合管理者。例如，公司中的总经理——部门经理——班组长，他们是典型的直线人员，主要是由他们组成组织的等级链。

2. 参谋人员

参谋人员是指对上级提供咨询、建议，对下级进行专业指导的管理者。他们与上级的关系是一种参谋、顾问与主管领导的关系，与下级是一种非领导隶属的专业指导关系。他们的主要职能是咨询、建议和指导。参谋人员通常是指各级职能管理者。

直线人员与参谋人员，是依职权关系进行的区分，是相对于职权作用对象而言的，在实际管理中两者经常转化。例如，财务处长对其他各部门来说是参谋性管理者，因为其只是在计财领域内进行专业指导；而对于财务处内部人员来说，财务处长却又是直线管理者，因为他对本处工作人员有直接指挥的权力。

三、管理职能

管理职能是开展管理必须运用的最基本的方法、工具，最早由法国管理学家法约尔提出此理论。他认为工业中的各种基本业务都是由管理活动推动、促进的，而管理活动又可以抽象为计划、组织、指挥、协调、控制五个要素。经从19世纪末以来的学术研究和管理实践的锤炼，大体把此五个管理要素概括为计划、组织、领导和控制四种基本管理职能。

（一）四大管理职能

1. 计划

计划职能是指管理者为实现组织目标对工作所进行的筹划活动。计划职能一般包括：调查与预测，制定目标，选择活动方式等一系列工作。计划职能是管理者的首位职能。

2. 组织

组织职能是指管理者为实现组织目标而建立与协调组织结构的工作过程。组织职能一般包括：设计与建立组织结构，合理分配职权与职责，选拔与配置人员，推进组织的协调与变革等。合理、高效的组织结构是实施管理、实现目标的组织保证。因此，不同层次、不同类型的管理者总是或多或少地承担不同性质的组织职能。

3. 领导

领导职能是指管理者指挥、激励下级，以有效实现组织目标的行为。领导职能一般包括：选择正确的领导方式；运用权威，实施指挥；激励下级，调动其积极性；以及进行有效沟通等。不同层次、类型的管理者领导职能的内容及侧重点各不相同。领导职能是管理过程中最经常、最关键的职能。

4. 控制

控制职能是指管理者为保证实际工作与目标一致而进行的活动。控制职能一般包括：制订标准、衡量工作、纠正出现的偏差等一系列工作过程。工作失去控制就要偏离目标，没有控制很难保证目标的实现，控制是管理者必不可少的职能。

（二）正确处理各管理职能之间的关系

1. 要正确理解各管理职能之间的关系

一方面，在管理实践中，计划、组织、领导和控制职能一般是顺序履行的，即先要执行计划职能，然后是组织、领导职能，最后是控制职能。另一方面，上述顺序不是绝对的，在实际管理中这四大职能相互融合、相互交叉。

2. 正确处理管理职能的普遍性与差异性

首先，这四大职能是一切管理者，即不论何种组织、所处何种层次、属于何种管理类型的管理者，都要履行这四大职能。但同时也必须认识到，不同组织、不同管理层次、不同管理类型的管理者，在具体履行管理职能时，又存在着很大差异性。例如，高层次管理者更关注计划和组织职能，而基层管理者则更重视领导和控制职能。即使对同一管理职能，不同层次的管理者关注的重点也不同。例如，对计划职能，高层管理者更重视长远、战略性计划；而基层管理者则只安排短期作业计划。

第二节　管理者的角色与管理技能

为了有效履行各种管理职能，管理者必须明确以下两点：自己要扮演哪些角色？在扮演这些角色的过程中，自己需要具备哪些技能？

一、管理者的角色

根据加拿大管理学家亨利·明茨伯格的一项被广为引用的研究，管理者扮演着十种角色，这十种角色可被归入三大类：人际角色、信息角色和决策角色。明茨伯格的管理者角色理论可用图 8-1 来表示。

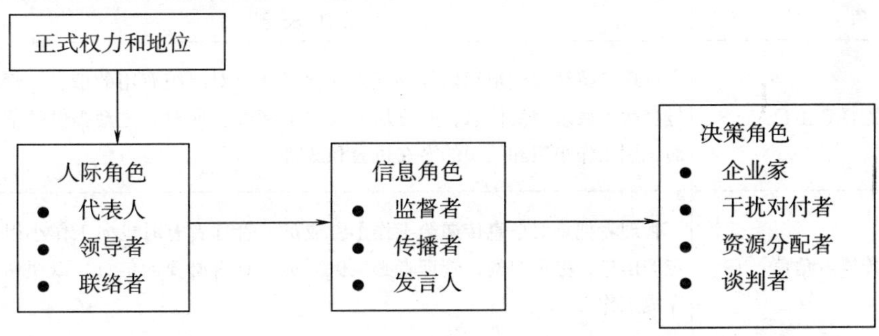

图 8-1　管理者的角色

1. 人际角色

明茨伯格所确定的第一类角色是人际角色。人际角色直接产生自管理者的正式权力基础，管理者在处理与组织成员和其他利益相关者的关系时，他们就在扮演人际角色。管理者所扮演的三种人际角色是代表人角色、领导者角色和联络者角色。如表 8-1 所示。

表 8-1 人际角色

角色	工作表现
代表人角色	管理者必须行使一些具有礼仪性质的职责。例如，管理者有时必须出现在社区的集会上，参加社会活动，或宴请重要客户等
领导者角色	管理者对所在单位的成败负重要责任，他们必须在工作小组内实施计划、组织、领导和控制
联络者角色	管理者无论是在与组织内的个人和工作小组一起工作时，还是在与外部利益相关者建立良好关系时，都起着联络者的作用

2. 信息角色

明茨伯格所确定的第二类管理者角色是信息角色。在信息角色中，管理者负责确保和其一起工作的人具有足够的信息，从而能够顺利完成工作。由管理责任的性质决定，管理者既是所在单位的信息传递中心，也是组织内其他工作小组的信息传递渠道。整个组织的人依赖于管理结构和管理者以获取或传递必要的信息，以便完成工作。如表 8-2 所示。

表 8-2 信息角色

角色	工作表现
监督者角色	管理者持续关注组织内外环境的变化以获取对组织有用的信息。管理者通过接触下属来搜集信息，并且从个人关系网中获取对方主动提供的信息，从而识别工作小组和组织的潜在机会和威胁
传播者角色	管理者把重要信息传递给工作小组成员，管理者有时也向工作小组隐藏特定的信息，更重要的，管理者必须保证员工具有必要的信息，以便切实有效完成工作
发言人角色	管理者必须把信息传递给单位或组织以外的个人，例如，必须向董事和股东说明组织的财务状况和战略方向，必须向消费者保证组织在切实履行社会义务等

3. 决策角色

最后，管理者也起着决策者的作用。在决策角色中，管理者处理信息并得出结论。如果信息不用于组织的决策，这种信息就丧失其应有的价值。管理者负责做出组织的决策，让工作小组按照既定的路线行事，并分配资源以保证小组计划的实施。如表 8-3 所示。

表 8-3 决策角色

角色	工作表现
企业家角色	管理者对所发现的机会进行投资以利用这种机会，如开发新产品、提供新服务或发明新工艺等
干扰对付者角色	管理者必须善于处理冲突或解决问题，如平息客户的怒气，同不合作的供应商进行谈判，或者对员工之间的争端进行调解等
资源分配者	管理者选择把时间花在这个项目而不是那个项目上时，他实际上是在分配一种资源。除时间以外，信息也是一种重要资源，管理者是否在信息获取上为他人提供便利，通常决定着项目的成败
谈判者角色	管理者的谈判对象包括员工、供应商、客户和其他工作小组。无论是何种工作小组，其管理者都进行必要的谈判工作，以确保小组朝着组织目标迈进

二、管理技能

管理者的素质主要表现为实际管理过程中的管理者的管理技能。管理学者罗伯特·卡茨提出管理者必须具备三方面技能，即技术技能、人际技能和概念技能。

1. 技术技能

技术技能是指管理者掌握与运用某一专业领域内的知识、技术和方法的能力。技术技能包括：专业知识、经验；技术、技巧；程序、方法、操作与工具运用熟练程度等。这些是管理者对相应专业领域进行有效管理所必备的技能。

2. 人际技能

人际技能是指管理者处理人事关系的技能。人际技能包括：观察人，理解人，掌握人的心理规律的能力；人际交往，融洽相处，与人沟通的能力；了解并满足下属需要，进行有效激励的能力；善于团结他人，增强向心力、凝聚力的能力等。在以人为本的今天，人际技能对于现代管理者，是一种极其重要的基本功。

3. 概念技能

概念技能或称构想技能，即指管理者观察、理解和处理各种全局性的复杂关系的抽象能力。概念技能包括：对复杂环境和管理问题的观察、分析技能；对全局性的、战略性的、长远性的重大问题处理与决断的技能；对突发性紧急处境的应变技能等。其核心是一种观察力和思维力。这种技能对于组织的战略决策和发展具有极为重要的意义，是组织高层管理者所必须具备的，也是最为重要的一种技能。

上述三种技能，对任何管理者来说，都应当具备。但不同层次的管理者，由于所处位置、作用和职能不同，对三种技能的需要程度则明显不同。高层管理者尤其需要概念技能，而且，所处层次越高，对这种概念技能要求越高。这种概念技能的高低，成为衡量一个高层管理者素质高低的最重要的尺度。而高层管理者对技术技能的要求就相对低一些。与之相反，基层管理者更重视的却是技术技能，而对概念技能的要求就不是太高。

各层次管理者对管理技能需要的比例如图 8-2 所示。

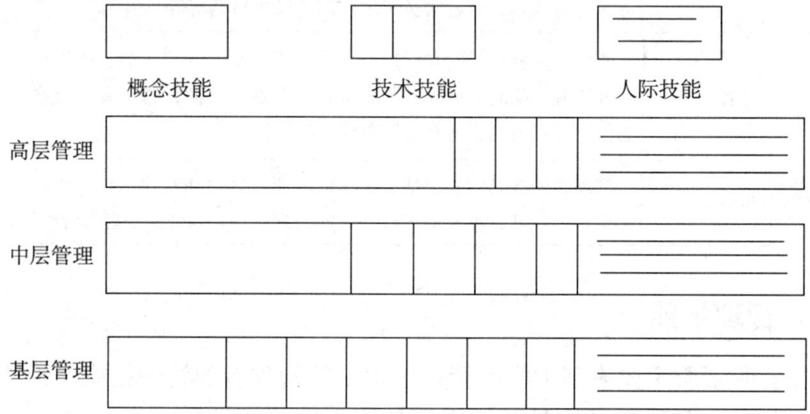

图 8-2　各层次管理者所需要的管理技能比例

第三节　道德和社会责任

一、道德概述

（一）道德的定义

道德通常是指那些用来明辨是非的规则或原则。根据这一定义，道德在本质上是规则或原则，这些规则或原则旨在帮助决策人判断某种行为是正确的或错误的，或这种行为是否为组织所接受。不同组织的道德标准可能不一样，即使是同一组织，也可能在不同的时期有不同的道德标准。此外，组织的道德标准要与社会的道德标准兼容，否则这个组织很难为社会所容纳。

（二）四种道德观

在商业道德方面有以下四种观点：

1. 道德的功利观

这种观点认为决策要完全依据其后果或结果作出。功利主义的目标是为尽可能多的人提供尽可能多的利益。接受功利观的管理者可能认为解雇其工厂中 20% 的工人是正当的。因为这将增强工厂的盈利能力，使余下的 80% 的工人的工作更有保障以及符合股东的利益。一方面，功利主义对效率和生产率有促进作用，并符合利润最大化的目标。另一方面，它会造成资源配置的扭曲，尤其是在那些受决策影响的人没有参与决策的情况下，同时，功利主义也会导致一些利益相关者的权利受到忽视。

2. 道德的权利观

这种观点认为决策要在尊重和保护个人基本权利（如隐私权、言论自由和游行自由等）的前提下作出。例如，当雇员揭发雇主违反法律时，应当对他们的言论自由加以保护。权利观的积极一面是它保护了个人的自由和隐私。但它也有消极的一面（主要是针对组织而言）：接受这种观点的管理者把对个人权利的保护看得比工作的完成更加重要，从而在组织中会产生对生产率和效率有不利影响的工作氛围。

3. 公平理论道德观

这种观点要求管理者公平地实施规则。接受公平理论观的管理者可能决定向新来的员工支付比最低工资高一些的工资，因为在他（或她）看来，最低工资不足以维持该员工的基本生活。按公平原则行事，也会有得有失。得的是它保护了那些未被充分代表的或缺乏权力的利益相关者的利益，失的是它可能不利于培养员工的风险意识和创新精神。

4. 综合社会契约理论观

这种观点主张把实证（是什么）和规范（应该是什么）两种方法并入商业道德中，即要求决策人在决策时综合考虑实证和规范两方面的因素。这种道德观综合了两种"契约"：一种是经济参与人当中的一般社会契约，这种契约规定了做生意的程序；另一种是一个社区中特定数量的人当中的较特定的契约，这种契约规定了哪些行为方式是可接受的。这种商业道德观要求管理者考察各行业和各公司中的现有道德准则，以决定什么是对的、什么是错的。

研究表明，大多数生意人对道德行为持功利主义态度。因为功利主义与诸如效率、生产率和高额利润之类的目标相一致。例如，在追求利润最大化的过程中，管理者可以从容地争辩说他正在为尽可能多的人谋取尽可能多的好处。

随着个人权利和社会公平的日益被重视，功利主义遭到了越来越多的非议，因为它在照顾多数人的利益的时候忽视了个人和少数人的利益。对个人权利和社会公平的考虑，意味着管理者要在非功利标准的基础上建立道德标准。这对当今的管理者来说无疑是个严峻的挑战，因为使用诸如个人权利、社会公平和社区标准之类的标准来进行决策要比使用诸如对效率和利润的影响之类的标准来进行决策，更让管理者感到迷惑。其结果是，管理者不断发现自己处在道德困境中。

二、提高员工道德素质的途径

1. 挑选高道德素质的员工

人在道德发展阶段、个人价值体系和个性上的差异，使管理者有可能通过严格的挑选过程（挑选过程通常包括审查申请材料、组织笔试和面试以及试用等阶段），把道德素质较低的求职者淘汰掉。当然，仅仅通过“挑选”这一控制措施，是很难把道德标准成问题的求职者挡在门槛之外的，所以通常辅之以其他控制措施。

2. 建立道德准则和决策规则

在一些组织中，员工对“道德是什么”认识不清，这显然对组织不利。建立道德准则可以缓解这一问题。

道德准则是表明组织的基本价值观和组织期望员工遵守的道德规则的正式文件。道德准则既要相当具体以便让员工明白以什么样的精神来从事工作、以什么样的态度来对待工作，也要相当宽泛以便让员工有判断的自由。麦道公司的道德准则如表 8-4 所示。

表 8-4 麦道公司的道德准则

个人具有正直和道德的品质或根本不具有。个人必须坚持这些品质或根本不坚持。为了使正直和道德成为麦道公司的特征，作为公司成员我们必须努力做到： ➢ 在所有交往中要诚实可信 ➢ 要可靠地完成所交代的任务 ➢ 说话和书写要真实和准确 ➢ 在所有工作中要与人合作并作出自己的贡献 ➢ 对待同事、顾客和其他人要公平和体贴 ➢ 在所有活动中要遵守法律 ➢ 承诺以较好的方式完成所有任务 ➢ 节约使用公司资源 ➢ 为公司服务并尽力提高我们生活于其中的世界的生活质量

管理者对道德准则的态度（是支持还是反对）以及对违反者的处理办法对道德准则的效果有重要影响。如果管理者认为这些准则很重要，经常宣讲其内容，并当众训斥违反者，那么道德准则就能为道德计划提供坚实的基础。

美国管理学家劳拉·纳什提出了使用正式文件来指导行为的另一种方法。她提出了 12 个问题，这些问题作为决策规则，可以指导管理者处理决策中的道德问题。如表 8-5 所示。

表 8-5 作为决策规则的 12 个问题

1. 你准确地确定了问题吗?
2. 如果你站在对方的立场上,你将如何确定问题?
3. 这种情形原本是如何发生的?
4. 作为一个人和公司的一员,你忠于什么人和什么事?
5. 在决策时你的意图何在?
6. 这一意图与可能的结果有何差距?
7. 你的决定或行动可能伤害谁?
8. 你能在决策前与有关各方讨论这一问题吗?
9. 你有信心认为你的立场不仅现在看起来正确,即使长期也正确吗?
10. 你能问心无愧地把你的决定或行动透露给你的上司、你的首席执行官、董事会、你的家庭以及整个社会吗?
11. 你的行动在被人理解的情况下有什么可能的后果?在不被人理解的情况下又如何?
12. 在什么情况下你将容忍反对意见?

3. 在道德方面领导员工

高层管理人员在道德方面的领导作用主要体现在以下两方面:

第一,高层管理人员在言行方面是员工的表率——他们所做的比所说的更为重要,他们作为组织的领导者要在道德方面起模范带头作用。如果高层管理人员把公司资源据为己有、虚报支出项目或优待好友,那么这无疑向员工暗示,这些行为都是可接受的。

第二,高层管理人员可以通过奖惩机制来影响员工的道德行为。选择什么人和什么事作为提薪和晋升的对象,会向员工传递强有力的信息。管理者通过不道德手段让人感到其成果惊人,从而获得晋升,这种行为本身向所有人表明,采取不道德手段是可接受的。鉴于此,管理人员在发现错误行为时,不仅要严惩当事人,而且要把事实公布于众,让组织中所有人都认清后果。这就传递了这样的信息:“做错事要付出代价,行为不道德不是你的利益所在。”

4. 设定工作目标

员工应该有明确和现实的目标。如果目标对员工的要求不切实际,即使目标是明确的,也会产生道德问题。在不现实的目标的压力下,即使道德素质较高的员工也会感到迷惑,很难在道德和目标之间作出选择,有时为了达到目标而不得不牺牲道德。而明确和现实的目标可以减少员工的迷惑,并能激励员工而不是惩罚他们。

5. 对员工进行道德教育

越来越多的组织意识到对员工进行适当的道德教育的重要性,它们积极采取各种方式来提高员工的道德素质。人们对这种做法意见不一。反对者认为,个人价值体系是在早年建立起来，从而成年时的道德教育是徒劳无功的。而支持者指出，一些研究已发现价值准则可以在童年后建立。另外，他们也找出了一些证据，这些证据表明：第一，向员工讲授解决道德问题的方案，可以显著改变其道德行为；第二，这种教育提升了个人的道德发展阶段；第三，道德教育至少可以增强有关人员对商业伦理问题的认识（即使没有其他作用）。

6. 对绩效进行全面评价

如果仅以经济成果来衡量绩效，人们为了取得结果，就会不择手段，从而有可能产生不道德行为。如果组织想让其管理者坚持高的道德标准，它在评价过程中就必须把道德方面的要求包括进去。例如，在对管理者的年度评价中，不仅要考查其决策带来的经济成果，还要考查其决策带来的道德后果。

7. 进行独立的社会审计

有不道德行为的人都有害怕被抓住的心理，被抓住的可能性越大，产生不道德行为的可能性就越小。根据组织的道德准则对决策和管理行为进行评价的独立审计，会使不道德行为被发现的可能性大大提高。

8. 提供正式的保护机制

正式的保护机制可以使那些面临道德困境的员工在不用担心受到斥责的情况下自主行事。

例如，组织可以任命道德顾问，当员工面临道德困境时，可以从道德顾问那里得到指导。道德顾问首先要成为那些遇到道德问题的人的诉说对象，倾听他们陈述道德问题、产生这一问题的原因以及自己的解决方法。在各种解决方法变得清晰之后，道德顾问应该积极引导员工选择正确的方法。

另外，组织也可以建立专门的渠道，使员工能放心地举报道德问题或告发践踏道德准则的人。

综上所述，高层管理人员可以采取多种措施来提高员工的道德素质，这些措施包括：挑选高道德素质的员工、建立道德准则和决策规则、领导员工、设定工作目标以及对员工进行道德教育等。在这些措施中，单个措施的作用是极其有限的，但若把它们中的多数或全部结合起来，就很可能收到预期的效果。

三、社会责任概述

1. 社会责任的定义

时至今日，社会责任问题已引起人们的普遍关注。管理者在管理实践中经常会碰到与社会责任有关的决策问题与思考。例如，是否为慈善事业出一份力？如何确定产品的价格？怎样处理和员工的关系？怎样保护自然环境？如何保证产品的质量和安全？等等。任意翻开一本新近出版的中外管理学教科书，不乏专门讨论社会责任问题的章节。企业家的社会责任已经受到来自于社会各界的普遍关注。

在正式讨论社会责任之前，有必要对它下一个较准确的定义。如果企业在承担法律上和经济上的义务（法律上的义务是指企业要遵守有关法律，经济上的义务是指企业要追求经济利益）的前提下，还承担追求对社会有利的长期目标的义务，那么，我们就说该企业是有社会责任的。

为了更好地理解"社会责任"这一概念，有必要对它和另外两个概念作一比较，这两个概念是社会义务和社会反应。社会义务是企业参与社会活动的基础。如果一个企业仅仅履行了经济上和法律上的义务，我们就说该企业履行了它的社会义务，或达到了法律上的最低要求。只履行了社会义务的企业只追求那些对其经济目标有利的社会目标。

与社会义务相比，社会责任和社会反应超出了基本的经济和法律标准。有社会责任的企业受道德力量的驱动，做对社会有利的事而不去做对社会不利的事。社会反应则是指企业适应不断变化的社会环境的能力。

2. 社会责任与经营业绩

在"企业应不应该承担社会责任"这一问题上，有两种不同的意见：一种意见认为企业应该承担社会责任，另一种意见则认为企业不应该承担社会责任。每种意见都有很多理由。因此，我们有必要考察一下社会责任与经营业绩之间的关系。我们认为，这种考察是有必要的，因为社会上有一些人担心企业承担社会责任会有损于其经营业绩。这种担心乍看起来似乎有点道理，因为在大多数情况下，社会责任活动确实不能补偿成本，这意味着有关企业要额外支付成本，从而损害了其短期利益。但在我们看来，企业在力所能及的范围内进行一些社会责任活动相当于投资。虽然短期内这种投资或许牺牲了企业的经营业绩，但从长期看，这种投资由于改善了企业在公众心目中的形象、吸引了大量人才等，可以增加收益，并且所增加的收益足以抵补企业当初所额外支付的成本。从这种意义上讲，企业在利他的同时也在利己。

上述判断已基本上为实证研究所证实，尽管在社会责任和经营业绩的度量方面存在着一些困难。大多数研究表明，在公司的社会参与和经营业绩之间有着正相关关系。

四、社会责任的具体体现

1. 企业对环境的责任

企业既受环境的影响又影响着环境。从自身的生存和发展角度看，企业有承担保护环境的责任。有社会责任的企业有着强烈的环境保护意识，它们积极采用生态生产技术，使整个生产过程保持高度的生态效率和环境的零污染。企业要紧密跟踪生态生产技术的研究进展，在条件许可的情况下，将最新的生态生产技术应用到生产中去，使研究出来的生态生产技术能尽快转化为生产力，造福于人类。在这样做的过程中，企业自身的发展得到了有力的保证。企业研制并生产绿色产品既体现了企业的社会责任，推动了“绿色市场”的发育，也推动着环保宣传教育，提高了整个社会的生态意识。

2. 企业对员工的责任

企业对员工的责任主要体现在：不歧视员工。为了调动各方面的积极性，企业要同等对待所有员工。

定期或不定期培训员工。决定员工（尤其是高素质员工）去留的一个关键因素是员工能否在本企业中得到锻炼和发展的机会。有社会责任的企业不仅要根据员工的综合素质，把他安排在合适的工作岗位上，做到人尽其才，才尽其用，而且在工作过程中，要根据情况的需要，对他进行培训，如送他到国外或到国内的学校、科研机构和兄弟单位学习深造。通常情况下，经过培训后的员工能胜任更具挑战性的工作。

营造一个良好的工作环境。工作环境的好坏直接影响到员工的身心健康和工作效率。企业不仅要为员工营造一个安全、关系融洽、压力适中的工作环境，而且要根据本单位的实际情况为员工配备必要的设施。例如，推行民主管理，提高员工的待遇，对工作表现好的员工予以奖励，等等。

3. 企业对顾客的责任

“顾客是上帝”，忠诚顾客的数量以及顾客的忠诚程度往往决定着企业的成败得失。企业对顾客的责任主要体现在以下几个方面：

（1）提供安全的产品。安全的权利是顾客的一项基本权利，企业不仅要让顾客得到所需的产品，还要让他们得到安全的产品。产品的安全越来越受到企业（尤其是知名企业）的重视。

（2）提供正确的产品信息。在提供产品信息方面不能弄虚作假，欺骗顾客。

（3）提供售后服务。企业要重视售后服务，要把售后服务看作对顾客的承诺和责任，要建立与顾客沟通的有效渠道，如建立客户服务中心等，及时解决顾客在使用本企业产品时遇到的问题和困难。

（4）提供必要的指导。在使用产品前或过程中，企业要尽可能为顾客提供培训或指导，帮助他们正确使用本企业的产品。

（5）赋予顾客自主选择的权利。在市场经济下，顾客拥有自主选择产品的权利。企业不能限制竞争，以防止垄断或限制的出现给顾客带来的不利影响。

4. 企业对竞争对手的责任

在市场经济下，竞争是一种有序竞争。企业不能压制竞争，也不能搞恶意竞争。企业要处理好与竞争对手的关系，在竞争中合作，在合作中竞争。有社会责任的企业不会为了暂时之利，通过不正当手段挤垮对手。

5. 企业对投资者的责任

企业努力要为投资者带来丰厚的投资收益，还应将其财务状况及时、准确地报告给投资者，企业错报或假报财务状况，是对投资者的欺骗。

6. 企业对所在社区的责任

企业不仅要为所在社区提供就业机会和创造财富，还要尽可能为所在社区作出贡献。有社会责任的企业意识到通过适当的方式把利润中的一部分回报给所在社区是其应尽的义务。它们积极寻找途径参与各种社会行动，通过此类活动，不仅回报了社区和社会，还为企业树立了良好的公众形象。

名词概念

计划职能	组织职能	领导职能	控制职能
技术技能	人际技能	构想技能	道德

要点回顾

- 管理者的素质是指管理者的与管理相关的内在基本属性与质量。管理者的素质主要表现为品德、知识、能力与身心条件。管理者的素质是形成管理水平与能力的基础，是做好管理工作、取得管理功效的极为重要的主观条件。创新是现代管理者素质的核心。
- 管理活动可以抽象为计划、组织、指挥、协调、控制五个要素。经从19世纪末以来的学术研究和管理实践的锤炼，大体把此五个管理要素概括为计划、组织、领导和控制四种基本管理职能。
- 管理者所扮演的三种人际角色是代表人角色、领导者角色和联络者角色。管理者必须具备三方面技能，即技术技能、人际技能和概念技能。
- 实证研究证实，尽管在社会责任和经营业绩的度量方面存在着一些困难。“大多数研究表明，在公司的社会参与与经营业绩之间有着正的相关关系”。从而最有意义的结论是，“……没有确凿的证据表明，公司的社会责任行动会显著损害其长期经营业绩”。

课后练习

一、单项选择题

1. 下列属于按管理层次划分的管理者是(　　)。

A. 综合管理者　　B. 职能管理者

C. 直线管理人员　　D. 高层管理者

2. 管理学者罗伯特·卡茨认为，人际技能对于各种层次管理者的重要性是(　　)。
   A. 对于高层管理者最重要
   B. 对于中层管理者最重要
   C. 对于基层管理者最重要
   D. 对于所有层次管理者的重要性大体相同
3. 管理过程中最经常、最关键的职能是(　　)。
   A. 组织职能　B. 领导职能　C. 控制职能　D. 计划职能
4. 管理者的监督者角色属于(　　)。
   A. 信息角色　B. 人际角色　C. 领导角色　D. 决策角色
5. 保证在组织中“事事有人做”属于管理的(　　)。
   A. 计划职能　B. 控制职能　C. 组织职能　D. 领导职能
6. 道德在本质上是规则或原则，它是用来(　　)。
   A. 纠正行为　B. 明辨是非　C. 公正赏罚　D. 维护正义
7. 企业参与社会活动的基础是(　　)。
   A. 社会反应　B. 社会责任　C. 社会义务　D. 社会公德
8. 大量证据表明，企业的社会责任与其长期利润之间的关系是(　　)。
   A. 正相关性　B. 负相关性
   C. 没有明显关系　D. 无法判断

二、多项选择题

1. 下列关于管理者技能的说法正确的有(　　)。
   A. 技术技能对于基层管理者最重要
   B. 人际技能对于高层管理者最重要
   C. 概念技能对于高层管理者最重要
   D. 概念技能对于中层管理者最不重要
   E. 人际技能对于基层管理者最不重要
2. 管理者按职权关系的性质划分为(　　)。
   A. 综合管理者　B. 直线管理人员
   C. 职能管理者　D. 基层管理者
   E. 参谋人员
3. 管理者所扮演的决策角色有(　　)。
   A. 干扰对付者　B. 联络者
   C. 资源分配者　D. 领导者
   E. 谈判者

4. 企业对顾客的责任主要体现在(　　)。

A. 为所在社区作出贡献　　B. 不能搞恶意竞争

C. 提供售后服务　　D. 提供正确的产品信息

E. 提供安全的产品

5. 提高员工道德素质的途径有(　　)。

A. 进行独立的社会审计　　B. 提供正式的保护机制

C. 建立道德准则和决策规则　　D. 设定工作目标

E. 以经济成果来衡量绩效

三、填空题

1. 最重要的管理者素质是______。

2. 管理者的四大管理职能是______、组织、______和控制。

3. 管理学者罗伯特·卡茨提出管理者必须具备三方面技能，即______、人际技能和概念技能。

4. 概念技能是指管理者观察、理解和处理各种全局性的复杂关系的抽象能力，又称______。

5. 在四种道德观中，认为决策要完全依据其后果或结果做出是道德的______。

6. 管理者所扮演的十种角色可被归入三大类，即人际角色、______和决策角色。

7. 企业对员工的责任主要体现在：不歧视员工、______和营造一个良好的工作环境。

8. 综合社会契约理论观综合了两种“契约”：一种是经济参与人当中的一般社会契约，这种契约规定了______；另一种是一个社区中特定数量的人当中的较特定的契约，这种契约规定了______。

四、简答题

1. 为什么说创新是现代管理者素质的核心？

2. 如何理解管理者扮演的信息角色？

3. 如何理解企业的社会责任？

参考答案

一、单项选择题

1. D　2. D　3. B　4. A　5. C　6. B　7. C　8. A

二、多项选择题

1. AC 2. BE 3. ACE 4. CDE 5. ABCD

三、填空题

1. 创新 2. 计划 领导 3. 技术技能 4. 构想技能 5. 功利观 6. 信息角色 7. 定期或不定期培训员工 8. 做生意的程序，哪些行为方式是可接受的

四、简答题

1. 答题参考

管理者的素质是指管理者的与管理相关的内在基本属性与质量。管理者的素质主要表现为品德、知识、能力与身心条件。管理者的素质是形成管理水平与能力的基础，是做好管理工作、取得管理功效的极为重要的主观条件。

在社会化大生产不断发展，市场竞争日趋激烈，知识经济已见端倪的今天，时代对管理者素质提出了严峻的挑战。在当今时代进行有效而成功的管理，最重要的管理者素质就是创新。创新是现代管理者素质的核心。

管理者是否具有创新意识，往往决定着企业的成败。企业只有在管理上、技术上的不断创新，才有可能持续保持自己的竞争力。而这往往需要企业的管理者具有强烈的创新意识，这就给管理者提出了较高的素质要求。

创新素质主要体现在以下几方面：

(1) 创新意识。管理者要树立创新观念，要真正认识到创新对组织生存与发展的决定性意义，并在管理实践中，事事、时时、处处坚持创新，要有强烈的创新意识。

(2) 创新精神。这是涉及创新态度和勇气的问题。管理者在工作实践中，不但要想到创新，更要敢于创新。要有勇于突破常规、求新寻异、敢为天下先的大无畏精神。

(3) 创新思维。不但要敢于创新，还要善于通过科学的创新思维来完成创新构思。没有创造性思维，不掌握越轨思维的方法与技巧，不采用科学可行的创造性技法，是很难实现管理上的突破与创新的。

(4) 创新能力。管理创新是靠创新能力实现的。创新能力是在管理实践中，由相关的知识、经验、技能与创造性思维综合形成的。

2. 答题参考

明茨伯格所确定的第二类管理者角色是信息角色。在信息角色中，管理者负责确保和其一起工作的人具有足够的信息，从而能够顺利完成工作。由管理责任的性质决定，管理者既是所在单位的信息传递中心，也是组织内其他工作小组的信息传递渠道。整个组织的人依赖于管理结构和管理者以获取或传递必要的信息，以便完成工作。

信息是决策的依据和基础。决策有赖于信息确定决策目标，拟订行动方案和

评估、选择方案。信息是组织各部分联系的纽带，是管理重要的工具和介质。

管理者必须扮演的一种信息角色是监督者角色。作为监督者，管理者持续关注组织内外环境的变化以获取对组织有用的信息。管理者通过接触下属来搜集信息，并且从个人关系网中获取对方主动提供的信息。根据这种信息，管理者可以识别工作小组和组织的潜在机会和威胁。

管理者扮演的第二种信息角色是传播者角色。管理者把他们作为信息监督者所获取的大量信息分配出去。作为传播者，管理者把重要信息传递给工作小组成员，管理者有时也向工作小组隐藏特定的信息，更重要的，管理者必须保证员工具有必要的信息，以便切实有效完成工作。

管理者所扮演的最后一种信息角色是发言人角色。管理者必须把信息传递给单位或组织以外的个人，例如，必须向董事和股东说明组织的财务状况和战略方向，必须向消费者保证组织在切实履行社会义务，必须让政府官员对组织的遵守法律感到满意等。

3. 答题参考

如果企业在承担法律上和经济上的义务（法律上的义务是指企业要遵守有关法律，经济上的义务是指企业要追求经济利益）的前提下，还承担追求对社会有利的长期目标的义务，那么，我们就说该企业是有社会责任的。

为了更好地理解“社会责任”这一概念，有必要对它和另外两个概念作一比较，这两个概念是社会义务和社会反应。社会义务是企业参与社会活动的基础。如果一个企业仅仅履行了经济上和法律上的义务，我们就说该企业履行了它的社会义务，或达到了法律上的最低要求。只履行了社会义务的企业只追求那些对其经济目标有利的社会目标。

与社会义务相比，社会责任和社会反应超出了基本的经济和法律标准。有社会责任的企业受道德力量的驱动，做对社会有利的事而不去做对社会不利的事。社会反应则是指企业适应不断变化的社会环境的能力。

本章参考文献

[1] 陈传明，等．管理学［M］．北京：清华大学出版社，2003.

[2] 谭力文，等．管理学［M］．武汉：武汉大学出版社，2004.

[3] 张勤国，等．管理学——理念、方法与实务［M］．上海：立信会计出版社，2003.

[4] 杨文士，等．管理学原理［M］．北京：中国人民大学出版社，2004.

[5] 席西民．经济管理基础［M］．北京：高等教育出版社，1998.

[6] 周三多，等．管理学［M］．北京：高等教育出版社，2000.

[7] 姜仁良．管理学习题与案例［M］．北京：中国时代经济出版社，2006.

第九章　计划与控制

核心内容

本章以简明扼要的表述方式对以下内容进行了系统介绍，其中包括：

■ 计划的内涵及目的作用；

■ 计划的编制过程以及执行与调整；

■ 控制的要素、功能和类型；

■ 控制的技术和方法。

教学目的

通过本章的学习，使学生了解掌握以下内容：

■ 计划的性质和类型；

■ 计划的编制过程；

■ 控制的要素和类型；

■ 控制方法的应用。

第一节　计划的构成与作用

一、计划的概念与性质

（一）计划的概念

在汉语中，“计划”一词既可以是名词，也可以是动词。从名词意义上说，计划是指用文字和指标等形式所表述的、组织以及组织内不同部门和不同成员在未来一定时期内关于行动方向、内容和方式安排的管理文件。计划既是决策所确定的组织在未来一定时期内的行动目标和方式在时间和空间的进一步展开，又是组织、领导、控制和创新等管理活动的基础。从动词意义上说，计划是指为了实现决策所确定的目标，预先进行的行动安排。这项行动安排工作包括：在时间和空间两个维度上进一步分解任务和目标，选择任务和目标实现方式，进度规定，行动结果的检查与控制等。因此，计划工作是对决策所确定任务和目标提供一种合理的实现方法。

无论在名词意义上还是在动词意义上，计划内容都包括“5W1H”，即计划必须清楚地确定和描述下述内容：

What——做什么？目标与内容。

Why——为什么做？原因。

Who——谁去做？人员。

Where——何地做？地点。

When——何时做？时间。

How——怎样做？方式、手段。

（二）计划的性质

计划工作具有承上启下的作用。一方面，计划工作是决策的逻辑延续，为决策所选择的目标活动的实施提供了组织实施保证；另一方面，计划工作又是组织、领导、控制和创新等管理活动的基础，是组织内不同部门、不同成员行动的依据。因此，我们可以从以下四个方面来考察计划的性质：

1. 计划工作是为实现组织目标服务

计划工作是对决策工作在时间和空间两个维度上进一步的展开和细化。所谓在时间维度上进一步展开和细化，是指计划工作把决策所确立的组织目标及其行动方式分解为不同时间段（如长期、中期、短期等）的目标及其行动安排；所谓在空间维度上进一步展开和细化，是指计划工作把决策所确立的组织目标及其行动方式分解为组织内不同层次（如高层、中层、基层等）、不同部门（如生产、人事、销售、财务等部门）、不同成员的目标及其行动安排。组织正是为了通过有意识的合作来完成群体的目标而生存的，因此，组织的各种计划及其各项计划工作都必须有助于完成组织的目标。

2. 计划工作是管理活动的桥梁，是组织、领导和控制等管理活动的基础

未来的不确定性和环境的变化不仅要求组织的一般成员了解组织的目标和实现目标的行动安排，而且更要求组织的主要领导人员明确组织的目标和实现目标的行动路径（而不至于因日常琐事和一连串的转弯而迷失方向）。计划工作的目的就是使所有的行动保持同一方向，促使组织目标实现。

3. 计划工作具有普遍性和秩序性

计划工作是全体管理人员的一项职能。计划工作的普遍性中蕴含着一定的秩序，这种秩序随着不同组织的性质不同而有所不同。最主要的秩序表现为计划工作的纵向层次性和横向协作性。虽然所有管理人员都定计划，做计划工作，但第一线的基层管理人员的工作计划不同于高层管理人员制定的战略计划。在高级管理人员计划组织的总方向时，各级管理人员必须随后据此拟定各自的计划，从而保证实现组织的总目标。

4. 计划工作要追求效率

可以用计划对组织目标的贡献来衡量一个计划的效率。贡献是指扣除制定和实施这个计划所需要的费用和其他因素后，能得到的剩余。在计划所要完成的目标确定的情况下，同样可以用制定和实施计划的成本及其他连带成本（如计划实施带来的损失、计划执行的风险等）来衡量效率。如果计划能得到最大的剩余，或者能够使计划按合理的代价实现目标，这样的计划就是有效率的。特别要注意的是，在衡量代价时，不仅要用时间、金钱或者生产等来衡量，而且还要衡量个人和集体的满意程度。

二、计划的类型及层次

管理中有各种各样的计划。人们常常根据计划的广度、时间和明确性等方面对计划进行分类。

（一）计划的类型

1. 战略计划与作业计划

从计划涉及的广度看，于整体组织的、为组织设立总体目标和寻求组织在环境中地位的计划，称为战略计划，而规定总体目标如何实现的细节性计划称为作业计划。战略计划的一个重要任务是设立组织目标，其覆盖面较宽，不规定具体的细节问题；而作业计划则假定组织目标已经存在，只提供实现目标的具体方法，所覆盖的面也较窄。

2. 短期计划与长期计划

从计划涉及的时间上看，人们习惯于将时间在一年以内的计划称为短期计划，超过五年的计划称为长期计划，而介于两者之间的计划称为中期计划。前述的战略计划通常表现为长期计划，而作业计划则表现为短期计划。

3. 具体计划与指导性计划

面向未来和面向行动是计划的两大显著特征。从计划的明确性看，具体计划规定明确具体的目标，不容易引起误解。指导性计划则只规定一些一般的方针和工作重点，不规定具体的目标或行动方案。尽管具体计划便于执行，但是它要求的明确性和可预见性条件未必能得到满足，所以，当不确定性较高时，为了防止意外的变化，要求计划保持相应的灵活性，这时指导性计划就显得更加可取。

（二）计划的层次

1. 目的或使命

目的或使命指明一定的组织机构在社会上应起的作用，所处的地位。它决定组织的性质，决定此组织区别于彼组织的标志。各种有组织的活动，如果要使它有意义的话，至少应该有自己的目的或使命。比如，大学的使命是教书育人和科学研究，医院的使命是治病救人，法院的使命是解释和执行法律。

2. 目标

组织的目的或使命往往太抽象，太原则化，它需要进一步具体为组织一定时期的目标和各部门的目标。组织的使命支配着组织各个时期的目标和各部门的目标，而且组织各个时期的目标和各部门的目标是围绕组织存在的使命所制定的，并为完成组织使命而努力。虽然教书育人和科学研究是一所大学的使命，但一所大学在完成自己使命时会进一步具体化不同时期的目标和各院系的目标，比如最近3年培养多少人才，发表多少论文等。

3. 战略

战略是为了达到组织总目标而采取的行动和利用资源的总计划，其目的是通过一系列的主要目标和政策去决定和传达一个组织期望自己成为什么样的组织。战略并不打算确切地概述组织怎样去完成它的目标，这是无数主要的和次要的支持性计划的任务。

4. 政策

政策是指导或沟通决策思想的全面的陈述书或理解书。政策能帮助事先决定问题处理方法，这一方面减少对某些例行事件处理的成本，另一方面把其他计划统一起来了。政策支持了分权，同时也支持上级主管对该项分权的控制。政策允许对某些事情有酌情处理的自由，自由处理的权限大小一方面取决于政策自身，另一方面取决于主管人员的管理艺术。

5. 程序

程序是制定处理未来活动的一种必需方法的计划。它详细列出必须完成某类活动的切实方式，并按时间顺序对必要的活动进行排列。它与战略不同，它是行动的指南，而非思想指南。它与政策不同，它没有给行动者自由处理的权力。在实践工作中，程序往往表现为组织的政策。比如，一家企业的处理订单程序、会计部门的费用报销程序等，都表现为企业的政策。组织中每个部门都有程序，并且在基层，程序更加具体化、数量更多。

6. 规则

规则没有酌情处理的余地。它详细、明确地阐明必需行动或无需行动，其本质是一种管理决策。规则通常是最简单形式的计划。

规则不同于程序。其一，规则指导行动但不说明时间顺序；其二，可以把程序看作是一系列的规则，但是一条规则可能是也可能不是程序的组成部分。比如，“禁止吸烟”是一条规则，但和程序没有任何联系；而一个规定为顾客服务的程序可能表现为一些规则，如在接到顾客需要服务的信息后30分钟内必须给予答复。

规则也不同于政策。政策的目的是指导行动，并给执行人员留有酌情处理的余地，而规则虽然也起指导行动的作用，但是在运用规则时，执行人员没有自行处理之权。

7. 方案

方案是一个综合性的计划，它包括目标、政策、程序、规则、任务分配、要采取的步骤、要使用的资源以及为完成既定行动方针所需的其他因素。通常情况下，一个主要方案（规划）可能需要很多支持计划。在主要计划进行之前，必须把这些支持计划制定出来，并付诸实施。所有这些计划都必须加以协调和安排时间。

8. 预算

预算是一份用数字表示预期结果的报表。本身可能也是一项规划。

三、计划的作用

制定计划的目的不仅可以指明组织活动的方向，减小各种变化所带来的冲击，而且为控制设立相应的标准。

计划是一种协调过程。它为组织成员指明方向，从而有利于他们结成团队，互相合作，协调地进行各项活动。

预见未来的变化。通过计划，管理者可以较好地预见未来的变化和影响，并且制定适当的对策。所以，计划可以减少不确定性，使管理者能够预见到行动的结果。

减少无效活动。在开始一项活动前就进行统筹安排，可以避免浪费和无效的重复，提高工作效率。

有利于进行控制。在进行控制时，我们常常要将实际的绩效与目标进行比较，发现可能发生的重大偏差，采取必要的校正行动。而计划恰恰可以为我们提供用于控制的目标和相应的标准。因此，没有计划就没有控制。这也是我们将计划与控制理论合编在一章里的基本原因。

第二节　计划的制定与执行

一、计划编制过程

为了保证编制的计划合理，能实现决策的组织落实，计划编制必须采用科学的方法。计划的形式类型虽然多种多样，但管理人员在编制任何完整的计划时，实质上都遵循相同的逻辑和步骤。这个逻辑可用图 9-1 来描述。

1. 确定目标

确定目标是决策工作的主要任务，是制定计划的第一步。目标是指期望的成果。目标为组织整体、各部门和各成员指明了方向，描绘了组织未来的状况，并

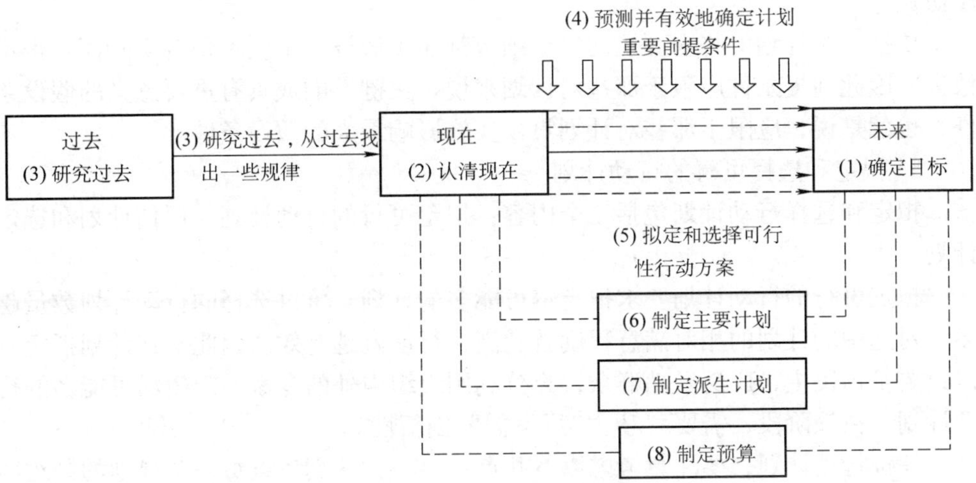

图 9-1　计划编制的步骤

且作为标准可用来衡量实际的绩效。计划工作的主要任务是将决策所确立的目标进行分解，以便落实到各个部门、各个活动环节。企业的目标指明主要计划的方向，而主要计划又根据企业目标，规定各个主要部门的目标。而主要部门的目标又依次控制下属各部门的目标，如此等等。

2. 认清现在

制定计划的第二步是认清现在。认清现在的目的在于寻求合理有效的实现目标的途径。认清现在不仅需要有开放的精神，将组织、部门置于更大的系统中，而且要有动态的观点，考察环境、对手与组织自身的随时间的变化与相互间的动态反应。对外部环境、竞争对手和组织自身的实力进行比较研究，不仅要研究环境给组织带来的机会与威胁，与竞争对手相比的组织自身的实力与不足，还要研究环境、对手及其自身随时间变化的变化。

3. 研究过去

研究过去不仅是从过去发生的事件中得到启示和借鉴，更重要的是探讨过去通向现在的一些规律。从过去发生的事件中探求事物发展的一般规律有两种基本方法：一为演绎法，一为归纳法。演绎法是将某一大前提应用到个别情况，并从中引出结论。归纳法是从个别情况发现结论，并推论出具有普遍原则意义的大前提。

4. 预测和确定计划的前提条件

前提条件是关于计划的环境的假设条件，是关于由所处的此岸到达将去的彼岸的过程中所有可能的假设情况。对前提条件认识越清楚、越深刻，计划工作越有效，而且组织成员越彻底地理解和同意使用一致的计划前提条件，计划工作就越协调。

要把一个计划的将来环境的每个细节都作出假设，不仅不切合实际而且得不偿失。因此前提条件应限于那些对计划来说是关键性的或具有重要意义的假设条件，也就是说，应限于那些对计划贯彻实施影响最大的假设条件。

5. 拟定和选择可行的行动计划

拟定和选择行动计划包括三个内容：拟定可行的行动计划、评估计划和选定计划。

拟定可行的行动计划要求拟定尽可能多的计划。可供选择的行动计划数量越多，对选中的计划的相对满意程度就越高，行动就越有效。因此，在计划拟定阶段，要发扬民主，广泛发动群众，充分利用组织内外的专家，产生尽可能多的行动计划。在该阶段，需要“巧主意”，需要创新性。

评价行动计划，要注意考虑以下几点：第一，认真考查每一个计划的制约因素和隐患。第二，要用总体的效益观点来衡量计划。第三，既要考虑到每一计划的有形的可以用数量表示出来的因素，又要考虑到无形的不能用数量表示出来的因素。第四，要动态地考查计划的效果，不仅要考虑计划执行所带来的利益，还要考虑计划执行所带来的损失，特别注意那些潜在的、间接的损失。

这一阶段的最后一步是按一定的原则选择出一个或几个较优计划。

6. 制定主要计划

主要计划要清楚地描述5W1H的内容，即做什么（What）、为什么做（Why）、谁去做（Who）、在哪儿做（Where）、何时做（When）、怎么做（How），形成正规的管理文件。

7. 制定派生计划

基本计划还需要派生计划的支持。比如，一家公司年初制定了“当年销售额比上年增长9%”的销售计划，与这一计划相连的有许多派生计划，如生产计划、促销计划、资金计划等。

8. 制定预算

在作出决策和确定计划后，最后一步就是把计划转变成预算，使计划数字化。编制预算，一方面是为了计划的指标体系更加明确，另一方面是使企业更易于对计划执行进行控制。

二、计划的执行与调整

计划工作目的是通过计划的制定和组织实施来实现决策目标。因此，计划工作的开始，更重要、更大量的工作，还在于计划的执行。

组织计划执行的基本要求是：保证全面地、均衡地完成计划。所谓全面地完成计划是指组织整体、组织内部的各个部门要按一切主要指标完成计划，而不能有所偏废；所谓均衡地完成计划，则是指要根据时段的具体要求，做好各项工作，按年、季、月，甚至每周、日完成计划，以建立正常的活动秩序，保证组织稳步地发展。

计划的执行需要依靠组织全体成员的努力，能否全面、均衡地完成计划，在很大程度上取决于在计划执行中能否充分调动全体组织成员的工作积极性。我国一些企业于20世纪80年代初开始引进了目标管理的方法，取得了一定的成效。

目标管理是美国管理学家杜拉克于1954年提出的。杜拉克认为，为了充分发挥不同组织成员在计划执行中的作用，协调这些组织成员的努力，必须把组织任务转化为总目标，并根据目标活动及组织结构的特点分解为各个部门和层次的分目标，根据分目标的要求对下层的工作进行指导和控制。

实行目标管理一般要展开以下步骤的工作，如表9-1所示。

表9-1 目标管理工作

步 骤	工作内容
制定目标	➢ 确定组织的总体目标和各部门的分目标 ➢ 为了协调这些成员在不同时空的努力，各个部门的各个成员都要建立与组织目标相结合的分目标
执行目标	➢ 组织中各层次、各部门的成员为达成分目标，必须从事一定的活动 ➢ 活动中必须利用一定资源 ➢ 为了保证活动的展开，必须授予相应的权力
评价成果	➢ 成果评价既是实行奖惩的依据，也是上下左右沟通的机会，同时还是自我控制和自我激励的手段 ➢ 成果评价既包括上级对下级的评价，也包括下级对上级、同级关系部门相互之间以及各层次自我评价
实行奖惩	➢ 组织对不同成员的奖惩，是以上述各种评价的结果为依据的 ➢ 奖惩可以是物质的，也可以是精神的 ➢ 公平合理的奖惩有利于维持和调动组织成员饱满的工作热情和积极性
制定新目标并开始新的目标管理循环	➢ 成果评价与行为奖惩，既是对某一阶段组织活动效果以及组织成员贡献的总结，也为下一阶段的工作提供参考和借鉴 ➢ 在此基础上，制定新的目标并组织实施，以便展开目标管理的新一轮循环

计划在执行过程中，有时需要根据情况进行调整。这不仅因为计划活动所处的客观环境可能发生了变化，而且可能因为人们对客观环境的主观认识有了改变。为了使组织活动更加符合环境特点的要求，必须对计划进行适时的调整。

滚动计划是保证计划在执行过程中能够根据情况变化适时修正和调整的一种现代计划方法。滚动方式计划的基本做法是，制定好组织在一个时期的行动计划后，在执行过程中根据组织内外条件的变化定期加以修改，使计划不断延伸，滚动向前。滚动计划方法主要应用于长期计划的制定和调整。长期计划面对的环境较为复杂，许多因素组织本身难以控制，采用滚动计划，便可适时根据环境变化和组织活动的实际进展情况进行调整，使组织始终有一个为各部门、各阶段活动导向的长期计划。

滚动方式计划有以下主要特点：

(1) 计划分为若干个执行期，其中近期行动计划编制得详细具体，而远期计划则相对粗略。

(2) 计划执行一定时期，就根据执行情况和环境变化对以后各期计划内容进行修改调整。

(3) 上述两个特点决定了组织的计划工作始终是一个动态过程，因此滚动方式计划避免了计划的凝固化，提高了计划的适应性及对实际工作的指导性。

第三节　控制的功能及类型

一、控制的概念

控制可以定义为监视各项活动以保证它们按计划进行并纠正各种重要偏差的过程。所有的管理者都应当承担控制的职责，一个有效的控制系统可以保证各项行动完成的方向是朝着达到组织目标的。控制系统越是完善，管理者实现组织的目标就越是容易。控制是为了保证企业计划与实际作业动态适应的管理职能。控制工作的主要内容包括确立标准、衡量绩效和纠正偏差。有效的控制不仅要求选择关键的管理环节，确定恰当的控制频度，收集及时的信息，而且要求合理运用预算或非预算的控制手段。

二、控制的要素

管理者在进行控制时，常常借助于以下五个方面的因素，即人员、财务、作业、信息和组织绩效。

1. 人员

管理者是通过他人的工作来实现其目标的。为了实现组织的目标，管理者需要而且必须依靠下属员工按照所期望的方式去工作。为了做到这一点，管理者最简明的方法就是直接巡视和评估员工表现，并据此决定奖惩。

2. 财务

企业的重要目标就是获取一定的利润。在追求这个目标时，管理者借助费用控制等手段。财务控制并不仅局限于营利部门使用，非营利部门同样需要，只不过在非营利部门中，预算控制的手段用的较多。

3. 作业

一个组织的成功，在很大程度上取决于它生产产品或提供服务的效率和效果。作业控制方法是用来评价一个组织转换过程的效率和效果问题。典型的作业控制包括：生产过程控制、产品质量控制等。

4. 信息

管理是通过信息来调动资源、实现其目标的。不精确、不完整、过多或延误的信息都将严重阻碍人们的行动，因此企业管理信息系统的开发和使用就非常重要。

5. 组织绩效

衡量一个组织的整体绩效或效果绝非易事。管理者当然会关心其组织的绩效，但是他们并不是唯一衡量组织绩效的人，公司的股东、顾客、竞争者等也对此作出判断。

三、控制的功能及类型

（一）控制的功能

任何组织都需要控制。控制为组织提供适应环境变化、限制偏差累计、处理组织内部复杂局面和降低成本提供了有效的途径。控制的这四项基本功能也是控制的目的所在。

1. 适应环境的变化

如果管理者能够建立起目标并立刻将其实现，那么就不需要进行控制。事实上，制定目标之后到目标实现之前，总是有一段时间。在这段时间内，组织内部和周围环境会有许多事情发生：竞争对手可能会推出新产品和新的服务项目，新材料和新技术可能会出现，政府可能会制定新的法规或对原有政策进行修正，组织内部的人员可能会产生很大的变动等。这些不仅会阻止目标的实现，甚至可能要视情况的变化对目标本身进行修改。因此，需要构建有效的控制系统帮助管理者预测和确定这些变化，并对由此带来的机会和威胁作出反应。这种环境控测越有效、持续的时间越长，组织对外部环境的适应能力就越强，组织在激烈变化的环境中生存和发展的可能性就越大。

2. 限制偏差的累积

小的差错和失误并不会立即给组织带来严重的损害，然而时间一长，小的差错就会得以积累、放大，并最终变得非常严重。正所谓从质变达到了量变。比如我们常说的“蝴蝶效应”：一只蝴蝶在巴西搧动翅膀，有可能会在美国引起一场龙卷风。从科学的角度看，“蝴蝶效应”反映了混沌运动的重要特征——系统长期的行为对初始条件的敏感依赖性。在混沌系统中，初始条件的十分微小的变化经过不断放大，对其未来状态会造成极其巨大的差别。

工作中出现偏差在很大程度上是不可完全避免的，关键是要能够及时地获取偏差信息，及时地采取有效的矫正措施。这就要求有效的控制系统予以保证。

3. 处理组织内部的复杂局面

如果一个企业只购买一种原材料，生产一种产品，组织设计简单，并且市场对其产品需求稳定，那么它的管理者只需一个非常基本和简单的系统就能保持对企业生产经营活动的控制。但这样的企业在现实中几乎没有，大多数企业要选用很多的原材料，制造多种产品，市场区域广阔，组织设计复杂并且竞争对手林立。他们需要复杂的系统来保证有效的控制。

组织内部的复杂局面使得授权成为必要，但是现实中许多管理者发现他们难以授权，原因是下属将他们负责的事情做错。然而，如果管理者建立起有效的控制系统，由它给管理者提供有关下属工作绩效的信息，那么，管理者对授权的担心就会减轻，并使组织内的复杂局面变得井然有序。

4. 降低成本

从事经营管理工作的人们，最熟悉的一个公式应该是“利润 = 收入 - 成本”。成本领先是企业获得竞争优势的一个主要来源。它要求积极建立起达到有效规模的生产设施，强化成本控制，减少浪费。为了达到这些目标，有必要在管理方面对成本控制予以高度重视，通过有效的控制，降低成本，增加产出。

（二）控制的类型

管理中的控制可以在活动开始之前、进行之中或结束之后进行。第一种称前馈控制，第二种称为同期控制，第三种称为反馈控制。如图 9-2 所示。

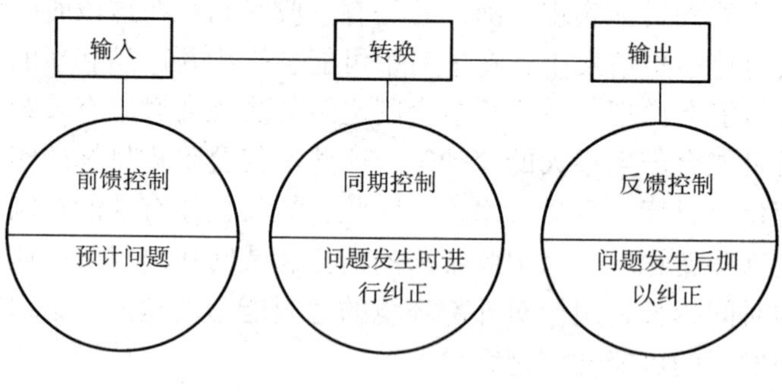

图 9-2 控制的类型

1. 前馈控制

前馈控制就是在实际问题发生之前进行的控制。它是未来导向的，是人们最渴望采取的控制类型，因为它可能避免预期问题的出现。前馈控制的出发点是防止问题发生而不是当出现问题后再去补救，因此这种控制需要及时和准确。但是这又常常是很难办到的，因此管理者总是不得不选择于另外两种类型的控制。

2. 同期控制

同期控制就是在活动进行的过程中进行的控制。在活动过程中进行控制，可以在重大问题出现时比较及时地加以纠正。最常见的同期控制方式是直接观察。在直接观察下属活动时，管理者可以监督雇员的实际工作情况，并且在发生问题时马上进行纠正。虽然在实际行动与管理者作出反应之间肯定会有一段延时，但这种延时通常较小，可以忽略。

3. 反馈控制

最常用的控制类型就是反馈控制。因为反馈控制发生在行动之后，所以当实施控制时损失已经发生了。这是反馈控制的主要缺陷。然而，在许多情况下，反馈控制是唯一可用的控制手段。而且，与前馈控制和同期控制相比，反馈控制在两个方面要优于它们。首先，反馈控制为管理者提供了关于计划的效果究竟如何的真实信息。如果反馈显示标准与现实之间只有很小的偏差，说明计划的目标是达到了；如果偏差很大，管理者就应该利用这一信息使新计划制定得更有效。其次，反馈控制可以增强员工的积极性。因为人们希望获得评价他们绩效的信息，而反馈正好提供了这样的信息。

第四节 控制技术与方法

有效地运用控制技术和方法是成功进行控制的重要保证。企业管理实践中运用着多种控制方法，管理人员经常借助预算控制、比率分析、审计控制、盈亏控制以及网络控制等方法进行控制。本节主要介绍前三种常用控制方法。

一、预算控制

预算，就是用数字、特别是用财务数字的形式来描述企业未来的活动计划，它预估了企业在未来时期的经营收入和现金流量，同时也为各部门或各项活动规定了在资金、劳动、材料、能源等方面的支出的额度。预算控制就是根据预算规定的收入与支出标准来检查和监督各个部门的生产经营活动，以保证各种活动或各个部门在完成既定目标、实现利润的过程中对经营资源的利用，从而使费用支出受到严格有效的约束。

（一）预算的编制

为了有效地从预期收入和费用两个方面对企业经营全面控制，不仅需要对各个部门、各项活动制定分预算，而且要对企业整体编制全面预算。分预算是按照部门和项目来编制的，它详细说明了相应部门的收入目标或费用支出的水平，规定了他们在生产活动、销售活动、采购活动、研究开发活动或财务活动中筹措和利用劳力、资金等生产要素的标准。全面预算则是在对所有部门或项目分预算进行综合平衡的基础上编制而成的，它概括了企业相互联系的各个方面在未来时期的总体目标。只有编制了全面预算才能进一步明确组织各部门的任务、目标、制约条件以及各部门在活动中的相互关系，从而为正确评价和控制各部门的工作提供客观的依据。任何预算都需用数字形式来表述。全面预算必须用统一的货币单位来衡量，而分预算则不一定用货币单位计量，比如，原材料预算可能用千克单位来表述。这是因为对一些具体的项目来说，用时间、长度或重量等单位来表述能提供更多、更准确的信息。当然，不论以何种方式表述的各部门或项目的分预算，在将它们综合平衡以编制企业的全面预算之前，必须转换成用统一的货币单位来表达的方式。

（二）预算的种类

不同企业，由于生产活动的特点不同，预算表中的项目会有所不同，但一般来说，预算内容要涉及以下几个方面：收入预算、支出预算、现金预算、资金支出预算、资产负债预算。

1. 收入预算

收入预算和支出预算提供了关于企业未来某段时期经营状况的一般说明，即从财务角度计划和预测了未来活动的成果以及为取得这些成果所需付出的费用。

企业收入主要来源于产品销售，因此收入预算的主要内容是销售预算。销售预算是在销售预测的基础上编制的，即通过分析企业过去的销售情况，目前和未来的市场需求特点及其发展趋势，比较竞争对手和本企业的经营实力，确定企业在未来时期内为了实现目标利润必须达到的销售水平。

2. 支出预算

企业销售的产品是在内部生产过程中加工制造出来的，在这个过程中，企业需要借助一定的劳动力，利用和消耗一定的物质资源。因此与销售预算相对应，企业必须编制能够保证销售过程得以进行的生产活动的预算。关于生产活动的预算，不仅要确定为取得一定销售收入所需要的产品数量，而且更重要的是要预计为得到这些产品、实现销售收入需要付出的费用，即编制各种支出预算。不同企业，经营支出的具体项目可能不同，但一般都包括以下几项：

（1）直接材料预算。直接材料预算是根据实现销售收入所需的产品种类和数量，详细分析为了生产这些产品，企业必须利用的原材料的种类数量。它通常以实物单位表示，考虑到库存因素后，直接材料预算可以成为采购部门编制采购预算、组织采购活动的基础。

（2）直接人工预算。直接人工预算需要预计企业为了生产一定数量的产品，需要哪些种类的工人，每种类型的工人在什么时候需要多少数量，以及利用这些人员劳动的直接成本是多少。

（3）附加费用预算。直接材料和直接人工只是企业经营全部费用的一部分，企业的行政管理、营销宣传、设备维修、固定资产折旧、资金筹措以及税金等，也要耗费企业的资金。对这些费用也需要进行预算，这就是附加费用预算。

3. 现金预算

现金预算是对企业未来生产与销售活动中现金的流入与流出进行预测，通常由财务部门编制。现金预算只能包括那些实际包含在现金流程中的项目，现金预算并不需要反映企业的资产负债情况，而是要反映企业在未来活动中的实际现金流量和流程。企业的销售收入很大，利润即使相当可观，但大部分尚未收回，或收回后被大量的库存材料或在制品所占用，那么它也不可能在目前给企业带来现金上的方便。通过现金预算，可以帮助企业发现资金的闲置或不足，从而指导企业及时利用暂时过剩的现金，或及早筹齐维持营运所短缺的资金。

4. 资金支出预算

上述各种预算通常只涉及某个经营阶段，是短期预算，而资金支出预算则涉及好几个阶段，是长期预算。如果企业的收支预算被很好地执行，企业有效地组织了资源的利用，那么利用这些资源得到的产品销售以后的收入就会超出资源消耗的支出，从而给企业带来盈余。企业可以利用盈利的一个很重要部分来进行生产能力的恢复和扩大。这些支出由于具有投资的性质，因此对其计划安排通常被称为投资预算或资金支出预算。资金支出预算的项目包括：用于更新改造或扩充包括厂房、设备在内的生产设施的支出，用于增加品种、完善产品性能或改进工艺的研究与开发支出，用于提高职工和管理队伍素质的人事培训与发展支出，用于广告宣传、寻找顾客的市场发展支出等。

5. 资产负债预算

资产负债预算是对企业会计年度末期的财务状况进行预测。它通过将各部门和各项目的分预算汇总在一起，表明如果企业的各种业务活动达到预先规定的标准，在财务期末企业资产与负债会呈现何种状况。作为各分预算的汇总，管理人员在编制资产负债预算时虽然不需作出新的计划或决策，但通过对预算表的分析，可以发现某些分预算的问题，从而有助于采取及时的调整措施。比如通过分析流动资产与流动负债的比率，可能发现企业未来财务安全性不高，偿债能力不强，可能要求企业在资金的筹措方式、来源及其使用计划上作相应的调整。另外，通过将本期预算与上期实际发生的资产负债情况进行对比，还可以发现企业财务状况可能会发生哪些不利变化、从而指导事前控制。

（三）预算的作用及其局限性

从预算的总体上、编制上、控制上和绩效上看，都具有其特定的意义和发挥着重要的作用，同时也具有一定的局限性。如表 9-2 所示。

表 9-2 预算的作用及局限性

分类	作　用	局 限 性
总体上	➢ 使得企业在不同时期的活动效果和不同部门的经营绩效具有可比性 ➢ 可以使管理者了解企业经营状况的变化方向	➢ 只能帮助企业控制那些可以用货币单位计量的业务活动 ➢ 对不能计量的内容如企业文化、企业形象、企业活力等难以形成足够的影响
编制上	➢ 通过为不同的职能部门和职能活动编制预算 ➢ 为协调企业活动提供了依据	➢ 参照上期的预算项目和标准 ➢ 往往会忽视本期活动的实际需要
控制上	➢ 预算为企业的各项活动确立了财务标准 ➢ 编制与执行始终与控制过程联系在一起	➢ 外部环境的变化会改变企业的支出或收入，从而使预算变得不合时宜 ➢ 较长时期的预算可能会过度束缚决策者的行动
绩效上	➢ 以数量形式的预算标准来对照企业活动的实际效果，大大方便了控制过程中的绩效衡量工作 ➢ 在此基础上，很容易测量出实际活动对预期效果的偏离程度，从而为采取纠正措施奠定了基础	➢ 预算不仅提出了希望实现的结果，而且也对得到这些成果所需的费用规定了限度 ➢ 这种规定可能导致活动中的小心翼翼和精打细算，从而忽视了部门活动的本来目的

二、生产控制

控制活动贯穿于企业的整个生产运营过程，即管理人员需要对原材料、零部件、劳动力等投入进行控制，需要对企业系统的转换和运营进行控制，也需要对有形的产品或无形的劳务进行控制。在此着重讨论与投入活动相关的对供应商的控制和库存控制，以及与产出相关的质量控制。

（一）对供应商的控制

供应商既为本企业提供了所需的原材料或零部件，又是本企业的竞争力量之一。供应商供货及时与否、质量的好坏、价格的高低，都对本企业最终产品产生重大影响。因此，对供应商的控制可以说是从企业运营的源头抓起，能够起到防微杜渐的作用。

许多企业正在改变与供应商之间的竞争关系，试图建立一种长期的、稳定的，合作的双赢局势。传统的做法是企业在十余家，甚至数十家供应商中进行选择，鼓励他们互相竞争，从中选取能够提供低价格高质量产品的供应商。现在，企业则在全球范围内挑选供应商，一旦选定几家供应商，就和他们建立长远的、稳定的联系，甚至采用控股的方式，这时企业和供应商就形成相互依赖、相互促进的供应链关系。双方都降低了风险，提高了效益，真正做到双赢。

（二）库存控制

对库存的控制主要是为了减少库存，降低各种占用，提高经济效益。管理人员使用经济订购批量模型计算最优订购批量，使所有费用达到最小。这个模型考虑三种成本：一是订购成本，即每次订货所需的费用（包括通信、差旅、行政管理费用等）；二是保管成本，即储存原材料或零部件所需的费用（包括库存、利息、保险、折旧等费用）；三是总成本，即订购成本和保管成本之和。

当企业在一定期间内总需求量或总订购量为一定时，如果每次订购的量越大，则所需订购的次数越少；如果每次订购的量越小，则所需订购的次数越多。对第一种情况而言，订购成本较低，但保管成本较高；对第二种情况而言，订购成本较高，但保管成本较低。通过经济订购批量模型，可以计算出订购量多大时，总成本（订购成本和保管成本之和）为最小。图 9-3 为经济订购批量示意图。

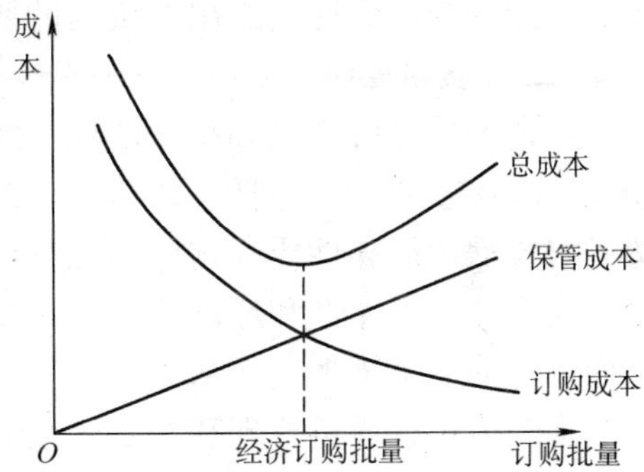

图 9-3 经济订购批量示意图

假定企业在一定期间内总需求量为 D，每次订购所需的费用为 O，库存物品单价为 P，保管成本与全部库存物品价值之比为 C，则最优订购批量为 $EQQ = \sqrt{\dfrac{2 \times D \times O}{P \times C}}$。

例如，假设某企业一年对某种材料的总需求量为 5000 件，每件价格为 20 元，每次订购所需的费用为 250 元，保管成本与全部库存物品价值之比为 12.5%，则最优订购批量为 $EQQ = \sqrt{\dfrac{2 \times D \times O}{P \times C}} = \sqrt{\dfrac{2 \times 5000 \times 250}{20 \times 0.125}}$件 $= 1000$ 件。

因此，一年最优订购批量为 5 次，每次 1000 件，此时，订购成本为 1250 元，保管成本为 1250 元，总成本最低，为 2500 元。

一般说来，企业除了最优订购批量外，为了预防万一会保留一个额外的储存量，这个储存量被称为安全库存。

日本企业发明了一种被称为准时制库存系统（JIT），其目标是实现零库存。它的基本思路是企业不储备原材料库存，并且需要时，立即向供应商提出，由供应商保质保量按时送到，生产继续进行下去。JIT 的具体做法如下：企业收到供应商送来的装有原材料的集装箱，卸下其中的原材料准备用于生产装配，同时把箱中的“看板”（日语中卡片或标牌的含义）交回给供应商；供应商接到“看板”后立即进行生产，并将新生产出来的原材料再送来。如果双方衔接好的话，这时，上次的原材料刚好用完。

准时制库存系统可以减少库存，降低成本，提高效益。但是，该种方法对供应商提出了很高的要求。供应商必须在规定的时间，按照规定的质量和数量，将原材料或零部件生产出来，并且准确无误地运输到规定的地点。但是，许多研究指出准时制库存系统事实上将库存及带来的风险转嫁给了供应商，供应商所能做的是自己消化或再次转嫁给那些为自己供货的供应商。另外，准时制库存系统对企业选择和控制供应商提出了更高的要求。

（三）质量控制

所谓的质量有广义和狭义之分。狭义的质量指产品的质量；而广义质量除了涵盖产品质量外，还包括工作质量。产品质量主要指产品的使用价值，即满足消费者需要的功能和性质。这些功能和性质可以具体化为下列五个方面：性能、寿命、安全性、可靠性和经济性。工作质量主要指在生产过程中，围绕保障产品质量而进行的质量管理工作的水平。

迄今为止，质量管理和控制已经经历了三个阶段，即质量检验阶段、统计质量管理阶段和全面质量管理阶段。从 20 世纪 50 年代开始的全面质量管理是以保证产品质量和工作质量为中心，企业全体员工参与的质量管理体系，它具有多指标、全过程、多环节和综合性的特征。如今，全面质量管理已经形成了一整套管理理念，风靡全球。

三、其他控制方法

其他常用的控制方法有：比率分析、经营审计、统计分析和亲自观察等。

（一）比率分析

比率分析是将企业财务报表上的相关项目进行对比，形成一个比率，从中分析和评价企业的经营成果和财务状况。

利用财务报表提供的数据，我们可以列出许多比率，常用的有两种类型，财务比率和经营比率。

1. 财务比率

财务比率及其分析可以帮助我们了解企业的偿债能力和盈利能力等财务状况。

（1）流动比率。流动比率是企业的流动资产与流动负债之比，它反映了企业偿还需要付现的流动债务的能力。企业资产的流动性越大，偿债能力就越强；反之，偿债能力则弱，这样会影响企业的信誉和短期偿债能力。因此，企业资产应具有足够的流动性，但也要防止为追求过高的流动性而导致财务资源的闲置，以避免使企业失去本应得到的收益。一般来说，该比率为 2:1 较好。

（2）速动比率。速动比率是流动资产和存货之差与流动负债之比。该比率和流动比率一样是衡量企业资产流动性的一个指标。当企业有大量存货且这些存货周转率较低时，速动比率比流动比率更能精确地反映客观情况。

(3) 负债比率。负债比率是企业总负债与总资产之比，它反映了债权人权益受保护的程度，以及企业将来筹措新资金的能力。由于负债资金的财务杠杆作用，只要企业全部资金的利润率高于借入资金的利息率，且外部资金不在根本上威胁企业所有权的行使，企业就可以充分地向债权人借入资金以获取额外利润。当然，如果负债资金运用得不好，过高的负债比率会让企业陷于财务危机。

(4) 盈利比率。盈利比率是企业利润与销售额或全部资金等相关因素的比例关系。它们反映了企业在一定时期从事某种经营活动的盈利程度及其变化情况。常用的比率有销售利润率和资金利润率。销售利润率是销售净利润与销售总额之间的比例关系，它反映企业从一定时期的产品销售中是否获得了足够的利润。将企业不同产品、不同经营单位在不同时期的销售利润率进行比较分析，能为经营控制提供更多的信息。资金利润率是指企业在某个经营时期的净利润与该期占用的全部资金之比，它是衡量企业资金利用效果的一个重要指标，反映了企业是否从全部投入资金的利用中实现了足够的净利润。同销售利润率一样，资金利润率也要同其他经营单位和其他年度的情况进行比较。一般来说，要为企业的资金利润率规定一个最低的标准。

2. 经营比率

经营比率，也称活力比率，是与资源利用有关的几种比例关系。它们反映了企业经营效率的高低和各种资源是否得到了充分利用。常用的经营比率有以下三种。

(1) 库存周转率。库存周转率是销售总额与库存平均价值的比例关系，它反映了与销售收入相比库存数量是否合理，表明了投入库存的流动资金的使用情况。

(2) 固定资产周转率。固定资产周转率是销售总额与平均固定资产之比，它反映了单位固定资产能够提供的销售收入，表明了企业固定资产的利用程度。

(3) 销售收入与销售费用的比率。这个比率表明单位销售费用能够实现的销售收入，在一定程度上反映了企业营销活动的效率。由于销售费用包括了人员推销、广告宣传、销售管理费用等组成部分，因此还可进行更加具体的分析。比如，测度单位广告费用能够实现的销售收入或单位推销费用能增加的销售收入，等等。

反映经营状况的这些比率也通常需要进行横向的（不同企业之间）或纵向的（不同时期之间）比较，才更有意义。

（二）经营审计

审计是对反映企业资金运动过程及其结果的会计记录及财务报表进行审核、

鉴定，以判断其真实性和可靠性，从而为控制和决策提供依据。根据审查主体和内容的不同，可将审计划分为三种主要类型：一是由外部审计机构的审计人员进行的外部审计；二是由内部专职人员对企业财务控制系统进行全面评估的内部审计；三是由外部或内部的审计人员对管理政策及其绩效进行评估的管理审计。

1. 外部审计

外部审计是由外部机构（如会计师事务所）选派的审计人员对企业财务表及其反映的财务状况进行独立的评估。为了检查财务报表及其反映的资产与负债的账面情况与企业真实情况是否相符，外部审计人员需要抽查企业的基本财务记录，以验证其真实性和准确性，并分析这些记录是否符合公认的会计准则和记账程序。

外部审计实际上是对企业内部虚假、欺骗行为的一个重要而系统的检查，因此起着鼓励诚实的作用。由于知道外部审计不可避免地要进行，企业就会努力避免做那些在审计时可能会被发现的不光彩的事。

外部审计的优点是审计人员与管理当局不存在行政上的依附关系，不需看企业经理的眼色行事，只需对国家、社会和法律负责，因而可以保证审计的独立性和公正性。但是，由于外来的审计人员不了解内部的组织结构、生产流程的经营特点，在对具体业务的审计过程中可能产生困难。此外，处于被审计地位的内部组织成员可能产生抵触情绪，不愿积极配合，这也可能增加审计工作的难度。

2. 内部审计

内部审计提供了检查现有控制程序和方法能否有效地保证达成既定目标和执行既定政策的手段。例如，制造质量完善、性能全面的产品是企业孜孜以求的目标，这不仅要求利用先进的生产工艺、工人提供高质量的工作，而且对构成产品的基础——原材料提出了相应的质量要求。这样，内部审计人员在检查物资采购时，就不仅限于分析采购部门的账目是否齐全、准确，而且试图测定材料质量是否达到要求。

根据对现有控制系统有效性的检查，内部审计人员可以提供有关改进公司政策、工作程序和方法的对策建议，以促使公司政策符合实际，工作程序更加合理，作业方法被正确掌握，从而更有效地实现组织目标。

内部审计有助于推行分权化管理。从表面上来看，内部审计作为一种从财务角度评价各部门工作是否符合既定规则和程序的方法，加强了对下属的控制，似乎更倾向于集权化管理。但实际上，企业的控制系统越完善，控制手段越合理，越有利于分权化管理。因为主管们知道，许多重要的权力授予下属后，自己可以很方便地利用有效的控制系统和手段来检查下属对权力的运用状况，从而可能及时发现下属工作中的问题，并采取相应措施。内部审计不仅评估了企业财务记录是否健全、正确，而且为检查和改进现有控制系统的效能提供了一种重要的手段，因此有利于促进分权化管理的发展。

3. 管理审计

外部审计主要核对企业财务记录的可靠性和真实性，内部审计在此基础上对企业政策、工作程序与计划的遵循程度进行测定，并提出必要的改进企业控制系统的对策建议，管理审计的对象和范围则更广，它是一种对企业所有管理工作及其绩效进行全面系统地评价和鉴定的方法。管理审计虽然也可组织内部的有关部门进行，但为了保证某些敏感领域得到客观的评价，企业通常聘请外部的专家来进行。

管理审计的方法是利用公开记录的信息，从反映企业管理绩效及其影响因素的若干方面将企业与同行业其他企业或其他行业的著名企业进行比较，以判断企业经营与管理的健康程度。

反映企业管理绩效及其影响因素主要有以下几个：

（1）经济功能。经济功能是指检查企业产品或服务对公众的价值，分析企业对社会和国民经济的贡献。

（2）企业组织结构。企业组织结构是指分析企业组织结构是否能有效地达到企业经营目标。

（3）收入合理性。收入合理性是指根据盈利的数量和质量（指盈利在一定时期内的持续性和稳定性）来判断企业盈利状况。

（4）研究与开发。研究与开发是指评价企业研究与开发部门的工作是否为企业的未来发展进行了必要的新技术和新产品的准备，管理当局对这项工作的态度如何。

（5）财务政策。财务政策是指评价企业的财务结构是否健全合理，企业是否有效地运用财务政策和控制来达到短期和长期目标。

（6）生产效率。生产效率是指保证在适当的时候提供符合质量要求的必要数量的产品，这对于维持企业的竞争能力是相当重要的。因此，要对企业生产制造系统在数量和质量的保证程度以及资源利用的有效性等方面进行评估。

（7）销售能力。销售能力影响企业产品能否在市场上顺利实现，这方面的评估包括企业商业信誉、代销网点、服务系统以及销售人员的工作技能和工作态度。

（8）对管理当局的评估。对管理当局的评估是指对企业的主要管理人员的知识、能力、勤奋、正直、诚实等素质进行分析和评价。

管理审计在实践中遭到许多批评，其中比较重要的意见认为，这种审计过多地评价组织过去的努力的结果，而不致力于预测和指导未来的工作，以至于有些企业在获得了极好的管理审计评价后不久就遇到了严重的财政困难。

尽管如此，管理审计不是在一两个容易测量的活动领域进行了比较，而是对整个组织的管理绩效进行了评价，因此可以为指导企业在未来改进管理系统的结构、工作程序和结果提供了有用的参考。

（三）其他方法

管理人员通过对过去的资料或未来的预测进行统计分析，从中发现规律，对比自己企业的经营实绩，实行有效的控制，这种控制方法被称为统计分析。该方法的优点是简单明了，例如用曲线、图表画出的趋势图或历史资料使人一目了然。但缺点是可比性较差，已经发生的未必一定会再发生，对未来的预测准确性并不高。

事实上最简单常常也是最有成效的控制方法是亲自观察，即主管人员到车间或办公室进行实地观察。这种方法有利于主管人员获得来自第一线的信息。

名词概念

控制	前馈控制	同期控制	战略计划
作业计划	具体计划	指导性计划	滚动计划

要点回顾

- 计划工作是对决策所确定任务和目标提供一种合理的实现方法。管理中有各种各样的计划。人们常常根据计划的广度、时间和明确性等方面对计划进行分类。制定计划的目的不仅可以指明组织活动的方向，减小各种变化所带来的冲击，而且为控制设立相应的标准。
- 为了保证编制的计划合理，能实现决策的组织落实，计划编制必须采用科学的方法。计划的形式类型虽然多种多样，但管理人员在编制任何完整的计划时，实质上都遵循相同的逻辑和步骤。
- 计划工作目的是通过计划的制定和组织实施来实现决策目标。因此，计划工作的开始，更重要、更大量的工作，还在于计划的执行。计划的执行需要依靠组织全体成员的努力，能否全面、均衡地完成计划，在很大程度上取决于在计划执行中能否充分调动全体组织成员的工作积极性。
- 控制是为了保证企业计划与实际作业动态适应的管理职能。控制工作的主要内容包括确立标准、衡量绩效和纠正偏差。有效的控制不仅要求选择关键的管理环节，确定恰当的控制频度，收集及时的信息，而且要求合理运用预算或非预算的控制手段。
- 有效地运用控制技术和方法是成功进行控制的重要保证。一个有效的控制系统可以保证各项行动完成的方向是朝着达到组织目标的。控制系统越是完善，管理者实现组织的目标就越是容易。

课后练习

一、单项选择题

1. 按照计划的明确性，可以把计划划分为指导性计划与(　　)。
   A. 长期计划　B. 战略计划　C. 作业计划　D. 具体计划
2. 全面预算的衡量单位是(　　)。
   A. 货币　B. 时间　C. 长度　D. 重量
3. 使计划数字化的工作被称为(　　)。
   A. 规划　B. 决策　C. 预测　D. 预算
4. 制定计划的第一步是(　　)。
   A. 研究过去　B. 确定目标　C. 认清现在　D. 制定预算
5. 由外部或内部的审计人员对企业所有管理工作及其绩效进行全面系统地评价和鉴定的审计类型是(　　)。
   A. 内部审计　B. 外部审计　C. 管理审计　D. 专项审计
6. 准时控制库存系统的目标是(　　)。
   A. 控制库存量　B. 实现零库存
   C. 转嫁库存风险　D. 实现安全库存
7. 计划工作领先于其他各项管理工作，主要是强调组织各方面的工作都应该是(　　)。
   A. 有章可循的　B. 清晰可辨的　C. 动态变化的　D. 固定模式的
8. 将控制类型划分为前馈控制、同期控制和反馈控制的分类标准是(　　)。
   A. 时机、对象和目的不同　B. 控制原因
   C. 控制结果　D. 外因和内因

二、多项选择题

1. 关于计划的性质，下列描述正确的有(　　)。
   A. 计划工作是为实现组织目标服务
   B. 计划工作是组织、领导和控制等管理活动的核心
   C. 计划工作具有普遍性和秩序性
   D. 计划工作应由中、高层管理人员制定
   E. 计划工作要追求效率

2. 控制工作的主要内容包括(　　)。

A. 制定计划　B. 确立标准　C. 避免偏差　D. 衡量绩效

E. 纠正偏差

3. 计划内容的“5W1H”具体包括(　　)。

A. 目标与内容　B. 原因　C. 人员　D. 地点

E. 方式、手段

4. 下列属于经营比率的有(　　)。

A. 流动比率　B. 盈利比率　C. 库存周转率

D. 固定资产周转率　E. 销售收入与销售费用的比率

5. 短期预算包括(　　)。

A. 收入预算　B. 支出预算　C. 现金预算　D. 投资预算

E. 资金支出预算

三、填空题

1. 计划工作是对决策工作在________和________两个维度上进一步的展开和细化。

2. 控制的要素包括：人员、________、作业、________和组织的总体绩效。

3. 从计划涉及的广度看，于整体组织的、为组织设立总体目标和寻求组织在环境中地位的计划，称为________。

4. 计划工作的普遍性中蕴含着一定的秩序，这种秩序随着不同组织的性质不同而有所不同。最主要的秩序表现为计划工作的________和________。

5. 从过去发生的事件中探求事物发展的一般规律有两种基本方法：一为________，一为归纳法。

6. ________是保证计划在执行过程中能够根据情况变化适时修正和调整的一种现代计划方法。

7. 控制的基本功能表现在适应环境的变化、________、________、降低成本这四个方面。

8. 最常见的同期控制方式是________。

四、简答题

1. 计划是开展管理工作的重要工具，但现实生活中常出现为制定计划而制定计划的现象，为什么?

2. 简述外部审计的优点及局限性。

3. 计划与控制是如何产生联系的?

参考答案

一、单项选择题

1. D　2. A　3. D　4. B　5. C　6. B　7. C　8. A

二、多项选择题

1. ACE　2. BDE　3. ABCDE　4. CDE　5. ABC

三、填空题

1. 时间　空间　2. 财务　信息　3. 战略计划　4. 纵向层次性　横向协作性　5. 演绎法　6. 滚动计划　7. 限制偏差的累积　处理组织内部的复杂局面　8. 直接观察

四、简答题

1. 答题参考

计划是指对行动的预先设计，它是在决策目标的指导下，以预测工作为基础，对实现目标的途径作出具体安排的一项活动。在管理学中，计划具有两重含义：其一是指计划管理工作，计划是最重要的管理职能之一。其二是指以规划、预算等为主体的具体的计划形式。它们是实施计划管理职能的书面文件。其实，计划工作和计划形式是密切相关的。计划管理工作的中心内容就是制定计划和执行计划。形成计划不仅是计划工作要完成的任务，也是计划执行的指南。由计划的定义可以看出，计划是开展管理工作的重要工具，但现实生活中常出现为制定计划而制定计划的现象，是因为：

（1）没有明确制定计划的目的。计划是为了实现组织一定的目标而对行动的预先计划活动，所以在计划之前，一定有计划实施的目的，即确保组织及时准确地实现自己的目标。如果组织在制定计划时，没有一定的目的那么就会盲目行事，制定的计划纯粹是为了计划而计划。

（2）计划没有反映组织目标。计划是一个层次体系，它包括目的、目标、战略、政策、程序、规则、方案和预算。组织的目标往往太抽象，太原则化，只有进一步具体为组织制定一定时期的目标和各部门的目标，才能更完美地实现。但如果在计划中没有反映组织目标就会使制定的计划苍白无力，没有多大价值。

（3）制定的计划不符合实际，缺乏操作性。计划是连接组织所处的此岸和要去的彼岸的一座桥梁。制定计划前，要考察环境、对手与组织自身的随时间的变化与相互间的动态反应，对外部环境、竞争对手和组织本身的实力进行比较研究。如果不从实际出发，就会夸夸而谈，纸上谈兵，制定出来的计划也会因不切合实际而无法操作。这也是在现实生活中出现为制定计划而制定计划现象的原因之一。

2. 答题参考

外部审计是由外部机构（如会计师事务所）选派的审计人员对企业财务表及其反映的财务状况进行独立的评估。外部审计实际上是对企业内部虚假、欺骗行为的一个重要而系统的检查，因此起着鼓励诚实的作用。

外部审计的优点是审计人员与管理当局不存在行政上的依附关系，不需看企业经理的眼色行事，只需对国家、社会和法律负责，因而可以保证审计的独立性和公正性。

其局限性是，由于外来的审计人员不了解内部的组织结构、生产流程的经营特点，在对具体业务的审计过程中可能产生困难。此外，处于被审计地位的内部组织成员可能产生抵触情绪，不愿积极配合，这也可能增加审计工作的难度。

3. 答题参考

计划既是决策所确定的组织在未来一定时期内的行动目标和方式在时间和空间的进一步展开，又是组织、领导、控制和创新等管理活动的基础。从动词意义上说，计划是指为了实现决策所确定的目标，预先进行的行动安排。这项行动安排工作包括：在时间和空间两个维度上进一步分解任务和目标，选择任务和目标实现方式，进度规定，行动结果的检查与控制等。管理学家一致认为，计划是最重要的管理职能之一。

控制是为了保证企业计划与实际作业动态适应的管理职能。它是为实现组织目标，以计划为标准，由管理者对被管理者的行为、活动进行的检查、监督、调整等的管理活动。

计划和控制是同一个事物的两个方面，也是管理的两项相关的职能。

一方面，有目标和计划而没有控制，人们可能知道自己干了什么，而无法知道自己干得怎么样，存在哪些问题，哪些地方需要改进。另一方面，有控制而没有目标和计划，人们将不会知道要控制什么，也不会知道怎么控制。

计划和控制是密不可分的。从广义的角度来看，控制工作还包括着在必要时候修改计划标准。在现实中，组织的运行往往是“非零”起点的，这样，上一个阶段控制的结果就可能导致组织确立新的目标、提出新的计划，并在组织结构、人员配备和领导等方面作出相应的改变。因此说，控制可以说既是一个管理工作过程的终结，又是一个新的管理工作过程的开始。

而且，计划与控制工作还常常相互交织联系在一起，管理工作本质就是由计划、组织、领导、控制等职能有机联系而构成的一个不断循环的过程。

本章参考文献

[1] 陈传明，等. 管理学［M］. 北京：清华大学出版社，2003.
[2] 谭力文，等. 管理学［M］. 武汉：武汉大学出版社，2004.
[3] 张勤国，等. 管理学——理念、方法与实务［M］. 上海：立信会计出版社，2003.

[4] 杨文士，等．管理学原理［M］．北京：中国人民大学出版社，2004.
[5] 席酉民．经济管理基础［M］．北京：高等教育出版社，1998.
[6] 周三多，等．管理学［M］．北京：高等教育出版社，2000.
[7] 姜仁良．管理学习题与案例［M］．北京：中国时代经济出版社，2006.

第十章　组　　织

核心内容

本章以简明扼要的表述方式对以下内容进行了系统介绍，其中包括：

- 组织设计的有关概念和组织设计原则；
- 职权与组织结构的设计；
- 人事安排与人员的合理配备；
- 组织文化的塑造和组织变革的规律。

教学目的

通过本章的学习，使学生了解掌握以下内容：

- 了解组织设计的有关概念和组织设计的原则；
- 掌握职权的概念、结构以及组织结构的形态；
- 了解职务设计的几种基本方式以及人员配备的工作内容和程序；
- 掌握组织文化的功能与塑造途径；
- 掌握组织变革的动因、目标和程序。

第一节　组织与组织设计

一、组织

人类社会是通过发生在不同地点的、各种复杂的活动组织在一起的。人类的活动不能放任自流而是需要管理的。但是，要管理好人类活动，就必须深入认识管理赖以进行的组织。

组织是为了达到某些特定的目标，由分工与合作及不同层次的权力和责任制度构成的人的集合。组织有一定的结构和运行过程，同时它是存在于一定的环境之中的。组织的特点可以简要概括如下：

组织是参与者之间关系不断变化、相互联系、相互依赖的活动体系。该体系根植于其运行的环境之中，即依赖于与环境之间的交换，同时又由环境建构。

组织是一种控制系统：强调运作、控制和决策中心及其相互间流程的重要性。

组织是一种松散联结系统：组织的规范结构和行为结构的关系是松散的。

组织是一种等级系统：这里不是强调地位和权利的等级，而是强调类群和层次上的等级，即每个组织系统中都有许多亚系统。

二、组织设计

组织设计是在职务设计与分析的基础上，将各个职务进行组合从而形成部门，并根据组织内外的资源状况形成最终的组织结构。组织设计的有关概念如下：

1. 劳动分工和专业化

劳动分工和专业化实际上是相同的概念，即把组织的任务分解成若干更小的组成部分，个人专门从事某一部分的活动而不是全部活动。劳动分工和专业化的优点主要有以下几点：

（1）有利于发挥个人的灵巧性。如一职工只限于从事少数几项工作，则其熟练程度将大为提高，并有可能成为某项工作的专家。

（2）有利于缩短时间。当一个工人要从事多项工作时，每项工作的转换往往要花去不少时间。专门从事一项工作就可节省许多非生产性时间。

（3）有利于降低培训成本。职工专攻一项任务，其学习时间较快，这样培训的时间和费用都会相对减少。

（4）有利于使用专用设备。分工越细、越具体，就更容易采用专业化的机械设备。

（5）有利于完成复合目标。成功地完成一个开发规划需要很多专家，专业化分工是实现复合目标的前提和保证。

从总体上说，专业化思想在许多组织中具有生命力，且取得了比较好的效果。虽然专业化有许多优点，但是工作过于专业化也可能带来某些负面效果，即过度的劳动分工会使工作变得高度重复、枯燥和单调，导致员工产生厌倦和不满情绪，造成疲劳、压力、低生产率、质量下降、经常缺勤和高的离职率等现象。在这种情况下，可以通过扩大而不是缩小工作范围来提高劳动生产率。

2. 管理幅度与管理层次

管理幅度是指一个管理者直接有效指挥和监督的下属的数目，管理层次是指组织中职位等级的数目。在管理幅度给定的条件下，管理层次与组织规模的大小成正比，即组织规模越大，包括的成员数越多，所需的管理层次就越多；在组织规模给定的条件下，管理层次与管理幅度成反比，即每个主管所能直接控制的下属数目越多，所需的管理层次就越少。有效管理幅度的大小受主观和客观诸多因素的影响，如管理人员的工作能力、工作内容和性质、计划的完善程度、工作条件和工作环境等。

管理层次与管理幅度的反比关系决定了两种基本的管理组织结构形态：扁平状结构和尖峰状结构。扁平状结构是指管理幅度较大、管理层次较少的组织结构形态。由于管理层次少，信息传递的速度快，失真的可能性小，使组织的适应性增强；此外，较大的管理幅度有利于下属的主动性和首创精神的发挥。但过大的管理幅度也会带来一些局限性，如主管不能对每个下属进行充分、有效的监督和指导；面对大量的信息，主管不能仔细加以研究，从而影响信息的及时利用等。尖峰状结构是管理幅度较小、管理层次较多的组织结构形态。其优点和局限性与扁平状结构正好相反。组织设计要尽可能的综合两种结构形态的优势，克服其局限性。

3. 直线与参谋

从对组织目标实现的作用来说，直线是指对组织目标的完成直接作出贡献的人或部门；参谋是指帮助直线进行工作的，向直线提供协助服务和咨询活动的人或部门。从职权关系的角度来说，直线关系是一种指挥和命令的关系，授予直线人员的是决策和行动的权力；参谋关系则是一种服务和协助的关系，授予参谋人员的是思考、筹划和建议的权力。

正确处理直线与参谋的关系，既保证组织中的命令统一，又充分发挥参谋人员和部门的合理作用，是发挥组织中各方面力量的协同作用的一项重要内容。但在实际的组织中，直线与参谋人员之间，由于种种原因常常会发生冲突。因此，如何将直线和参谋的关系处理好，是组织设计中的重要任务。可以从以下几个方面考虑：

（1）明确直线与参谋的关系，分清双方的职权范围和存在价值，从而形成相互尊重和相互配合的关系。

（2）授予参谋机构必要的职能权力，提高参谋人员的积极性。比如授予参谋机构事先咨询权、事先征得同意的权限，以及对特定的过程、做法、政策及其他涉及非本部门人员活动行使的职能权力等。

（3）直线管理人员应为参谋人员提供必要的信息条件，以便从参谋人员那里获得有价值的支持。

4. 集权与分权

权力的集中与分散是组织设计中的重要问题。这里所说的权力是指职权，即赋予管理系统中某一职位的权力，其实质就是决策权。集权和分权是相对的。所谓集权是指将决策权集中在上级，下级部门和机构只能依据上级的决定和指示行事；所谓分权是指上级将决策权分配给下级部门和机构，使其能够自主解决问题。

集权和分权各有利弊。实践证明，权力的绝对集中是不妥当的；而绝对的分散也意味着无政府状态，造成组织的解体。因而必须寻求集权和分权的某种平衡。组织中的分权可以通过制度分权和授权来实现。我们可以按照以下标准来判断一个组织分权的程度：

(1) 决策的幅度。下级所作出的决策范围越广，分权的程度就越大。决策的幅度取决于决策所影响的职能的数目。

(2) 决策的频度。下级所作出的决策的频度或数目越大，分权程度也就越大。

(3) 决策的重要性。较低管理层次所负担的决策的重要性越大，分权的程度越大。

(4) 对决策的控制程度。对下级所作决策审核的要求越少，则分权的程度越大。

5. 部门化

部门化是将组织中的活动按照一定的逻辑安排，划分为若干个管理单位。部门化是形成组织结构的重要环节。常见的部门化类型主要有职能部门化、用户部门化、产品部门化、地区部门化、过程部门化等。采用何种部门化或若干种部门化的组合往往取决于各种类型利弊的权衡。

职能部门化。这是一种最普通的划分部门办法，即把相同或类似的活动归并在一起，作为一个职能部门。这里所谓的职能主要是指组织的职能，如企业中的财务、生产、营销活动。从逻辑上讲，职能部门化通常更适合较小的组织。当组织规模扩大后，就可能产生一些问题，从而抵消了它的有利条件。

产品部门化。产品部门化是围绕产品大类的活动来划分部门的。应用这种方法需对特定的产品系列或服务有专门的适应，通常更适用于大型的和多角化经营的公司。

地区部门化。某些企业为了市场或资源等原因需分散经营，从而按地理区域成立专门的部门，即地区部门化。许多全国性或国际性的大公司，如多国公司等常采用这种组织形式。

用户部门化。这是以用户为对象，根据不同用户的需要或顾客群设立相应的部门。

过程部门化。有的组织，如加工单位等，可以按生产过程、工艺流程或设备来划分部门。

三、组织设计的原则

合理的组织设计应该符合的基本原则有以下几项：

1. 要清晰，但不是简单

要使组织中的每个单位或个人都明确地知道他的归属，他与周围的联系、他的地位以及他的决策信息来源和决策伙伴等。清晰和明确并不等于简单化，简化的组织结构，并不一定明确。

2. 把摩擦减至最小限度

一个组织要尽量做到花费尽可能少的资源和力量，获得尽可能大的工作效益。组织结构要有利于促成人的自我管理和自我激励。物体有运动，就会有摩擦阻力。组织也一样，组织内的摩擦也会产生阻力。因而要经常注入润滑油，使投入较多地转化为绩效。

3. 眼光直接投向产品和绩效

可以将组织比作一种传送带，这种传送带越直接，各个活动取得成绩时的速度就越快，方向的改变就越小。绩效是衡量组织效果的唯一标准。一个组织最忌把视线引向错误的绩效，最不应该鼓励其成员周旋于无效劳动，也不应一味地只问耕耘不问收获。总之，组织结构应激发所有成员为成果而努力的愿望，而不是为工作而工作；为未来而工作，而不是为过去的成绩而陶醉。

4. 使组织成员了解自己的职责和整体的任务

组织的每一个成员，为了把他的努力和共同的利益联系起来，需要了解个人任务和总任务的关系、个人任务在总任务中的意义和地位、怎样使他的任务适应整体的任务。组织结构需要促进而不是阻碍信息交流。

5. 适于决策

决定组织绩效的基础是决策，合理的组织结构必须有一个强劲的决策上推力，即从组织基层中来的决策动力。不健康的组织结构必然是矛盾下放，决策下推。决策要面向行动，即还要将其转化为行动，最终将其转化为绩效。不能转化为行动和绩效的决策，只不过是美好的心愿而已，同时表现为组织的软弱无力。

6. 具有相当的稳定性

一个组织要保证即使外界一片混乱，内部仍运行有序。但稳定决不是僵化，不是刚性不变，而是具有高度的适应性。一个组织要能不断地调整自己，在变化的环境中求得稳定的发展。

7. 具有长存性和自我更新能力

合理的组织必须具有从内部产生未来领导人的能力。管理层次不宜过多，否则高级管理人员的培养周期太长。组织应该帮助每一个人在他担任的每一个职位上学习和发展，应该成为使其成员积累经验、提高能力的场所。要使下层人员具有承担新任务、执行新工作的意愿和相应的能力，尤其是要使中基层人员有条件和机会不断跨上新的台阶。

第二节 职权设计与组织结构

一、职权设计

1. 职权概念

对组织整体而言，职权是组织依法行使履行其社会职能的全部权力（利）。而对于组织中的每个管理单元，职权是该组织单元开展管理活动所必需的全部权力（利）。

同样由于分工的因素，每个组织单元的管理活动需要具体化为一个或者一个以上的人来开展，这就形成了职务。因此，在管理具体分工的意义上，职权是每一个职务所需要的，或者说职权是职务所派生的。职务是根本，无论担任职务的是谁，或者有多少人担任，甚至某人是否离任，都与职务关系不大，职务是稳定的。由于职务所伴随的管理组织单元总是处于不同的管理层次，职务相应有了高低之分，就形成了职位。任何职位都需要明确工作的责任，就形成了职责。为有效地履行职责或者完成工作任务，需要赋予担任某个职务（职位）的人以权力（利），这就是职权。总之，职权是组织为实现其目标而开展有效活动所必需的权力（利），它不但表现在组织整体上，而且表现在各个管理单元、各个职务（位）上。

2. 职权结构

以公司企业为对象简单讨论职权结构。职权结构与组织结构关系很密切，如果说一个组织已确定了它的部门划分、层次和幅度，以及指挥链，那么该组织的职权结构随之确定。道理很简单，已确定了的组织结构的每个单元（部分）都同时产生一个职权问题，每个单元的职权关系与组织结构各部分的关系是基本一致的，区别在于内容不同，职权结构要与职务（位）相联系，职权结构内容更为具体化。图 10-1 为一公司企业的职权结构图，表明了基本的职权结构的层次和相互关系。

董事会。在董事会主席领导下按照公司章程制定公司重大决策。职责主要为：选拔、更换、罢免下层主要管理者；评估公司和管理者业绩；作出战略性决策以及促进公司的对社会法律和道德方面责任。

首席执行官（CEO）。由董事会授权行使权力，CEO 直接对董事会和所有者负责（有相当多公司董事会主席兼 CEO）。

高层管理（团队）。高层管理与 CEO 共享权力，并作出关键性决策。高层管理者职务通常由 CEO、总裁、业务总监、副总裁、副总监等组成。

值得强调的是，基层管理单元以及基层执行人员都有着相应的职权，忽视这

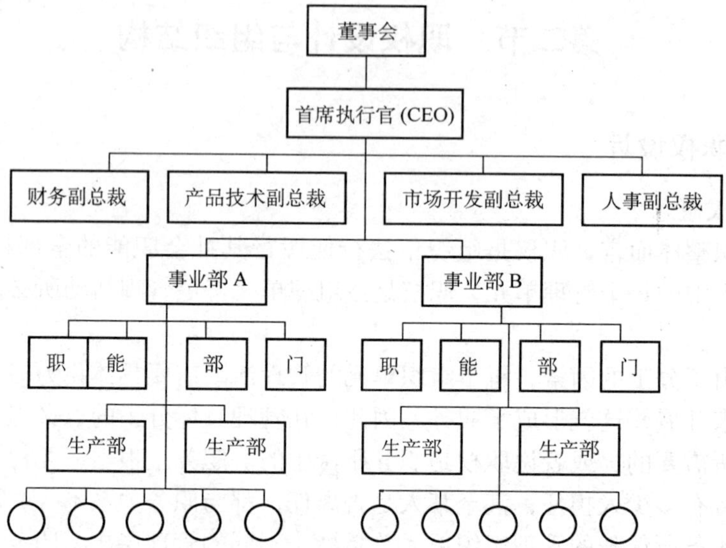

图 10-1 公司企业职权结构图

点将严重有碍职权的有效运用。

授权和分权。在以上的职权结构图中，垂直方向的线表示职权自上而下地分配给直接的下属（授权）；水平方向表示职权自上而下地分配给居于同一管理层面不同的管理单元或个人（分权）。授权和分权往往是职权分配的两个紧密结合的方面。

部门化确定了组织的结构，在此基础上明确每个部门（不同管理层次和管理单元）的职权而形成组织的职权结构。职权结构还需要具体化，一方面，每个管理单元的职权要以明确职务和职责为前提，又需要解决运用职权履行职责的职务人选。另一方面，又要解决组织职权结构各个层次、各个方面的相互作用关系，即要研究解决职权的纵向和横向以及其他方面的关系。通过这样两方面工作，就使得整个组织的职权成为一个系统发挥作用。

确定了组织内的职务划分和等级层次之后，明确规定每个职位的职权职责便是必不可少的工作，也是整个组织得以运转的基础。

一个组织内部各个职位之间的职权关系依据其指向、作用和范围可以划分为直线职权、参谋职权和职能职权三种基本类型。直线职权和参谋职权在本章第一节中已经阐述。两者的分工与联系如图 10-2 所示。

职能职权是指主管人员为了改善和提高管理效率，更好地发挥组织内各种职能专家的作用而将本属于直线主管的一部分直线职权授予参谋部门或业务职能部门行使的权力。职能专家和参谋人员拥有了职能职权，就能够直接向有关的部门

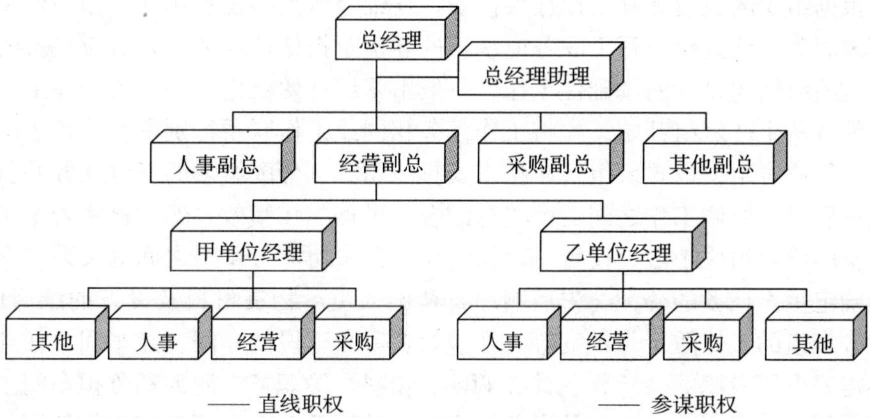

图 10-2　直线职权与参谋职权

和主管人员提供专业性很强的信息与建议或直接向下一级管理层发布指示等，从而分担了直线主管的一部分工作任务与职责。职能职权是由直线职权派生出来的，并通过直线主管授权实现的一种特殊权力。如一个总经理拥有全面管理公司的职权，他可能授权财务部门直接向生产经营部门通报公司资金信息并检查这些部门的财务状况；或者授予人事和采购部门直接向分公司下达培训计划和征集采购目录的权力。但这些并不是上述职位所固有的权力，而是由直线主管授权产生的职能职权。

需要指出的是，尽管在理论上，直线职权、参谋职权与职能职权各有自己的行使领域与作用，共同支撑着组织的运转；但在实践中，也常发生直线职权与参谋职权发生矛盾从而影响到组织效率的情况，直线专权、参谋越权有可能造成指挥不灵或多头命令等不良后果。我们在组织管理中应特别审慎地处理各类职权相互协调配合的问题，尤其要防止在授予职能职权时不作明确的规定与限制可能带来的混乱。

二、组织结构设计

组织结构是指组织内部各级各类职务职位的权责范围、联系方式和分工协作关系的整体框架，是组织得以持续运转、完成经营管理任务的体制基础。组织结构制约着组织内部人员、资金、物资、信息的流程，影响着组织目标的实现。设计一个合理的组织结构，并不断进行调整以适应内外环境的变化是组织职能的主要工作。

组织结构设计是为了合理地配置组织成员的劳动，建立相对稳定的工作秩序。它所要完成的基本工作任务有以下几项：

1. 设计职务类别与数量，确定管理层次

根据组织的规模和其工作任务性质，仔细分析需要设置哪些工作岗位及相应的管理职务，认真研究每个职务应承担的职责及担任该职务的人员应具备的素质要求是组织结构设计的基础性工作，一般由基层开始。比如一个大型加工制造企业，就可从生产班组开始，先将工作任务相同或工作联系特别密切的若干工人组成一个作业班组，设置班组长职位来安排、指导、分配组内的工作任务并负责检查工作质量、协调工作之间的衔接与配合，考核工作绩效。然后再将若干工作联系紧密的班组组成工段，设置工段长职位，负责协调各班组之间的关系，在班组之间确定生产任务的分配与先后顺序，调配人员、物资材料及设备的维修使用，考查各班组的工作质量与进度等。在包含若干个工段的车间，除车间主任外，或许还需要设置专职的会计、统计、调度、物料员等职务，协助和分担车间主任的管理工作。对于有多个车间的专业生产厂，除设置负责全厂工作指挥的厂长职务外，一般还有负责技术的总工程师、分管财务、行政的副厂长等，由此向上逐级设置，最终确定组织的全部管理职务类别、数量与管理层次。但在考虑现有组织结构的改进与调整时，也往往自上而下地重新组合各类职务和确定纵向等级层次。

2. 根据组织的性质与特点，进行横向管理部门的划分

“部门”是指由若干性质相同或内在联系紧密的职务组合成的管理单位。在同一级管理层中，需要对工作任务与性质有明显差异的职务进行归类并确定其权责界限及其相互关系，以便提高主管人员的工作效率。可以说，划分部门是劳动分工思想在组织结构设计中的运用方式之一。尽管划分部门是对所有组织都普遍适用的有效方法，但具体的划分依据或标准却千差万别，主要受组织活动的特点和环境条件的影响。各种部门划分形式各有其优点与局限，需认真比较权衡，没有标准模式。

3. 明确规定各管理职位之间的权责义务关系，选择合适的组织结构形态

前两项工作已使组织结构的框架初见端倪，但要使其有效运转，就必须明确各类职务及各管理职位之间的相互关系，使每一个担任管理职务的人都能清楚地了解自己的权限职责是什么？应向哪位上级负责？可以直接指挥的下属有哪些？通过何种途径与有关部门建立工作联系？等等。这些上下左右的有机联系使组织成为一个协同运作的完整系统。系统的结构形态差异主要是由决策指挥权力的分配及各项工作任务的组合形式所决定的。所谓“合适”意味着合理、适用，既符合组织工作任务和性质特点的要求，又能高效率地运作，以实现组织目标。

组织结构设计的任务完成之后，其工作成果表现为组织结构图和职务说明书。前者如图 10-3 所示，层次关系清楚，职务分工一目了然。

图 10-3 中方框表示各管理职位及其相应的职务；箭线表示了权力的指向及上下级关系。同一层次的不同部门分别有各自的下属和不同的工作领域，各部门

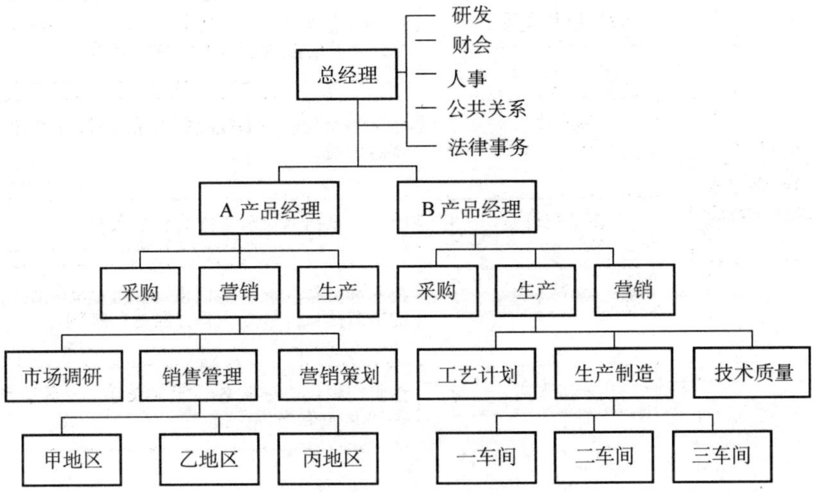

图 10-3 组织结构图

主管服从上一级主管的指示并向其汇报工作，同时又负责指导下一级主管的工作。该组织共有 5 个管理层次，是一个按产品划分部门的制造类企业。

职务说明书要求用文字具体说明每一个管理职务的工作任务、职责与权限，尤其是与上下级和同级其他部门、其他职务的关系。此外，对于担任该职务者所应具备的基本素质、技术水平、工作能力都要作出明确规定。这样，一个组织的工作任务在全体成员间的合理分配以及各自分散的工作最终结合成整体就有了保证。

三、组织结构的形态

不同的组织具有相异的组织结构，我们可以从组织如何划分部门和设计部门之间的关系来把组织的结构分成若干种形态。任何一个组织都是由一些基本的人群团队组成的，如图 10-4 所示。

以下具体介绍一些组织结构的基本特征以及近年出现的新的组织结构模式。

1. 职能式结构

职能式结构主要是根据活动的性质去划分部门（见图 10-5）。这类组织常常注重组织内部的运行效率与员工的专业素质。其优点是各部门的职能目标明确，部门主管易于规划和控制；同专业的员工一起共事，有利于不断提高专业技能；同类人员集中安排，有利于避免重复浪费。不足之处在于容易出现各自为政的情况，部门间协调常常有困难，使得组织对外部环境的反应较慢，而且员工的专业化部门所有会使他们缺乏打破常规的创新精神。它特别适合外部环境比较稳定、采用常规技术、规模不大的组织。

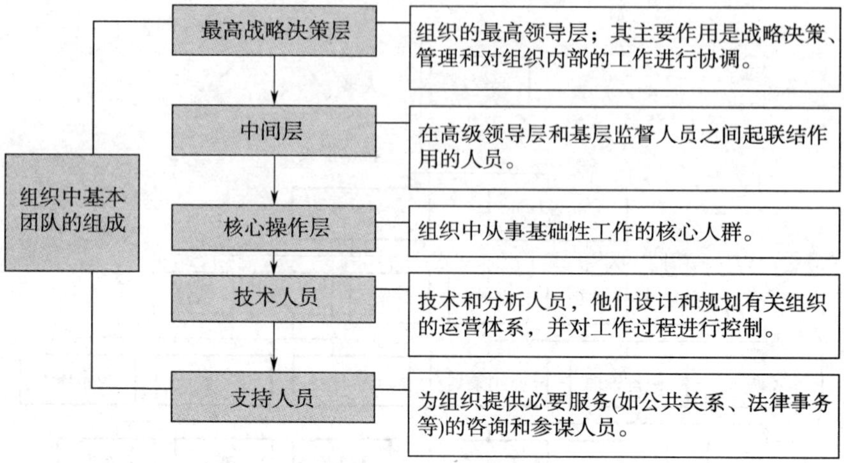

图 10-4 组织中基本团队示意图

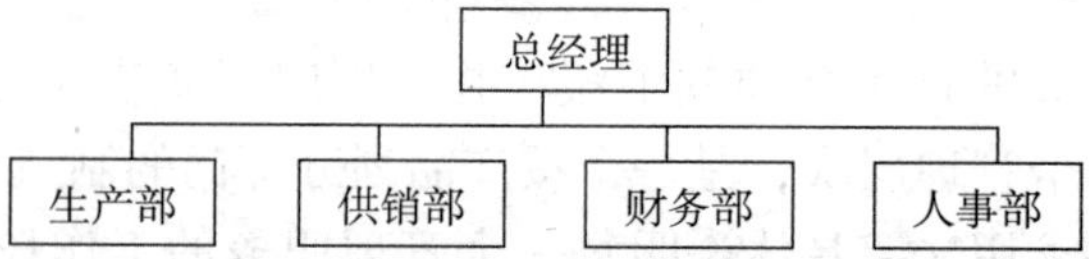

图 10-5 职能式组织结构

2. 分部式结构

分部式结构亦称事业部结构，主要是根据组织产出的产品或服务、业务活动的过程或地域分布等来划分部门（见图 10-6）。这些分部门往往设计成相对独立的利润中心。这类组织强调的是各种不同职能部门的紧密合作，注重各个产品或地区的运营业绩。其优点在于面向市场，对环境的适应能力强；各部门职能健

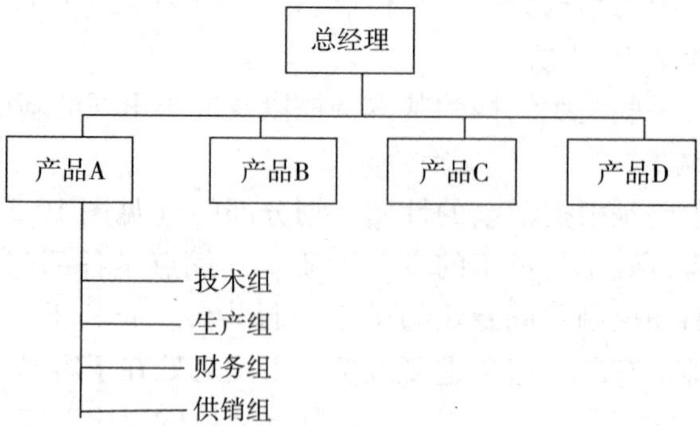

图 10-6 分部式组织结构

全，易于协调。不足之处是缺乏职能式结构的规模效益，同时不同分部门之间的协调有时也可能出现问题，甚至出现无效的内部竞争。它特别适合外部环境比较复杂、规模较大、对顾客适应能力要求高的组织。

3. 混合式结构

混合式结构结合了上述两种结构的特点，以一些职能部门为基础，同时按产品或市场来划分部门（见图 10-7）。这类组织常常是为了发挥职能结构和产品结构的优点，克服其缺点而设计的。混合式结构的问题主要是运行成本高，而且部门之间的矛盾也经常会出现。

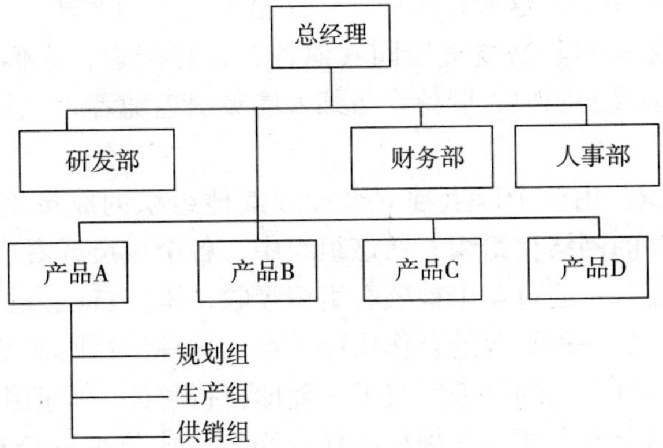

图 10-7　混合式组织结构

4. 矩阵式结构

与混合式结构类似，矩阵式结构中也同时存在职能和产品两种部门，但是两者是纵横交错的结构，每一个员工同时隶属于两个性质不同的部门，如图 10-8 所示。

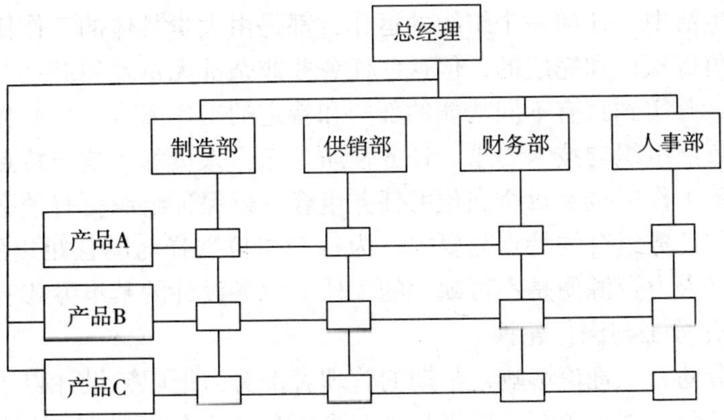

图 10-8　矩阵式组织结构

采用矩阵式结构的组织往往面对的是极不稳定的环境，市场竞争激烈，需要以高度的专业分工不断开发和生产出新颖的产品。其好处是人力资源利用得比较充分，而且具有良好的内部沟通，信息传递快，有助于组织对环境的适应。但不足的是两类部门之间的权力和利益分配难以平衡，容易激发矛盾，而且员工常常要面临多头指挥的情况。

5. 组织结构的新模式

随着信息社会的到来，人们日益认识到过去多层次的组织结构运转得不再灵活有效了，取而代之的是更适合需要的新的组织形式。

（1）网络型组织。在这种组织中，员工被称为“合伙人”。组织中的任何一个人都通过纵横交叉的联络线直接同其他各个人打交道，人们面对面地沟通联络，没有人拥有正式的职权、职位。当某人能吸引追随者时，其领导地位也就自然形成了。

（2）虚拟组织。由两个以上独立企业或其他组织的成员组成的有时限的相互信任、相互依存的网络化组织。在该组织中，各个成员或者成员单位凭借自己的技术、实力和信誉，通过竞争被核心组织吸收，承担自己擅长的工作，分担相应的费用，成员间是一种平等的合作伙伴关系。这种信息网络型的组织形式是流动的、灵活的，一旦共同的任务完成了，随即自行解体。虚拟组织代表了当今组织之间更加灵活的合作方式，其规模随任务而定，成员可以分布在不同的地方，是一种开放式的动态信息组织网络结构。

第三节 人事安排与人员配备

一、职务设计

在现实生活中，任何一个组织的运作，都是由大量具体的工作任务组成，由一个个员工负责执行和完成的；但这些任务并非杂乱无章地纠缠在一起，而是被精心地安排、落实到具有不同功能的部门和特定的工作岗位中。职务设计就是指组织职能中依照组织的技术要求、任务性质、工作人员的才能与特点有意识地设计出组织中的工作岗位及每个岗位的任务组合，以保证组织更有效率地运作。同时，根据工作任务组合的特点与要求，为每个岗位选择与聘任足以胜任的员工、开发和管理好人力资源便是不可缺少的工作。职务设计的基本方式有以下几种。

1. 专业化分工与岗位轮换

受古典劳动分工理论影响，早期的管理者都努力把职务设计得尽可能简化和高度专业化，分工越来越细，以提高每一个岗位在单位劳动时间里的产出效率。在现代化大规模生产的条件下，分工细化和高度专业化除提高效率之外的另一个优点是便于检查考核和迅速发现问题，分清责任并及时进行纠正。因而，专业化分工在目前仍然作为职务设计的一个基本原则而被广泛运用。

然而，高度简化重复而又不了解其意义的工作容易使人产生逆反心理，对工作的厌烦必然导致质量和效率都下降。弥补这种缺陷的一种方式是进行岗位轮换。岗位轮换是指有计划地安排员工定期或不定期地轮流在不同的岗位或不同地点工作，以使员工的工作活动多样化，保持新鲜感与好奇心来避免厌倦情绪。

作为一种职务设计方式的岗位轮换主要是指在同一等级层次上的横向调整与变化。岗位轮换可以成为开发和培养管理人才的重要手段。在直线职位与参谋职位间的轮换以及在不同职能部门或不同产品部门间的轮换，为管理人员发挥和展示多方面的潜能创造了机会，使其有可能接受更富挑战性的工作，有更多的机会向经验丰富的员工学习，更全面地了解整个组织中错综复杂的活动是如何联系起来运作的。在实践中培养驾驭这些活动的技能，可为其职务的升迁打好基础。

岗位轮换拓宽了员工的工作范围，让他们有机会掌握更多的熟练技能，获得更多的感悟与体验，延伸了他们的人际交往半径，从而有助于加强组织的凝聚力。组织为员工提供较多变换工作岗位的机会将有助于培养具备多种技能、可较快适应不同工作岗位的员工队伍，当组织需要进行较大的变动与调整时，会更容易取得全体成员的支持与合作。

2. 任务扩大化与工作丰富化

一种试图在不变换工作岗位的前提下增加工作多样性的尝试是扩大工作范围，也就是增加同一岗位所承担的任务数目。在一个工作日里完成的工作内容有所变化，自然有助于减少简单重复循环的频率，减轻枯燥乏味造成的压力。比如邮政局将传统上按照特快专递、普通信函、挂号信、印刷品、汇款、包裹等邮件性质的差别分门别类设置服务窗口、每个窗口只负责一种业务，改为设置多个综合服务窗口、每个窗口都提供全方位服务，就具有更多的灵活性，不但各岗位间的工作量可灵活调节、均衡分担，而且顾客也更加方便。

工作任务丰富化所增加的不是任务的数目而是深度，也就是说，丰富化的设计为员工们提供的任务不仅仅是执行命令，而是包括了一定限度的计划安排和评价自身工作的内容。丰富化的任务可以是一项完整活动的全过程，而不只是一个个孤立的环节，这就要求员工们以更大的独立性和责任感去完成任务并进行自我评价以改进自己的工作成绩。

3. 集体工作小组

各种工作任务设计的共同之处在于它们都是建立在个体工作方式的基础之上，一个岗位只由一个员工来承担全部任务，组织成员之间单线联系，这往往使管理者陷入大量的监督、考核、协调等日常事务中而无暇顾及更为重大的问题。

集体工作小组是一种有别于传统方式的新设计，正在被越来越广泛地运用。

其基本特点就是以两个人以上的集体工作为基础来分配和组合工作任务。小组成员如何分工及在何时进行轮换都由小组自行决定。与临时性任务小组不同的是它以正式组织结构的形式而存在，有很高的稳定性。具体的工作任务可以根据需要进行调整，小组的组合搭配却是固定的。制造企业中依工种分类的基层班组或者包含多个工种的设备维修小组、学校里的教研室、实验室等都是这种有明确目标的协作集体。

二、人员配备的任务和原则

组织设计仅为系统的运行提供了可供依托的框架。框架要能发挥作用，还需由人来操作。因此，在设计了合理的组织机构和结构的基础上，还需要为这些机构的不同岗位选配合适的人员。人员配备是组织设计的逻辑延续。这项工作的主要内容和任务是：通过分析人与事的特点，谋求人与事的最佳组合，实现人与事的不断发展。

（一）人员配备的任务

人员配备是为每个岗位配备适当的人，也就是说，首先要满足组织的需要。同时，人员配备也是为每个人安排适当的工作，因此，要考虑满足组织成员个人的特点、爱好和需要。人员配备的任务可以从组织和个人这两个不同的角度去考查。

1. 从组织需要的角度去考查

要通过人员配备使组织系统开动运转。设计合理的组织系统要能有效地运转，必须使机构中每个工作岗位都有适当的人去占据，使实现组织目标所必须进行的每项活动都有合格的人去完成。这是人员配备的基本任务。

（1）为组织发展准备干部力量。组织是一个动态系统，处在一个不断变化发展的社会经济环境中。组织的目标、活动的内容需要经常根据环境的变化进行适当的调整，由目标和活动决定的组织机构也会随之发生相应的变化。组织的适当调整过程往往也是发展壮大的过程，组织的机构和岗位不仅会发生质的改变，而且会在量上不断增加。所以，在为组织目前的机构配备人员时，还要考虑机构可能发生的变化，为明天的组织准备和提供工作人员，特别是管理干部。由于管理干部的成长往往需要较长的时间，因此组织要在使用的同时，通过使用来培训管理干部，注意管理干部培训计划的制定和实施。

（2）维持成员对组织的忠诚。人才流动对个人来说可能是重要的，它可以使人才自己通过不断的尝试，找到最适合自己的才能并给自己带来最大利益的工作。但是对整个组织来说，人才流动虽有可能给企业带来“输入新鲜血液”的好处，但其破坏性可能更甚——人员不稳定，职工离职率高，特别是优秀人才的外流，往往使组织积年的培训费用付之流水，而且可能破坏组织的人事发展计划。因此，要通过人员配备，稳住人心，留住人才，维持成员对组织的忠诚。

2. 从组织成员需要的角度去考查

留住人才，不仅要留住其身，而且要留住其心，只有这样，才能达到维持他们对组织忠诚的效果。然而，组织成员是否真心实意地、自觉积极地为组织努力工作，要受到许多因素的影响。就人员配备来说，要达到这个目的，必须注意以下几点：

通过人员配备，使每个人的知识和能力得到公正的评价、承认和运用。工作的需求与自身的能力是否相符，是否感到“大材小用”甚至“怀才不遇”，工作的目标是否富有挑战性，这些因素与人们在工作中的积极、主动、热情程度有着极大的关系。

通过人员配备，要使每个人的知识和能力不断发展，素质不断提高。知识与技能的提高，不仅可以满足人们较高层次的心理需要，而且往往是通向职业生涯中职务晋升的阶梯。需通过人员配备，使每个组织成员都能看到这种机会和希望。

（二）人员配备的工作内容和程序

1. 确定人员需要量

人员配备是在组织设计的基础上进行的。人员需要量的确定主要以设计出的职务数量和类型为依据。职务类型提出了需要什么样的人，职务数量则告诉我们每种类型的职务需要多少。

构成组织机构基础的职务可以分成许多类型。比如在生产企业中，全体职务可分成管理人员与生产作业人员；管理人员可分成高层、中层、基层管理人员；每一层次的管理人员又可分成直线主管与参谋或管理研究人员；生产操作人员可分成技术工人与专业工人，基本生产工人与辅助生产工人等。

如果是为了一个新建的组织选配人员，那么只需利用职务设计的分类数量去直接在社会上公开招用、选聘。然而，遇到的往往是现有组织的机构与人员配备重新调整的问题，所以在通常情况下，进行了组织的重新设计后，还需检查和对照企业内部现有的人力资源情况，两项对比，找出差额，确定需要从外部选聘的人员类别与数量。

2. 选配人员

职务设计和分析指出了组织中需要具备哪些素质的人。为了保证担任职务的人员具备职务要求的知识和技能，必须对组织内外的候选人进行筛选，作出最恰当的选择。这些待聘人员可能来自企业内部，也可能来自外部社会。从外部新聘员工或从内部进行调整，各有其优点和局限性。对于外部候选人的实际工作能力往往所知甚少，而对于内部候选人的了解也只是他们以前较低层次工作时的能力，至于能否胜任需要担负更大责任的工作，往往难以得出比较可靠、肯定的结论。候选人实际工作能力的辨识困难要求必须谨慎、认真、细致地进行人员配备。把不合适的人安排在不合适的岗位上，不论对个人还是对组织，都会带来不利的影响。必须研究和使用一系列科学的测试、评估和选聘方法。

3. 制定和实施人员培训计划

人的发展有一个过程。组织成员在明天的工作中表现出的技术和能力需要在今天培训，组织发展所需的干部要求现在就开始准备。维持成员对组织忠诚的一个重要方面是使他们看到自己在组织中的发展前途。人员，特别是管理人员的培训无疑是人员配备中的一项重要的工作。培训，既是为了适应组织技术变革、规模扩大的需要，也是为了实现成员个人的充分发展。因此，要根据组织的成员、技术、活动、环境等特点，利用科学的方法，有计划、有组织、有重点地进行全员培训，特别是对有发展潜力的未来管理人员的培训。

（三）人员配备的原则

为求得人与事的优化组合，人员配备过程中必须依循一定的原则，主要有以下几项：

（1）因事择人的原则。选人的目的在于使其担当一定的职务，要求其从事与职务相应的工作。要使工作卓有成效地完成，首先要求工作者具备相应的知识和能力，因此，因事择人是人员配备的首要原则。

（2）因材施任的原则。不同的工作要求不同的人去做，而不同的人具有不同的能力和素质，能够从事不同的工作。从人的角度来考虑，只有根据人的特点来安排工作，才能使人的潜能得到充分的发挥，使人的工作热情得到最大限度的激发。

（3）人事动态平衡的原则。处在动态环境中的组织是在不断发展的，工作中人的能力和知识是在不断提高和丰富的；同时，组织对其成员的素质认识也是不断全面、完善的。因此，人与事的配合需要进行不断的调整，应使能力有发展并得到充分证实的人担任更高层次的更多的工作；使能力平平的人有机会进行力所能及的活动，以求使每一个人都能得到最合理的使用，实现人与工作的动态平衡。

第四节　组织文化与组织变革

一、组织文化及其发展

组织的成功或失败经常归因于组织文化。组织文化是被组织成员共同接受的价值观念、思维方式、工作作风、行为准则等群体意识的总称。组织通过培养、塑造这种文化，来影响成员的工作态度，引导实现组织目标，因此，根据外在环境的变化适时变革组织文化常被视为组织成功的基础。

（一）组织文化的概念

就组织特定的内涵而言，组织是按照一定的目的和形式而建构起来的社会集合体，为了满足自身运作的要求，必须要有共同的目标、共同的理想、共同的追求、共同的行为准则以及与此相适应的机构和制度，否则组织就会是一盘散沙。而组织文化的任务就是努力创造这些共同的价值观念体系和共同的行为准则。从这个意义上来说，组织文化是组织在长期的实践活动中所形成的并且为组织成员普遍认可和遵循的具有本组织特色的价值观念、团体意识、工作作风、行为规范和思维方式的总和。

（二）组织文化的特征

组织文化是组织在长期的发展中逐渐积累而成的。组织文化的特征可以从超个体独立性、相对稳定性、融合继承性、不断发展性等方面得以体现。组织文化的特征如表 10-1 所示。

表 10-1　组织文化的特征

特　征	含　义
超个体独特性	不同的国家和民族、不同的地域、不同的时代背景以及不同的行业特点决定了每个组织都有其独特的组织文化
相对稳定性	具有较强的稳定性，不会因组织结构的改变、战略的转移或产品与服务的调整而变化。一个组织中，精神文化又比物质文化具有更多的稳定性
融合继承性	在特定的文化背景之下形成的组织，必然会接受和继承这个国家和民族的文化传统和价值体系。组织文化在发展过程中，也应该吸收其他组织的优秀文化，融合世界上最新的文明成果
不断发展性	组织文化随着历史的积累、社会的进步、环境的变迁以及组织变革逐步演进和发展。改革现有的组织文化，重新设计和塑造健康的组织文化过程是组织适应外部环境，改变员工价值观念的过程

（三）组织文化的内容

组织文化包括组织价值观、组织精神、伦理规范以及组织素养等。

1. 组织的价值观

组织的价值观就是组织内部管理层和全体员工对该组织的生产、经营、服务等活动以及指导这些活动的一般看法或基本观点。它包括组织存在的意义和目的、组织中各项规章制度的必要性与作用、组织中各层级和各部门的各种不同岗位上的人们的行为与组织利益之间的关系等等。每一个组织的价值观都会有不同的层次和内容，成功的组织总是会不断地创造和更新组织的信念，不断地追求新的、更高的目标。

2. 组织精神

组织精神是指组织经过共同努力奋斗和长期培养所逐步形成的，认识和看待事物的共同心理趋势、价值取向和主导意识。组织精神是一个组织的精神支柱，是组织文化的核心，它反映了组织成员对组织的特征、形象、地位等的理解和认同，也包含了对组织未来发展和命运所抱有的理想和希望。

3. 伦理规范

伦理规范是指从道德意义上考虑的、由社会向人们提出并应当遵守的行为准则，它通过社会公众舆论规范人们的行为。组织文化内容结构中的伦理规范既体现组织自下而上环境中社会文化的一般性要求，又体现着本组织各项管理的特殊需求，因此，如果高层主管不能设定并维持高标准的伦理规范，那么，正式的伦理准则和相关的培训计划将会流于形式。

由此可见，以道德规范为内容与基础的员工伦理行为准则是传统的组织管理规章制度的补充、完善和发展。正是这种补充、完善和发展，使组织的价值观融入了新的文化力量。

4. 组织素养

组织的素养包括组织中各层级员工的基本思想素养、科技和文化教育水平、工作能力、精力以及身体状况等等。其中，基本思想素养的水平越高，组织中的管理哲学、敬业精神、价值观念、道德修养的基础就越深厚，组织文化的内容也就越充实丰富。可以想象，当一个行为或一项选择不容易判定对与错时，基本思想素养水平较高的组织容易帮助管理者正确作出决策，组织文化必须包含组织运作成功所必要的组织素养。

（四）组织文化的功能

组织文化作为一种自组织系统具有很多特定的功能。主要功能有以下几点：

1. 整合功能

组织文化通过培育组织成员的认同感和归属感，建立起成员与组织之间的相互信任和依存关系，使个人的行为、思想、感情、信念、习惯以及沟通方式与整个组织有机地整合在一起，形成相对稳固的文化氛围，凝聚成一种无形的合力，以此激发出组织成员的主观能动性，并为组织的共同目标而努力。

2. 适应功能

组织文化能从根本上改变员工的旧有价值观念，建立起新的价值观念，使之适应组织外部环境的变化要求。一旦组织文化所提倡的价值观念和行为规范被成员接受和认同，成员就会自觉不自觉地作出符合组织要求的行为选择，倘若违反，则会感到内疚、不安或自责，从而自动修正自己的行为。因此，组织文化具有某种程度的强制性和改造性，其效用是帮助组织指导员工的日常活动，使其能快速地适应外部环境因素的变化。

3. 导向功能

组织文化作为团体共同价值观，与组织成员必须强行遵守的、以文字形式表述的明文规定不同，它只是一种软性的理智约束，通过组织的共同价值观不断地向个人价值观渗透和内化，使组织自动生成一套自我调控机制，以一种适应性文化引导着组织的行为和活动。

4. 发展功能

组织在不断的发展过程中所形成的文化积淀，通过无数次的辐射、反馈和强化，会随着实践的发展而不断地更新和优化，推动组织文化从一个高度向另一个高度迈进。

5. 持续功能

组织文化的形成是一个复杂的过程，往往会受到政治的、社会的、人文的和自然环境等诸多因素的影响，因此，它的形成需要经过长期的倡导和培育。正如任何文化都有历史继承性一样，组织文化一经形成，便会具有持续性，并不会因为组织战略或领导层的人事变动而立即消失。

（五）组织文化的塑造途径

组织文化的塑造是个长期的过程，同时也是组织发展过程中的一项艰巨、细致的系统工程。从路径上讲，组织文化的塑造需要经过以下几个过程：

1. 选择合适的组织价值观标准

组织价值观是整个组织文化的核心，选择正确的组织价值观是塑造良好组织文化的首要战略问题。选择组织价值观要立足于本组织的具体特点，根据组织的目的、环境要求和组成方式等特点选择适合自身发展的组织文化模式。其次要把握住组织价值观与组织文化各要素之间的相互协调，因为各要素只有经过科学的组合与匹配才能实现系统整体优化。

在此基础上，选择正确的组织价值观标准要注意以下四点：

（1）组织价值观标准要正确、明晰、科学，具有鲜明特点。

（2）组织价值观和组织文化要体现组织的宗旨、管理战略和发展方向。

（3）要切实调查本组织员工的认可程度和接纳程度，使之与本组织员工的基本素质相和谐，过高或过低的标准都很难奏效。

（4）选择组织价值观要发挥员工的创造精神，认真听取员工的各种意见，并经过自上而下和自下而上的多次反复，审慎地筛选出既符合本组织特点又反映员工心态的组织价值观和组织文化模式。

2. 强化员工的认同感

在选择并确立了组织价值观和组织文化模式之后，就应把基本认可的方案通过一定的强化灌输方法使其深入人心。在具体做法上应注意以下三点：

（1）利用宣传媒体，宣传组织文化的内容和精要，以创造浓厚的环境氛围。

（2）培养和树立典型。榜样是组织精神和组织文化的人格化身与形象缩影，能够以其特有的感召力和影响力为组织成员提供可以仿效的具体形象。

（3）加强相关培训教育。有目的的培训与教育，能够使组织成员系统地接受组织的价值观并强化员工的认同感。

3. 提炼定格

组织价值观的形成不是一蹴而就的，必须经过分析、归纳和提炼方能定格。

（1）精心分析。在经过群众性的初步认同实践之后，应当将反馈回来的意见加以剖析和评价，详细分析和比较实践结果与规划方案的差距，必要时可吸收有关专家和员工的合理意见。

（2）全面归纳。在系统分析的基础上，进行综合化的整理、归纳、总结和反思，去除那些落后或不适宜的内容与形式，保留积极进步的形式与内容。

（3）精炼定格。把经过科学论证的和实践检验的组织精神、组织价值观、组织伦理与行为，予以条理化、完善化、格式化，再经过必要的理论加工和文字处理，用精炼的语言表述出来。

（4）巩固落实。巩固落实已提炼定格的组织文化，首先要建立必要的制度保障。在组织文化演变为全体员工的习惯行为之前，要使每一位成员在一开始就能自觉主动地按照组织文化和组织精神的标准去行动比较困难；即使在组织文化业已成熟的组织中，个别成员背离组织宗旨的行为也是经常发生的。因此，建立某种奖优罚劣的规章制度十分必要。其次，领导者在塑造组织文化的过程中起着决定性的作用，应起到率先垂范的作用。

4. 在发展中不断丰富和完善

任何一种组织文化都是特定历史的产物，当组织的内外条件发生变化时，组织必须不失时机地丰富、完善和发展组织文化。这既是一个不断淘汰旧文化和不断生成新文化的过程，也是一个认识与实践不断深化的过程。组织文化由此经过不断的循环往复以达到更高的层次。

二、组织变革的一般规律

组织在完成了结构设计、人员配备之后，管理任务并没有结束，因为，内外环境随时都在变化，组织必须适时进行变革才能应对未来的挑战。

（一）组织变革的动因

组织变革就是组织根据内外环境的变化，及时对组织中的要素进行结构性变革，以适应未来组织发展的要求。

任何一个组织，无论过去如何成功，都必须随着环境的变化而不断地调整自我并与之相适应。组织变革的根本目的就是为了提高组织的效能，特别是在动荡不定的环境条件下，要想使组织顺利地成长和发展，就必须自觉地研究组织变革的内容、阻力及其一般规律，研究有效管理变革的具体措施和方法。

推动组织变革的因素可以分为外部环境因素和内部环境因素两个部分。

1. 外部环境因素

（1）整个宏观社会经济环境的变化。诸如政治、经济政策的调整，经济体制的改变以及市场需求的变化等等，都会引起组织内部深层次的调整和变革。

（2）科技进步的影响。知识经济社会，科技发展日新月异，新产品、新工艺、新技术、新方法层出不穷，对组织的固有运行机制构成了强有力的挑战。

（3）资源变化的影响。组织发展所依赖的环境资源对组织具有重要的支持作用，如原材料、资金、能源、人力资源、专利使用权等。组织必须要能克服对环境资源的过度依赖，同时要及时根据资源的变化顺势变革组织。

（4）竞争观念的改变。基于全球化的市场竞争将会越来越激烈，竞争的方式也将会多种多样，组织若要想适应未来竞争的要求，就必须在竞争观念上顺势调整，争得主动，才能在竞争中立于不败之地。

2. 内部环境因素

（1）组织机构适时调整的要求。组织机构的设置必须与组织的阶段性战略目标相一致，组织一旦需要根据环境的变化调整机构，新的组织职能必须得以充分的保障和体现。

（2）保障信息畅通的要求。随着外部不确定性因素的增多，组织决策对信息的依赖性增强，为了提高决策的效率，必须通过变革保障信息沟通渠道的畅通。

（3）克服组织低效率的要求。组织长期一贯运行极可能会出现非效率现象，其原因既可能是由于机构重叠、权责不明；也有可能是人浮于事、目标分歧。组织只有及时变革才能进一步制止组织效率的下降。

（4）快速决策的要求。决策的形成如果过于缓慢，组织常常会因决策的滞后或执行中的偏差而坐失良机。为了提高决策效率，组织必须通过变革对决策过程中的各个环节进行梳理，以保证决策信息的真实、完整和迅速。

（5）提高组织整体管理水平的要求。组织整体管理水平的高低是竞争力的重要体现。组织在成长的每一个阶段都会出现新的发展矛盾，为了达到新的战略目标，组织必须在人员的素质、技术水平、价值观念、人际关系等各个方面都作出进一步的改善和提高。

（二）组织变革的类型和目标

1. 组织变革的类型

依据不同的划分标准，组织变革可以有不同的类型。如按照变革的程度与速度不同，可以分为渐进式变革和激进式变革；按照工作的重点不同，可以分为以组织为重点的变革、以人为重点的变革和以技术为重点的变革；按照组织所处的经营环境状况不同，可以分为主动性变革和被动性变革。本书按照组织变革的不同侧重，将其分为以下四种类型：

（1）战略性变革。战略性变革是指组织对其长期发展战略或使命所作的变革。如果组织决定进行业务收缩，就必须考虑如何剥离非关联业务；如果组织决定进行战略扩张，就必须考虑购并的对象和方式，以及组织文化重构等问题。

（2）结构性变革。结构性变革是指组织需要根据环境的变化适时对组织的结构进行变革，并重新在组织中进行权力和责任的分配，使组织变得更为柔性灵活、易于合作。

（3）流程主导性变革。流程主导性变革是指组织紧密围绕其关键目标和核心能力，充分应用现代信息技术对业务流程进行重新构造。这种变革会对组织结构、组织文化、用户服务、质量、成本等各个方面产生重大的改变。

（4）以人为中心的变革。组织中人的因素最为重要，组织如若不能改变人的观念和态度，组织变革就无从谈起。以人为中心的变革是指组织必须通过对员工的培训、教育等引导，使他们能够在观念、态度和行为方面与组织保持一致。

2. 组织变革的目标

组织变革的目标首先是使组织更具环境适应性。环境因素具有不可控性，组织要想阻止或控制环境的变化可能只是自己的一厢情愿。组织要想在动荡的环境中生存并得以发展，就必须顺势变革自己的任务目标、组织结构、决策程序、人员配备、管理制度等等，只有如此，组织才能有效地把握各种机会，识别并应对各种威胁，使组织更具环境适应性。

其次是使管理者更具环境适应性。一个组织中，管理者是决策的制定者和组织资源的分配人。在组织变革中，管理者必须要能清醒地认识到自己是否具备足够的决策、组织和领导能力来应对未来的挑战。因此，管理者一方面需要调整过去的领导风格和决策程序，使组织更具灵活性和柔性；另一方面，管理者要能根据环境的变化要求重构层级之间、工作团队之间的各种关系，使组织变革的实施更具针对性和可操作性。

第三是使员工更具环境适应性。组织变革的最直接感受者就是组织的员工。组织如若不能使员工充分认识到变革的重要性，顺势改变员工对变革的观念、态度、行为方式等，就可能无法使组织变革措施得到员工的认同、支持和贯彻执行。需要强调的是，改变员工的固有观念、态度和行为是一件非常困难的事，组织要使人员更具环境适应性，就必须不断地进行再教育和再培训，决策中要更多地重视员工的参与和授权，要能根据环境的变化改造和更新整个组织文化。

（三）组织变革的内容

组织变革具有互动性和系统性，组织中的任何一个因素改变，都会带来其他因素的变化。然而，就某一阶段而言，由于环境情况各不相同，变革的内容和侧重点也有所不同。综合而言，组织变革过程的主要变量因素包括人员、结构、任务和技术，具体内容如下：

1. 对人员的变革

人员的变革是指员工在态度、技能、期望、认知和行为上的改变。组织发展虽然包括各种变革，但是人是最主要的因素，人既可能是推动变革的力量，也可能是反对变革的力量。变革的主要任务是组织成员之间在权力和利益等资源方面的重新分配。要想顺利实现这种分配，组织必须注重员工的参与，注重改善人际关系并提高实际沟通的质量。

2. 对结构的变革

结构的变革包括权力关系、协调机制、集权程度、职务与工作再设计等其他结构参数的变化。管理者的任务就是要对如何选择组织设计模式、如何制定工作计划、如何授予权力以及授权程度等一系列行动作出决策。现实中，固化式的结构设计往往不具有可操作性，需要随着环境条件的变化而改变，管理者应该根据实际情况灵活改变其中的某些要素组成。

3. 对技术与任务的变革

技术与任务的改变包括对作业流程与方法的重新设计、修正和组合，包括更换机器设备、采用新工艺、新技术和新方法等等。由于产业竞争的加剧和科技的不断创新，管理者应能与当今的信息革命相联系，注重在流程再造中利用最先进的计算机技术进行一系列的技术改造；同时，组织还需要对组织中各个部门或各个层级的工作任务进行重新组合，如工作任务的丰富化、工作范围的扩大化等。

三、组织变革的过程与程序

（一）组织变革的过程

为使组织变革顺利进行，并能达到预期效果，必须先对组织变革的过程有一个全面的认识，然后按照科学的程序组织实施。

组织变革的过程包括解冻——变革——再冻结三个阶段。

1. 解冻阶段

这是变革前的心理准备阶段。一般来讲，成功的变革必须对组织的现状进行解冻，然后通过变革使组织进入一个新阶段，同时对新的变革予以再冻结。组织在解冻期间的中心任务是改变员工原有的观念和态度，组织必须通过积极的引导，激励员工更新观念、接受改革并参与其中。

2. 变革阶段

这是变革过程中的行为转换阶段。进入到这一阶段，组织上下已对变革作好了充分的准备，变革措施就此开始。组织要把激发起来的改革热情转化为改革的行为，关键是要能运用一些策略和技巧减少对变革的抵制，进一步调动员工参与变革的积极性，使变革成为全体员工的共同事业。

3. 再冻结阶段

这是变革后的行为强化阶段，其目的是要能通过对变革驱动力和约束力的平衡，使新的组织状态保持相对的稳定。由于人们的传统习惯、价值观念、行为模式、心理特征等都是在长期的社会生活中逐渐形成的，并非一次变革所能彻底改变的，因此，改革措施顺利实施后，还应采取种种手段对员工的心理状态、行为规范和行为方式等进行不断地巩固和强化。否则，稍遇挫折，便会反复，使改革的成果无法巩固。

（二）组织变革的程序

组织变革程序可以分为以下几个步骤：

1. 通过组织诊断，发现变革征兆

组织变革的第一步就是要对现有的组织进行全面的诊断。这种诊断必须要有针对性，要通过搜集资料的方式，对组织的职能系统、工作流程系统、决策系统以及内在关系等进行全面的诊断。组织除了要从外部信息中发现对自己有利或不利的因素之外，更主要的是能够从各种内在征兆中找出导致组织或部门绩效差的具体原因，并确立需要进行整改的具体部门和人员。

2. 分析变革因素，制定改革方案

组织诊断任务完成之后，就要对组织变革的具体因素进行分析，如职能设置是否合理、决策中的分权程度如何、员工参与改革的积极性怎样、流程中的业务衔接是否紧密、各管理层级间或职能机构间的关系是否易于协调等等。在此基础上制定几个可行的改革方案，以供选择。

3. 选择正确方案，实施变革计划

制定改革方案的任务完成之后，组织需要选择正确的实施方案，然后制定具体的改革计划并贯彻实施。推进改革的方式有多种，组织在选择具体方案时要充分考虑到改革的深度和难度、改革的影响程度、变革速度以及员工的可接受和参与程度等等，做到有计划、有步骤、有控制地进行。当改革出现某些偏差时，要有备用的纠偏措施及时纠正。

4. 评价变革效果，及时进行反馈

组织变革是一个包括众多复杂变量的转换过程，再好的改革计划也不能保证完全取得理想的效果。因此，变革结束之后，管理者必须对改革的结果进行总结和评价，及时反馈新的信息。对于没有取得理想效果的改革措施，应当给予必要的分析和评价，然后再作取舍。

四、组织变革的阻力及其克服

组织变革是一个破旧立新的过程，必然会遇到各种抵制和阻力。产生组织变革的阻力多种多样，有来自个人的，也有来自群体和组织的，而且它们往往是相互交织在一起发挥作用的。从根本上，可以把这些阻力分为三类：

1. 心理原因产生的阻力

（1）有选择的注意力和保持力。一个人一旦确定了自己的态度后，对别人的建议只是在他自己既定态度的框框里作出反应。人们之所以抵制变革，往往是由于他们看到或听到的与他们现在的看法不一致，或者由于错误地理解那些收到的信息，或者所收集的信息不够充分，从而产生了相反的观点。

（2）习惯。除非情况发生了显著的变化，否则人们通常会按自己的习惯对外部环境的刺激作出反应。因为某种习惯一旦形成，就可能成为人们获得满足的源泉。

（3）依赖性。当人们还没有培养起自我更新的观念时，对他人的依赖性就可能成为他们对变革的阻力。缺乏自我更新而对他人有很大依赖性的人总是抵制变革，除非等到他们依靠的人认为需要变革，并把变革的措施引入到他们的行为中时，他才会赞同变革。

（4）不确定性和安全感。每一次大的变革都会带来一些不确定因素，面临崭新的、不熟悉的情况会使许多人感到担忧。这些不确定性不仅来自变革本身，而且还来自变革所带来的后果。因此，当人们对成功没有把握，害怕遇到挫折和失败时，往往会通过守旧来保持所谓的“安全感”。

2. 经济原因产生的阻力

当组织变革有可能对自己的经济利益带来触动时，也会出现对变革的抵制。一般而言，组织变革的目标就是要追求组织整体经济利益的最大化，这与组织内各个利益主体的根本利益是一致的，但是，组织经济利益最大化实现需要个体利益主体的有效组合，这样就必然会对组织内的各个主体的权利和利益进行重新分配。由此，一些群体和个人的既得利益就会有所损失。这就要求组织中的员工要有一种舍小家，顾大家的全局意识，从组织的整体利益和全局利益去看待变革的意义。然而，在现实社会中，一些领导和员工只顾自己的个人经济利益和短期经济利益，盲目的抵制变革使得组织变革难以有效的实施。

3. 组织原因产生的阻力

多数组织一旦形成后，都不愿轻易发动创新和变革。组织原因产生的阻力具体包括以下几项：

（1）对权力和影响力的威胁。组织中的某些人可能把变革看作为对他们权力或影响的威胁。

（2）组织结构。典型的等级制组织层次过多，可能会使影响组织中某一获益者的变革主张因经过较多的信息沟通渠道而遭到抵制。

（3）群体动力。当对群体进行变革时，群体的内在动力往往会产生抵制力，使群体保持固有的平衡。

（4）组织间的协议。组织间的协议通常给人们规定了道义上、法律上的责任。这种协议约束着人们的行为。当要推翻或放弃协议时，组织可能要付出巨大的经济代价，而且还会影响到组织的信誉。

4. 克服组织变革阻力的措施

组织变革的进程是动力与阻力动态平衡的结果。要推进组织变革，一方面可以增强变革的动力，另一方面需要消除或降低变革的阻力。考虑到一味增大变革的推动力往往会刺激新的变革阻力的生成，因此变革者应着重在克服变革阻力方面做工作，以确保变革稳定顺利地进行下去。为此，可以采取以下措施：

（1）教育与沟通。通过教育与沟通，使有关人员认清组织变革的需要和基本目标。这一点特别适用于信息不准确或信息沟通不良的地方。

（2）参与活动。让有关人员参与变革的计划与实施，使他们对变革有发言权。这样做既可以提高他们的积极性，认清与接受变革思想，又可以集思广益，提出可行的变革措施。这些参与者中，应包括将受到变革影响者、对变革方案的制定有潜在贡献者以及对变革的成败有支配力者。

（3）促进与支持。在变革的不同阶段，因人而异地给予有关人员心理上的支持和技能上的培训，使他们能尽快适应新的形势。

（4）奖惩结合。及时对先进单位和个人给予奖励，对阻碍变革的部门和个人进行批评和调整，形成积极向上、勇于变革的气氛。

（5）利用群体动力。注意使个人、群体和组织的变革目标保持一致，运用群体的归属感和凝聚力。此外还要强调群体之间的协调一致与相互支持，使变革活动成为整个组织上下一致的行动。

名词概念

组织　专业化　管理幅度　管理层次　部门化　职权

组织结构　组织文化　直线　参谋　集权　分权

要点回顾

- 人类社会是通过发生在不同地点的、各种复杂的活动组织在一起的。现在已经没有人怀疑，人类的活动不能放任自流，而是需要管理的。但是，要管理好人类活动，就必须深入认识管理赖以进行的组织。
- 组织是为了达到某些特定的目标，由分工与合作及不同层次的权力和责任制度构成的人的集合。组织有一定的结构和运行过程，同时它是存在于一定的环境之中的。

- 不同的组织具有相异的组织结构，我们可以从组织如何划分部门和设计部门之间的关系来把组织的结构分成若干种形态。
- 在现实生活中，任何一个组织的运作，都是由大量具体的工作任务组成，由一个个员工负责执行和完成的，但这些任务并非杂乱无章地纠缠在一起，而是被精心地安排、落实到具有不同功能的部门和特定的工作岗位中。职务设计就是指组织职能中依照组织的技术要求、任务性质、工作人员的才能与特点有意识地设计出组织中的工作岗位及每个岗位的任务组合，以保证组织更有效率地运作。
- 组织的成功或失败经常归因于组织文化，组织必须适时进行变革才能应对未来的挑战。

课后练习

一、单项选择题

1. 解决直线与参谋间冲突的一个方法是(　　)。

A. 赋予直线管理人员职能职权

B. 允许直线人员压制参谋人员

C. 让直线人员更多地依靠参谋人员的知识

D. 把直线与参谋的活动结合起来

2. 尖峰状结构的管理组织结构形态的优点是(　　)。

A. 信息传递的速度快

B. 信息失真的可能性小

C. 主管能对每个下属进行充分、有效的监督和指导

D. 下属的主动性和首创精神易于发挥

3. 最普通的划分部门的办法是(　　)。

A. 职能部门化　B. 产品部门化　C. 地区部门化　D. 过程部门化

4. 在事业部组织结构中，事业部的性质是(　　)。

A. 完全独立的　　B. 半独立的

C. 没有独立性的　　D. 直接服从于组织总部的

5. 人员配备的首要原则是(　　)。

A. 因材施任原则　　B. 用人所长原则

C. 人事动态平衡原则　　D. 因事择人原则

6. 对企业而言，组织变革是(　　)。
   A. 应该尽量避免，因为会造成组织震荡
   B. 可以避免的，只要高层管理者认为没有变革的必要性
   C. 无法避免，因为组织要根据内外环境的变化，及时调整以适应未来组织发展要求
   D. 引起混乱的根源
7. 组织文化具有多种多样的表现形式，其中传统的表现形式是(　　)。
   A. 文字和标识　B. 物质象征　C. 仪式　D. 语言

二、多项选择题

1. 下列关于集权和分权说法正确的有(　　)。
   A. 在实际的组织中，集权和分权是相对的
   B. 较低的管理层次作出的决策审核越少，分权程度就越小
   C. 任何组织不可能形成绝对的集权或者绝对的分权状态
   D. 特定的组织职权配置采取集权方式还是分权方式，受到许多复杂因素的影响
   E. 组织的联合过程中容易形成职权分布的集权形态
2. 职能式结构的主要缺点包括(　　)。
   A. 部门间协调常常有困难
   B. 需要较多的综合管理人员
   C. 管理成本上升
   D. 组织对外部环境的反应较慢
   E. 易产生本位主义
3. 组织文化的主要特征包括(　　)。
   A. 超个体的独特性　B. 相对稳定性
   C. 融合继承性　D. 发展性
   E. 动态性
4. 组织变革的基本目标是使(　　)更具环境适应性。
   A. 组织基本活动　B. 流程
   C. 员工　D. 管理者
   E. 组织
5. 下列属于结构变革范畴的有(　　)。
   A. 管理幅度变革　B. 战略调整
   C. 协作方式变革　D. 控制系统变革
   E. 人员重新培训

三、填空题

1. 在管理幅度给定的条件下，管理层次与组织规模的大小成________。

2. 从职权关系的角度来说，直线关系是一种________的关系。

3. 较低管理层次所负担的决策的重要性越大，分权的程度________。

4. 组织结构设计的任务完成之后，其工作成果表现为________和职务说明书。

5. 人员配备的任务可以从________和________这两个不同的角度去考查。

6. 组织文化包括组织价值观、________、________以及组织素养等。

7. 组织变革的过程包括________、变革、再冻结三个阶段。

四、简答题

1. 简述职能式结构的特点、优点和缺点各是什么？

2. 通过分析人与事的特点，试述应如何谋求人与事的最佳组合，实现人与事的不断发展？

3. 有人说企业文化是“老板文化”，试加以简要评述。

参考答案

一、单项选择题

1. D　2. C　3. A　4. B　5. D　6. C　7. A

二、多项选择题

1. ACD　2. ADE　3. ABCD　4. CDE　5. ACD

三、填空题

1. 正比　2. 指挥和命令　3. 越大　4. 组织结构图

5. 组织　个人　6. 组织精神　伦理规范　7. 解冻

四、简答题

1. 答题参考

职能式结构是一种以职能为导向的组织机构形式。其特点是：将技能相似的专业人员集合在各自专门的职能机构内，并在各自的业务范围内分工合作，组织任务集中明确，上行下达。

其主要优点是：各部门的职能目标明确，部门主管易于规划和控制；同专业的员工一起共事，有利于不断提高专业技能；同类人员集中安排，有利于避免重复浪费。从而减轻了高层管理者的责任压力，使其能专心致力于最主要的决策工作。

其主要缺点是：容易出现各自为政的情况，部门间协调常常有困难，使得组织对外部环境的反应较慢，而且员工的专业化部门所有会使他们缺乏打破常规的创新精神。由于受各职能部门狭窄的专业知识限制，职能式结构难以培养出“多面手”式的管理通才。

2. 答题参考

在设计了合理的组织机构和结构的基础上，还需要为这些机构的不同岗位选配合适的人员。人员配备是组织设计的逻辑延续，它通过分析人与事的特点，从而谋求人与事的最佳组合，实现人与事的不断发展。因此，需要做好以下几方面的工作：

（1）要考虑满足组织成员个人的特点、爱好和需要。人员配备的任务可以从组织和个人这两个不同的角度去考察；

（2）确定人员配备的工作内容和程序。包括确定人员需要量、选配人员和制定和实施人员培训计划等工作；

（3）遵循人员配备的原则。为求得人与事的优化组合，人员配备过程中必须依循一定的原则，主要有：因事择人的原则、因材施任的原则和人事动态平衡的原则。

3. 答题参考

从根本上说，企业文化总是反映了某企业经理特定的价值观念和领导风格，不论是私有企业还是国有企业，老板必须当好企业文化建设推动者这一角色。

（1）老板必须善于根据企业的发展要求，从实践中提炼出企业的核心价值观。

企业文化的核心是理念，或者说是价值观体系。这理念不仅要具有时代的特色、行业的特色，更要求带有企业的特色和企业家的个性，因而它不能从书本上抄来，它只能从企业自己的实践，从企业家自己的实践中提炼出来。

（2）老板要以身作则，忠实地严守企业的价值观。

企业老板的模范行动是一种无声的号召，对下属成员起着重要的示范作用。因此，要塑造和维护企业的共同价值观，老板本身就应是这种价值观的化身。他必须通过自己的行动向全体成员灌输企业的价值观。老板确定了价值观体系之后，可以通过象征性行为、语言、故事等各种方式表示出自己对价值观体系始终如一的关注，从而使广大员工也跟着来关注价值观体系的实现。

（3）“老板”要敢于扬弃旧文化，发展新文化。

企业文化并不是一成不变的，而应随着内外环境的变化不断发展和完善。当一种企业文化形成时，它反映了企业成员的动机，随后建立起来的有关制度和工作程序，提供了这个企业获得成功所必不可少的行为方式。但是，这种文化是以开始的条件为基础的，随着企业的发展和条件的变化，原有的企业文化就可能会与形势的需要不相适应。这时，老板们就要及时地予以发展和完善，在一定条件下甚至完全扬弃旧文化，重新创造新的企业文化。但由于价值观念的更新是一个艰难的过程，而且需要很长的时间，因此，要尽量避免完全重建，最好是逐步发展和完善。老板们要积极推动变革。

本章参考文献

[1] 陈传明，等．管理学［M］．北京：清华大学出版社，2003.
[2] 谭力文，等．管理学［M］．武汉：武汉大学出版社，2004.
[3] 张勤国，等．管理学—理念、方法与实务［M］．上海：立信会计出版社，2003.
[4] 杨文士，等．管理学原理［M］．北京：中国人民大学出版社，2004.
[5] 席酉民．经济管理基础［M］．北京：高等教育出版社，1998.
[6] 周三多，等．管理学［M］．北京：高等教育出版社，2000.
[7] 姜仁良．管理学习题与案例［M］．北京：中国时代经济出版社，2006.

第十一章　领导与决策

核心内容

本章以简明扼要的表述方式对以下内容进行了系统介绍，其中包括：

■ 领导的内涵和领导者行为理论；

■ 领导的方法与艺术；

■ 领导者决策及其类型；

■ 决策方法的应用。

教学目的

通过本章的学习，使学生了解掌握以下内容：

■ 了解领导的作用、领导者技能和领导者行为理论；

■ 了解领导者处事、待人的方法艺术；

■ 掌握决策的概念、要素和决策的类型；

■ 了解决策的阶段过程；

■ 掌握不同决策方法的实际应用。

第一节　领导者特质、技能与行为

管理的组织职能，是对组织的资源进行配置。但如何让它们运作起来，需要通过管理的领导职能完成。管理的领导职能是指通过管理者实施影响下属的领导行为，把组织成员的个体目标和组织目标进行有效匹配。

一、领导的内涵

1. 领导与管理

“领导”有两种词性含义。一种是名词属性的“领导”，即“领导者”的简称；二是动词属性的“领导”，即“领导”是“领导者”所从事的活动。所以，领导既可以指一种类型的管理人员，也可以是作用于被领导者的一种活动。可见，领导和管理有着密切的关系，人们也通常将它们混为一谈。但实际上，两者是有本质区别的。

首先，我们看一看它们的共性。从行为方式看，领导和管理都是一种在组织内部通过影响他人的协调活动，实现组织目标的过程。从权力的构成看，两者也都是组织层级的岗位设置的结果。

其次，我们看一看它们之间的区别。从本质上说，管理是建立在合法的、有报酬的和强制性权力基础上的对下属命令的行为。而领导则是可能建立在合法的、有报酬的和强制性的权力基础上，也可能更多的是建立在个人影响权和专长权以及模范作用的基础上。

因此，一个人可能既是管理者，也是领导者；而领导者和管理者两者相分离的情况也会存在。从行为方式的作用对象来看，行使管理职权的人称为管理者。但管理者的本质是被任命的，他们拥有合法的权力进行奖励和惩罚，其影响力来自他们所在的职位所赋予的正式权力。相比之下，作为行使领导职权的领导者，则既可以是任命的，也可以是从某个群体中产生出来的，如，20世纪30年代在梅奥霍桑试验的研究中指出的非正式组织的头领。所以，领导者也可以不运用正式权力来影响他人的活动。

在理想情况下，所有的管理者都应是领导者，但是，并不等于说所有的领导者必然具备完成其他管理职能的能力。一个人能影响别人这一事实，并不表明他具有组织运行及其岗位要求的管理能力，如计划、组织、控制以及创新等。领导的本质，就是被领导者的追随和服从，它不是由组织赋予的职位和权力所决定的，而是取决于追随者的意愿，因此，有些具有职权的管理者可能没有部下的服从，也就谈不上真正意义上的领导者。

管理学意义上的领导者，是指能够影响他人并拥有管理的制度权力的人。

2. 领导的作用

领导的作用，取决于对领导的含义的理解。所谓领导，就是指挥、带领、引导和鼓励部下为实现目标而努力的过程。这一定义包括三个要素：①领导者必须有部下或追随者。②领导者拥有影响追随者的能力或力量，它们既包括由组织赋予领导者的职位和权力，也包括领导者个人所具有的影响力。③领导的目的是通过影响部下来达到组织的目标。

在这种领导的含义基础上，领导的作用可以概括为以下三个方面：

（1）指挥作用。指在组织活动中，需要有头脑清醒、胸怀全局，能高瞻远瞩、运筹帷幄的领导者帮助组织成员认清组织所处的环境和形势，指明活动的目标和达到目标的路径。

（2）协调作用。指组织在内外因素的干扰下，需要领导者来协调组织成员之间的关系和活动，朝着共同的目标前进。

（3）激励作用。指领导者为组织成员主动创造能力发展空间和职业发展生涯的行为。

二、领导者特质

作为一个领导者，应该具备以下基本特质：

1. 进取心

进取心是指能够反映高水平努力程度的一系列个性特点。努力进取包括对成功的强烈欲望、不断地努力提高、抱负、精力、毅力、主动性。实证研究表现，在一些国家，高层管理者成功的欲望与组织的增长率显示了高度的相关性。然而对成功的欲望只能用于预测创业型公司的有效性，而不能用于预测特大型组织和官僚性组织部门的领导有效性。

2. 领导欲

领导者有强烈的愿望去影响和领导别人，表现为乐于承担责任。他们不想被人领导，并能够在领导过程中获得满足和利益。当权力需要是符合道德的，而不是损害别人时，领导者将激发更多信任、尊重和对愿景的认同。

3. 正直

正直即是言行一致，诚实可信。它除了是个人较重要的性格特征外，对领导者来说更重要，因为这些特点能激发对别人的信任。

4. 自信

下属觉得领导者从没缺乏过自信。领导者角色是具有挑战性的，而挫折是难免的，自信能让领导者克服困难，在不确定的情况下敢于作出决策，领导者为了使下属相信他的目标和决策的正确性，必须表现出高度的自信。

5. 智慧

领导者需要具备足够的智慧来收集、整理和解释大量信息，并能够确立目标、解决问题和作出正确的决策。

6. 业务知识

一个有效的领导对他们的行业、公司和技术问题拥有较高的知识水平。领导者必须有足够的业务知识才能解释大量的信息，作出富有远见的决策。高学历在职业生涯中是重要的，但最终也不如有关组织的业务知识更重要。

领导者不可能尽善尽美同时具备以上特质，但是一定要注意避免以下现象的出现：

对别人麻木不仁，吹毛求疵，举止凶狠狂妄；

冷漠、孤僻、骄傲自大；

不讲诚信，背信弃义；

野心过大，玩弄权术；

管头管脚，独断专行；

缺乏建立一支同心协力的队伍的能力；

心胸狭窄，挑选无能之辈担任下属；

目光短浅，缺乏战略头脑；

倔头倔脑，无法适应不同的上司；

偏听偏信，过分依赖一个顾问；

懦弱无能，不敢行动；

犹豫不决，无法决断。

三、领导者技能

随着组织规模的扩大和环境的复杂多变，对现代领导者的领导技能提出更高的要求。领导者要能居其位而谋其政，领导者必须具备与其职务相称的技能，才能胜任其领导职责并不断开创新的局面。

1. 情况判断和处理技能

领导者时时刻刻都面临大量等待处理的问题，要不停顿地作出判断和决策并承担重大的责任。所以，领导者必须具备很强的判断和处理问题的能力。

一般来说，在决策或处理问题时有三种策略可供领导者选择：其一，自己作出决策，然后将决策结果告诉成员；其二，组织有关人士参与决策；其三，将决策贯穿到组织中，倡导民主决策。然而在实际工作中，领导者的选择往往面临一定困境。

当领导者采用第一种策略时，他虽拥有绝对权力，但同时也承担了全部责任；当采用第二种策略时，他与群体共担责任但必须分享权力；当采用第三种策略时，群体承担绝对责任同时也拥有绝对权力。因此，领导的有效性就取决于领导者根据实际情况在图 11-1 的对角线上上下移动的能力。

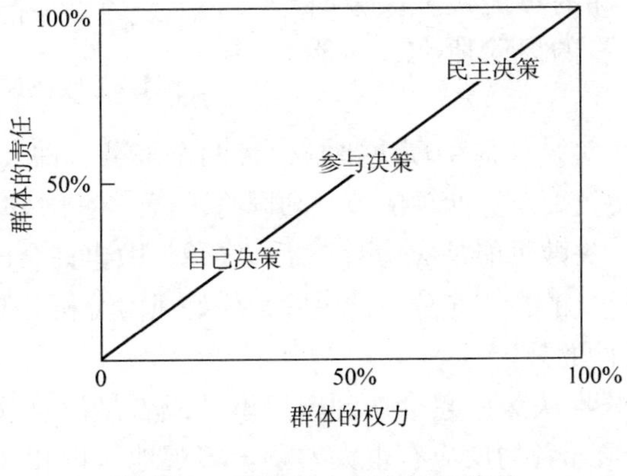

图 11-1　决策权力与责任的关系

2. 沟通的技能

沟通是领导者的一项重要技能，其作用在于增强领导者和被领导者之间的理解并达成共识。沟通的基本要素有：理解力、注意力、说服力、记忆力及建立友善关系的能力等。为了提高领导者的沟通技能，必须不断地对这些沟通要素加以训练和改进。

3. 激励的技能

激励的关键在于“目标”和“参与”，群体若能参与目标的事先确定，激励将更为有效。激励只能通过“内部市场化”来实现。

“内部市场化”指在组织内部引入市场机制，使每个成员更好地为自己的需求而努力工作。内部市场化的核心在于将每个人工作上的努力与其个人利益和发展目标联系起来。

4. 估价风险的技能

风险和惧怕是有效领导的一大障碍。那么，如何提高领导者处理风险和惧怕的能力呢？

第一步：对风险进行分类。如果风险很大而收益很小，则决策较容易。通常的决策就是要在风险和收益之间作出权衡。不同收益和风险的组合反映了不同的决策局势，如图 11-2 所示。

第二步：分析相关的担心和惧怕。在领导过程中常常会存在几种惧怕，如惧怕失败、惧怕难堪、惧怕得罪人、惧怕抱怨等。实际上这些惧怕的实质是惧怕决策失误。可以想象，漆黑的夜晚人们在崎岖的山道上行走往往会举步艰难，其主要原因在于难以把握这一脚踩下去的后果，有掉下深渊的可能性。决策时只有设法弄清下一步的风险所在，才能减少惧怕。

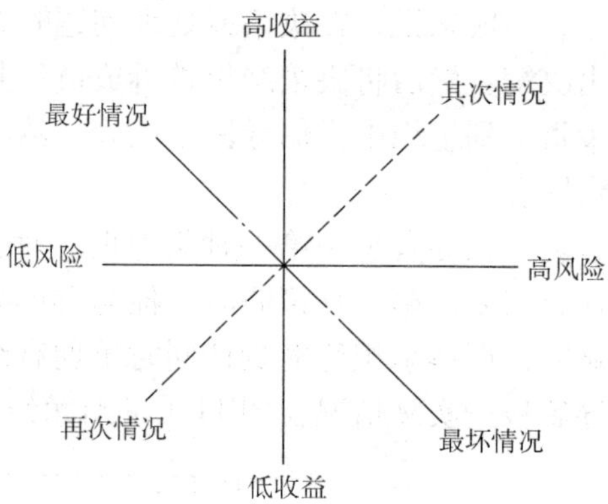

图 11-2 收益风险与决策局势

第三步：双重决策。任何一项决策都包含两个部分，即及时作出决策和准备应对措施。成功的决策要求这两项决策必须同时进行。对于风险，只是惧怕显然是不合适的。事实上，失败可能是成功的开始，害怕失败也许会成为一种改进决策和准备应急的动力。重要的在于充分估计风险，作好风险分析并制定应对策略。

5. 处理突发事件的技能

所有领导者在长期决策中总会遇到突发事件或者是没有预见到的事情。每当这些事件发生后，领导者的反应有很大差别。客观地认识和对待突发事件有利于问题的解决。领导者有效处理突发事件的步骤是：

第一步：估计决策的偏差。随时准备应付突发事件，并迅速作出反应是决策者必备的素质。要做到这一点，首要的是依据突发事件对决策结果的影响作出“是否需要行动”的判断。一般来说，每项决策都有其期望的目标，然而，某些突发事件一旦发生必然导致决策后果与期望目标的偏差。所以，首先要分析可能出现的事件与期望目标之间的差距。

第二步：原因分析。欲缩小差距就必须研究差距，找出产生差距的原因。产生差距的原因可能是多方面的，如原来决策时犯了错误、或当时的目标太含糊、或实施规划出了纰漏、或仅仅是实施过程不妥当、或几种情况同时发生等等。只有查清原因才能制定有效对策。

第三步：重新审视目标。如果是目标有问题，则需要重新研究、修正甚至重建目标。

第四步：完善规划。若实施规划有偏差或实施环节上有漏洞，则要进一步研究并完善规划。

第五步：强化实施过程。加强实施过程中的人、财、物等资源的配置和组织管理。

第六步：加强阶段成果的考核。一个常犯的错误是缺乏对群体活动结果的及时度量，忽视对阶段成果的考核。为了确保实施结果的最终效果，则必须设法加强对群体活动阶段成果的考核，以便及时发现问题并及时解决。

6. 关系更新的技能

组织内部的各种关系随着时间、环境的变化而变化。因此，要随时注意革新和修补关系，及时解决冲突并采取措施防止关系破裂。防止关系破裂应从两个方面着手：一是更好地理解对方的优点、弱点、工作风格和需求；二是根据双方的需求在相互尊重的前提下建立新型的工作风格。建立和维护关系的基本要点如表11-1所示。

表 11-1 建立和维护关系的基本要点

要点	内涵
尊重	➢ 修复一个破裂的关系，双方有很多方式可以利用，首要的是要相互尊重 ➢ 让对方真正体会到这些方式背后的真诚，这样才会取得好的效果
认可	➢ 通过人和人之间的相互接触取得相互认可、相互接受 ➢ 相互信任是问题的关键
共识	➢ 没有真诚和信任就谈不上共识 ➢ 真正达到共识，重要的在于抛开个人的偏见，客观地认识和处理问题
折中	➢ 任何破裂关系的修复都无法避免地会遇到许多困难，不得不适当折中 ➢ 折中也是一种创造，或者说，创造可以在折中发挥重要作用
恢复或建立	➢ 有了尊重、认可、共识和创造，依然存在前功尽弃的危险 ➢ 建立新关系的前提是让双方都能看到成功的前景和希望
运行	➢ 真正的运作是在希望变成信心之后开始的 ➢ 相互充满信心，就不难到达成功的彼岸

四、领导者行为

领导者行为是一个较为广泛的概念，凡是为工作或进行管理采取的行动都可以称之为领导者行为。它可以包括管理上的领导和指挥职能，也可以包括管理的计划、组织和控制职能。领导者行为的概念还意味着要表明领导在做什么或应该做什么主要工作，因此说明领导者行为的概念只能够而且只有这样才有意义，即概括出领导者行为的主要工作或内容。在此意义上，有学者将领导者行为定义为：领导者行为的主要方面，包括任务绩效、群体维持和决策。领导行为表明了领导工作的主要任务或重点。

行为理论着重研究领导行为及其对组织成员的影响。20 世纪 40 年代，许多管理学家和心理学家在研究工作中发现领导者的领导行为与领导效率有密切关系。为了寻求最佳的领导行为，在大量研究的基础上形成了多种行为理论。

1. 二元理论

二元理论是美国俄亥俄州立大学教授斯托格狄尔和沙特尔于 1945 年总结提出的。该理论以“重工作”和“关心人”为指标刻画领导行为。其中，重工作是指领导者以工作任务为中心，主要抓组织设计、明确各部门的职责和任务，制定工作目标和工作程序，引导和控制成员努力完成工作任务；所谓关心人是指领导者以人际关系为中心，关心和强调下属的个人需求，尊重下属意见，注重建立友好的同事关系和上下级之间的互信关系，调动成员的积极性。在问卷调查和结果分析的基础上，斯托格狄尔和沙特尔发现，实际中的领导行为可能是单一的重工作型或关心人型，或者是二者的任意组合状态。据此，他们把领导行为分为四类，如图 11-3 所示。

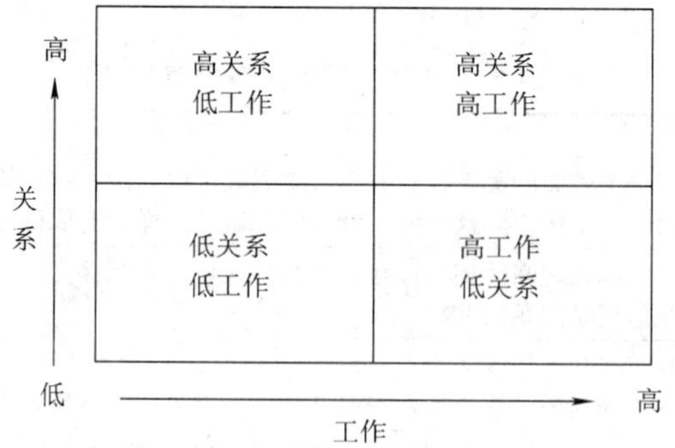

图 11-3 领导行为四分图

2. 密西根大学的研究

与俄亥俄州立大学的研究同时，密西根大学调查研究中心由 R. 李克特在 1947 年开始进行着相似性质的研究，目的是确定领导者的行为特点与满意水平和工作绩效的关系。

密西根大学的研究小组研究的结果是发现领导行为可以划分为二个维度，即为员工导向和生产导向。员工导向的领导者被描述为重视人际关系，他们总会考虑到下属的需要，并承认人与人之间的不同。相反，生产导向的领导者倾向于强调工作的技术或任务事项，主要关心的是群体任务的完成情况，并把群体成员视为达到目标的工具。密西根大学研究者的结论对员工导向的领导者十分有利，他们与高群体生产率和高工作满意度成正相关。而生产导向的领导者则与低群体生产率和低工作满意度联系在一起。

3. 管理方格理论

对于俄亥俄州立大学和密西根大学研究的重要理论发展是管理方格图。1964年，布莱克和穆顿提出了“管理方格图理论”，发展了二元论的“四分图”，对领导行为进行了比较客观的全方位刻画，如图 11-4 所示。

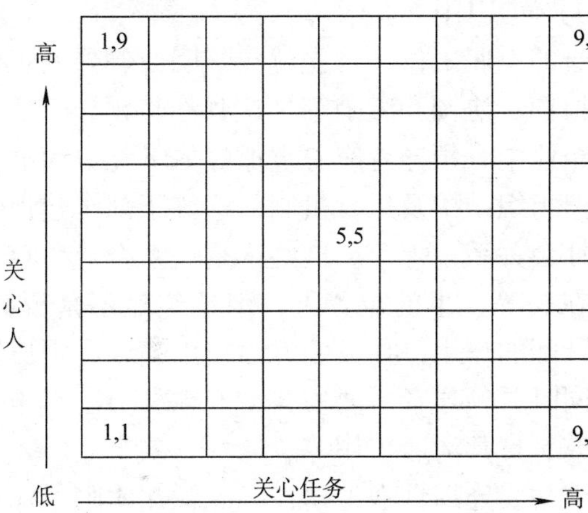

图 11-4 管理方格图

在管理方格图中，横轴表示领导者对工作任务的关心程度，纵轴表示领导者对人的关心程度。评价领导者时，根据领导者对工作和人的关心程度在两轴的交叉点上即可找到相应的行为类型。图中 5 种典型的领导作风是：

贫乏型（1，1），领导不关心成员的需求和状态，且以最小努力仅完成一些必须做的工作。

任务型（9，1），领导只重视任务的完成及工作效率，不关心人，不重视下属的情绪和士气。

俱乐部型（1，9），领导重视对下属的支持和关心，但很少重视工作效率及保证工作效率的规章制度、指挥监督等。

战斗集体型（9，9），领导既关心工作效率又关心下属，努力使个人需要与组织目标有机结合。这是一种最有效的领导方式。

中间型（5，5），领导保持关心人与关心任务两方面的平衡，追求正常的效率和满意的士气。

第二节　领导者管理的主要方法

领导的方法与艺术是领导者在领导活动中，为实现一定的组织目标所运用的各种手段、办法和程序的总和，也是领导者的领导思想方法和领导工作方法的具体运用，是领导者尽其职能的行为方式。领导者的工作效率及效果在一定程度上取决于其领导方法与艺术。

一、处事的方法艺术

1. 领导者必须干好本职工作

领导者要干好自身的本职工作，首先就应该明白领导的工作内容。领导者的事包括决策、用人、指挥、协调和激励等。这些都是领导者的主要职能，是领导者应该做的大事。在企业中，领导者应着重抓好如下几方面的具体工作：制定企业经营战略；设计企业组织结构及运行机制；选好干部，建设领导班子；培育企业文化；处理重要的社会关系，等等。这些都是关系企业生存与发展的大事，领导者应把它们真正摆在头等大事的位置上，但这绝对不是说都由领导者亲自去做，而是要发挥总设计师的作用，在大的方面提出问题、定原则、把好关。

在注意抓大事的同时，领导者也要安排好日常工作。这包括日常行政事务、学习、经常性调查研究、日常沟通工作等。

领导者既要抓大事又要处理日常工作，因此，在实际工作中，应当正确处理好两者之间的关系。一方面要克服“事必躬亲”和“大包大揽”的领导方式。在社会化大生产条件下，提高企业生产效率和经济效益，靠的是企业分工，严密的协作，领导都不必事事包办代替，否则，既破坏了分工协作关系又使下级有职无权，失去实践和成长的机会，挫伤了员工的积极性。另一方面要集中时间和精力抓好决定企业生死存亡的大事，科学合理地安排好日常工作，不忽视关键性日常的作业活动。

2. 合理授权

授权，是指上级委派给下属一定的权力，使下属在一定的监督之下，有相当的自主权和行动权。授权者对于被授权者有指挥和监督之权，被授权者对授权者负有报告及完成任务的责任。授权实质上是将权力分派给其他人以完成特定活动过程，它允许下属作出决策，也就是，将决策权力从组织中的一个层级移交至另一个层级。合理授权是领导者的一种重要管理方法，也是一项基本的组织管理原则。领导者要使授权取得预期的效果，必须遵循科学的授权原则，如表 11-2 所示。

表 11-2　授权的原则

原　　则	注　　释
有目的的授权	➢ 授权本身要体现明确的目标 ➢ 目标明确的授权，才能使下属明确自己所承担的责任 ➢ 盲目授权必然带来混乱不清
因事设人，视能授权	➢ 能力与只是水平高低是授权大小的重要依据 ➢ 根据被授权者的才能大小和知识水平高低进行授权
适度合理授权	➢ 领导者不要把全部的权力下授 ➢ 不把同一权力分授予两个人 ➢ 不将不属于自己的权力下授
授权留责	➢ 领导者应把有规可循的工作授予下属去做 ➢ 对于无章可循的、下属非越权无法从事的工作不能下授
逐级授权	➢ 领导者应按组织的层次结构原则逐级进行 ➢ 对其所属的直接下级授权而不要越级授权
信任原则	➢ 授权必须基于领导者和部属之间的相互信任关系
加强授权后的监督	➢ 既要授权又要避免失控
有效授权的及时奖励	➢ 有效的奖励将会使授权本身产生推动的力量，使授权达到新的境界

二、待人的方法艺术

领导的对象就是人，没有人际之间的联系与信息的交流，就不可能有领导。

1. 激励下属积极性

激励是实现目标的一种驱动力。领导者的大部分任务是由下属完成的，如果不知道或不懂得激励下属，那么领导者所能取得的成功是有限的。

（1）掌握激励理论。熟悉激励的基本理论，可以使领导者对如何使员工们努力工作有一个深入的认识。

（2）了解下属的需要。要做好激励工作，必须了解激励对象有哪些需要以及每种需要的强烈程度，而且要了解每种需要在其心目中的重要性，这样才能“对症下药”。

（3）正确激励下属。有效的激励方法能调动下属的积极性。首先，抓住强势需要来激励下属。不同层次的人有着不同的需求。领导者应善于掌握下属不同的强势需要，把物质激励和精神激励有机地结合起来，予以激励。其次，满足下属参与需求。下属一般较关注自己在企业中的重要性及责任，领导者要通过各种形式多听取下属的意见，并说明下属的工作对企业的重要性。再次，奖励重于批评。领导者通过奖赏或惩罚等手段对下属的行为结果加以控制，从而修正其行为。下属不可能没有失误，重要的是如何使他们在失误之后吸取教训并有所提高。最后，目标激励，领导者要向下属详细说明企业是什么，正在做什么和目标何在，给下属以希望。

2. 形成应有的影响力

领导者要实现有效的领导，关键在于其影响力大小。影响力是领导者在与他人的交往中，影响和改变他人心理和行为的能力。影响不是把自己的意志强加给下属，而是在价值观念方面培养共识，达到认同。领导者影响力在人际交往中表现得尤为重要。领导者应该通过合理合法地运用组织赋予的权力、注重自身修养、提高专业知识水平、加强上下级沟通等手段来提高自身的影响力。

3. 知人善任

要使组织的决策付诸实践，领导者必须团结下属，借助他们的智慧和力量去完成任务。因此，领导者必须将下属安排到适当的职位上，用其所长。

第三节　决策及其类型

决策是一个被广泛使用的概念，个人决策关系到个人成败得失，组织决策关系到组织生死存亡。然而，决策的后果完全符合预期情况的很少，总是或多或少地偏离原先期望，甚至截然相反。缩小这种偏差正是决策研究的效果和潜力之所在。

一、决策及其要素

1. 决策概念

决策的概念有狭义和广义之分。狭义概念认为决策是领导选择和决定方案的行为，即通常所说的“拍板”。广义概念认为决策是发现问题、分析问题、拟定方案、选择方案并实施的全过程。决策问题具有两个显著特征：

（1）决策是面向尚未发生的事件。任何一项决策都是面向未来的，都存在一定的不确定性。这就要求决策者必须具有较强的洞察力和前瞻性，深谋远虑、高瞻远瞩并能正确认识和对待决策后果与预期目标的偏差。

（2）决策追求“一次成功率”。技术问题允许进行大量试验，可以经历数百次的失败，但只要最后成功就是胜利。决策多属一次性的，“机不可失，时不再来”，失败将导致显著的消极后果，损失将无法挽回。这就要求决策者必须学习决策科学的基本理论，掌握并正确应用科学决策的方法和技术，不断总结经验，改善决策质量。

2. 决策要素

决策是一个认识问题和解决问题的过程，其基本要素有以下几项：

（1）决策者。决策者也称为决策主体，是决策行为的发出者。决策者可以是个体，也可以是群体。决策者受社会、政治、经济、文化、科学等因素的影响，具有特定的知识结构和心理结构。决策者的知识、经验、判断力、个性、价值观以及直觉，甚至个人感情等都直接影响其决策的质量。

（2）决策目标。决策目标是决策者的期望，其合理性直接影响决策结果的合理性。决策目标的合理性一般体现在三个方面：①决策目标应是国家利益、集体利益和个人利益的有机统一，个人利益服从国家和集体利益，在实现组织目标的同时尽量满足个人的正当需求。②决策目标尽可能量化，必须明确任务期限、责任者等，便于评价和考核。③实际决策不可能达到最优，即不可能以最少的资源和最快的速度获得最大的经济效益，而只能做到以预期的资源和一定的速度获得最大的经济效益，或者以最少的资源和最快的速度获得预期的经济效益。

（3）行动方案。亦称决策方案，是实现目标的方式和途径。决策方案的制定是整个决策中极为重要的一个阶段，特别是在人力、物力和财力花费巨大的大型项目中更为重要。一般而言，人们在制定决策方案时都要设计出若干个不同但可以相互替代的方案，即方案集合。

（4）决策环境。决策环境是指各种决策方案可能面临的自然状态或背景，即不以人的意志为转移的客观条件，如气候、市场、政策等。

二、决策类型

从不同角度研究决策，可将决策问题归结为不同的类型。

1. 按决策者职能划分

（1）专业决策。也称为专家决策，是指各类专业人员在职业标准的范围内，根据自己或别人提供的经验和专门知识所进行的判断和抉择。如水利工程师设计水坝，教练安排出场阵容，医师诊病开药等，专业决策的基本特点是：①专业决策与专业标准密切相关且相辅相成，改善标准有利于提高专业决策水平，成功的专业决策经验必然会反映在专业标准中。②专业人员善于“批量”地处理问题。③专业决策的知识和能力有很强的专业领域限制，在某领域是高明专家，在其他领域不一定是内行。

（2）管理决策。管理决策是指企业、事业单位的管理者所面对的决策。如经营方向决策，经营战略决策，营销策略决策，人力资源管理决策，公共关系决策等。管理决策的基本特点是：①管理的艺术性决定了管理决策没有统一的标准和一成不变的准则。②管理的特殊性决定了管理者只能逐个解决问题。③管理者担负着多种角色，面对大量繁杂甚至是琐碎的问题。因此，管理决策是一种不停顿的滚动式决策，要求管理者既要“为大于其细”，善于从整天的忙碌和处理琐事中发现和捕捉机会，又要避免过多地被日常事务所牵扯。

（3）公共决策。也称为社会决策，指国家、行政管理机构和社会团体所进行的决策。如国家安全，国际关系，社会就业，公共福利等。公共决策的特点是：①决策问题的清晰度较差，决策的重点在于探究问题之所在。譬如，社会治安状况不佳，是公安管理不力，还是司法宣传不够，还是文化娱乐、教育或是某项经济政策的问题。解决交通拥挤问题，是增加投资拓宽公路、建设立交桥，还是改善交通管理系统和调度方式等。②公共决策追求公众共识和舆论的可行性。公共决策难以采用诸如技术效率、经济效益等明晰的准则推理评价，也不可能获得各组织和团体同等程度的满意，只能以大多数组织和公众的满意为前提，造成共识局面以保证决策方案的顺利实施。③公众更关心公共决策的后果。对有些能够用清晰准则进行评价的公共决策问题，公众也并不关心其决策方式和过程，而仅关心决策的结论和后果。

2. 按决策问题的性质划分

（1）程式决策。也称为常规决策，是指那些经常重复出现的决策问题。如学校的课程安排，医院的检查诊断，企业的采购供应、生产调度等。程式决策不必探求新的决策方法，可以在总结的基础上制定一套行之有效的程序和规则来处理。

（2）非程式决策。也称为非常规决策，是指那些以前尚未发生过且不容易重复出现的决策问题。如学校的新专业设置，医院的新手术方案研究，企业的新产品开发、合资经营模式研究等。非程式决策问题比较复杂且结构不清晰，缺乏现成的解决办法，对决策者的主观性依赖很大。

3. 按决策环境划分

（1）确定型决策。确定型决策是指那些未来状态完全可预测，有精确、可靠的数据资料支持的决策问题。

（2）风险型决策。风险型决策是指那些具有多种未来状态和相应后果，但只能得到各种状态发生的概率而难以获得充分可靠信息的决策问题。如企业在市场预测基础上的新产品决策和投资决策等。

（3）不确定型决策。不确定型决策是指那些难以获得各种状态发生的概率，甚至对未来状态都难以把握的决策问题。如某项改革制度的决策，促销方案决策等。

4. 按决策思维方式划分

（1）理性决策。理性决策是以逻辑思维为主，根据现成规则评价方案，追求清晰性和一致性的决策。理性决策有三个特点：①理性决策以决策者的现状为基础，包括决策者拥有的财富资源状况、生理状况、心理承受能力、感情、社会关系等。②理性决策从各种方案的后果出发并按某种规则作出抉择。③理性决策应符合概率论的各种定律。

（2）行为决策。行为决策是直觉思维为主的决策。行为决策的特点是：①直感性。行为决策着重从整体上把握对象，并不像归纳法那样先分析各部分再归纳或综合为整体，也不是从整体出发再推演到部分。②无阶段性。行为决策只追求结果的清晰，而得出结果的过程是不清晰的。③突发性。行为决策不像理性决策那样按一定程序有计划有步骤地进行，而是靠直觉作判断。有时当决策者集中精力费尽心机寻求答案时可能毫无所获，而一旦放松思考时答案可能会突然产生。

决策问题还可以分为单目标决策和多目标决策、单变量决策和多变量决策、单项决策和序列决策、战略决策和战术决策、个体决策和群体决策等，这里不再一一赘述。

第四节　决策过程与方法

一、决策过程

1. 识别机会或诊断问题

决策过程的第一步是识别机会或诊断问题。管理者通常密切关注与其责任范围有关的数据，这些数据包括外部的信息和报告以及组织内的信息。实际状况和所想要状况的偏差提醒管理者潜在机会或问题的存在。识别机会和问题并不总是简单的，因为要考虑组织中人的行为。有些时候，问题可能植根于个人的过去经验、组织的复杂结构或个人和组织因素的某种混合。因此，管理者必须特别注意要尽可能精确地评估问题和机会。另一些时候，问题可能简单明了，只要稍加观察就能识别出来。

评估机会和问题的精确程度有赖于信息的精确程度，所以管理者要尽力获取精确的、可信赖的信息。低质量的或不精确的信息使时间白白浪费掉，并使管理者无从发现导致某种情况出现的潜在原因。

即使收集到的信息是高质量的，在解释的过程中，也可能发生扭曲。有时，随着信息持续地被误解或有问题的事件一直未被发现，信息的扭曲程度会加重。大多数重大灾难或事故都有一个较长的潜伏期，在这一时期，有关征兆被错误地理解或不被重视，从而未能及时采取行动，导致灾难或事故的发生。

更糟的是，即使管理者拥有精确的信息并正确地解释它，处在他们控制之外的因素也会对机会和问题的识别产生影响。但是，管理者只要坚持获取高质量的信息并仔细地解释它，就会提高作出正确决策的可能性。

2. 识别目标

目标体现的是组织想要获得的结果。所想要结果的数量和质量都要明确下来，因为目标的这两个方面都最终指导决策者选择合适的行动路线。目标的衡量方法有很多种，如我们通常用货币单位来衡量利润或成本目标，用次品率或废品率来衡量质量目标。

根据时间的长短，可把目标分为长期目标、中期目标和短期目标。长期目标通常用来指导组织的战略决策，中期目标通常用来指导组织的战术决策，短期目标通常用来指导组织的业务决策。无论时间的长短，目标总指导着随后的决策过程。

3. 拟订备选方案

备选方案可以是标准的和显明的，也可以是独特的和富有创造性的。一旦机会或问题被正确地识别出来，管理者就要提出为达到目标和解决问题的各种方案。这一步骤需要创造力和想象力，在提出备选方案时，管理者必须把其试图达到的目标牢记在心，而且要提出尽可能多的方案。

管理者常常借助其个人经验、经历和对有关情况的把握来提出方案。为了提出更多、更好的方案，需要从多种角度审视问题，这意味着管理者要善于征询他人的意见。

4. 评估备选方案

决策过程的第四步是确定所拟订的各种方案的价值或恰当性，即确定最优的方案。为此，管理者起码要具备评价每种方案的价值或相对优势/劣势的能力。

在评估过程中，要使用预定的决策标准（如所想要的质量）以及每种方案的预期成本、收益、不确定性和风险。最后对各种方案进行排序。例如，管理者会提出以下问题：该方案会有助于我们质量目标的实现吗？该方案的预期成本是多少？与该方案有关的不确定性和风险有多大？

5. 作出决定

在决策过程中，管理者通常要作出最后选择。但作出决定仅是决策过程中的一个步骤。尽管选择一个方案看起来很简单——只需要考虑全部可行方案并从中挑选一个能最好解决问题的方案，但实际上，作出选择是很困难的。由于最好的决定通常建立在仔细判断的基础上，所以，管理者要想作出一个好的决定，必须仔细考察全部事实、确定是否可以获取足够的信息并最终选择最好方案。

6. 选择实施战略

方案的实施是决策过程中至关重要的一步。在方案选定以后，管理者就要制定实施方案的具体措施和步骤。实施过程中通常要注意做好以下工作：

（1）制定相应的具体措施，保证方案的正确实施。

（2）确保与方案有关的各种指令能被所有有关人员充分接受和彻底了解。

（3）应用目标管理方法把决策目标层层分解，落实到每一个执行单位和个人。

（4）建立重要的工作报告制度，以便及时了解方案进展情况，及时进行调整。

7. 监督和评估

由于组织内部条件和外部环境的不断变化，管理者要不断修正方案来减少或消除不确定性，定义新的情况，建立新的分析程序。具体来说，职能部门应对各层次、各岗位履行职责情况进行检查和监督，及时掌握执行进度，检查有无偏离目标，及时将信息反馈给决策者。决策者则根据职能部门反馈的信息，及时追踪方案实施情况，对与既定目标发生部分偏离的，应采取有效措施，以确保既定目标的顺利实现；对客观情况发生重大变化，原先目标确实无法实现的，则要重新寻找问题或机会，确定新的目标，重新拟订可行的方案，并进行评估、选择和实施。

以上决策过程如图 11-5 所示。

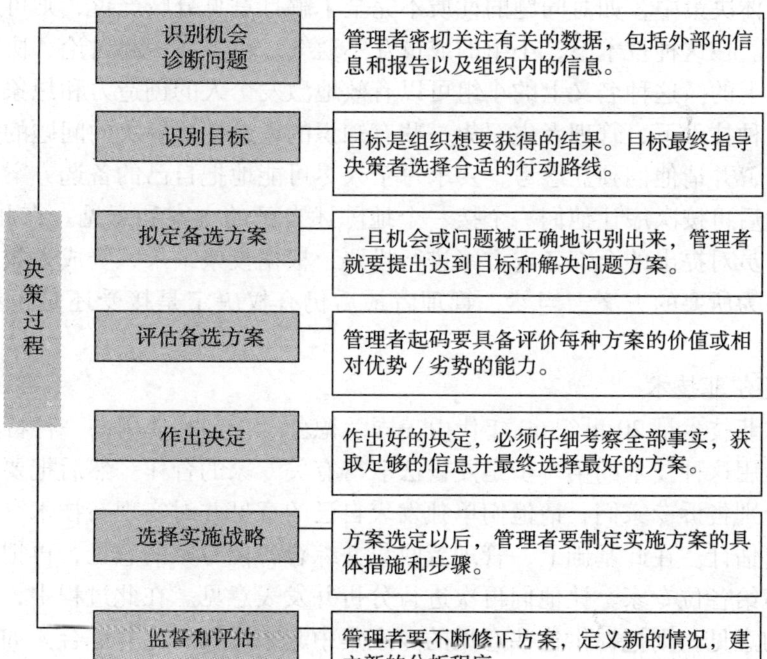

图 11-5 决策过程示意图

二、决策的方法

（一）集体决策方法

1. 头脑风暴法

头脑风暴法是比较常用的集体决策方法，便于发表创造性意见，因此主要用于收集新设想。通常是将对解决某一问题有兴趣的人集合在一起，在完全不受约束的条件下，敞开思路，畅所欲言。头脑风暴法的创始人英国心理学家奥斯本为该决策方法的实施提出了四项原则：①对别人的建议不作任何评价，将相互讨论限制在最低限度内。②建议越多越好，在这个阶段，参与者不要考虑自己建议的质量，想到什么就应该说出来。③鼓励每个人独立思考，广开思路，想法越新颖、奇异越好。④可以补充和完善已有的建议以使它更具说服力。

头脑风暴法的目的在于创造一种畅所欲言、自由思考的氛围，诱发创造性思维的共振和连锁反应，产生更多的创造性思维。这种方法的时间安排应在 1 ~ 2 小时，参加者以 5 ~ 6 人为宜。

2. 名义小组技术

在集体决策中，如对问题的性质不完全了解且意见分歧严重，则可采用名义小组技术。在这种技术下，小组的成员互不通气，也不在一起讨论、协商，小组只是名义上的。这种名义上的小组可以有效地激发个人的创造力和想象力。

在这种技术下，管理者先召集一些有知识的人，把要解决的问题的关键内容告诉他们，并请他们独立思考，要求每个人尽可能地把自己的备选方案和意见写下来。然后再按次序让他们一个接一个地陈述自己的方案和意见。在此基础上，由小组成员对提出的全部备选方案进行投票，根据投票结果，赞成人数最多的备选方案即为所要的方案，当然，管理者最后仍有权决定是接受还是拒绝这一方案。

3. 德尔菲技术

德尔菲技术是 20 世纪 60 年代由美国兰德公司首创和使用的一种特殊的决策方法。运用这种技术的第一步是要设法取得有关专家的合作。然后把要解决的关键问题分别告诉专家们，请他们单独发表自己的意见并对实现新技术突破所需的时间作出估计。在此基础上，管理者收集并综合各位专家的意见，再把综合后的意见反馈给各位专家，让他们再次进行分析并发表意见。在此过程中，如遇到差别很大的意见，则把提供这些意见的专家集中起来进行讨论并综合。如此反复多次，最终形成代表专家组意见的方案。

运用该技术的关键：一是选择好专家，这主要取决于决策所涉及的问题或机会的性质；二是决定适当的专家人数，一般 10 ~ 50 人较好；三是拟订好意见征询表，因为它的质量直接关系到决策的有效性。

（二）有关活动方向的决策方法

管理者有时需要对企业或企业某一部门的活动方向进行选择，可以采用的方法主要有经营单位组合分析法和政策指导矩阵等。

1. 经营单位组合分析法

这种方法由美国波士顿咨询公司建立，其基本思想是，大部分企业都有两个以上的经营单位，每个经营单位都有相互区别的产品，企业应该为每个经营单位确定其活动方向。在确定每个经营单位的活动方向时，应综合考虑企业或该经营单位在市场上的相对竞争地位和业务增长情况。相对竞争地位往往体现在企业的市场占有率上，它决定了企业获取现金的能力和速度，因为较高的市场占有率可以为企业带来较高的销售量和销售利润，从而给企业带来较多的现金流量。

业务增长率对活动方向的选择有两方面的影响：①它有利于市场占有率的扩大，因为在稳定的行业中，企业产品销售量的增加往往来自竞争对手市场份额的下降。②它决定着投资机会的大小，因为业务增长迅速可以使企业迅速收回投资，并取得可观的投资报酬。

根据上述两个标准——相对竞争地位和业务增长率，可把企业的经营单位分成四大类，如图 11-6 所示。企业应根据各类经营单位的特征，选择合适的活动方向。

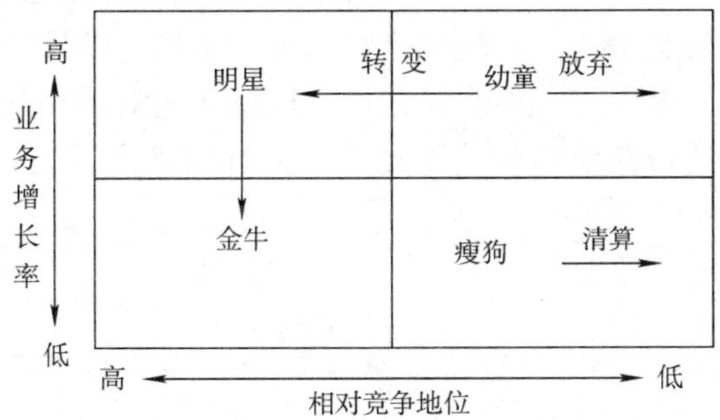

图 11-6　企业经营单位组合图

如图 11-6 所示，“金牛”经营单位的特征是市场占有率较高，而业务增长率较低。较高的市场占有率为企业带来较多的利润和现金，而较低的业务增长率需要较少的投资。“金牛”经营单位所产生的大量现金可以满足企业的经营需要。

“明星”经营单位的市场占有率和业务增长率都较高，因而所需要的和所产生的现金都很多。“明星”经营单位代表着最高利润增长率和最佳投资机会，因此企业应投入必要的资金，增加它的生产规模。

“幼童”经营单位的业务增长率较高，而目前的市场占有率较低，这可能是企业刚刚开发的很有前途的领域。由于高增长速度需要大量投资，而较低的市场占有率只能提供少量的现金，企业面临的选择是投入必要的资金，以提高市场份额，扩大销售量，使其转变为“明星”，或者如果认为刚刚开发的领域不能转变成“明星”，则应及时放弃该领域。

“瘦狗”经营单位的特征是市场份额和业务增长率都较低。由于市场份额和销售量都较低，甚至出现负增长，“瘦狗”经营单位只能带来较少的现金和利润，而维持生产能力和竞争地位所需的资金甚至可能超过其所提供的现金，从而可能成为资金的陷阱。因此，对这种不景气的经营单位，企业应采取收缩或放弃的战略。

经营单位组合分析法以“企业的目标是追求增长和利润”这一假设为前提。对拥有多个经营单位的企业来说，它可以将获利较多而潜在增长率不高的经营单位所产生的利润投向那些增长率和潜在获利能力都较高的经营单位，从而使资金在企业内部得到有效利用。

2. 政策指导矩阵

该法由荷兰皇家-壳牌公司创立。顾名思义，政策指导矩阵即用矩阵来指导决策。具体来说，从市场前景和相对竞争能力两个角度来分析企业各个经营单位的现状和特征，并把它们标示在矩阵上，据此指导企业活动方向的选择。市场前景取决于赢利能力、市场增长率、市场质量和法规限制等因素，分为吸引力强、中等、弱三种；相对竞争能力取决于经营单位在市场上的地位、生产能力、产品研究和开发等因素，分为强、中、弱三种。根据上述对市场前景和相对竞争能力的划分，可把企业的经营单位分成九大类，如图 11-7 所示。

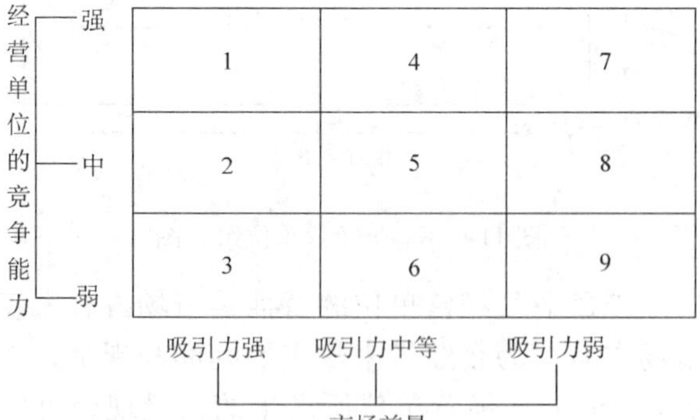

图 11-7　政策指导矩阵

管理者可根据经营单位在矩阵中所处的位置来选择企业的活动方向。

处于区域1和4的经营单位竞争能力较强，市场前景也较好。应优先发展这些经营单位，确保它们获取足够的资源，以维持自身的有利市场地位。

处于区域2的经营单位虽然市场前景较好，但竞争能力不够强。应分配给这些经营单位更多的资源以提高其竞争能力。

处于区域3的经营单位市场前景虽好，但竞争能力弱。要根据不同情况来区别对待这些经营单位：最有前途的应得到迅速发展，其余的则需逐步淘汰，这是由于企业资源的有限性。

处于区域5的经营单位一般在市场上有2~4个强有力的竞争对手。应分配给这些经营单位足够的资源以使它们随着市场的发展而发展。

处于区域6和8的经营单位市场吸引力不强且竞争能力较弱，或虽有一定的竞争能力但市场吸引力较弱。应缓慢放弃这些经营单位，以便把收回的资金投入到赢利能力更强的经营单位。

处于区域7的经营单位竞争能力较强但市场前景不容乐观。这些经营单位本身不应得到发展，但可利用它们的较强竞争能力为其他快速发展的经营单位提供资金支持。

处于区域9的经营单位市场前景暗淡且竞争能力较弱。应尽快放弃这些经营单位，把资金抽出来并转移到更有利的经营单位。

（三）有关活动方案的决策方法

管理者选好组织的活动方向之后，接下来需要考虑的问题自然是如何通达这一活动方向。通达这一活动方向的活动方案通常不止一种，所以管理者要在这些方案中作出选择。在决定选择哪一个方案时，要比较不同的方案，比较的一个重要标准是各种方案实施后的经济效果。由于方案是在未来实施的，所以管理者在计算方案的经济效果时，要考虑到未来的情况。根据未来情况的可控程度，可把有关活动方案的决策方法分为三大类：确定型决策方法、风险型决策方法和不确定型决策方法。

1. 确定型决策方法

在比较和选择活动方案时，如果未来情况只有一种并为管理者所知，则须采用确定型决策方法。常用的确定型决策方法有线性规划和量本利分析法等。

线性规划是在一些线性等式或不等式的约束条件下，求解线性目标函数的最大值或最小值的方法。运用线性规划建立数学模型的步骤是：首先，确定影响目标大小的变量；其次，列出目标函数方程；再次，找出实现目标的约束条件；最后，找出使目标函数达到最优的可行解，即为该线性规划的最优解。

例11-1 以表11-3为例，某企业生产两种产品：桌子和椅子，它们都要经过制造和装配两道工序，有关资料如表11-3所示。假设市场状况良好，企业生产出来的产品都能卖出去，试问何种组合的产品使企业利润最大？

表 11-3 某企业的有关资料

	桌子	椅子	工序可利用时间/h
在制造工序上的时间/h	2	4	48
在装配工序上的时间/h	4	2	60
单位产品利润/元	8	6	—

这是一个典型的线性规划问题。

第一步，确定影响目标大小的变量。在本例中，目标是利润，影响利润的变量是桌子数量 T 和椅子数量 C。

第二步，列出目标函数方程：$\pi=8T+6C$。

第三步，找出约束条件。在本例中，两种产品在一道工序上的总时间不能超过该道工序的可利用时间，即：

$$制造工序：2T+4C\leqslant 48$$

$$装配工序：4T+2C\leqslant 60$$

除此之外，还有两个约束条件，即非负约束：

$$T\geqslant 0 \quad C\geqslant 0$$

从而线性规划问题成为，如何选取 T 和 C，使 π 在上述四个约束条件下达到最大。

第四步，求出最优解——最优产品组合。通过图解法，如图 11-8 所示。求出上述线性规划问题的解为 $T^*=12$ 和 $C^*=6$，即生产 12 张桌子和 6 把椅子使企业的利润最大。

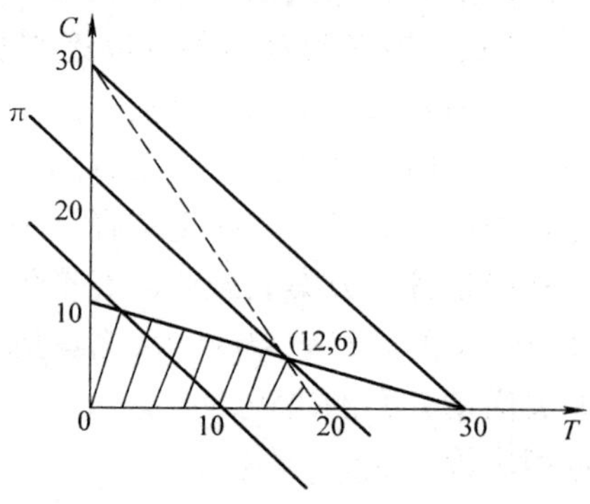

图 11-8 线性规划的图解法

量本利分析法又称保本分析法或盈亏平衡分析法，是通过考查产量（或销售量）、成本和利润的关系以及盈亏变化的规律来为决策提供依据的方法。

在应用量本利分析法时，关键是找出企业不盈不亏时的产量（称为保本产量或盈亏平衡产量，此时企业的总收入等于总成本）。实际产量超过保本产量的差额为安全边际，只有安全边际才能为企业带来利润。

假设 p 代表单位产品价格，Q 代表产量或销售量，F 代表总固定成本，v 代表单位变动成本，c 代表单位产品边际贡献（$c=p-v$）。

企业不盈不亏时，$pQ=F+vQ$

保本产量 $Q=F/(p-v)=F/c$

例 11-2 某企业生产某产品的总固定成本为 60000 元，单位变动成本为每件

1.8 元，产品价格为每件 3 元。假设某方案带来的该产品产量为 100000 件，问该方案是否可取？

保本产量 $Q=F/(p-v)=F/c=60000/(3-1.8)=50000$（件）

由于方案带来的产量（10 万件）大于保本产量（5 万件），所以该方案可取。

2. 风险型决策方法

在比较和选择活动方案时，如果未来情况不止一种，管理者不知道到底哪种情况会发生，但知道每种情况发生的概率，则须采用风险型决策方法。常用的风险型决策方法是决策树法。

决策树法是用树状图来描述各种方案在不同情况（或自然状态）下的收益，据此计算每种方案的期望收益从而作出决策的方法。下面通过举例来说明决策树的原理和应用。

例 11-3　某企业为了扩大某产品的生产，拟建设新厂。据市场预测，产品销路好的概率为 0.7，销路差的概率为 0.3。有三种方案可供企业选择：

方案 1，新建大厂，需投资 300 万元。据初步估计，销路好时，每年可获利 100 万元；销路差时，每年亏损 20 万元。服务期为 10 年。

方案 2，新建小厂，需投资 140 万元。销路好时，每年可获利 40 万元；销路差时，每年仍可获利 30 万元。服务期为 10 年。

方案 3，先建小厂，3 年后销路好时再扩建，需追加投资 200 万元，服务期为 7 年，估计每年获利 95 万元。

问哪种方案最好？

画出该问题的决策树，如图 11-9 所示。

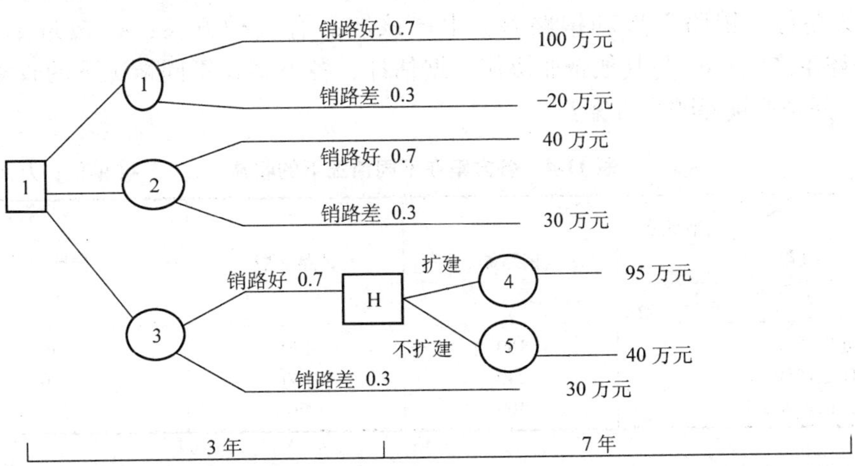

图 11-9　一个多阶段决策的决策树

图11-9中的矩形结点称为决策点，从决策点引出的若干条树枝表示若干种方案，称为方案枝。圆形结点称为状态点，从状态点引出的若干条树枝表示若干种自然状态，称为状态枝。图中有两种自然状态：销路好和销路差，自然状态后面的数字表示该种自然状态出现的概率。位于状态枝末端的是各种方案在不同自然状态下的收益或损失。据此可以算出各种方案的期望收益。

方案1（结点①）的期望收益为：$[0.7\times100+0.3\times(-20)]$ 万元 $\times10-300$ 万元 $=340$ 万元

方案2（结点②）的期望收益为：$(0.7\times40+0.3\times30)$ 万元 $\times10-140$ 万元 $=230$ 万元

方案3，由于结点④的期望收益465（$=95\times7-200$）万元大于结点⑤的期望收益280（$=40\times7$）万元，所以销路好时，扩建比不扩建好。方案3（结点③）的期望收益为：$[(0.7\times40\times3+0.7\times465+0.3\times30\times10)-140]$ 万元 $=359.5$ 万元

计算结果表明，在三种方案中，方案3最好。

需要说明的是，在上面的计算过程中，我们没有考虑货币的时间价值，这是为了使问题简化。但在实际中，多阶段决策通常要考虑货币的时间价值。

3. 不确定型决策方法

在比较和选择活动方案时，如果管理者不知道未来情况有多少种，或虽知道有多少种，但不知道每种情况发生的概率，则须采用不确定型决策方法。常用的不确定型决策方法有小中取大法、大中取大法和最小最大后悔值法等。下面通过举例来介绍这些方法。

以表11-4为例，某企业打算生产某产品。据市场预测，产品销路有三种情况：销路好、销路一般和销路差。生产该产品有三种方案：a. 改进生产线；b. 新建生产线；c. 与其他企业协作。据估计，各方案在不同情况下的收益见表11-4。问企业选择哪个方案？

表11-4 各方案在不同情况下的收益 （单位：万元）

自然状态 / 收益 / 方案	销路好	销路一般	销路差
a. 改进生产线	180	120	-40
b. 新建生产线	240	100	-80
c. 与其他企业协作	100	70	16

小中取大法：

采用这种方法的管理者对未来持悲观的看法，认为未来会出现最差的自然状态，因此不论采取哪种方案，都只能获取该方案的最小收益。采用小中取大法进

行决策时，首先计算各方案在不同自然状态下的收益，并找出各方案所带来的最小收益，即在最差自然状态下的收益，然后进行比较，选择在最差自然状态下收益最大或损失最小的方案作为所要的方案。

在上例中，a 方案的最小收益为 -40 万元，b 方案的最小收益为 -80 万元，c 方案的最小收益为 16 万元，经过比较，c 方案的最小收益最大，所以选择 c 方案。

大中取大法：

采用这种方法的管理者对未来持乐观的看法，认为未来会出现最好的自然状态，因此不论采取哪种方案，都能获取该方案的最大收益。采用大中取大法进行决策时，首先计算各方案在不同自然状态下的收益，并找出各方案所带来的最大收益，即在最好自然状态下的收益，然后进行比较，选择在最好自然状态下收益最大的方案作为所要的方案。

a 方案的最大收益为 180 万元，b 方案的最大收益为 240 万元，c 方案的最大收益为 100 万元，经过比较，b 方案的最大收益最大，所以选择 b 方案。

最小最大后悔值法：

管理者在选择了某方案后，如果将来发生的自然状态表明其他方案的收益更大，那么他会为自己的选择而后悔。最小最大后悔值法就是使后悔值最小的方法。采用这种方法进行决策时，首先计算各方案在各自然状态下的后悔值（某方案在某自然状态下的后悔值 = 该自然状态下的最大收益 - 该方案在该自然状态下的收益），并找出各方案的最大后悔值，然后进行比较，选择最大后悔值最小的方案作为所要的方案。

在销路好这一自然状态下，b 方案（新建生产线）的收益最大，为 240 万元。在将来发生的自然状态是销路好的情况下，如果管理者恰好选择了这一方案，他就不会后悔，即后悔值为 0。如果他选择的不是 b 方案，而是其他方案，他就会后悔（后悔没有选择 b 方案）。比如，他选择的是 c 方案（与其他企业协作），该方案在销路好时带来的收益是 100 万元，比选择 b 方案少带来 140 万元的收益，即后悔值为 140 万元。各个后悔值的计算结果如表 11-5 所示。

表 11-5 各方案在各自然状态下的后悔值 （单位：万元）

自然状态 / 后悔值 / 方案	销路好	销路一般	销路差
a. 改进生产线	60	0	56
b. 新建生产线	0	20	96
c. 与其他企业协作	140	50	0

由表中看出，a 方案的最大后悔值为 60 万元，b 方案的最大后悔值为 96 万元，c 方案的最大后悔值为 140 万元，经过比较，a 方案的最大后悔值最小，所以选择 a 方案。

名词概念

领导	授权	决策	管理决策	公共决策
程式决策	确定型决策	风险型决策	理性决策	行为决策
决策树法	沟通	激励	领导者行为	二元理论

要点回顾

- 管理的组织职能，是对组织的资源进行配置。但如何让它们运作起来，需要通过管理的领导职能完成。管理的领导职能是指通过管理者实施影响下属的领导行为，把组织成员的个体目标和组织目标进行有效匹配。
- 领导者行为的主要方面，包括任务绩效、群体维持和决策。领导行为表明了领导工作的主要任务或重点。
- 领导者的工作效率及效果在一定程度上取决于其领导方法与艺术。
- 决策是发现问题、分析问题、拟定方案、选择方案并实施的全过程。决策的后果完全符合预期情况的很少，总是或多或少地偏离原先期望，甚至截然相反。缩小这种偏差正是决策研究的效果和潜力之所在。

课后练习

一、单项选择题

1. 某部门多年来生产任务完成得很好，职工经济收入也很高，但领导和职工的关系却很紧张。根据管理方格理论判断该部门的领导类型为(　　)。

   A. 俱乐部型　B. 战斗集体型　C. 贫乏型　D. 任务型

2. 确定型决策方法属于(　　)。

   A. 有关活动方向的决策方法
   B. 有关活动方案的决策方法
   C. 集体决策方法
   D. 风险型决策方法

3. 领导的本质是(　　)。

   A. 激励　B. 影响力　C. 用权　D. 协调人际关系

4. 按决策问题的性质划分，决策可以分为非程式决策和(　　)。
A. 常规决策　B. 社会决策　C. 专业决策　D. 管理决策
5. 在管理方格理论中，重视对下属的支持和关心，但很少重视工作效率及保证工作效率的规章制度、指挥监督等的领导类型为(　　)。
A. 俱乐部型　B. 战斗集体型　C. 贫乏型　D. 中间型
6. 决策过程的起点是(　　)。
A. 拟订备选方案　B. 收集信息
C. 诊断问题　D. 识别目标
7. 我国习惯上称之为“专家预测法”的是(　　)。
A. 头脑风暴法　B. 因果法　C. 德尔菲法　D. 线性规划法
8. 下列原则中，头脑风暴法尤其不能违背的原则是(　　)。
A. 无批评原则　B. 系统原则　C. 灵活性原则　D. 客观原则

二、多项选择题

1. 下列关于领导和管理的关系说法正确的有(　　)。
A. 管理是更大的概念，领导是管理的一项重要职能
B. 领导的内涵更为广泛，管理是其中的一部分
C. 领导就是管理，二者是同一概念的不同表述
D. 领导是更高层次的概念，管理是低层次的概念
E. 领导和管理都是一种在组织内部通过影响他人的协调活动，实现组织目标的过程
2. 领导者的技能包括(　　)。
A. 沟通的技能　B. 激励的技能
C. 估价风险的技能　D. 处理突发事件的技能
E. 关系更新的技能
3. 下列属于专业决策的有(　　)。
A. 医师诊病开药　B. 人力资源管理决策
C. 会计师设计内部财务报表　D. 社会就业
E. 教师制定教学大纲
4. 常用的不确定型决策方法有(　　)。
A. 图解法　B. 决策树法　C. 小中取大法　D. 大中取大法
E. 最小最大后悔值法
5. 行为决策的特点有(　　)。
A. 直感性　B. 稳定性　C. 突发性　D. 无阶段性
E. 普遍性

三、填空题

1. 二元理论是美国俄亥俄州立大学教授斯托格狄尔和沙特尔于 1945 年总结提出的。该理论以________和________为指标刻画领导行为。

2. 在管理方格理论中，最有效的领导方式是________。

3. 决策的基本要素有决策者、决策目标、行动方案和________。

4. 专业决策，也称为________；公共决策，也称为________。

5. 行为决策是直觉思维为主的决策，理性决策是________为主的决策。

6. 德尔菲技术是 20 世纪 60 年代由美国兰德公司首创和使用的一种特殊的决策方法。运用这种技术的第一步是________。

7. 政策指导矩阵即用矩阵来指导决策，是从市场前景和________两个角度来分析企业各个经营单位的现状和特征。

四、简答题

1. 孙子说："将者：智、信、仁、勇、严也。"用有关理论分析这句话的含义。

2. 某企业能够生产 A、B 两种产品且市场销售状况相当。已知每单位产品 A 的利润为 50 元，单位产品 B 的利润为 90 元。各种产品的资源消耗定额及资源限制如表 11-6 所示。试用线性规划图解法确定该企业下一季度的生产计划，即确定产品 A 和产品 B 的各自产量，以保证该企业在有限资源的条件下利润最大。

表 11-6 产品 A、B 的有关资料

资源名称	单位产品消耗定额		可利用资源
	A	B	
原材料/kg	60	40	1200
设备/台时	450	150	6750
劳动力/工时	100	200	5000

3. 东兴公司某年准备产销甲产品，根据有关资料，预计该产品销售单价为 50 元，单位变动成本为 30 元，固定成本总额为 8000 元，要求计算该公司的保本销售量和保本销售额。

参考答案

一、单项选择题

1. D　2. B　3. B　4. A　5. A　6. C　7. C　8. A

二、多项选择题

1. AE 2. ABCDE 3. ACE 4. CDE 5. ACD

三、填空题

1. “重工作”“关心人” 2. 战斗集体型 3. 决策环境

4. 专家决策 社会决策 5. 逻辑思维 6. 要设法取得有关专家的合作

7. 相对竞争能力

四、简答题

1. 答题参考

在《孙子兵法·计篇》中，对为将的素质提出了明确要求：“将者：智、信、仁、勇、严也”，要求为将者必须具有高超的智谋，言而有信的品行，仁爱有度的形象，以及勇敢果断、严于治军的能力。

这些重要思想，对新形势下加强高素质新型管理人才队伍建设仍然有着重要的借鉴作用。培养适应时代要求，担当历史重任的新型管理人才，必须把很强的思想政治素质作为首要标准，把过硬的业务素质作为核心内容，把扎实的科学文化素质作为基础环节，把良好的心理素质和强健的体魄作为必备条件。同时，还要下大力提高新型管理人才复合的知识结构和综合能力。

虽然领导者应该具有的素质很多，不同的领导岗位要求的素质又有所不同，但有些素质，是优秀的领导者应该具有的。这些素质可分为四大方面，即政治素质，知识素质，能力素质和身心素质。

① 政治素质。自觉按照党的路线、方针、政策办事。以身作则，为人表率；要有理想、有事业心、有责任感；要有正确的思想作风；要有良好的生活作风；要有端正的工作作风。

② 知识素质。对于一般社会科学、自然科学各方面的知识，都要有所了解，知识面要比较广；对于管理科学各方面的知识则要比较精通；对于社会生活方面的实际知识也要比较熟悉，要有丰富的生活经验和工作经验。

③ 能力素质。具体包括以下几方面：筹划和决断能力；组织指挥能力；人际交往能力；灵活应变能力；改革创新能力。

④ 身心素质。领导者的指挥、协调、组织活动，不仅需要足够心智、而且消耗大量体力，因此，必须有强健的体魄，充沛的精力。

领导者应该具备良好的修养。由于领导者的工作内容主要是处理好与人的关系、与事的关系以及与时间的关系，一名优秀领导者应当具备的修养包括：①明白通晓；②移情作用；③处事客观；④自知之明。

最好领导者要善于运用领导艺术。孙子的这句话包含着深刻的领导艺术哲学。现代组织在复杂多变的环境中生存和发展，要求组织的领导者不但要运用科学的理论和方法进行工作，而且还必须依靠丰富的经验和直觉判断来处理问题，这就要求有高超的领导艺术。所谓领导艺术，是指领导者在行使领导职能时，所表现出来的技巧。它是建立在一定知识、经验基础上的，非规范化，有创造性的领导技能。领导艺术有随机性、经验性、多样性和创造性的特点。这其中主要包括：①待人艺术；②提高工作效率的艺术。

可见，孙子提出的这套领导者理论表现出中国自古以来对为"将"者的自身素质、修养与领导艺术的高标准、高要求，更需要我们今天各级领导干部严格自律，并认真贯彻这一理论，提高自己的领导艺术。

2. 答题参考

第一步，确定决策目标，明确约束条件。本题是一个生产计划中的品种决策问题，决策目标是在不突破资源约束的前提下合理安排 A、B 两种产品的产量，保证企业生产利润最大。其约束条件表现为原材料、设备及劳动力等可利用资源。

第二步，建立包含一组约束条件和目标函数的数学模型。

解：设产品 A 的产量为 x_1，产品 B 的产量为 x_2，企业利润函数为 $F(x_i)$，$i=1$，2。则

目标函数 $$\max F(x_i) = 50x_1 + 90x_2$$

约束条件 $$\begin{cases} 60x_1 + 40x_2 \leqslant 1200 \\ 450x_1 + 150x_2 \leqslant 6750 \\ 100x_1 + 200x_2 \leqslant 5000 \\ x_1 \geqslant 0 \\ x_2 \geqslant 0 \end{cases}$$

第三步，以 x_1，x_2 分别为横坐标和纵坐标，作出约束条件曲线（见图 11-10），形成可行解区域（见下图中的阴影部分）。

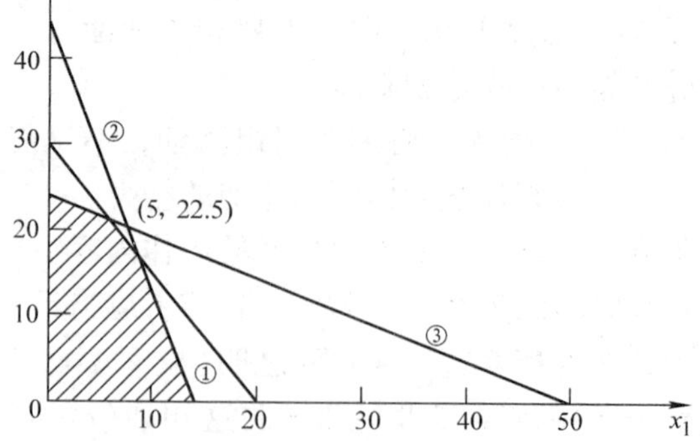

图 11-10 约束条件曲线

第四步，在可行解区域求解满足目标函数的最优解。线性规划的理论证明，如果线性规划存在最优解，则此解必然位于可行解域的某个极点（凸点）上。分别计算该可行域的几个极点，比较确定此问题的最优解。

本题计算可得，四个极点中能使目标函数值最大的点是 $x_1=5$，$x_2=22.5$。即当生产 5 个单位的产品 A、22.5 个单位的产品 B 时，企业的生产利润最大（为 2275 元）。

3. 答题参考

保本销售量 = 8000 件/(50 - 30) = 400 件

保本销售额 = (50 × 400)元 = 20000 元

本章参考文献

[1] 陈传明，等．管理学［M］．北京：清华大学出版社，2003.
[2] 谭力文，等．管理学［M］．武汉：武汉大学出版社，2004.
[3] 张勤国，等．管理学——理念、方法与实务［M］．上海：立信会计出版社，2003.
[4] 杨文士，等．管理学原理［M］．北京：中国人民大学出版社，2004.
[5] 席酉民．经济管理基础［M］．北京：高等教育出版社，1998.
[6] 周三多，等．管理学［M］．北京：高等教育出版社，2000.
[7] 姜仁良．管理学习题与案例［M］．北京：中国时代经济出版社，2006.

